Leben im Meer

»Die Natur ist überall
und in all ihren Werken wunderbar ...;
wer richtig und verständig zu urteilen vermag,
wird alles staunenswert finden.«

Daniel Bernoulli
(Schweizerischer Naturforscher 1700-1782)

Meiner Frau
und Tauchkameradin Inge
gewidmet

Peitschenkorallen (Ellisella spp.) und Jungfische verschiedener Arten auf einem Riff, Philippinen. Photo W. Grüter.

Werner Grüter

Leben im Meer

**Wie es ist
wie es wurde
wie es werden kann**

***Zauber der Vielfalt
und ihrer Zusammenhänge***

Verlag Dr. Friedrich Pfeil
München 2001
ISBN 3-931516-95-4

CIP-Titelaufnahme der Deutschen Bibliothek

Ein Titeldatensatz für diese Publikation ist bei
Der Deutschen Bibliothek erhältlich.

Arnd Rödiger

ist Mitverfasser der Abschnitte über Seeigel, Nacktschnecken,
Schiffshalter und Seeschildkröten

Titelbild

Roter Soldatenfisch *(Holocentrus rufus)*, Virgin Islands, Karibik.
Photo W. Grüter.

Druckvorstufe: Verlag Dr. Friedrich Pfeil, München
CTP-Druck: grafik + druck GmbH Peter Pöllinger, München
Buchbinder: Thomas, Augsburg

Printed in Germany

ISBN 3-931516-95-4

Verlag Dr. Friedrich Pfeil • Wolfratshauser Straße 27 • D-81379 München, Germany
Tel. ++49-89-74 28 27 0 • Fax ++49-89-72 42 772 • E-Mail: 100417.1722@compuserve.com
www.pfeil-verlag.de

Inhalt

Geleitwort

Werner Grüter nennt sein Buch eine »Liebeserklärung an das Leben«, und man spürt das Engagement. Grüter führt uns in einen Lebensraum, den wir uns erst in den letzten 60 Jahren allmählich eroberten. Vor 60 Jahren tauchte Hans Hass als erster Schwimmtaucher mit Maske, Flossen und einer selbstgebastelten Kamera in den Korallenriffen der Karibischen See. Er berichtete von deren Schönheit und von manch rätselhaftem Verhalten seiner Bewohner. Zeitweise gehörte ich zu seinem Forscherteam. Heute erfreuen sich alljährlich Hunderttausende schnorchelnd und tauchend an der Wunderwelt im Meere. Ihnen wird Grüters Buch eine vertiefte Schau vermitteln. Aber man muß nicht tauchen, um von diesem Buch gefesselt zu werden. Das Buch wendet sich nicht nur an den Naturfreund, es will und wird auch neue Naturfreunde gewinnen.

Mit Fachkenntnis und großem didaktischem Geschick führt ein gut durchdachter Text, der immer wieder bedeutsame Schritte der Evolution sichtbar werden läßt, in die Meeresbiologie ein und damit gleichzeitig in die Geschichte des gesamten Lebens. Ohne erhobenen Zeigefinger wird dabei Problembewusstsein geweckt. Es ist dem Autor wichtig, ohne Fachjargon immer wieder komplexe biologische Zusammenhänge sichtbar werden zu lassen. So führt der Text wie selbstverständlich den Blick des Lesers über die Grenzen der Meeresbiologie hinaus auf eine Gesamtschau des Lebens. Seine hervorragenden Fotos dokumentieren den Text aufs anschaulichste.

Erst seitdem uns die Raumsonden von den Wüsten auf Venus, Merkur und Mars berichten und von der lebensfeindlichen Umwelt all der übrigen Planeten, wird uns mit einem gewissen Grauen bewußt, wie einmalig doch dieses Leben ist, und einmalig hier wiederum unsere bewußte Existenz: Denn soweit wir auch unsere Lauscher ins All strecken, wir erhalten keine Nachrichten. Wir sind möglicherweise allein auf unserem kleinen Raumschiff Erde. Hier allerdings eingebettet in ein äußerst vielfältiges Leben, mit dem wir eine Gemeinschaft bilden.

Die meisten von uns sehen das allerdings anders. Für sie ist die übrige Lebewelt zu ihrem Nutzen da. Und im gewissen Grade trifft das auch zu. Wir können gar nicht anders: wir leben von anderen Lebewesen.

Und gewiß handeln wir fehlangepaßt, wenn wir die uns umgebende Natur rücksichtslos ausbeuten. Aber Veranlagung und die Konkurrenz zwischen den verschiedenen Menschengruppen treiben uns dazu. Wachstum ist die Parole, und darüber vergiften wir die Luft, die Erde und das Wasser.

Unser Streben nach Macht über die Natur und nach Gewinn, der Macht über Mitmenschen vermittelt, erweist sich als stark, da hinter diesem Streben biologische Antriebe mit ihnen zugeordnetem emotionellem Engagement stehen. Dem kann nur emotionelles Engagement im Verband mit Vernunft entgegenwirken.

Aber worin könnte eine dem Machtstreben entgegenwirkende emotionelle Anbindung bestehen? Ich sehe eine konkrete Hoffnung in der Erweckung der Liebe zur Natur. Dazu muß sich eine empfundene Verantwortlichkeit für unsere Kindeskinder gesellen. Es gilt ein generationenübergreifendes Ethos zu entwickeln, das man gefühlsmäßig im familialen Ethos verankern kann.

Die Liebe zur Natur basiert in unserer Fähigkeit, die Schönheit der organismischen Schöpfung wahrzunehmen und Mitgefühl mit anderen Geschöpfen zu empfinden. Und das erreicht man nur, wenn man Menschen an die Natur heranführt. Grundsätzlich sind alle Menschen bereit, die Schönheit der lebendigen Natur wahrzunehmen. Das beruht zum Teil auf uns angeborenen ästhetischen Werturteilen. Die Fähigkeit, Naturschönheit wahrzunehmen, kann jedoch im Großstadtmilieu verkümmern, und wer blind für das Schöne ist, wird auch blind für Werte. Werner Grüters Buch gehört zu den Werken, die geeignet sind, uns den Blick für die Schönheit natürlich gewachsener Harmonien zu erhalten beziehungsweise ihn wiederzugewinnen.

Irenäus Eibl-Eibesfeldt
Andechs und München, September 2001

Vorwort

Dieses Buch ist eine Liebeserklärung an das Leben. Immer neues Staunen, Bewunderung und Begeisterung machten es für mich zum faszinierendsten Thema. Da fesselt die grenzenlose Vielfalt der Erscheinungsformen, ebenso aber auch der fortwährende Wandel im Werden und Vergehen auf unserem Planeten.

Der Mensch ist mit seinem Bewußtsein und den herausragenden Kommunikationsmöglichkeiten als erstes Wesen fähig zur Reflexion über die Entwicklungen, die vom Anbeginn der Welt bis zu unserer eigenen Existenz führten. Ja, in bescheidenen Grenzen vermögen wir manche Wege künftiger Fortentwicklung zu erahnen und sogar zunehmend zu beeinflussen.

Seit es Kultur gibt, stand und steht unter vielen Künstlern, Literatur-Schaffenden und Philosophen oft der Tod im Zentrum des Schaffens, ganz zu schweigen von den Religionen. Das Geschenk des Lebens, die Voraussetzung fürs Sterben, wird hingegen nicht selten wie ein selbstverständlicher Anspruch behandelt. Ist indes nicht das Leben das eigentlich Wunderbare? Wie es entstand, sich entfaltet und ausgebreitet hat mit immer neuen Varianten, wie es sich in der Gegenwart darbietet und was über seine Zukunft vermutet werden darf. Es gibt nichts ähnlich gut Geeignetes wie das Meer, um sich den Wundern des Lebens, seiner Unendlichkeit durch fortlaufende Weitergabe, seiner Geschichte und den spannenden Zusammenhängen zu nähern. Im Ozean nahm alles seinen Anfang und sehr, sehr lange hat ausschließlich dort Leben existiert. Es wird aber ganz erlöschen, wenn in einer ebenso fernen Zukunft die Meere verdampfen, wie es die astronomische Wissenschaft prophezeit. Die Zukunft der Meere und damit allen Lebens hängt ebenso wie ihre Vergangenheit letztlich von der Sonne ab, deren Existenz ebenfalls Grenzen gesetzt sind.

Seit drei Jahrzehnten hat mir das Tauchen mit Preßluftgeräten zu ausgiebigem Anschauungsunterricht »vor Ort« in den Meeren rund um die Welt gedient. An zahlreichen Erlebnissen lasse ich den Leser teihaben.

Nur eine kleine Auswahl des dabei entstandenen fotografischen Dokumentationsmaterials konnte hier Berücksichtigung finden. Sie mag neben dem Illustrationswert auch ein wenig von der ästhetischen Schönheit vermitteln, an der die Natur so reich ist. Bis auf ganz wenige Ausnahmen machte ich die Aufnahmen unter Wasser, im natürlichen Lebensraum der Tiere.

Die Kapitel wurden so abgefaßt, daß sie auch einzeln für den Nachschlagenden lesbar und verständlich bleiben, sind aber dennoch als Bindeglieder eines großen Bogens konzipiert: Beispiele als Teile zum Verständnis der großen Zusammenhänge in der belebten Natur. Denn wohin auch immer wir den Blick richten: was wir sehen, weist stets über die Grenzen des Blickfeldes hinaus auf das im Grunde untrennbare Ganze des Belebten. Erst das menschliche Bemühen um Erforschung und Lehrbarkeit zwingt zum Klassifizieren und vermittelt dabei den irreführenden Eindruck selbständiger Teile. Die Zusammenhänge aber sind es, deren Kenntnis unerläßlich ist für jeden, der die Zeichen der Zeit zu erkennen bereit ist: Wir alle werden die naive Verantwortungslosigkeit gegenüber der Natur nur aufgeben können, wenn wir sie in ihren Grundzügen zu begreifen gelernt haben, gleichzeitig aber auch den Wert der ineinandergreifenden Teile erahnen können. Kaum etwas kann diesem Ziel besser dienen als ein vertieftes Wissen um das Leben im Meer.

Das Buch, das auf wissenschaftliche Fachterminologie weitgehend verzichtet, strebt keine Ähnlichkeit an mit den verdienstvollen und notwendigen Lehr- und Bestimmungsbüchern. Es will Staunen und Neugier fördern oder wecken und vorhandenes Grundwissen dem Interessierten vertiefen. So soll versucht werden, etwas von dem weiterzugeben, was ich selbst der Beschäftigung mit dem Leben im Meer zu verdanken habe.

Werner Grüter
Bad Wörishofen, im September 2001

Fast 4000 Millionen Jahre vergingen seit den Anfängen des Lebens, bis der Mensch wurde. Nach weiteren Jahrmillionen kann er nun – technisch gerüstet – das Milieu seiner Herkunft betrachten und erforschen.

Prolog
Das Meer – die Brücke zu allem Leben

Meer – das ist weitab vom täglichen Leben für die meisten Menschen. Ein- oder zweimal jährlich dient es der Erholung, im übrigen nützt es mit Transportwegen und als Nahrungsquelle. Die Unterhaltungssparten der Massenmedien bedienen sich gern der Meere, freilich in weitgehender Beschränkung auf Abenteuer der Seefahrt, Luxusschiffe inbegriffen, und irreführende Monstergeschichten über angeblich mordgierige Ungeheuer füllen immer aufs neue die Kassen ihrer Erfinder. Fundierte, Wissen vermittelnde Berichte bleiben in der Minderzahl. Der enge Zusammenhang zwischen Meer und Leben hat nur als verwaschen konturierte Kulisse Raum am Rande unseres Blickfeldes.

Das ist um so bedauerlicher, als bereits vor einigen Jahrzehnten die technischen Voraussetzungen geschaffen wurden, um immer tiefer in die Geheimnisse unter der Wasseroberfläche einzudringen, was unseren Vorfahren so lange verwehrt blieb. Eine junge Wissenschaft, die Meeresbiologie, expandiert mit Riesenschritten, Hand in Hand mit der ebenfalls noch jugendlichen Verhaltensforschung. Dennoch widmet die Öffentlichkeit der Oberfläche anderer Himmelskörper mehr Aufmerksamkeit und weit mehr kostenträchtigen Aufwand als der so aufschlußreichen Dynamik des Lebens im Meer.

»Es werde ...«

Die hochinteressanten Forschungen über unsere Co-Planeten im Sonnensystem könnten indessen gar nicht erst stattfinden, wenn es die Meere auf unserer Erde nicht gäbe. Denn ohne sie wäre die Entstehung von Leben nicht möglich gewesen. Das Weltmeer war keineswegs von Anbeginn der Erde vorhanden. Es mußten erst Bedingungen zusammenkommen, die Wasser entstehen ließen. Noch lange währte es dann bis zum Wunder des Lebensbeginns. Diese Entwicklung mag im Weltall Parallelen haben. Viele ernsthafte Forscher und Denker glauben allerdings – und mit guten Gründen – an Einmaligkeit. Zwischen fünf und viereinhalb Milliarden Jahre vor der Gegenwart ist – langsam – unsere Erde entstanden. Sonnengase – so besagt die heute gültige Theorie – kondensierten zu vielen Meteoriten, die schließlich zusammenschmolzen. Annähernd tausend Millionen Jahre vergingen, bis das Weltmeer entstehen konnte, nachdem inzwischen die Erdkruste erhärtet war.

Die dauerhaften Pioniere

Angesichts solcher Zeitdimensionen, die sich unserer Vorstellungskraft entziehen, sei die Wendung erlaubt, daß »schon sehr bald« nach diesem Ereignis das erste Leben aufgetreten sein muß, auch wenn die Spanne sich über Jahrmillionen erstreckte, vermutlich sogar über viele. Die ältesten heute noch nachweisbaren Wesen haben vor etwa 3800 Millionen Jahren das Weltmeer belebt (das ebenso wie die Landmasse noch nicht die spätere Gliederung erfahren hatte). Diese ersten Pioniere, Urahnen des gesamten Lebens auf Erden, waren mikroskopisch kleine Einzeller ohne Kern, aber mit einer Membran umhüllt. Noch heute gibt es Bakterien, denen sie offensichtlich sehr ähnlich waren. Als Nahrung dienten zunächst im Wasser schwebende einfache organische Moleküle, die ohne biologische Vorgänge entstanden waren. Die gleichen Moleküle spielen auch eine zentrale Rolle in den modernen Theorien über das Zustandekommen ersten Lebens überhaupt. Freilich bleiben da – allen Nobelpreisen zum Trotz – weit mehr Fragezeichen als Erkenntnisse.

Es ist der Forschung überaus dienlich, daß die frühen und einfachen (oft leichtfertig als »primitiv« bezeichneten) Organismen keineswegs alle zum Aussterben im Laufe der Evolution verdammt waren. Zwar ist unwahrscheinlich, daß es heute noch welche gibt, die seit Jahrmilliarden gänzlich unverändert blieben. Wohl aber genügten bei manchen offensichtlich ganz geringfügige Abwandlungen zum äußerst langfristigen Überleben. Anstelle der Bezeichnung »primitiv« ist – so meine ich – große Bewunderung angebracht für die so früh erlangte Perfektion und Anpassungsfähigkeit.

Schon »sehr bald« (s.o.) müssen sich den auf Fertignahrung angewiesenen Einzellern solche zugesellt haben, die aus anorganischen Bestandteilen ihre Nahrung selbst zu synthetisieren vermochten (Chemosynthese), zunächst ohne Sauerstoff (anaerob) unter Ausnutzung der reduzierenden Wirkung des Schwefelwasserstoffs. Solche Bakterien gibt es heute noch in Unmassen, z.B. in unserem Darm. Bei jüngsten Tiefsee-Forschungen fand man ganze ökologische Gemeinschaften am Meeresgrund in lichtloser Tiefe von mehreren tausend Metern, gruppiert um schwefelhaltige heiße Quellen. Für alle dort – metergroße Röhrenwürmer, Muscheln, Krebse und auch Fische – sind solche Schwefelbakterien die Lebensbasis.

Unter den ältesten bisher entdeckten Mikro-Fossilien sind aber auch schon solche, die zeigen, daß der entscheidende Schritt für die gesamte weitere Entwicklung des Lebens nicht lange auf sich warten ließ: Wir kennen Fossilien, die mehr als drei Milliarden Jahre alt sind und in der Struktur ganz den heutigen Cyanophyten (»Cyanobakterien«) gleichen, den Blaualgen, die bereits die Photosynthese mit Hilfe von Chlorophyll erfunden hatten mit Nutzung der Sonnenenergie und Freisetzung von Sauerstoff (vgl. das Kapitel »Pflanze- oder Tier?«).

Die Bewältigung zäher Probleme ...

Damit war die Schlüsselleistung für die Entwicklung des gesamten Pflanzenreiches geschaffen, vorerst allerdings noch ausschließlich im Wasser. Lange beherrschten einzellige Algen die Meere. Für die Zeit vor mehr als zweieinhalb Milliarden Jahren sind dann die ersten vielzelligen Pflanzen nachgewiesen. Sie und ihre Nachfahren haben mit diesem Stoffwechselprinzip der Assimilation über Äonen hinweg Wassermoleküle gespalten und Sauerstoff freigesetzt, ehe genügend davon vorhanden war, um weitere Entwicklungsschritte zu ermöglichen. Dieser Aufbau einer Grundlage für ökonomisches Atmen war ein zäher und äußerst langwieriger Prozeß. Fast der gesamte Sauerstoff wurde, kaum war er freigesetzt, wieder verhaftet von Eisen- und Schwefel-Molekülen, die es im Meer reichlich gab. Noch heute sind von dem so »produzierten« Sauerstoff lediglich 4 % in Atmosphäre und Hydrosphäre – in Luft und Meer zusammen – frei verfügbar vorhanden. Nach langer – für unsere Begriffe unendlich langer Zeit stellte dann eine wahrhaft epochemachende »Erfindung« die Weichen für eine bessere Ausbreitung des Lebens: Neben die bis dahin ausschließliche Vermehrung durch Zellteilung trat die geschlechtliche Fortpflanzung. (Beide werden in einer Kapitelgruppe behandelt). Allerdings gab es damals – etwa vor einer Milliarde Jahren – immer noch ausschließlich Pflanzen und winzige, den Bewegungen des Wassers machtlos ausgesetzte »primitive« Tiere, zumeist von einer Größe, die wir heute mikroskopisch nennen.

... macht Entwicklungssprünge möglich

Vor etwa 600 bis 700 Millionen Jahren setzte dann eine so weitgreifende Entfaltung verschiedenster Lebensformen, in Sonderheit im Tierreich, ein, daß bei aller Würdigung der riesigen Zeitdimensionen der Begriff »Explosion« angebracht erscheint. Nicht zuletzt dürfte dabei eine weitere Neuerung fördernd gewirkt haben, die bis zur Gegenwart modern blieb und zweifellos noch fortschrittliche Wandlungen vor sich hat: das Skelett. Mit großem Erfolg experimentiert seither die Natur mit verschiedenen Substanzen und mannigfachen Formen, von der simplen Kalknadel, die weichem Zellmaterial die nötige Form garantiert, bis zum hochdifferenzierten Stützapparat der Wirbeltiere.

Bei der »Explosion« war freilich das Meer immer noch der einzige Hort allen Lebens. Die Besiedlung des Landes (und des Süßwassers) begann erst vor etwa 400 Millionen Jahren, im Devon. Pflanzen waren die ersten Eroberer, aber schon bald machten sich auch Tiere den neuen großen Lebensraum zunutze.

Die unsichtbare Riesenpyramide

Ohne Verwendung des Begriffes ist oben bereits vom Plankton die Rede gewesen. Die deutsche Bezeichnung »Geschwebe« deutet schon an, was darunter zu verstehen ist: alle Organismen, die ohne Befähigung zu nennenswerten eigenen Bewegungen denen des Wassers, in dem sie schweben, ausgesetzt sind. Eigentlich ist das Plankton nur in Superlativen zu beschreiben – in positiven wie in negativen. Die kleinsten Lebewesen sind es, die sich dort in unvorstellbarer Anzahl tummeln, pflanzliche wie tierische, vor allem Einzeller sowie Vielzeller von so geringer Größe, daß unsere Augen sie kaum oder gar nicht wahrzunehmen vermögen. Jedenfalls nicht als Einzelwesen. Wohl aber in der Gesamtheit, als Ärgernis: Plankton ist es, was das Wasser trübt, was die Sichtweiten im Meer so stark schrumpfen läßt und das Tauch-Erlebnis mindern kann. Die Partikel des Geschwebes sind es auch, die dem Unterwasser-Fotografen die schönsten Motive verderben, weil sie das Blitzlicht reflektieren und auf den Bildern wie Schneeflocken nachdrücklich an ihre Existenz und Bedeutung erinnern.

Der größte aller Fische, der Walhai, ist ein harmloser Plankton-Seiher. (Die etwa 1 m langen Schiffshalter erleichtern eine Größenvorstellung).

Das Plankton ist aber auch die notwendige Basis für das gesamte Leben im Meer. Darum muß unser Mißtrauen jedem Ferienprospekt gelten, der eine Fülle von Fischen und anderem Getier verspricht und gleichzeitig ein stets kristallklares Wasser. Dem dichtesten, also nahrhaften Geschwebe folgen auch die großen Plankton-Seiher wie etwa Manta-Rochen und Walhai – zum Kummer aller Taucher.

Wollen wir den Basis-Begriff der Nahrungspyramide noch mehr einengen, dann müssen wir zunächst nur die pflanzlichen Geschwebeteilchen nennen, das Phytoplankton. Sehen wir einmal von den Seegraswiesen und den großen Algenformen, wie sie etwa in den Kelpwäldern oder dem an der Oberfläche treibenden *Sargassum* zu sehen sind, ab, so bleiben nur diese winzigen Pflanzen, von denen sich letztlich alles ernähren muß, was im Meer lebt. Die Einzelbestandteile dieser Basis der vielzitierten Pyramide sind die direkten Nachkommen der frühesten Lebewesen der Erde. Erst 1988 entdeckte man kernlose, aber chlorophyllhaltige Zellen im Meerwasser, die so winzig sind, daß sie im Lichtmikroskop ohne besondere Tricks nicht gesehen werden. Das Aufregende daran: es handelt sich nicht um Raritäten, vielmehr ist der Ozean so voll davon, daß man fast versucht ist, zu fragen, wo da noch Platz für Wasser bleibt; bis zu 120000 dieser Organismen wurden in einem einzigen Milliliter nachgewiesen. Das macht 120 Millionen in einem lächerlichen Liter Ozean-Wasser, selbstverständlich neben allen anderen, größeren Geschwebe-Bestandteilen. Welch ungeheure Fruchtbarkeit dort entfaltet werden muß, um den Bestand zu wahren, läßt auch die oft gebrauchte Faustregel erkennen: In der Nahrungskette benötigen die Organismen einer höheren Stufe zum Überleben im Durchschnitt das Zehnfache an Biomasse der unteren Stufe, die ihr als Nahrung dient. Ein Hai z.B. kann nur existieren, wo ihm an kleineren Fischen ein Gesamtgewicht in der Größenordnung seines Eigengewichts mal zehn zur Verfügung steht. Diese »Regel« ist zwar ungenau, weil die Nahrungspyramide keine reine Stufenpyramide ist, sondern manche Unregelmäßigkeiten aufweist; aufs Ganze gesehen ist die Rechnung deshalb aber noch nicht falsch.

Zur Veranschaulichung eine Zahlenrelation: Man hat errechnet, daß von dem durch Assimilation in den Weltmeeren jährlich in organischen Substanzen gebundenen Kohlenstoff (etwa 37 Milliarden Tonnen) ungefähr 1/10000 in Fischfleisch umgesetzt wird. Daraus wäre zu entnehmen, daß vier »Stufen« den Fisch von den planktonischen Pflanzen trennen.

Den pflanzlichen Mikroorganismen (Phytoplankton) folgen in der Kette die tierischen Kleinlebewesen. Zu einem großen Teil sind es Krebse, von mikroskopischer Größenordnung bis zur Hauptnahrung von Bartenwalen, dem Krill, wo 10 cm Individuen-Länge erreicht werden können. Das Gros der 35 000 Krebsarten gehört dem Plankton an, ebenso die Larvenstadien und die im Freiwasser abgelaichten Geschlechtszellen vieler Tiere. Aber auch Tang-Teppiche gehören dazu, ebenso größere Tiere wie z.B. Quallen.

Drei große Ökosysteme

Diese Organismen, die – wenn auch in engen Grenzen – den Wasserbewegungen Widerpart bieten können, leiten schon über zum zweiten der drei großen Ökosysteme des Lebens im Meer, dem Nekton. Das erste wird vom Plankton repräsentiert. Unter Nekton werden alle Tiere zusammengefaßt, die sich durch aktives Schwimmen von den Wasserströmungen und Wellenbewegungen unabhängig im offenen Ozean bewegen. Die erwähnten Quallen lassen schon erkennen, wie wenig scharf die künstlich gezogene, aber didaktisch nützliche Grenze zwischen den Systemen ist. Alle Hochseefische, von den Sardellenschwärmen bis zu den einsam wandernden Walhaien gehören ebenso zum Nekton wie die Kalmare, die Meeresschildkröten, die Wale und – meist werden sie in der Aufzählung vergessen – die Pinguine.

Der dritte umfassende Sammelbegriff der Meeresbiologie heißt Benthos (= griechisch »Tiefe«) und meint alles Leben, das ständig vom Meeresgrund abhängig bleibt. Außer den festsitzenden Pflanzen und Tieren sowie den beweglichen, aber schwimmunfähigen (z.B. zahlreiche Würmer, Krebstiere, Stachelhäuter, Schnecken und Muscheln) gehören hierher auch alle ortstreuen Schwimmer wie Kraken, reviergebundene Fische und Robben. Das Wort »Tiefe« ist nicht allzu glücklich gewählt, denn der weitaus größte Teil benthischen Lebens spielt sich in relativ oberflächennahen Wasserschichten ab. Vor allem sind es die flachen Schelfmeere an den Rändern der Kontinente, die küstennahen Regionen der Nebenmeere und die untergetauchten Sockel von Inseln, wo günstige Bedingungen für ortsgebundenes Leben herrschen. Das Wattenmeer, Seegraswiesen, Kelpwälder, zerklüftete Felsformationen und vor allem die Korallenriffe sind typische Beispiele dafür. Die in jüngster Zeit entdeckten benthischen Lebensgemeinschaften an bestimmten Stellen des Tiefseegrundes stellen nur einen geringen Teil dieser ökologischen Gruppe, die sich ebenfalls nur unscharf gegen die beiden anderen abgrenzen läßt.

Natur – das ist nicht nur ein großes Wort, sondern auch ein kontinuierlich verwässerter Begriff. Nicht daß der Wert dessen bestritten werden soll, was uns heute unter dieser Bezeichnung zur Erholung und Erbauung dient. Reduzieren wir indessen das Wort Natur auf seine eigentliche Bedeutung, nämlich

> die Kennzeichnung des Teiles der Welt,
> der ohne menschliches Zutun zustandekam,

so schrumpfen unsere Maßstäbe dahin.

Die Natur ehemals – jetzt – dereinst

Das Bedürfnis nach Naturerlebnis ist groß und wächst offensichtlich im Gleichschritt mit der Bevölkerung, mit dem Wohlstand und der Mobilität der Bewohner von Industrie-Staaten. Zur gleichen Zeit aber opfert man die verbliebenen Reste ursprünglicher Natur – oft genug bedenkenlos – materiellen Zielen. Ehe die Menschheit sich versah, hatte sie mit unbedachtem Tatendrang in all das, was die Evolution in nahezu vier Milliarden Jahren geformt hatte, soweit verändernd eingegriffen, daß die letzten Rückzugsgebiete frei waltender Natur nur allzu schnell aufgezählt sind: die Eisregionen der Polkappen mit den angrenzenden arktischen Tundren, die großen Wüsten, die unaufhaltsam schrumpfenden Reste tropischer Regenwälder und schließlich die obersten Gipfel der Hochgebirge, auf die aber der Zugriff ehrgeiziger Extrem-Sportler mit einem Gefolge von Geschäftemachern bereits voll im Gange ist.

All diese Gebiete sind nur mit mehr oder weniger großem Aufwand von Expeditionscharakter erreichbar und bleiben wenigen vorbehalten. Es ist gut, daß wir noch Erholung empfinden in einer »künstlichen Natur«, die die Mitwirkung des Menschen nicht verleugnen kann: beim Wandern durch Nadelholzplantagen, die uns als heimatliche Wälder dienen; am Ufer klarer Gebirgsbäche, denen wir nicht ansehen, wenn ihre Fische durch Säure-Schocks ersticken oder verhungern; beim Spaziergang zwischen Getreidefeldern, die sorgsam befreit wurden von »Unkräutern« wie Kornblume und Klatschmohn. Parks und Gärten machen aus ihrem Surrogat-Charakter ebensowenig Hehl wie die hübschen und lehrreichen Feuchtbiotope fortschrittlicher

Gemeinden. Inszenierte Idylle, Natur aus zweiter Hand, aus Menschenhand – so nützlich sie auch ist: notwendig wurde sie erst als Ersatz für verdrängte Primär-Natur. Dem Großstädter bleibt oft für Monate nichts weiter als Zoobesuch, Aquarium, Kanarienvögel und Topfblume (auch sie schon oft genug abgewandelte Natur, nämlich als Züchtung). Es ist nicht abzusehen, ob und wann diese Entwicklung je gestoppt, geschweige denn umgekehrt werden kann: Eine Rückgewinnung verlorener ursprünglicher Ökosysteme – etwa von Urwäldern – ist ohnehin grundsätzlich nicht möglich.

Je weniger primäre Natur übrigbleibt, um so wichtiger werden die Reste. Erhaltung und Erforschung müssen mit gleichem Nachdruck betrieben werden. Außerdem ist Eile geboten, denn jährlich geht Unwiederbringliches verloren. Seit uns die Bedeutung des Umgangs mit der Natur bewußt ist, sind wir mitverantwortlich für das Morgen, sind aufgerufen, unsere Möglichkeiten, die wir allzu lange blindlings für den Augenblick genutzt haben, sinnvoll für eine langfristige Zukunft einzusetzen.

Das Meer als Naturerlebnis und Forschungsobjekt ...

Bei der obigen Aufzählung von Bereichen echter Natur wurde einer ausgespart: In weiten Teilen der Weltmeere waltet noch die in gigantischen Zeiträumen entwickelte Selbstregulation. So sehr die Sünden der Menschheit den Meeren schon Wunden schlagen, so reichen zum Glück die technischen Möglichkeiten noch nicht ganz aus, die Böden in großem Stil auszubeuten oder zu »kultivieren«, wie so etwas in grotesker Überheblichkeit genannt wird.

Das Meer bietet noch unschätzbare Möglichkeiten, mit Natur im engsten Sinn in hautnahen Kontakt zu treten. Das gilt ausnahmsweise nicht nur für eine privilegierte Minderheit, sondern für den Großteil unserer Zeitgenossen. Ich meine das Tauchen. Abgesehen von seinem Stellenwert als Sportart, von der hier nicht die Rede sein soll, kann das Gerätetauchen, mit Preßluft-Flaschen, mehrere Vorteile konkurrenzlos für sich buchen. Zum einen ist die meeresbiologische Wissenschaft mit Vehemenz dabei, Forschungsergebnisse aus den Lebensräumen der Organismen durch direkte Beobachtungen mit Hilfe frei tauchender Fachleute zu sammeln. Erst seit wenigen Jahrzehnten ist das möglich und entsprechend schwellen die gewonnenen Daten rapide an. Sodann haben die Entwicklung der »Aqualunge« durch J. Y. Cousteau und andere sowie im Gefolge davon der Aufbau zahlreicher Tauchbasen rund um die Welt ungeahnte Zugänge zur »echten« Natur ermöglicht. Wo noch gesunde Meeresböden innerhalb der obersten 50 oder 70 Tiefenmeter angetroffen werden können, sind sie dem Taucher mehr oder weniger leicht zugänglich. Darin ist ein entscheidender Vorteil gegenüber den anderen oben genannten Rückzugsgebieten ursprünglicher Natur gegeben. Ob Wattenmeer oder Sockel vulkanischer Inseln, ob Schelfböden verschiedener Art oder Korallenriffe – eine unspektakuläre Anreise genügt, um ohne den Aufwand einer Expedition Einblicke in die Vielfalt unzerstörter Meisterwerke der Schöpfung zu erlangen. Sofern das der Urlaubsgestaltung dient, kann nicht wundernehmen, wenn Korallenmeere auf der Wunschliste der Ziele ganz oben zu finden sind. Präsentieren sie doch von allen Lebensräumen auf unserem Planeten das farbigste und bewegteste Bild mit ihrem unvergleichlichen Artenreichtum und dem – zunächst verwirrenden – Gefüge von mannigfaltigen Lebensäußerungen. Forschungen an Korallenriffen konnten die meeresbiologische Wissenschaft in besonderem Maße voranbringen. Auch der Inhalt dieses Buches spiegelt das wider.

... und ein Maximum an Lebensfreude

Schließlich darf einfach nicht unerwähnt bleiben, welches unvergleichliche Gefühl den gut ausgerüsteten Taucher immer wieder überkommt, wenn er wahrhaft schwerelos in einem fremden Milieu schwebt und wie von Feenhand gehalten eine Märchenwelt erleben darf. Zu Unrecht gebraucht manch andere Sportart den Begriff der Schwerelosigkeit. Von der Massenanziehung der Erde befreit werden können in Wahrheit nur der Astronaut (dem das unerwünschte Probleme bereitet) und der Taucher. Den Fliegern aller Disziplinen ist das nicht vergönnt. Allenfalls ein besonders schöner Traum kann es mit einem guten Tauchgang an einem gesunden Korallenriff aufnehmen (vorausgesetzt man träumt in Farbe). Nichts vermittelt mehr Lebensfreude, als solche Besuche im Meer, und das in doppeltem Sinn: Freude am eigenen und an fremdem Leben.

Inmitten unbeschreiblicher Szenerien durchfuhr mich oft wie ein Stoßseufzer der Wunsch: Könnte doch jedem Menschen wenigstens einmal in seinem Dasein ein solches Erlebnis zuteil werden! Nicht zuletzt würde auch die Liebe zur Natur davon profitieren und damit die Sorge um ihr Wohlergehen.

Wie soll der Unbefangene hierin eine Tierkolonie erkennen können?

Vom Diktat des Wassers
Das Element zwingt zur Anpassung

1

Von »Elementen« sprachen die Alten. Empedokles sah – vor zweieinhalbtausend Jahren – die Welt aus deren vier zusammengesetzt: Erde, Wasser, Luft und Feuer. Auch wenn wir uns erst beim Nachdenken erinnern: Wir, die Landbewohner, sind es, die sich sekundär umorientieren mußten in zwei neue »Elemente« – Erde und Luft. Denn die Fährte unserer Herkunft führt zurück ins Ur-Milieu Wasser. Die Eroberung des Landes begann erst im letzten Zehntel des bisherigen Gesamt-»Lebenslaufs«, vor etwa 400 Millionen Jahren. Das war nur möglich mit der Lösung ganz neuer Aufgaben, vor allem der Gewinnung von Sauerstoff aus der Luft und mit dem Ersatz der tragenden Funktion des Wassers durch Entwicklung von Stützelementen gegen das nun ganz anderen Gesetzen unterworfene Körpergewicht. In solchen Punkten waren zuvor die Bedingungen – über einen achtmal so langen Zeitraum, nämlich für mehr als drei Milliarden Jahre – zwar leichter. Indessen hatte es gegolten, andere Schwierigkeiten zu überwinden. Salzhaltiges Wasser kommt der Art von Leben, wie es sich auf unserem Planeten entfaltete, durchaus nicht nur wohlwollend entgegen.

Beträchtlicher »Erfindungs«-Reichtum war von allem Anfang an gefragt, um das werden zu lassen, was heute so selbstverständlich als belebte Natur in unserem Weltbild seinen Platz hat. Das Salz zeigt seine Tücken bei lebenswichtigen Stoffwechselvorgängen; für alle, deren Lebensraum das offene Meer ist, gilt es, der Massenanziehung der Erde entgegenzuwirken, um nicht auf den Grund zu sinken; und es muß sich zu arrangieren verstehen, wer dort am Boden leben will, wo der Platz nicht für alle reicht. Ferner: Wieso läßt der Körperbau aller modernen Knochenfische erkennen, daß sich ihre Ahnen vorzeiten bereits einmal an dem Element Luft versuchten, ja vielleicht nahe daran waren, das Wasser zu verlassen? Das Erbe der Experimente jener Ära ist ihnen heute im Ozean von größtem Nutzen. Und die vielzitierte Nahrungskette: Sie kann nur funktionieren, wo die Relationen stimmen. Uns ist klar, daß es auch im Ozean viel mehr pflanzliche Masse geben muß als tierische. Aber mit welchen Kriterien vermögen wir jeweils die Zugehörigkeit zu einem der beiden grundverschiedenen Reiche zu erkennen?

Probleme der Zuordnung und ihre Geschichte
Pflanze oder Tier?

»Könnt ihr euch Wälder vorstellen, welche aus lauter dunkelroten Korallenbäumen bestehen? Kennt ihr die silbernen fiedrigen Seemoose, die feinen Nadelbäumen gleichen, den blutroten Ampfer, die duftige Seenelke und die schlanke Witwenrose? All diese Pflanzen und noch unzählige andere wachsen auf dem Grunde des Meeres. Viele von ihnen haben Wurzeln, die sie in den Meeresboden senken, wie die Pflanzen der Erde, während ihre Zweige sich in den Wellen wiegen, rote an milchweißen Stielen und behaartes Gesträuch.«

Aus: Marie Luise Kaschnitz:
»Der alte Garten. Ein Märchen.«
Suhrkamp-Verlag 1975

Die Reaktion beim Lesen liegt zwischen Gänsehaut und Lächeln. Ungewollt hat hier die bedeutende Dichterin in ihr Märchen ein zweites eingebaut. Versehentliches Märchen im Märchen sozusagen. Nun – wir haben es leicht, erhaben zu lächeln. Wir wissen natürlich längst, daß alle im Zitat erwähnten Schönheiten des Meeresgrundes Tiere sind und keine Pflanzen. Obwohl es – Hand aufs Herz! – selbst den alten Hasen in Sachen Meerestauchen zuweilen immer noch schwerfällt, nicht einer Täuschung zu erliegen. Zu sehr ähneln so viele der Tiere im Meer unseren Pflanzen an Land.

Aber wie war das früher? Wie alt ist die richtige Erkenntnis? Und was macht den Unterschied zwischen Pflanze und Tier aus? Haben wir eine Chance, beim Betrachten den richtigen Schluß zu ziehen? Keine Schwierigkeiten haben wir in einer Seegraswiese oder einem Tangfeld. Ganz anders im Korallenriff. Man weiß, daß Pflanzen die Grundlage allen Lebens sind. Das ist auch im tropischen Riff nicht anders. Aber wo sind sie, die als Basis der Nahrungspyramide den größten Teil der gesamten Biomasse ausmachen sollen? Man sieht fast nichts von ihnen, und doch muß es so sein, wenn eines der biologischen Grundgesetze stimmt.

Verräterische Namen

Solche Fragen hat man sich vor langer Zeit noch nicht gestellt: Darum kann es auch nicht wundern, wenn alles, was Pflanzen glich, auch dafür gehalten wurde. Daß jene Zeit noch nicht gar so lange vorüber ist, bezeugen die zahlreichen Pflanzennamen, mit denen wir noch heute sowohl einzelne Meerestiere als auch ganze Gruppen benennen. Die Sammelbezeichnungen »Blumentiere« und »Seegurken« blieben gleich ganzen Klassen anhaften. Ähnlich geht es den »Seelilien, »Seerosen«, »Wachsrosen«, »Seeanemonen«, »Seemoosen«. Ganz selbstverständlich sprechen wir von »Zweigen«, »Sträuchern« und »Bäumchen«. Die Reihe könnte weitergeführt werden. Es sind aber nicht nur die von Fachleuten vielgeschmähten volkstümlichen Bezeichnungen. Die wissenschaftliche Nomenklatur macht die irreführenden Begriffe amtlich. Hier einige Übersetzungen: Blumentiere = Anthozoa = »Blütentiere«; Zylinderrosen = Ceriantharia = »Wachsblumen«; Wurzelmundquallen = Rhizostomae = »Wurzelmünder«; Krustenanemonen = Zoantharia = »Bewegliche Blumen«; ein Hydroidpolyp heißt *Campanulina* = »Glockenblumenhafter«, ein anderer, das Zypressenmoos = *Sertularia cupressina* – »Zypressen-Blumengebinde«. Und so weiter.

Das sind alles noch Zeugen der wissenschaftlichen Vergangenheit. Die erwachende Naturkunde hat unsere Meerestiere zunächst sogar noch tiefer eingestuft: als »Steinpflanzen« (Lithophyten), Wesen zwischen Mineralien und Pflanzen. Denn man kannte nur die Kalkskelette der Korallen, die mit Fischernetzen ans Tageslicht gekommen waren.

Eine unglaubwürdige Entdeckung wird vergessen

Im Jahre 1723 untersucht der junge französische Arzt Peyssonnel an der nordafrikanischen Küste von Fischern im Netz heraufgeholte Edelkorallen. Er beschreibt sie, die inzwischen – gewisse Fortschritte sind nicht zu leugnen – zu den Pflanzen gezählt werden, als Tiere. Man belächelt ihn und schweigt die unmögliche Behauptung tot. Der berühmte Naturforscher

Reaumur, damals der Papst der Zoologen, spielt dabei eine entscheidende Rolle, obwohl Peyssonnel die Merkmale von Tieren eindeutig nachweist.

Es folgten – in Abständen von Jahrzehnten – weitere zaghafte Vorstöße einzelner Forscher, nicht ausreichend, um die geltende Auffassung gänzlich zu wandeln.

Nochmals »Jein«

Die Fachwelt wurde aber langsam unsicher – und pfiffig erfand man erneut ein Zwitterwesen, diesmal zwischen Pflanze und Tier stehend. Die Gruppe erhielt einen Namen, der die ganze Unentschlossenheit ausdrückt: »Pflanzentiere«. Das entsprechende griechische Wort »Zoophyten« kommt noch heute in manchem Lexikon vor, den Namen Peyssonnel dagegen sucht man vergeblich. Zwar neigten sich in der Folgezeit mehr und mehr Fachleute der richtigen Ansicht zu, zum festen Bestandteil der Wissenschaft wurde die ausschließlich tierische Natur der »Blumentiere« aber erst nach Veröffentlichung der grundlegenden Forschungen des Franzosen de Lacaze-Duthier an der Edelkoralle im Jahre 1864.

Die Unterschiede

Welche Kriterien sind es, nach denen in der verwirrenden Vielfalt des Lebens die wichtige Grenze zwischen Pflanze und Tier zu ziehen ist?

Die Freibeweglichkeit aller Tiere, lange als entscheidendes Merkmal angesehen, läßt uns gerade im Meer so oft im Stich. All die oben genannten Tiere sind am Grund festgewachsen oder liegen da, ohne ihren Standort selbst ändern zu können; einzige Ausnahme sind die Seefedern. Umgekehrt ist das Gros der Pflanzen, nämlich ihr riesiger Anteil am Plankton, das sogenannte Phytoplankton, ständig in Bewegung.

Der Körperbau gibt da schon klarere Hinweise. Pflanzen bedürfen keiner Körperhohlräume zum Stoffaustausch (Mägen, Kiemen, Lungen u.a.), sie entwickeln keine Sinnesorgane und kein Nervensystem, sie treiben keine Brutpflege, um nur einige grobe Unterschiede zu nennen. Der Wissenschaftler hat noch viele Möglichkeiten der Differenzierung, insbesondere unter Einbezug der Entwicklungsmechanismen und im mikroskopischen Bereich.

Den fundamentalen Trennungsstrich jedoch zieht der Stoffwechsel, die Art der Energiegewinnung und -umsetzung. Für Pflanzen ist kennzeichnend, daß sie mit Hilfe des Sonnenlichts aus anorganischer Substanz, aus Wasser und Kohlendioxid, organisches Material aufbauen können, Zucker und Stärke. Dabei wird der für uns und die gesamte Tierwelt lebenswichtige Sauerstoff freigesetzt. Zu dieser sogenannten Photosynthese sind Tiere nicht fähig. Sie könnten deshalb ohne Pflanzen mit deren entscheidender »Vorarbeit« nicht leben, ob sie sich nun direkt von ihnen ernähren oder indirekt als Fleischfresser. Kein Tier kann die lebensnotwendige Energie anders erlangen als durch Aufnahme, Verdauung und Verbrennung organischer Stoffe, unter unabdingbarer Einwirkung des Sauerstoffs. Dabei wiederum wird das für Pflanzen wichtige Kohlendioxid frei – so schließt sich der Kreislauf der Natur.

Unsere Blumentiere und andere pflanzenhaft wirkende Meeresbewohner weisen nicht nur alle Merkmale von Tieren – mit Ausnahme der Freibeweglichkeit – auf, sondern verfügen auch über Verdauungsfermente, die sie als gierige Räuber, wenn auch von Kleinstlebewesen, ausweisen.

Ein Ratespiel?

Diese wissenschaftlichen Differenzierungen sind schön und gut, werden Sie sagen; aber hat man nun damit eine Möglichkeit zur Unterscheidung? Oder bleibt es beim Glücksspiel des Ratens? Wir müssen es gestehen: sichere Kriterien hat der Natur-Betrachter leider zu wenig. Aber eine Empfehlung mag weitgehend helfen. Sehen wir einmal ab von eindeutigem Tang und von Seegras sowie von den rostroten, braunen oder ähnlich gefärbten dünnen Algenüberzügen auf Fels und anderer fester Unterlage, so tun wir gut daran, alles übrige für Tiere zu halten. Damit steigt die Chance, richtig zu raten, ganz enorm. Besonders im Korallenriff sollte man sich das zur Regel machen. Anders – nämlich genau umgekehrt gewichtet – ist es nur beim Plankton. Aber da ist das bloße Auge ohnehin hoffnungslos überfordert, teilweise sogar das Lichtmikroskop, wie im Einleitungskapitel dargelegt wurde.

Rasches Rückziehen der »Blüten« hilft, das Tier in der »Blume« zu erkennen

Corallimorpharien sind uralte; komplizierte Organismen von blütenhafter Ästhetik.

Korallen wie Seeanemonen, aber auch Federsterne (Mitte), Würmer (S. 20) und Hydroidbäumchen sind von besonders pflanzenhaftem Aussehen.

In Pflanzenzellen kann der osmotische Druck bis 80 bar steigen.

Über den Salzhaushalt von Wasserlebewesen
Warum schmecken Dorsch und Hummer nicht salzig?

Man darf getrost annehmen, daß so mancher Zeitgenosse sich sein Fischgericht munden läßt, ohne auch nur einen Gedanken darauf zu verschwenden, ob das Tier aus dem Meer kam oder aus dem Süßwasser. Aber auch der Fortgeschrittene, der Connaisseur, wird sich nur selten fragen, warum die Meeresfrüchte unserer Speisezettel eigentlich nicht salziger schmecken als die aus Seen und Flüssen. Immerhin haben die ersteren ihr Leben in einem Milieu verbracht, das im Durchschnitt 35 Kilogramm Salz pro Kubikmeter enthält. Die Biologie kann heute eine nüchterne Antwort auf unsere Frage geben. Aber es darf dennoch gestaunt werden über die souveränen Lösungen der Natur für höchst schwierige Probleme.

Was kann es Schlimmeres geben für Menschen auf hoher See, als ein Zur-Neige-Gehen des Süßwasservorrats? Ohne Wasser können wir nicht lange leben. Selbst jeder Hungerstreik würde ein rasches, fatales Ende finden ohne Flüssigkeitszufuhr. Mit Salzwasser ist aber unser Bedarf leider nicht zu decken: Es würde sogar das Gegenteil bewirken: uns austrocknen. Kochsalz ist in Überdosierung – so komisch es klingt – hoch giftig; man kann damit ohne weiteres Menschen umbringen. Zuviel aufgenommenes Salz muß also schleunigst wieder ausgeschieden werden. Das besorgen unsere Nieren. Dazu brauchen sie aber viel Wasser, mehr, als mit dem Seewasser geschluckt wurde. Die höchstmögliche Salzkonzentration unseres Harns liegt nämlich weit unter der des Meerwassers. Folglich muß nach Salzwassergenuß dem Blut und den Geweben Wasser entzogen werden: wir trocknen aus. Schließlich würde das zu unserem salzigen Ende führen.

Fische als Süßwasser-Ersatz

Niemand würde also eine Ozean-Überquerung riskieren, ohne für den lebenswichtigen Süßwasservorrat zu sorgen. Und dennoch wurde bewiesen, daß es ohne geht. Thor Heyerdahl führte den Nachweis mit seinem berühmten Floß KONTIKI im Jahre 1947. Fische verschiedenster Art, nicht nur die Fliegenden, landeten bei Luftsprüngen auf dem Floß. Ihr Fleisch war voll ausreichend, um – auch ungekocht zerkaut – den täglichen Flüssigkeitsbedarf der Expeditions-Equipe zu decken. Die Flüssigkeit, die sie liefern, ist nämlich (fast) Süßwasser. Wie kommt es dazu?

In jedem Lebewesen ein Stück Meer

Alles Leben stammt aus dem Meer. Einen sehr wichtigen unter den zahlreichen Belegen dafür liefern die Körperflüssigkeiten aller Lebewesen, auch der des Landes. Sie enthalten nämlich die gleichen chemischen Stoffe wie das Meerwasser. Mengenmäßig spielen Natrium und Chlor dabei die überragende Rolle: als Kochsalz (Natrium-Chlorid) stellen sie fast 80 % des Meersalzes. Andere Elemente wie Magnesium, Calcium, Kalium und Schwefel ergänzen das Spektrum.

Je weiter wir in der Entwicklungsreihe der Lebewesen zurückgehen, um so ähnlicher wird die Körperflüssigkeit dem Meerwasser. Bei den meisten Tieren und Pflanzen auf niederer Stufe – sie bilden den weitaus größten Teil der Biomasse des Meeres – sind die beiden Flüssigkeiten sogar praktisch miteinander identisch. Man könnte sagen: diese Zellen und Gewebe sind ein Stück Meer, ergänzt durch einige weitere Bestandteile. Ihrem hohen Salzgehalt entspricht auch ihr Geschmack. Betrachten wir aber die Lebewesen, die in der Entwicklungsstufenleiter nach oben folgen, die höher entwickelten, so bleiben zwar die Bestandteile in den Körperflüssigkeiten qualitativ die gleichen, quantitativ dagegen nicht mehr: es handelt sich sozusagen um immer stärker verdünntes Meerwasser. Ganz ohne Salze (in gelöster Form Elektrolyte genannt, weil elektrisch geladen) geht es freilich nicht, der Organismus braucht sie für zahlreiche lebenswichtige Funktionen.

Wie physikalische Gesetze umgangen werden

Mit der »Verdünnung« beginnen nun die physikalischen Probleme. Nehmen wir die Fische als Beispiel. Im Meer haben ihre Zell-, Gewebe- und Blutflüssigkeiten eine geringere Salzkonzentration als das umgebende Wasser, im Süßwasser dagegen eine höhere. Beides lassen sich die physikalischen Gesetze nicht einfach gefallen. Sie schreiben vor, daß solche Konzentrationsgefälle solange mit Durchmischung bekämpft werden, bis einheitliche Konzentrationen herrschen

– wenn es geht. Daß es aber – zum Wohle vieler Lebewesen – nicht geht, dafür hat die Natur mit verschiedenen »Erfindungen« gesorgt.

Da ist einmal die Zellmembran, die äußere Umhüllung einer jeder lebenden Zelle. Sie ist »halbdurchlässig« (semipermeabel): es können nur die kleineren Moleküle des Lösungsmittels Wasser hindurch, nicht dagegen die größeren Moleküle (oder Ionen, wie man sie als Elektrolyte nennt) der gelösten Stoffe. Das Gefälle erzeugt auch eine gerichtete Triebkraft: es wandern nur Teile aus der konzentrationsarmen Flüssigkeit in die konzentriertere. Für diese einseitig verlaufende Diffusion, die sog. Osmose, ein Beispiel: eine Qualle besteht zu etwa 98 % aus Wasser. Sie ist ein sehr frühes Entwicklungsmodell und ihr Zell-Wasser ist nur wenig anders als das seines angestammten Milieus, des Meeres, und auch entsprechend salzig. Versetzt man ein solches Wesen ins Süßwasser, so wandern unaufhörlich Wassermoleküle durch die Zellmembranen ins Innere; während die größeren Salzmoleküle nicht in umgekehrter Richtung das Tier verlassen können. Die Qualle quillt unaufhaltsam und platzt schließlich.

Fische haben keine wasserdichte Haut

Bei den Fischen dienen nicht nur die Wände aller Zellen als semipermeable Membranen, sondern auch die Haut. Süßwasserfische mußten sich, wie alle höher entwickelten Tiere dort, Regulationsmechanismen zulegen, die das geschilderte Quellungsproblem bewältigen. Für diese Funktion ist die Niere das wichtigste Organ. Das permanent durch Haut und Schleimhäute eingedrungene Wasser wird – unter Energieaufwand – als Harn wieder ausgeschieden. Süßwassertiere produzieren viel davon. Was aber machen die Verwandten im Meer? Sie sind in der umgekehrten Situation: ihnen wird vom salzigen Meer dauernd Wasser entzogen. Folglich müssen sie es ebenso pausenlos ergänzen. Das können sie nur durch Trinken. Mit dem Meerwasser nehmen sie aber viel zu viel Salz auf – siehe oben.

Seewasser-Entsalzungs-Anlagen

Meeresfischen steht jedoch eine Möglichkeit zur Verfügung, das Salz aus dem Wasser zu isolieren und in konzentrierter Form auszuscheiden. Das besorgen besondere Zellen in den stark durchbluteten Kiemenblättchen. Diese Fische geben also viel Salz und wenig Harn ab, obwohl sie viel trinken. Meeresfische scheiden bis zu 100mal weniger Urin aus, als ihre nächsten Verwandten im Süßwasser. Bei etlichen von ihnen ist deshalb auch die Niere bereits stark zurückgebildet, z.T. sogar regelrecht verkümmert.

Ganz ähnliche Methoden der Osmoregulation sind bei höheren Tieren im und am Meer weit verbreitet. Meeresschildkröten z.B. können Salz in hoher Konzentration durch Tränendrüsen ausscheiden. Die Beobachtung von zähen Salztränen bei weiblichen Tieren während der Eiablage an Land verführt zu mitleidsvoller Fehlinterpretation. Auch die Seeschlangen verfügen über Salzdrüsen am Kopf. Bei Meeresvögeln, z.B. Kormoranen, Möwen und Sturmtauchern, werden Salzsekrete in den Schnabel geleitet, von wo sie abtropfen.

Die obligaten Ausnahmen

Die Phantasie der Evolution scheint sich auch mit ihren elegantesten Problemlösungen nie zu begnügen; immer muß sie mit zusätzlichen Ausnahmen ihre Unerschöpflichkeit dokumentieren. Zu unserem Thema gibt es deren vier zu erwähnen.

Bekanntlich schmecken auch weder Hummer und Languste noch andere Krebstiere aus dem Meer salzig. Sie sind durch ihre wasserundurchlässigen Panzer abgeschirmt. Knochenfische halten ebenso wie alle übrigen marinen Wirbeltiere mit komplizierten Regulationsmechanismen die Konzentrationen der gelösten Salze, also den Elektrolytgehalt, ihrer Körperflüssigkeiten konstant. Nicht so ein Teil der Knorpelfische (Haie und Rochen). Sie gehen ebenfalls einen eigenen Weg. Wie viele niedere Tiere sind sie fähig, sich veränderten Konzentrationsverhältnissen des Wassers anzupassen. Das tun sie aber nicht mittels der anorganischen Salze, sondern durch Einbehalten von organischen Ausscheidungsprodukten, vom Abfall beim Umsatz der Stickstoffverbindungen. Damit sind auch nicht mehr Salz- und Wasserhaushalt gekoppelt, wie es bei den Knochenfischen und so vielen anderen Tieren der Fall ist. Und wir verstehen, warum Hai- und Rochenfleisch trotz hoher Elektrolytkonzentrationen nicht salzig schmecken.

Die Meeressäuger schließlich, vor allem die Robben und die Wale, lassen die Wissenschaft noch ein wenig zappeln. Bei ihnen konnte man bis jetzt noch keine Salzdrüsen entdecken, ebensowenig andere Methoden der Ausscheidung hochkonzentrierter Salzlösungen. Das zwingt zu der Vermutung, daß die Nieren allein die Arbeit tun, obwohl sie damit nach unseren Vorstellungen überfordert sein müßten. Allerdings leben die meisten dieser Tiere ganz oder

Seelöwen und andere Meeressäuger haben noch nicht alle Karten ihres Salzhaushaltes aufgedeckt (links).
Seegurken sind als sog. »Niedere Tiere« salzig wie das Meerwasser (rechts).

Am Verdrängungswettbewerb beteiligen sich auch Pflanzen (hier Rotalgen) (links).
Der Hochsitz garantiert mehr Strömung und Planktonnahrung (oben).
Glückspilze schaffen es auch ohne festen Wohnsitz: Anemonen auf dem Haus eines Einsiedlerkrebses (unten).

überwiegend von Fischen, also von »salzarmer Diät«, die gleichzeitig ihren Flüssigkeitsbedarf deckt.

Es bleiben aber einige Arten, die Fragezeichen hinterlassen: der Pottwal ernährt sich von Tintenfischen, die Bartenwale seihen alles von einer bestimmten Größe in ihre Mägen und auch einige Robben fressen salzige Meeresfrüchte.

Und dann die Alleskönner

Damit die Bäume meeresbiologischer Forschung nicht in den Himmel wachsen, gibt es noch eine Gruppe von Tieren, deren spezielle Fähigkeiten beharrlich einer wissenschaftlichen Durchleuchtung trotzen. Es sind die wenigen Tiere, die zwischen Meer und Süßwasser pendeln. Aal und Wollhandkrabbe, ursprünglich Meerestiere, wandern für Abschnitte ihres Lebens in die Flüsse; Lachse, die sich offenbar im Süßwasser entwickelten, zieht es aufs Meer hinaus und erst zum Laichen wieder zurück. Gleichem Rhythmus folgen Meerforelle, Neunauge, Stichling und Stint. Vermutlich sind es Hormone, die jeweils die totale Umstellung des osmoregulatorischen Systems, vor allem in Nieren und Kiemen, bewirken. Wie das Ganze funktioniert, ist noch schleierhaft; eine der zahllosen Aufgaben, vor denen die Forschung noch steht. Warten wir die sicherlich spannenden Lösungen ab.

Platz kann knapper sein als Nahrung
Wohnungsnot am Meeresboden

»Fressen und gefressen werden« – mit dieser verkürzten Sentenz pflegt der harte Kampf ums Dasein in der Natur etikettiert zu werden. Gewiß ist es lebenswichtig, den eigenen Hunger zu stillen und dem Appetit von Freßfeinden zu entgehen. Andere fundamentale Probleme können in der Natur indessen von ebensolcher oder noch größerer Bedeutung sein. Für viele Tiere ist die allererste Voraussetzung fürs Überleben ein gesicherter »Wohnraum«. Der aber kann knapp sein und ist dann hart umkämpft.

Wie auf dem Kontinent, so gibt es auch am Meeresboden lebensfeindliche Wüstengebiete und dichtbesiedelte Zonen.

Weite Hochsee und enge Ballungsräume

Unterschiedliche Lebensbedingungen sind die Ursachen für solch krasse Gegensätze. Pflanzliches und tierisches Plankton, die Grundlage jeder marinen Nahrungspyramide, gibt es überall im Meer, freilich in unterschiedlicher Dichte. Auf hoher See vermögen sich davon nur wenige aktiv schwimmende Tierarten zu ernähren. Vor allem sind es kleine Fische, Sardinen, Sardellen, Sprotten, Heringe. Sie werden zur Beute von größeren Tieren. Alle zusammen bilden das sogenannte Nekton. Dazu gehören auch einige Kopffüßer, wie die Argonauten des Mittelmeers und der Nautilus, die Kalmare, aber auch die größten wirbellosen Tiere, die zehnarmigen Riesenkraken; ferner die Wale (mit den größten Wirbeltieren der Erde), ein Teil der Meeresschildkröten, viele Haiarten, darunter die größten aller Fische; einige Rochen, auch der Manta oder Teufelsrochen; schließlich die zahlenstarken Schulen räuberischer Knochenfische wie Makrelen (darunter Bonitos), Dorschfische, Stachelmakrelen und Thunfische. Sie alle leben pelagisch, im freien Wasser.

Die weitaus größte Zahl der im Meer lebenden Tierarten gehört aber zum sogenannten Benthos: sie sind vom Meeresgrund abhängig, sei es, daß sie im Boden leben, auf ihm oder wenig darüber.

Weite Hochsee und enge Ballungsräume

Greifen wir nochmals zu einem Vergleich mit dem Leben an Land. Es gibt (außer den zentralen Wüsten und den maximal lebensfeindlichen Gletscher-Regionen, die im Meer keine Entsprechung haben) Landschaften, in denen sich Pflanzen und Tiere nur in spärlicher Zahl behaupten können, z.B. Halbwüsten und die Gipfelzonen der Hochgebirge. Im Meer ähneln ihnen Areale mit stark wechselnden klimatischen Bedingungen und solche mit tiefem, schroff felsigem Grund.

Noch sind nicht alle Polypen dem Schwamm erlegen, aber ihre Tage sind gezählt (links). Strauchförmige Gebilde wie diese Schwarze Koralle sind beliebte Ankerplätze für Epibionten (Mitte). Ein roter Flächenschwamm hat die Zackenaustern überwuchert (rechts).

Weite Gebiete der riesigen Ozeane sind am ehesten mit Steppen und Tundren vergleichbar: fast überall Leben, aber nicht gerade üppig und von geringer Artenvielfalt. Am anderen Ende der Skala stehen über Wasser zwei Biotop-Formen als Spender reichen Lebens: zum einen die Auwälder, Schwemmlandschaften von Flüssen, die es auch in unseren Breiten (leider immer weniger) gibt. Noch wesentlich üppiger bieten sich die tropischen Regenwälder dar. Damit vergleichbar sind im Meer vier Lebensräume: das Wattenmeer und die Mangrovenküsten, die Seegraswiesen und die Korallenriffe. In diesen Partien des Meeresgrundes drängen sich Tiere und Pflanzen in großer Zahl.

Phantastische, fast unglaubliche Zahlen

Mangroven und Watt haben mit den Auwäldern die periodische Überflutung gemeinsam, mit stets neuer Ablagerung fruchtbaren Sediments. Freilich geschieht das im einen Fall im Jahresrhythmus, im anderen zweimal täglich. Dieser ständig frische Nachschub an Nährboden macht eine Biomasse möglich, die unser Vorstellungsvermögen fast übersteigt. Hier einige verblüffende Zahlen (wobei ausschließlich die Makrofauna, die dem unbewaffneten Auge sichtbare Tierwelt, berücksichtigt ist, nicht dagegen die mikroskopisch kleinen Lebewesen, die Mikrofauna): Wer Zeit und Geduld zum Zählen hat, findet in der Oberflächenschicht eines einzigen Quadratmeters Watt bis zu 30 000 Schnecken oder 20 000 kleine Krebse; ferner können etliche Dutzend Pierwürmer, jeder 20 cm lang, dieses kleine Fleckchen bewohnen; oder weit über 1000 kleinere Würmer; oder 4000 Herzmuscheln, vielleicht auch 1000 Sandklaffmuscheln – und so weiter und so weiter. Die Artenzahl der größeren Bodentiere ist dreistellig, die Biomasse eines Hektars muß – wie bei einem fruchtbaren Acker – in Tonnen ausgedrückt werden. Bei solchem Gedränge herrscht zwangsläufig Wohnungsnot, Platzkämpfe sind unvermeidlich. Millionen von Möwen und Strandvögeln greifen korrigierend ein und finden mühelos Nahrung – während wir auf den ersten Blick geneigt sind, diese biologisch höchst produktive Landschaft am Rand des Meeres für nahezu tot zu halten.

Ähnlich mögen wir uns beim Anblick einer Mangrovenküste verschätzen, ohne zu ahnen, welche Unmenge z.B. allein an Krebstieren, von denen jedes für sein Revier streiten muß, dort siedelt.

Schwämme, ob flächig wachsend oder wohlgeformt, beanspruchen den Raum besonders expansiv.

Viele müssen ins (See-)Gras beißen

Auch Seegraswiesen stufen wir leicht falsch ein, wenn wir über sie hinwegtauchen auf der Suche nach »Großfischen«. Wir übersehen dann en passant ein unglaublich lebensvolles Geschehen unter uns. Weil es so eindrücklich ist, sei noch einmal mit Zahlen jongliert. Vor der Küste von Florida zählte man in einem solchen Seegras-Biotop pro Quadratmeter nicht weniger als gut 20000 kleine Schnecken, mehr als 8000 Muscheln von zwei kleinen Arten und 72 Garnelen. Hochgerechnet auf einen einzigen Quadratkilometer bedeutet das: doppelt soviel Muscheln wie es Menschen auf der ganzen Erde gibt, an Schnecken gar viermal soviel, nämlich rund 21 Milliarden, und als kleine Zugabe noch 72 Millionen Garnelen. Natürlich kann bei diesem Konkurrenzdruck nicht jedes Jungtier einen Platz ergattern und

▷

Wenn Eroberer »auf Draht« sind, ersticken die Polypen der Drahtkoralle.

nicht jedes ältere kann sich eine Lebensspanne lang behaupten. Gefressen werden heißt die Alternative.

Blumentiere in harten Revierkämpfen

Auch in Korallenriffen spielt sich das Leben nicht paradiesisch ab. Diese mehr oder weniger hohen Bergketten oder -kuppen sind bekanntlich von den kleinen Korallenpolypen erbaut und bieten Lebensmöglichkeiten für eine so enorme Vielfalt an pflanzlichem und tierischem Leben, daß über Wasser eben nur noch die tropischen Regenwälder damit vergleichbar sind. Zwar siedelt oder sprießt der Nachwuchs in erster Linie auf dem Kalkskelett-Untergrund abgestorbener Tiere. Das Angebot an solchen Plätzen ist aber wesentlich kleiner als die Nachfrage. Dadurch werden zwei Merkmale harten Daseinskampfes gefördert: zum einen wird mehr oder weniger kräftig nachgeholfen beim Absterben, man überwuchert einfach den, dessen Widerstandskraft nachläßt. Zum anderen gerät man bei der eigenen Expansion leicht mit dem Nachbarn in Krieg. Zwischen Individuen derselben Art geht es dabei meist noch ziemlich friedlich zu. Treffen dagegen verschiedenartige Tiere auf einander, dann gibt es kein Pardon. Nicht einmal bei den schönsten der kleinen Korallenpolypen, die aussehen wie zarte Blüten. Steinkorallenpolypen bleiben meist Sieger im Revierkampf mit anderen seßhaften (sessilen) Pflanzen und Tieren. Ihr hartnäckiges Behauptungsvermögen hat sie befähigt, die weitaus größten von Lebewesen erstellten Bauten der Erde zu bilden, bis hin zum 2000 km langen Großen Barriere-Riff, das in Tiefen bis zu 185 m reicht (es gibt noch wesentlich höhere Riffe). Die Polypen sind dennoch nicht davor gefeit, im »Verdrängungswettbewerb« (wie so was in unserem Wirtschaftsleben heißt) zu unterliegen. Besonders von Schwämmen und Algen werden sie nicht selten überwuchert oder umwachsen; Weichkorallen oder andere größere Lebewesen vermögen ihnen das lebensnotwendige Licht zu nehmen oder die Strömung zu behindern, so daß es am Nahrungs-Plankton mangelt. Dann sind auch die Kolonien der zähen Steinkorallen zum Tode verurteilt.

Nicht die Schnellen machen das Rennen

Oft auch müssen Steinkorallen gegen Steinkorallen den Kampf aufnehmen; nämlich gegen artfremde, die auf sie zuwachsen. Wer siegt, ist durch regelrechte Hierarchien der Stärke schon vorprogrammiert. Die Vermutung liegt nahe, schnellwüchsige Formen, wie etwa die Geweihkorallen, seien im Vorteil und würden sich durchsetzen. Das genaue Gegenteil fand man durch langfristige Beobachtungen heraus. Je langsamer eine Kolonie sich ausdehnt, um so wirksamer ist ihre Waffe: Der Magen wird nach außen gestülpt, über den benachbarten Raumkonkurrenten, der – wie jede andere Nahrung – einfach verdaut wird. So hat sich im Riff ein Kräftegleichgewicht eingespielt, das die Schnellen zügelt und allen eine Chance läßt.

Buchstäblich auf Draht

In unseren Großstädten hat die Raumnot zur Ausdehnung nach oben geführt. Im Riff ist das nicht anders. Oft kann man 3, 4 oder noch mehr verschiedene Lebewesen übereinander sehen und wird an die Bremer Stadtmusikanten erinnert. So wächst z.B. eine große Muschel auf einem Steinkorallenblock; im nächsten Stockwerk siedelt eine Hornkoralle und in deren Geäst eine Moostierchenkolonie und ein Schwamm. Weil erhöhte Stellen wegen der nährstoffreichen Strömung beliebt sind, dienen hochwachsende Gorgonarien-Fächer und Draht- oder Peitschenkorallen besonders oft als Verankerungsbasis für die sogenannten Epibionten. Der »Unterbau« muß keineswegs tot sein, leidet aber häufig durch den »Mieter«; nicht selten stirbt nur ein Stück ab.

Zu den noch wenig erforschten Regeln gehört diese: Auf Schwämmen, die ihrerseits vor nichts haltmachen, wird nicht gesiedelt. Vielleicht scheiden sie außen ein abweisendes Sekret aus. Im Innern von Schwämmen kann es dagegen recht lebhaft zugehen. Das oberste Stockwerk der Wohntürme, die Attika-Wohnung, gehört besonders häufig kleinen Hydroid-Bäumchen und – natürlich – Algen.

Sonderfall Höhlen

Zwei Faktoren sind besonders wichtig als Lebensgrundlage für die zahlenmäßig weitaus meisten Besiedler des Riffs: Licht und eine leichte Strömung. Das überaus vielfältige Höhlensystem bietet beides nur sehr beschränkt. Kahle Wände sind deshalb am häufigsten in geschützten Grotten, Arkaden und Höhlen zu finden.

»Job-Sharing«

Schließlich begegnet die Tierwelt des Riffs der Platznot dieses Biotops noch mit der Einführung der Nachtschicht im Wechsel mit den Tagaktiven. Im Kapitel über die Soldatenfische werden wir davon berichten.

Praktisches Mehrzweckinstrument mit Seltsamer Vorgeschichte
Die Schwimmblase der Fische

Da sehen wir einen Kofferfisch mühselig mit den kleinen Brustflossen durchs Wasser paddeln. Wenn wir ihm nachstellen, kann er sich lediglich in eine Riffspalte retten, nicht aber durch Temposteigerung uns hinter sich lassen. Er kommt über den Schleichgang nicht hinaus. Seine Muskeln und Knochen haben ein höheres spezifisches Gewicht als das Wasser. Das ist bei allen Fischen so: Unser Kofferfisch müßte folglich bei seinem lächerlichen Antrieb, der der Schwerkraft nichts Rechtes entgegenzusetzen hat, absinken zum Grund. Daß das nicht geschieht, liegt an einem überaus fortschrittlichen Apparat – der Schwimmblase. Sie kann viel, hat aber nicht nur Vorteile.

Eine Tarierweste mit integriertem Tiefenmesser und vollautomatischem Gewichtsausgleich in jeder Tauchtiefe? Sie ist leider noch nicht entwickelt. Das heißt, vom Menschen nicht.

Wovon Taucher nur träumen können – der Fisch hat's

Für die meisten Fische ist das nichts Neues. Und das Organ kann sogar noch einiges mehr, sozusagen nebenamtlich. Im Hauptberuf ist die Schwimmblase ein hydrostatisches Gerät, das den Besitzern erlaubt, ohne Energieaufwand horizontal zu schweben. Und zwar in beliebiger Tiefe. Um zu steigen oder zu sinken braucht das Tier nur den Kopf nach oben oder unten zu richten und die Antriebsmuskeln zu betätigen. Für den Rest sorgt sein eingebautes Wunderinstrument: es registriert die Druckveränderung und sorgt sofort für automatisches Ablassen oder Nachfüllen von Gas, ganz nach Bedarf. Und schon entspricht die spezifische Dichte des Gesamtorganismus, Fisch einschließlich Gas in der Schwimmblase, wieder der des Wassers in der angesteuerten Tiefe. Dabei ändert sich fast nur der Druck des Gases, während sein Volumen, also die Blasengröße, nur kurzfristig und wenig verändert wird.

Die Erfinder waren Zugereiste

Wie überall, so ist auch hier die Natur dazu angetan, daß wir das Staunen nicht verlernen. Die praktische Schwimmblase ist nämlich weder im Meer entstanden, noch hat sie ursprünglich dem heutigen Zweck gedient. Vielmehr ist sie die Weiterentwicklung einer primitiven Lunge von Fischen in flachen Süßwasserbereichen.

Während sich die Entstehung der Knorpelfische – Haie und Rochen – im Meer vollzog, sind die Knochenfische eine »Erfindung« des Süßwassers (wenngleich ihre Urvorfahren selbstverständlich aus dem Meer gekommen waren, dem Ursprung allen Lebens). In flachem und warmem Gewässer kann der gelöste Sauerstoff zur Mangelware werden, ja zuweilen sogar das Wasser. Die »Gegenmaßnahme« der Evolution war die – natürlich sehr langsame – Herausbildung einer einfachen Lunge, einer Ausstülpung des Schlundes. Der Fisch füllte sie an der Oberfläche durch simples Schlucken von Luft. So konnte Sauerstoff nicht nur mit Hilfe der Kiemen aus dem Wasser, sondern zusätzlich auch aus der Luft entnommen werden. Der Weitertransport in die Gewebe war (und ist) in beiden Fällen Sache oberflächlicher Blutgefäße.

Während sich aus solchen Knochenfischen durch Verbesserung der Lungen die Amphibien (und daraus wieder die Reptilien, Vögel und Säugetiere) entwickelten, blieben nur wenige Fische bei der zusätzlichen Luftatmung und in den sauerstoffarmen Bereichen des flachen Süßwassers. Ihre heutigen Nachkommen sind die Lungenfische und der Flösselhecht. Diese sind folglich nicht – wie noch in manchem Buch zu lesen – besonders hoch entwickelt, sondern Oldtimer unter den Fischen. Ihre Beziehung zu den Landwirbeltieren wird noch diskutiert. Alle übrigen Knochenfische zogen sich nämlich aus den unwirtlichen Zonen zurück und besiedelten günstigere Gewässer. Ein sehr großer Teil der Arten gelangte dabei auch zurück ins Meer und eroberte diesen riesigen Lebensraum. Das geschah in drei großen Wellen: Pioniere waren die Heringsfische und Aale, es folgten die Dorsche und zuletzt kamen die Barschfische.

Luftatmung war nicht länger vonnöten. Die Schwimmblase konnte sich langsam zu dem umwandeln, was sie heute ist.

Fische, die viel aber schlecht schwimmen, wie dieser Rotfeuerfisch, wären ohne Schwimmblase verloren.

Woher kommt das Gas?

Bei den meisten Knochenfischen ist die Verbindung zwischen der Aussackung und dem Schlund (der Zoologe spricht von »Vorder-« oder »Kiemen-Darm«), aus dem sie hervorging, im Erwachsenen-Stadium nicht mehr vorhanden. Die Blase ist folglich isoliert. Das gilt z.B. für alle Barsche und Dorsche. Andere behalten dieses schlauchartige Druckventil zeitlebens, z.B. die Welse und Heringe. Im Larvenstadium jedoch existiert es noch bei jeder Art, und alle Larven müssen nach dem Schlüpfen aus dem fettreichen, tragenden Dottersack einmal an die Oberfläche, um Luft für

Haie und Rochen haben nie Schwimmblasen entwickelt.

eine erste Füllung der Schwimmblase zu schlucken. Erst danach – wenn überhaupt – schließt sich dieser sog. Ductus pneumaticus. Von nun an unterliegt der Lufthaushalt komplizierten Mechanismen, die erst teilweise erforscht werden konnten. Taucht der Fisch in die Tiefe, so produziert ein Geflecht aus Blutgefäßen in der Schwimmblase, die »Rote Drüse«, ein Gasgemisch, das aus Sauerstoff, Stickstoff und Kohlendioxid besteht, aber nicht der Luft entspricht. Steigt der Fisch wieder; so tritt eine entsprechende Menge Gas durch ein anderes Gefäßknäuel, das »Oval«, wieder über in die Blutbahn. Fische mit erhaltenem Ductus pneumaticus können auch Luft schlucken oder ausspucken. Wieso Fische anscheinend niemals eine Blockade des Blutstroms durch Gasblasen erleiden, also einen »Deko-Unfall«, die Caisson-Krankheit, ist ebenso ungeklärt wie die phantastische Leistung einiger größerer Tiefseebewohner, in einer Umgebung von mehreren hundert Atmosphären Druck Gas zu erzeugen, das diesen Druck noch übertrifft. Auch hier kann die menschliche Technik sicherlich noch manches von der Natur lernen.

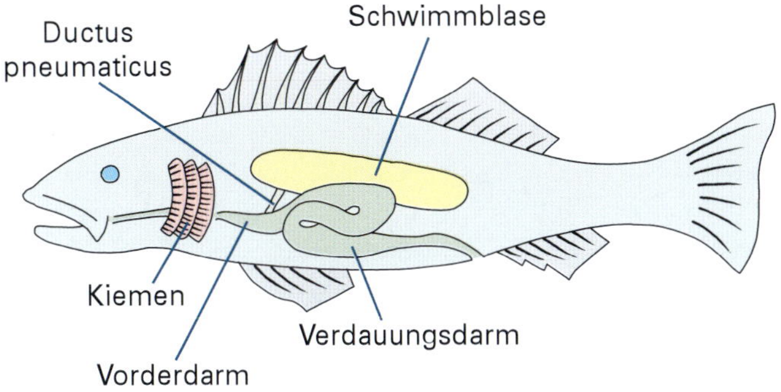

Ein U-Boot ist flexibler

Einen Nachteil hat das Schwimmblasensystem freilich: das Tarieren geschieht relativ langsam und funktioniert nur in einem für jede Fischart begrenzten Tiefenbereich. Der Fisch kann also nicht beliebig schnell und unbegrenzt weit nach oben oder unten einer Beute folgen oder einem Freßfeind entfliehen. Der Nachschub an neu zu bildendem Gas braucht Zeit, ebenso die Rückkehr der

Gasmoleküle ins Blut. Für die meisten Fische liegen nur einige Dutzend Meter Tiefendifferenz im Bereich ihrer Möglichkeiten. Das U-Boot hat nicht so enge Grenzen und kann theoretisch auch beliebig schnell sinken oder steigen. Werden Schwimmblasen-Fische im Netz oder an der Angel relativ schnell an die Oberfläche gezogen, so reicht die Zeit zur Rückresorption des Gases nicht aus, die Blase dehnt sich, treibt innere Organe zu den Körperöffnungen heraus und tötet den Fisch. Dazu reichen meist schon 20 bis 30 Meter aus. Man nennt diese Erscheinung Trommelsucht.

Haie haben ältere Rechte im Meer

Schlechte Schwimmer, sofern sie nicht am Boden leben, hätten gar nicht erst entstehen können ohne das moderne Instrument, wie z.B. Feuer-, Kugel-, Igel- und Koffer-Fische, die nur die Brustflossen als Motor benutzen. Andere Arten dagegen, die zu ausgesprochenen Bodenspezialisten wurden, brauchten das Organ nicht mehr. Bei ihnen hat es sich wieder rückgebildet. Beispiele dafür sind Grundeln, Plattfische, Schleimfische, Seenadeln und Seepferdchen.

Die Entwicklung der Knorpelfische ausschließlich im Meer ließ sie nie in Sauerstoffnot geraten. Darum besitzen sie auch keine Schwimmblase. Sie sind also ständig »überbleit«. Fast alle Rochen und weit über 50 Hai-Arten machten daraus eine Tugend: sie führen ein Leben am Meeresgrund. Alle übrigen Knorpelfische – allein fast 300 Hai-Arten – müssen lebenslänglich mit Muskelkraft das Absinken verhindern.

Es gibt aber auch eine Anzahl von Knochenfischen, die über keine Schwimmblase mehr oder nur noch über eine zu kleine verfügen, ohne am Boden zu leben, also ebenso wie Haie die Schwerkraft zum ständigen Feind haben. Dazu gehören auch einige bekannte Hochseefische, viele Makrelen und alle Thunfische. Das hat aber nicht nur Nachteile. Sie entgehen nämlich dem erwähnten Zeitproblem und können bei der Jagd beliebig rasch sehr verschiedene Wassertiefen durcheilen.

Und schließlich gibt es noch einige, allerdings nur kleine, Tiefseefische, die ohne Schwimmblase in dem kalten Wasser von hoher Dichte genügend Tragfähigkeit finden, um ohne Mühe schweben zu können. Das kommt ihnen bei der Jagd auf spärliche Beute in der Dunkelheit sehr zugute.

Alles hat seinen Preis

Am Rande sei noch erwähnt, daß bei nicht wenigen Fischen die Schwimmblase zusätzlich nebenamtliche Funktionen übernehmen kann. Einige Arten setzen sie als Resonanzboden für Schallwellen ein, sei es zur Verbesserung des Hörens oder zur Verstärkung eigener Geräusche, wie z.B. der Knurrhahn und die Umberfische.

In der Frühphase des Echolots wurden Forscher durch Schwimmblasen gefoppt. Diese reflektieren nämlich Schallwellen, die Muskulatur der Fische dagegen läßt sie passieren. So gab es durch die Schwimmblasen kleiner Fische in großen Schwärmen eine Echoschicht weit über dem Meeresgrund, ein Rätsel für die Wissenschaftler. Heute werden Fischschwärme systematisch mit dem Echolot aufgespürt – dank ihrer Schwimmblasen.

Des Tauchers kleiner Trost

Man sieht: Der paradiesische Idealzustand ist auch bei den Fischen in ihrem Element nicht erreicht, wenngleich sie in mancher Hinsicht beneidenswert sein mögen. Die einen sind zu ewiger Fronarbeit gegen die Schwerkraft verdammt, können aber beliebig schnell die Tiefen wechseln; die anderen vermögen gemütlich zu schweben, sind aber beschränkt im Sinken und Steigen und können zur Beute von Echolot-Fischern werden.

Ein kleiner Trost für uns Gerätetaucher: Im Abstiegstempo und in der Tiefenspanne sind wir den meisten Knochenfischen überlegen, beim Schweben sogar den Haien, Makrelen und Thunfischen – vorausgesetzt, wir sind gut austariert.

Von der Sinneswahrnehmung zur Sinngebung
Licht – Farben – Sehen im Meer

2

Obwohl wir – selbstverständlich – gewohnt sind, die Welt zu beschreiben wie wir sie sehen, fällt es uns nicht schwer, zu begreifen, daß es auch Augen gibt, die Wellen von anderen Längen und damit andere Farben wahrnehmen, auch schärfere Augen oder weniger gute. Daß die Augen der Meeresfauna an den besonderen Lichtbrechungsindex des Wassers angepaßt sein müssen, ist uns ebenso einleuchtend wie die Notwendigkeit, unsere an Luftbilder adaptierten Augen im Wasser mit einer vorgeschalteten Luftschicht zu versehen, damit scharfe Bilder möglich werden. Allein der Vieraugenfisch hat es geschafft, für beide Medien – Wasser und Luft – optisch gerüstet zu sein. Wir sind versucht, davon auszugehen, daß nahezu alle Tiere sehen können. Einleuchtende Ausnahmen sind selten, Tiere nämlich, die in ewiger Finsternis leben, in der Erde etwa oder tiefen Höhlen, wo Sehorgane sinnlos wären.

Ein Blick unter die Oberfläche der Ozeane belehrt uns da eines anderen: Die Zahl augenloser Tierarten im Meer ist Legion, das aber keineswegs nur in nachtschwarzen Tiefen, sondern auch in den lichtdurchfluteten oberen Wasserschichten; ja, die Fähigkeit zu sehen fehlt sogar Tieren, die auf andere Weise vom Licht abhängig sind.

Wie in vielen Bereichen der Evolution liefert uns auch hier das Meer das beste Anschauungsmaterial zur Ergründung aller Schritte einer hochinteressanten Entwicklung: das Werden der optischen Sinne mit ihren stufenweisen Varianten, die sich alle noch bis in die Gegenwart erhalten konnten. Bilder aus der Unterwasserwelt faszinieren uns nicht zuletzt durch ihren unglaublichen Farbenreichtum. Der Unterschied zwischen Abbildung und Wirklichkeit kann aber beträchtlich sein, denn die physikalischen Gesetze schreiben dem Wasser bekanntlich einen anderen Umgang mit elektromagnetischen Wellen vor als der Luft. Wellenlängen, die reflektiert in den Augen von Lebewesen als Farben erscheinen, sind davon in besonderem Maße betroffen. Das fordert einige Überlegungen heraus über Sinn oder Sinnlosigkeit von Farben in bestimmten Situationen sowie über das Wechselspiel zwischen Mustern wie Färbungen einerseits und Verhaltensweisen von Organismen andererseits, nämlich ihren Umgang mit diesen optischen Gegebenheiten. Einige der Schlußfolgerungen sind – wie in den Problemen des Zusammenhangs zwischen Erscheinungsformen und Funktionen überhaupt – verblüffend und haben in unserem Allgemeinbildungsprogramm durchaus noch keinen festen Platz.

Nur Bewegung schafft Bilder
Mit Tieraugen gesehen

Phantastisch bunte Szenerien, wie sie aus der Unterwasserwelt auf unsere Netzhaut gezaubert werden können, rufen zuweilen wie der Amselgesang die Empfindung hervor, das alles sei da zur Augenweide und Lebensfreude. Als sei Ästhetik eine Eigenschaft der produzierenden Natur. Daß es anders ist, wie wir selbstverständlich wissen, mindert unser Betrachtervergnügen nicht. Dringen wir etwas tiefer vor in den Themenkomplex Licht, Farben und Sehen, so finden wir uns unversehens konfrontiert mit überaus interessanten, aber ebenso hochkomplizierten Zusammenhängen im Naturgeschehen.

Farben und Muster werfen im Handumdrehen eine Fülle von Fragen auf, deren Beantwortung der Wissenschaft erst bruchstückhaft gelang, und zwar aus Zeitgründen. Denn Leben entwickelt sich auf unserer Erde seit mehr als drei Milliarden Jahren, während systematische Untersuchungen darüber erst vor einigen Generationen ihren Anfang nahmen.

Fragen über Fragen

Zumal die Meeresbiologie ist wegen der bekannten technischen Schwierigkeiten eine der jüngsten naturwissenschaftlichen Disziplinen, weshalb es – zur Freude ihrer Forscher – noch besonders viel zu ergründen gibt. Daß Farben und Mustern bestimmte Funktionen zukommen können, gehört inzwischen zur Allgemeinbildung; dafür haben Verhaltensforscher in jüngster Vergangenheit gesorgt. Aber ist das immer so? Und wann muß man eine Plakatfarbe als Warnsignal deuten, wann als Kommunikationsmittel zwischen Partnern? Wieweit dient ein Muster der Erkennung in einer Gemeinschaft, wann bedeutet es: »dieses Revier ist bereits besetzt« oder gar: »Achtung – ich bin giftig« Und wieso wird das von Anderen verstanden? Welche Tiere können überhaupt Farben sehen und welche nicht? Wieweit gleicht die mit Tieraugen gesehene Welt dem Bild, das unsere Augen entwerfen? Und leben nicht viele Tiere ganz ohne Augen? Wie ist es mit den Farben in zunehmender Wassertiefe? Oder gar in der ewigen Nacht der Tiefsee? Gibt es gänzlich nutzlose Farbenpracht? Welche Erscheinungsbilder dienen der Tarnung, welche dem Auffallen? Und wie kommt es dazu? Was wissen wir über die Fähigkeit mancher Meerestiere zu plötzlichem Farbwechsel?

Reptilien, einst vom Land ins Meer zurückgekehrt, sind ebenfalls auf Bewegungssehen beschränkt.
◁

◁◁
Ohne Fremd- und Eigenbewegung sieht der Büschelbarsch nur konturloses Grau.

Warum sind bei vielen Arten die Geschlechter unterschiedlich gefärbt oder Jungtiere anders als erwachsene? Was hat es mit der gar nicht seltenen Umfärbung längst geschlechtsreifer Fische auf sich?

Das Repertoire möglicher Fragen ist damit keineswegs erschöpft.

Antworten und Scheinantworten

Wir müssen eingestehen, daß viele dieser Probleme noch der Bearbeitung harren. Begriffe wie »Arterhaltungstrieb« und »Instinkt« stehen oft nur anstelle von Fragezeichen, die schamhaft vermieden werden. Auch abgesehen von Schlagworten, die nichts oder wenig erklären: können nicht interessante Fragen ebenso anregend sein wie das Konsumieren fertiger Antworten? Das wenige Wissen, dessen Ergründung schon gelang, stellt eine solche Fülle dar, daß die Erklärung vom Allerwichtigsten bereits viele Spalten füllt. Also fangen wir an, irgendwo. Zum Beispiel bei den Augen von Fischen.

Auf einer Hirnkoralle am Boden des Riffs, über dem ich soeben entlangtauche, lauert reglos ein prächtiger kleiner Korallenwächter; ein Büschelbarsch (*Cirrhitichthys* sp.). Wir wissen, daß er über gute Augen verfügt. Aber was sieht er wirklich, während er unbewegt auf Beute lauert? Die Antwort ist sehr verblüffend, aber wahr. Nehmen wir an, der Fisch verharrt – gestützt auf die Brustflossen und den Schwanzstiel – nicht nur still, sondern bewegt auch seine Augen nicht und zur Zeit kreuzen keine anderen Tiere durch sein Gesichtsfeld. Was das Tier in dieser Situation sieht, ist nichts! Oder genauer: es sieht eine konturlose hellgraue Fläche. Die ganze Formen- und Farbenvielfalt seines Umfeldes wird absolut nicht wahrgenommen, obwohl der kleine Räuber keineswegs schläft, sondern hellwach und hungrig auf Beute wartet. Wie das?

Programmiert auf Bewegungssehen

Plötzlich tauchen aus dem grauen Vorhang die Umrisse einiger winziger Jungfische auf, die quer durch sein Blickfeld schwimmen. Er sieht sie präzise und mit blitzschnellem, sicherem Vorstoß schnappt und verspeist er eines der Tierchen. Während seiner Bewegung dringt auch das Bild der Umgebung in sein kleines Hirn. Hockt er sich anschließend wieder so unbewegt hin wie zuvor, so blaßt innerhalb einer Reihe von Sekunden das gesamte Landschaftsbild wieder ab und weicht dem langweiligen grauen Nebel, bis die Szene aufs neue durch Besucher belebt wird.

Zur Erklärung dieses erstaunlichen Vorgangs muß der Sehapparat ein wenig erläutert werden. Fische haben – wie alle Wirbeltiere und auch wir – sogenannte Linsenaugen, alle vom gleichen Bautyp. Die Netzhaut am Augenhintergrund besteht aus sehr zahlreichen lichtempfindlichen Zellen. Werden diese von Lichtstrahlen – die bekanntlich aus elektromagnetischen Schwingungen bestimmter Wellenlängen bestehen – getroffen, so entsteht durch chemisch-physikalische Umsetzung ein elektrischer Ministrom, den eine Nervenfaser dem Hirn zuleitet. Dort formen die eintreffenden Potentiale zahlreicher Zellen einen optischen Eindruck, ein Bild.

Nun haben die Sehzellen der Netzhaut eine sehr wesentliche Eigenschaft, die im Naturgeschehen immer wieder zu erkennen ist: sie leisten nur das Nötige und Nützliche, alles übrige wird ignoriert. Für unseren Fisch, der ortstreu am Boden auf vorüberkommende Happen lauert, ist nur Bewegtes wichtig, sei es als Nahrung oder als potentieller Freßfeind, dem es zu entfliehen gilt. Die gleichbleibende unbewegte Szenerie muß er nicht ständig wahrnehmen.

Nur durch Bewegung ist man »im Bilde«

Wie bringen die Sehzellen diese differenzierte Leistung fertig? Die Antwort lautet: durch schlichte Trägheit! Hat eine Zelle einen Lichtreiz gemeldet und ändert sich dann das Strahlenbündel nicht, so erlahmt die elektrische Erregung der Zelle innerhalb kurzer Zeit, sie verstummt sozusagen. An die Stelle einer Abbildung tritt wieder der graue Schleier. Erst ein veränderter Reiz veranlaßt neue Reizantworten.

In unserem angenommenen Fall wird die Aktivierung der Sinneszellen durch Bewegungen fremder Dinge im Gesichtsfeld bewirkt. Dasselbe kann aber auch erreicht werden durch Eigenbewegungen des Korallenwächters oder auch nur durch Drehen seiner Augen: sofort entsteht ein Bild, weil die auf den Augenhintergrund treffenden Strahlen über ganze Reihen von Zellen huschen und überall neue Reize auslösen, die sofort der »Zentrale« gemeldet werden. All diese Varianten ermöglichen eine beständige Abbildung der Szenerie. Die Quintessenz heißt folglich: nur wer sich ständig bewegt – oder wenigstens seine Augen – ist immer »im Bilde«, wer rastet, versinkt im Nebel.

Dauerleistung der Augen durch Zittern

Das Ganze hört sich ein wenig nach dreister Hypothese an. Die Grundlage dieses Wissens stammt aber von Versuchen am Menschen. Schon vor längerer Zeit hat man entdeckt, daß sich unsere Augen mit hoher Frequenz, nämlich 50 mal pro Sekunde, in horizontaler Richtung hin und

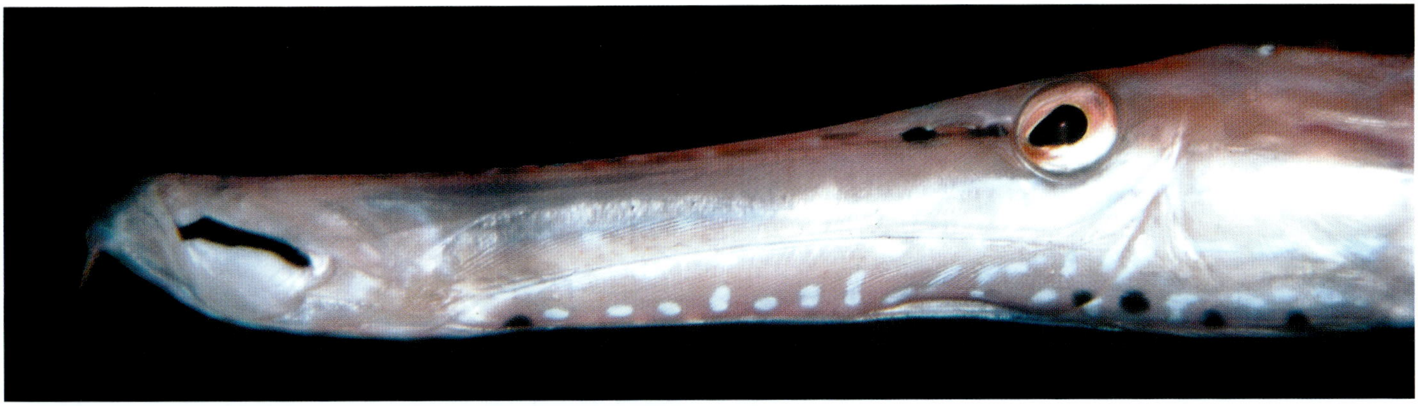

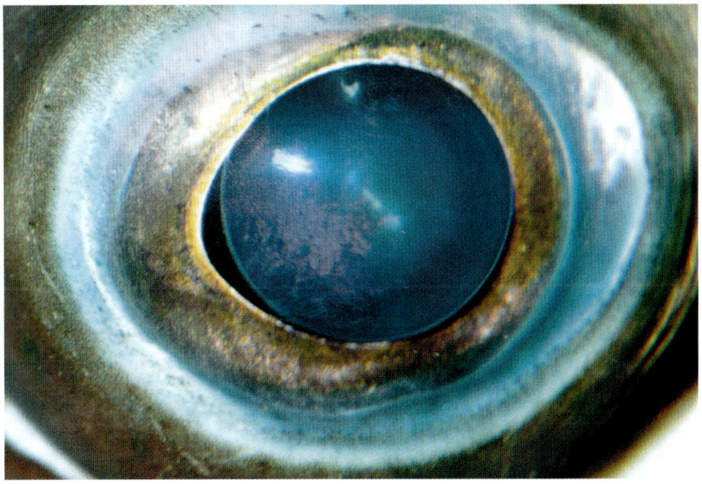

her bewegen, in winzigen Drehungen. Die Bedeutung war zunächst unklar, bis es in einem raffiniert ausgeklügelten Versuch mit Bildprojektionen und Spiegel gelang, diese raschen Augenbewegungen zu neutralisieren; dem Augenhintergrund wurde ein Bild so präsentiert, als gäbe es dieses Augenzittern nicht. Und siehe da: Die Sinneszellen vergaßen ihre Meldepflicht im Laufe einer halben Minute. Das Resultat war der absolute Null-Nebel im gesamten Gesichtsfeld. Wurde ein anderes Bild projiziert, trat der Sehapparat sofort wieder für kurze Zeit in Aktion. Mit etwas brutaleren Methoden war derselbe Nachweis zu führen: Lähmt man die das Zittern bewirkenden Muskeln in der Augenhöhle durch Injektionen, so führt das ebenfalls innerhalb kurzer Zeit zur »Blindheit«.

Weitere Forschungen ergaben, daß nur Säugetieren dieses Privileg von Dauerbildern zukommt. Alle anderen Wirbeltiere – also außer den Fischen auch Lurche, Reptilien sowie Vögel – und wohl auch sämtliche sogenannten »Niederen Tiere« sind auf aktive Bewegungen oder solche in der Umgebung angewiesen. Im Meer sind gerade nur die 80 verschiedenen Wale (einschließlich Delphine), die 30 Robbenspezies vom zierlichen Seehund bis zum massigen See-Elefanten, und die 4 Arten See-Kühe fähig, die Welt so wahrzunehmen wie wir es tun.

Übrigens wird das Augenzittern durch Schwerelosigkeit bei Raumfahrten intensiviert. Seit der Gemini-Kapsel mit Glenn ist überprüft und erwiesen, daß Astronauten aus mehr als 150 km Distanz noch Dinge auf der Erde erkennen können, die hier unten eindeutig jenseits des Auflösungsvermögens unserer Netzhaut liegen, z.B. Lastwagen oder Schiffe. Mir sind bis jetzt keine Untersuchungen darüber bekannt, ob die Schwerelosigkeit des Tauchers in ähnlicher Weise den beteiligten Muskeln die Arbeit erleichtert.

Es versteht sich, daß alle pelagisch lebenden Tiere, also die Hochsee-Schwimmer, infolge ihrer ständigen Bewegung viel seltener das graue Nichts erleben, als die ruhigen Vertreter am Boden. Der Unterschied zwischen diesen beiden Lebensweisen kommt auch überaus häufig im

Die Augen aller Wirbeltiere sind als Linsenaugen nach dem gleichen Prinzip gebaut. Einzelheiten können variieren. So hat der Trompetenfisch eine dreieckige Pupille (oben), der Hai einen senkrechten Schlitz (links). Ihm genügen starre Augen, weil seine ständige Bewegung für unablässig wechselnde Licht-Sinnesreize sorgt.

Unser Planet hatte bereits weit mehr als $^9/_{10}$ seines bisherigen Daseins hinter sich, ehe er von leistungsfähigen Linsenaugen gesehen werden konnte (rechts).

Grad der Beweglichkeit der Augen und in ihrer Form zum Ausdruck. Für die lebensnotwendige Wachsamkeit ist das optische Alarmsystem bei den meisten Tieren mit Abstand am bedeutsamsten, Wer ruhig am Boden zu hocken pflegt, kann die ständige Überwachung am besten inganghalten durch Bewegungen allein der Augen, wenn möglich jedes unabhängig vom anderen und noch wirksamer auf Stielen nach Art von Krebstieren. Dauerschwimmer dagegen können sich wenig bewegte Augen oder gar ganz starre leisten. Zum Schreckensbild der Haie gehört ja nicht zuletzt ihr vielgeschmähter starrer, »kalter und todbringender« Blick. Die weitaus meisten Haie müssen ja aus Gewichtsgründen und des Atemsystems wegen ständig in Bewegung sein, um nicht zum Meeresgrund abzusinken oder zu ersticken. Das befähigt sie, ohne Unterbrechung »im Bilde« zu sein. Sie können verzichten auf die unglaublich drehbaren Augen unseres Korallenwächters und etwa eines Zackenbarsches oder Eidechsenfisches. Alle Zwischenlösungen sind selbstverständlich auch längst erfunden und werden genutzt, denn auch in der Lebensweise gibt es zwischen den genannten Extremen stufenlos alle Mischtypen.

Unsichtbares Licht

Das Linsenauge, von dem bisher die Rede war, steht als höchstentwickeltes Instrument am vorläufigen Ende der langen Entwicklung optischer Warn- und Informationssysteme in der Natur. Sie sind keineswegs so alt wie das Leben. Mindestens eine Milliarde Jahre lang gab es zwar Licht und Leben, aber keine Wesen, die Strahlungen sichtbar machen konnten. Eine winzige Pflanze war es dann, die den Anfang machte. Weitere 2500 Millionen Jahre aber mußten noch vergehen, bis die ersten Linsenaugen erfunden waren. Die weitaus meisten Tiere müssen auch heute noch ohne den Luxus solcher hochempfindlichen Licht-Sinnesorgane auskommen.

Die Entwicklung der Augen
Die Urahnen unserer Augen leben noch

Seit es die Erde gibt, scheint die Sonne auf sie herab, mehr als viereinhalb Milliarden Jahre. Für kaum vorstellbare Zeiträume blieb indes das Licht ungesehen; zunächst mangels Lebewesen, nach deren Urzeugung dann noch lange mangels entsprechender Sinne. Nach dem ersten Schritt zum Sehen vergingen weitere Milliarden Jahre bis zur Bildwahrnehmung wie wir sie kennen. Viele Entwicklungsstufen markieren den Weg. Zum Glück verschwanden mit den aufkommenden Verbesserungen die alten Modelle nicht. Bei vielen Lebewesen unserer Zeit sind sie noch in Gebrauch. Werfen wir einen Blick darauf.

Alles pflanzliche und tierische Leben hängt vom Licht ab. Schon vor weit mehr als drei Milliarden Jahren wurde es von einzelligen Pflanzen mit Hilfe des Chlorophylls zur Biosynthese von Kohlenhydraten genutzt. Strahlen nutzen heißt aber noch nicht Strahlen sehen.

Wer erfand das Auge?

Bei der Aufzählung von Unterschieden zwischen Pflanzen und Tieren kann man in Versuchung geraten, zu sagen: Tiere können sehen, Pflanzen dagegen nicht. Auf den ersten Blick erscheint das zutreffend, ein zweiter aber belehrt uns über beträchtliche Einschränkungen. Zum einen gibt es außerordentlich viele Tiere ohne Sehvermögen, besonders im Meer. Zum anderen wurde das Auge nicht im Tierreich erfunden, sondern von einer Pflanze. Man hielt sie deshalb lange · für ein Tier und benannte sie entsprechend, was dem »Augentierchen« *(Euglena)* bis heute anhaftet. Es ist eine im Wasser frei beweglich lebende einzellige Geißel-Alge, auch Augengeißelalge genannt. Ein rot pigmentiertes Kügelchen inmitten der sonst durchsichtigen Zelle, der Augenfleck, wirft bei Lichteinfall einen Schatten; trifft dieser auf eine lichtempfindliche Schwellung am Geißelansatz, so vermag die winzige Pflanze ihre Fortbewegung gezielt auszurichten. Sie tut das mit Geißelschlägen hin zu ihrem Energie-Lieferanten – dem Licht. Eine Besonderheit erleichtert uns, diesen primitiven Apparat als eine Vorstufe von Augen zu werten: Das rote Pigment des Augenflecks ist ein Carotinoid. Daraus bestehen alle Sehpigmente der höher organisierten Tiere, auch der Sehpurpur der menschlichen Netzhaut, deren Bauelemente außerdem von Geißelzellen abzustammen scheinen.

Im Pflanzenreich wurde der Augenansatz nicht weiterentwickelt. Das mag damit zusammenhängen, daß die weitaus meisten höher organisierten Pflanzen ortsgebunden sind. Für sie ist es wichtiger, möglichst viele Zellen wie Fabriken zu nutzen für die Umwandlung von Licht in Zucker und Stärke. Augen würden demgegenüber nur wertvolle Strahlen für eine unwichtige Funktion verbrauchen. Die Steuerung der Wachstumsrichtung von Pflanzen zum Licht funktioniert auch ohne Sinnesorgane mit Hilfe biochemischer Vorgänge der Phototaxie.

Augenlose Tiere

Hinter der Erfindung der Augen»tierchen«-Pflanze blieb die Entwicklung im Tierreich zunächst um Hunderte von Millionen Jahren zurück. Ein Zeitgitter vorab: Während Pflanzen vor mehr als drei Milliarden Jahren auf den Plan traten, gibt es das, was wir als Tiere definieren, »erst« seit etwa 600 Millionen Jahren. Wie gut es aber dann auch ohne Licht-Sinnesorgane ging und immer noch geht, zeigt ein Blick auf die heutige Meeresfauna. Allein 5000 Arten Schwämme besiedeln noch heute den Meeresboden. Sie sind die »primitivsten« tierischen Vielzeller und verfügen über keinerlei Sinnesorgane.

Bald kam die Zeit der Nesseltiere: der Korallen und Seeanemonen, der Hydrozoen und Quallen, ferner die der Moostierchen (Bryozoen) – fast alle ohne die Fähigkeit, Licht zu sehen. Viele von ihnen wachsen allerdings ähnlich den Pflanzen dem Licht entgegen. Aber das ist noch kein Schritt auf dem Wege zum Sinnesorgan.

Augen am ganzen Körper

Die Vorstufe zur Augenentwicklung im Tierreich ist durch Miniaturen gekennzeichnet: Einzelne Zellen, Photorezeptoren, übernahmen die Funktion, Licht wahrzunehmen. Das beschränkte sich zunächst auf die Fähigkeit, Veränderungen der Lichtintensität zu registrieren. Dafür aber waren – und sind – diese Sinneszellen über die ganze Oberfläche des Organismus verstreut. Der Vorteil gegenüber den augenlosen Zeitgenossen liegt auf der Hand: Die veränderte Strahlung durch den Schatten eines potentiellen Feindes kann zu einer Schutzreaktion genutzt werden.

Die Demonstration eindrucksvoller Beispiele dafür kann jeder Taucher beliebig provozieren: Den wunderschönen Röhrenwürmern brauchen wir uns nur von oben zu nähern, so daß das einfallende Tageslicht gemindert wird – schon sind die bunten Tentakelkränze verschwunden im Gestein, so blitzartig, daß man sich fragt, ob Geschwindigkeit wirklich keine Hexerei ist. Die Licht-Meldezellen – oder hier besser Schatten-Meldezellen – ergänzen sich mit leistungsfähigen Muskeln zu einem äußerst wirksamen Schutz vorm Abgeknabbertwerden.

Auf die umgekehrte Melde-Richtung programmiert sind die Hautlichtsinneszellen beim Gorgonen- oder Medusenhaupt. Es gehört zu den Schlangensternen und damit zu den Stachelhäutern. Wer ein solches nachtaktives Tier tagsüber auffindet und so nicht kennt, wird es kaum identifizieren. Das faustgroße Knäuel, versteckt im Geäst eines Korallenstockes oder in der Vertiefung eines großen Schwammes, wandert nach Einbruch der Dunkelheit an einen Platz mit mäßiger Strömung, um mit seinen widerborstigen Verzweigungen aus dem Plankton Kleinlebewesen zu fischen. Dabei entfaltet es sich zu einem Riesennetz von ungeahntem Durchmesser. Nur bei Nachttauchgängen können wir diese phantastischen Wesen mit ihren Spannweiten von mehreren Metern bewundern – aber stets nur ganz kurz. Denn sobald unser Scheinwerferkegel ein solches Filigrangebilde erfaßt, rollt es seine zahlreichen Arme ein. Hier löst also nicht der Schatten, sondern das Licht den Flucht-Reflex aus: Gorgonenhäupter sind Lichtflüchter wie die meisten anderen Schlangensterne und auch viele Schnecken und Würmer.

Der nächste Erfolg der Natur im Spiel mit den ersten Augen-Bausteinen bestand im Zusammenrücken von je einer Anzahl Hautlichtsinneszellen zu kleinen Gruppen, Ocellen genannt. Von den heute lebenden Tieren sind z.B. viele Quallen und manche Muscheln damit ausgestattet, ferner etliche Würmer sowie eine große Zahl von Larven niederer Tiere. Diese Ocellen weisen zwar eine höhere Leistungsfähigkeit auf als einzelne Photorezeptoren, stellen aber noch nichts qualitativ Neues dar. Das kam erst mit dem nächsten Schritt.

Der Zufall und die physikalischen Gesetze

Irgendwann gab es dann solche Ansammlungen von Lichtsinneszellen an eingesenkten Stellen der Oberfläche. Das Grubenauge war erfunden und damit das Richtungssehen. Denn wenn Licht schräg in eine Delle fällt, die mit Photorezeptoren ausgekleidet ist, so werden nicht alle Zellen gleichzeitig von den Strahlen getroffen, sondern nur der Teil, der nicht im Schatten liegt. Bewegt

Schwämme sind bar aller Sinnesorgane (rechts). Korallen (oben links) und Pflanzen (links) können ebenfalls kein Licht »sehen«, ihm aber entgegen wachsen.

Das lichtscheue Gorgonenhaupt (links unten) verkriecht sich tagsüber; nachts rollt es die Fangarme ein, wenn es beleuchtet wird (rechts unten).

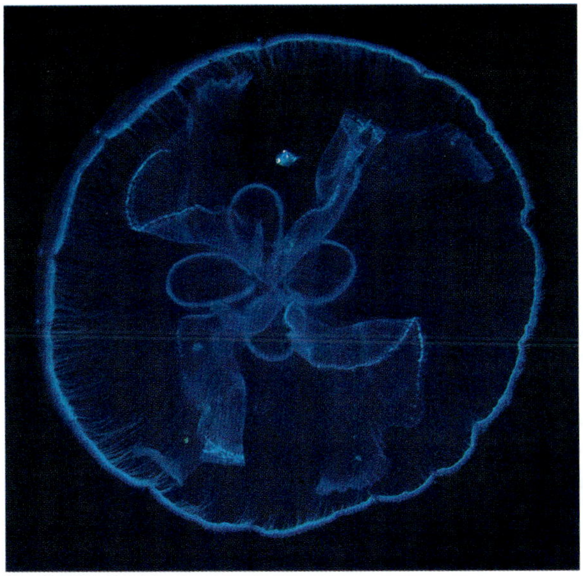

Quallen haben primitive Augen im Schirmsaum.

Seit 500 Millionen Jahren bewährt sich das erste bildgebende Organ, das linsenlose Lochauge des Nautilus (oben rechts).

Die Augen von Kraken, Kalmaren und Sepias leisten etwa gleichviel wie die unseren.

sich das Tier (oder auch die Lichtquelle), so werden vom wandernden Lichtstrahl immer neue Zellen gereizt. Die Lichtquelle kann geortet werden, Richtungssehen wird möglich. Der Entwicklungsprozeß, den Zufalls-»Gesetzen« ausgeliefert, profitierte von den physikalischen Gesetzen. Die Folge war ein Konkurrenzvorteil der Träger solcher Grubenaugen gegenüber den Vorgängern. Im Auslesedruck kamen sie deshalb besser voran und im Laufe weiterer langer Folgen von Generationen konnten sich zusätzliche Entwicklungsvarianten in den Vordergrund spielen, sofern sie vorteilhaft waren. Zum Beispiel wurden Pigmente nützlich, wenn sie die Sinneszellen von einer Seite vor Lichtreizen schützen. Das Richtungssehen wird so verbessert, zumal wenn z.B. die Zellen eines Grubenauges sämtlich zur Außenseite hin durch Pigmentschalen abgeschirmt sind. Der nächste Schritt: zahlreiche Sehzellen werden von einem einzigen Pigmentbecher umhüllt. Solche Becheraugen sind weit verbreitet vor allem bei Schnecken, aber auch bei vielen Würmern, insbesondere Ringel-, Strudel- und anderen Platt-Würmern.

Das Bildsehen beginnt

Frühe Meister der Perfektionierung ihrer visuellen Sinne wurden die Kopffüßer (Cephalopoden), insbesondere die Tintenschnecken (weniger korrekt: Tintenfische), und zwar schon lange vor dem Auftauchen von Wirbeltieren. Den ersten Anlauf nahm der Nautilus. Durch Vergrößerung und Vertiefung des Bechers und gleichzeitige extreme Verengung der Eintrittsöffnung für das Licht entstand das Loch- oder Blasenauge des Nautilus. Es ähnelt der bekannten Camera obscura oder Lochkamera, der linsenlosen Urform unserer Fotoapparate. Erstmals gab es ein Abbild der Außenwelt im Auge eines Lebewesens, wenn auch seitenverkehrt und kopfstehend. Das existiert seit etwa 500 Millionen Jahren. Obwohl jedoch die Hohlkugel mit einer gut entwickelten Netzhaut ausgekleidet ist, hat das System noch zwei Nachteile. Hemmnis Nr. 1: Ein relativ scharfes Bild kann nur zustandekommen bei einem sehr engen Loch; das aber läßt nur wenig Licht ein. Soll das Bild heller werden, muß es zwangsläufig auch unscharf sein. Jeder halbwegs versierte Fotograf kennt diese Relation zwischen Blendenweite und Schärfe. Der zweite Minuspunkt: Nicht nur Licht, sondern auch viel Unerwünschtes kann durch die Öffnung eindringen, und je enger sie ist, um so leichter kann sie verstopft werden durch allerlei Dinge, die im Wasser treiben. Dann ist es aus mit dem Sehen des Nautilus.

Viele Wege führen nach Rom

Nur noch wenige, aber schwierige und äußerst wichtige Entwicklungsschritte waren nötig bis zum (derzeitigen) Spitzenprodukt, dem Linsenauge, von dem bereits im vorigen Kapitel die Rede war. Zunächst galt es, die Öffnung des Lochauges zu verschließen. Das geschah vermutlich mit einem sehr dünnen Häutchen, das die Einstülpung überbrückte. Mehr oder weniger durchsichtig muß es gewesen sein, sonst hätten seine Träger wohl kaum die Zeiten bis zur nächsten Verbesserung überdauert. Der Clou, der nun folgte, bestand in der Umwandlung dieser Verschlußhaut über dem Loch in eine klar durchsichtige Brechungslinse. Nun erst waren scharfe Bilder auf der Netzhaut auch bei weitem Lochdurchmesser, also bei guter Lichtfülle, gewährleistet.

Eines der ganz erstaunlichen Ergebnisse der Evolutionsforschung liegt in der Erkenntnis, daß ein so hochkompliziertes Rüstzeug wie das Linsenauge nicht nur in einem einzigen Stamm entstand, sondern in mehreren unabhängig voneinander. Wiederum haben wir es mit einer der sogenannten konvergenten Entwicklungen zu tun: der Hervorbringung ganz ähnlicher Strukturen auf sehr verschiedenen Wegen.

Das Linsenauge ist nämlich kein Monopol-Besitz des Wirbeltierstammes. Lange vor ihm hatten es bereits die nächsten Verwandten des Nautilus, die erwähnten Tintenschnecken. Ihre bekanntesten Vertreter sind Sepias, Kraken und Kalmare. Sie alle haben Augen, die neben denen der Wirbeltiere das Beste im Tierreich darstellen und auch im Bau den unseren ganz ähneln. Dabei sind die Netzhäute sehr verschiedener Herkunft; die unsere ist ein Teil des Gehirns, die der Cephalopoden dagegen entsteht aus der Haut. Auch einige freischwimmende Ringelwürmer – wiederum aus einem völlig anderen Tierstamm – haben leistungsfähige Linsenaugen entwickelt.

Diese Fakten erweisen, daß bei aller verschwenderischen Fülle der Naturschöpfungen die Zahl der Ideallösungen für bestimmte Aufgaben oft recht beschränkt bleibt. Dafür sorgen die unumstößlichen physikalischen Gesetze, in diesem Fall die der Optik.

Die stammesgeschichtliche Entwicklung führte aber noch zu einem ganz anderen Typ von Hochleistungsaugen.

Komplexaugen schaffen Privilegien
Tausend Augen für ein einziges Farbbild

Wer kann sich der Faszination entziehen, die von den herrlich bunten Szenerien der Unterwasserwelt ausgeht, wenn sie auf unseren Bildschirmen und Leinwänden erstrahlen. Zum Glück verknüpfen wir den optischen Schmaus kaum je mit Fragen nach dem Realitätswert der Farbsymphonien in ihrem Daseinsraum. Wollen wir indessen den Genuß durch Wissen ergänzen, so sind derlei Fragen unumgänglich. Die Antworten machen die Materie noch spannender, wenn auch manche Erkenntnis zu Lasten der Farben geht.

Die Entwicklung des Sehens und der Augen wurde in den beiden letzten Kapiteln geschildert. Ein wichtiges und überaus weit verbreitetes Organ bleibt noch zu erwähnen. Es ist das Komplex-Auge.

Die ganz anderen Augen

Mit großem Abstand die höchste Zahl von Arten unserer tierischen Zeitgenossen zählt zum Stamm der Gliederfüßer (Arthropoden). Deren drei wichtigste Klassen sind: Insekten, Spinnentiere und Krebse. Während Insekten und Spinnen (noch?) nicht in die Meere vorgedrungen sind, leben dort fast alle Krebse. Sie erreichen zwar nur ein Zwanzigstel oder Dreißigstel der Artenzahl von Insekten, übertreffen aber mit 35 000 Arten die Fische bei weitem und werden im Meer nur von den Schnecken in den Schatten gestellt. Mit Ausnahme der Spinnen haben die Gliederfüßer – als recht moderne Tiere – hervorragende Augen entwickelt, die jedoch nach einem ganz anderen Prinzip gebaut sind als unsere Wirbeltier-Augen. Sie taugen zum echten Bildsehen und werden Komplex- oder Facetten-Augen genannt. Sie bestehen aus vielen, meist vier- oder sechseckigen Einzelaugen (Ommatidien) etwa von Kegel- oder Pyramidenform, mit der Basis nach außen und der Spitze nach innen. Jedes dieser Richtungsteile ist mit einer Linse versehen, wirkt lichtsammelnd und entwirft ein kleines Bild. Alle Ommatidien eines Auges zusammen – das können bei den Krebsen, die uns hier interessieren, bis zu 30 000 sein – formen wie die Steinchen eines Mosaiks ein gerastertes Gesamtbild; ein unglaublich präzises Zusammenspiel von vielen höchstkomplizierten, wabenartig angeordneten Einzelelementen. Viele Krebsaugen, zumal wenn sie auf Stielen plaziert sind, erfassen ein Blickfeld von 360°, also lückenlos rundum. Erst durch die guten Sehleistungen werden die großen Fluchtdistanzen fast aller Krebstiere möglich.

Noch zwei Vorzüge von Facetten- oder Komplexaugen sind erwähnenswert. Der erste macht sie unseren Augen und denen aller Wirbeltiere überlegen. Sie können die Schwingungsrichtung des polarisierten Lichtes zur Orientierung im Gelände nutzen.

Farbensehen nur für Privilegierte

Das zweite Plus der Krebsaugen ist für unser Thema von besonderer Bedeutung: Die meisten Komplexaugen können nicht nur Licht und Formen wahrnehmen, sondern auch Farben. Wie ich schon bei der Erörterung des Bewegungssehens erwähnte: Die Produkte der komplizierten Sehprozesse von Tieren müssen durchaus nicht den Bildern ähneln, die unser Lichtsinn liefert. Das trifft auch für Farben zu. Träger von Komplexaugen gehören im Tierreich der privilegierten Minderheit von Farbsehern an. Den weitaus meisten Augen erschließt sich nur eine Skala von Grauschattierungen. All die herrlichen Farben haben keine Chance, von ihnen registriert zu werden, sie verblassen zu mehr oder weniger deutlichen Kontrasten. Sieht man von einigen kleinen Gruppen, den sprichwörtlichen Ausnahmen (z.B. Ringelwürmern), ab, so sind es Kopffüßer (Cephalopoden, »Tintenfische«), Krebstiere (Krustazeen) und Wirbeltiere (Vertebraten), denen die Wahrnehmung von Farben vergönnt ist. Aber selbst in diesen wenigen Gruppen sind keineswegs alle Spezies mit jenem Vorzug ausgestattet.

Woher weiß man, wer zu dieser Elite gehört? Da wir die Wesen nicht befragen können (jedenfalls nicht mit Aussicht auf Antworten), müssen wir uns auf anatomische Untersuchungen und Verhaltensexperimente beschränken.

Seit langem wissen wir vom Wirbeltierauge, daß für die Wahrnehmung von Farben ein besonderer Typ von Sinneszellen – wir nennen sie Zapfen – notwendig ist. Es gibt davon sogar drei verschiedene Varianten, deren höchste Empfindlichkeit jeweils auf Rot, Grün oder Blau, die

Tausend Augen auf zwei Stielen ermöglichenden Garnelen einen lückenlosen Rundumblick.

Tagaktive Fische und Krebstiere gehören zur Farbenseher-Elite. Nacht-Jäger dagegen brauchen viele Schwarzweiß-Rezeptoren in großen Augen.

Plattfischen wandert in der Jugend das rechte Auge auf die linke Seite.

drei Grundfarben des Spektrums, abgestimmt ist. Alle unsere Farbwahrnehmungen sind bekanntlich durch Mischen nur dieser drei Grundfarben auslösbar. Das Farbfernsehen basiert darauf und einstige Geräte lieferten uns den besten Anschauungsunterricht: wir mußten selbst mischen.

Für die Hell-Dunkel-Empfindung ist ein anderer Rezeptor-Typ verantwortlich, Stäbchen genannt. Diese Zellen sind etwa 10000mal lichtsensibler als Zapfen und reagieren auf Licht aller Wellenlängen in gleicher Weise. Ihre größte Leistung entfalten sie in der Dämmerung, während die farbempfindlichen Zapfen helleres Licht brauchen. Jeder kennt die tägliche Erfahrung, daß die Farbwahrnehmung mit der Lichtintensität abnimmt.

Aus Untersuchungen an Tieraugen läßt sich ableiten, ob und ggf. in welchem Umfang die Fähigkeit zum Farbensehen bei der jeweiligen Art gegeben ist. Anatomische Recherchen werden ergänzt durch Verhaltensstudien im Freiland sowie Dressurversuche durch Füttern auf farbigen Unterlagen. Erst ein kleiner Teil der Meeresbewohner konnte untersucht werden. Unsere Kenntnisse sind folglich noch von großen Lücken durchsetzt.

Sehen in der Meerestiefe

Bei diesen anatomisch-physiologischen Voraussetzungen kann es kaum erstaunen, daß die Evolution in vielhundert Millionen von Generationen betroffener Tiere dazu geführt hat, daß die lichtdurchfluteten obersten Wasserschichten von solchen Arten bevölkert werden, bei denen das Farbensehen am ausgeprägtesten entwickelt ist. Je tiefer der Lebensraum einer Art unter der Meeresoberfläche liegt, um so wichtiger sind hochentwickelte Stäbchen, während farbvermittelnde Zapfen zunehmend überflüssig werden. Letzteres gleich aus zwei Gründen. Der eine wurde bereits genannt: Die Zapfen als Farbrezeptoren brauchen verhältnismäßig viel Licht, um ihrer Pflicht nachzukommen, d.h. um einen wirksamen Reiz zu erzeugen und zum Gehirn zu senden. In zunehmender Wassertiefe wird Licht jedoch recht schnell zur Mangelware. Der zweite Grund: Wasser hat die Eigenschaft, elektromagnetische Schwingungen verschiedener Wellenlängen unterschiedlich stark zu absorbieren.

Wasser als Feind von Licht und Farbe

Je länger die Wellen, um so eher werden sie auf ihrem Weg in die Wassertiefe vernichtet. Als erster Teil des Spektrums ist das Infrarot an der Reihe, das zwar nicht für uns, wohl aber für einen Teil der Tierwelt sichtbar ist. Auch im Wasser produziert es – wie auf unseren Terrassen – Wärme, kann aber nur wenige Meter tief vordringen; das bekommen Taucher fast regelmäßig zu spüren. Von den für unser Auge sichtbaren Farben verschwindet Rot als erste, es folgen Orange, Gelb und Grün. Zahlen, die in diesen Zusammenhang gehören, sind bestenfalls Annäherungswerte, denn wir reden ja nicht von Wasser, das nur aus Sauer- und Wasserstoff besteht. Die Wasserbeschaffenheit, insbesondere die Dichte der Schwebstoffe, spielt eine wesentliche Rolle, ebenso die Intensität des Lichtes und sein Einfallswinkel. Die folgenden Tiefen sollten deshalb nur als grobe Durchschnittswerte verstanden werden. Rot hält sich im Ozean etwa bis 10 Meter Tiefe, Orange bis 20, Gelb noch bis 100 und Reste von Grün gar bis 300 Meter sofern das Sonnenlicht überhaupt noch bis dorthin dringt. Jenseits dieser Grenze gibt es nur noch dunkles Blau und schließlich schwarze Nacht, in der 90 % des Wasservolumens der Ozeane liegen. Die Ultraviolettstrahlung unterliegt übrigens einer Sonderregel: obwohl relativ kurzwellig – mehr noch als Blau – dringen ihre Wellen nicht tiefer vor als die des Infrarot. Viele Fische und Krebse, die in geringen Tiefen zu Hause sind, können – wiederum im Gegensatz zu uns – die lebensfeindlichen UV-Wellen als violette Farbe sehen. Die gesamte Entwicklung des Lebens auf unserem Planeten würde wohl entscheidend anders verlaufen sein, wenn Wasser nicht so kurzen Prozeß mit ultravioletter Strahlung machen würde.

Varianten von Tugend aus der Not

Wie sieht es nun angesichts dieser Verhältnisse mit der optischen Sinnesausrüstung der Meeresbewohner verschiedener Tiefen aus? Die Selektion hat da gute Arbeit geleistet. In großen Tiefen, wo Licht nahezu (oder gänzlich) fehlt, gibt es – theoretisch – drei Möglichkeiten, der visuellen Problematik zu begegnen:

1. Entwicklung höchstempfindlicher Augen, die noch winzige Lichtspuren wahrzunehmen vermögen.
2. Verzicht auf Lichtempfindung, also Blindheit, und kompensierende Schärfung anderer Sinne.
3. Produktion eigener Lichtquellen, die die Finsternis ein wenig erhellen.

Wen wundert's, daß die verschwenderisch experimentierende Natur alle drei Typen zur Existenzreife brachte und zum Überleben bis heute. In der Tiefsee gibt es nebeneinander die höchstempfindlichen Augen aller Lebewesen überhaupt, blinde Fische, Krebse und andere Tiere, sowie Wesen, die mit Leuchtorganen ihre Orientierung ohne Sonnenlicht verbessern. Farbtüchtige Augen werden, wenn es in die Tiefe geht, bald zur Rarität. Zapfen werden immer seltener, Stäbchen, die Grau-Empfänger, bei einer Anzahl von Tieren – wie erwähnt – immer zahlreicher. Damit müssen natürlich auch die Augen an relativer und absoluter Größe zunehmen, wie wir das ja auch von vielen nachtaktiven Landtieren kennen. Natürlich gilt dasselbe auch für viele ausschließliche Nachtjäger in den oberen Wasserschichten.

Anderes Milieu – anderer Mechanismus

Ein paar Worte noch zum Entfernungssehen. Unsere Augen und die der meisten höher organisierten Landtiere (Vögel eingeschlossen) sind in Ruhestellung, d.h. bei untätigen Augenmuskeln, auf die Ferne programmiert, auf »unendlich«. Zum Nahsehen, z.B. beim Lesen, muß die Form der Linse durch Muskeltätigkeit stärker gewölbt werden, ihre Brechkraft nimmt zu und es kann auf der Netzhaut wieder ein scharfes Bild entstehen. Da die Luft uns sehr weites Sehen erlaubt, ist dieser Modus angemessen und geradezu ideal, seit die unvermeidliche Alterssichtigkeit durch Gläser korrigierbar wurde.

Im Wasser sind die Bedingungen für Entfernungssehen ganz anders. Jeder Taucher weiß, daß Scharfsehen sich meist auf einen Umkreis von wenigen Metern beschränkt, nicht selten noch weniger. 20 Meter Sicht oder gar noch mehr machen ihn glücklich. Solchen Verhältnissen hat die Organentwicklung der Lichtsinne bei Meerestieren Rechnung getragen. Das Sehen der Krebse ist auf den Nahbereich genormt. Bei Fischaugen ist das ebenso, ihnen sind aber Anpassungen möglich. Ihre Linsen sind weder flach noch verformbar wie unsere, sondern gleichbleibend kugelig. Richtet der Fisch seinen Blick auf relativ ferne Objekte, so wird seine Linse durch Muskeln zurückgezogen und nähert sich damit der Netzhaut, die Schärfe des Sehens – soweit das Wasser sie zuläßt – ist gewährleistet. Diese Technik der Akkomodation oder Fokussierung entspricht der unserer Fotoapparate: mit dem Schneckengang wird die Bildschärfe entsprechend der Motiv-Entfernung durch Veränderung der Distanz zwischen Linse und Film bewirkt.

Von Krebstieren wird angenommen, daß das zusammengesetzte Rasterbild weniger durch Detailschärfe brilliert als durch die Erfassung selbst der geringsten Bewegungen im Gesichtsfeld.

Wie aber die verschiedenen Tiere wirklich ihre Welt visuell erleben, werden wir mangels Kommunikation nicht allzu genau ermitteln können. Wohl aber lassen sich über die Rollen von Farben im Meeresleben noch manch gesicherte Aussagen machen.

Farben ohne Funktion
Bunt und schön – aber sinnlos und falsch

Kein Tier ist lebensfähig ohne Informationen aus seiner Umgebung. Aus der Fähigkeit zum Farbensehen erwuchsen den entsprechend Bevorzugten bedeutsame Signalfunktionen. Die moderne Verhaltensforschung hat das in eleganten Versuchsanordnungen bewiesen. Farben übernahmen es, besonders im Wasser, dem Element der relativen Stille, Wichtiges in die Umgebung zu rufen oder gar zu schreien. Fast ketzerisch klingt heute die Frage: Müssen auffällige Farben immer als bedeutsam gelten? Oder gibt es auch ein »stummes« Bunt, ohne Bedeutung für das Tier und seine Umwelt?

Farben als Warnsignale, als verführerische Lockmittel oder als Tarnung durch Anpassung an Unter- oder Hintergrund – das leuchtet jedermann ohne Schwierigkeiten ein. Auf Beispiele dafür werde ich zurückkommen. Indessen: verschwendetes, sinnloses Bunt? Womöglich grell? Ohne Nutzen, ohne Funktion? Das scheint mit unseren Vorstellungen von der gestaltenden Natur ein wenig überkreuz zu geraten.

Erbaulicher Betrug ohne Reue

Wir sitzen daheim vor der Projektionsleinwand und betrachten gespannt die Unterwasserfotos unserer jüngsten Tauchreise, von der wir kürzlich heimkehrten. Noch sehr gut erinnern wir uns – meine Frau und ich – der Szene, in die uns der Projektor soeben zurückversetzt: In etwa 30 Metern Tiefe schwebten wir nacheinander in eine schöne und geräumige Höhle. Dort fanden wir uns umgeben von vielerlei Getier in verschiedenen Grautönen meliert, von einigermaßen hell bis recht dunkel. Obgleich wir die Szene zauberhaft fanden, wußten wir selbstverständlich, daß hier – nach den bekannten Gesetzen der Strahlenabsorption im Wasser – nicht viel Farbwahrnehmung erwartet werden konnte, schon gar nicht in Rot oder Orange. Wir wußten aus Erfahrung auch, daß die Husarenfische, die an der Höhlenwand entlang schwammen, rot gefärbt sind und nicht so schmutziggrau, wie wir sie dort sahen – bis die Pilot-Lampe der Kamera eingeschaltet wurde. Nun konnten im Strahlenkegel allerlei Farben »abgerufen« werden. Noch eindrücklicher präsentiert sich die Buntheit nun nachträglich auf der Leinwand. Das Blitzlicht machte es möglich.

Wo liegt die Farben-Wahrheit wirklich? Haben wir mit dem Gerät das getan, was uns ein bedeutender Hersteller lehren möchte? Zitat: »Wann sollten Sie blitzen? Zur Wiederherstellung des natürlichen Farbgleichgewichts. Ungeblitzte Farbaufnahmen erhalten durch die Filterwirkung und Lichtschwächung des Wassers einen Blaustich. Ein Elektronenblitz stellt das Farbgleichgewicht wieder her.« Wirklich? Mitnichten! Was wir da in der Natur tun, ist natürlich ganz unnatürlich. Denn »Farben«, denen die Lichtwellen von zuständiger Länge fehlen, bleiben (als Farben) unsichtbar für alle Augen der Welt, nicht nur für unsere. Auch wenn die meisten Tiere »anders« sehen als wir – bestimmte Farben bedürfen in jedem Fall bestimmter Wellenlängen des Lichtes, um existieren und damit gesehen werden zu können. In 30 m Wassertiefe gibt es aber keine Wellen, die Rot oder Orange erkennen lassen. Also kann auch kein Fisch, kein Krebs und kein anderes Tier das schöne Rot der Husarenfische wahrnehmen. Erst das künstliche Licht, vom tauchenden Menschen in die Höhle gebracht, zaubert das Unwirkliche herbei. Schon oft habe ich mich gefragt, wenn ein filmender Tauchkamerad seine Scheinwerfer erstrahlen ließ: Wie erstaunt müssen Zuschauer aus der Zapfen-besitzenden Fauna sein, wenn sich ihre gewohnte Szenerie plötzlich so ganz anders, in grellen Farben, präsentiert?

Wir leisten uns also mit Filmleuchten und Blitzfotos nichts anderes als einen schönen bunten Betrug mit Hilfe der Technik. Die wahre »Wiederherstellung des natürlichen Farbgleichgewichts«

Vor die Säue geworfene Perlen: Farben ohne Funktion. Blutrote Röhrenwürmer, ähnlich diesen, und gelbe Muscheln fand man in lichtlosen Tiefen, wo die Farben funktionslos bleiben (links). Das Chlorophyll der Algen ist zufällig grün (rechts).

(s.o.) ist erst gegeben, wenn unsere Lampen wieder ausgeknipst, wenn unsere Blitze verloschen sind.

Vergeudete Farbenpracht – fast

Wozu aber die schöne Rotfärbung der Husarenfische? Wenn sie – so könnte man meinen – aus der Höhle schwimmen und vielleicht dazu noch in flacheres Wasser, so könnte ihr Kleid aufleuchten. Nun sind die Husarenfische aber nachtaktiv und verlassen das Dämmerlicht ihres schützenden Verstecks nicht vor der Abendzeit. In lichtloser Nacht jedoch werden auch die schönsten Farben sinnlos. Und »sinnlos« ist genau das treffende Wort für überaus viele Färbungen und Muster in der Natur. Sinnlos heißt bedeutungslos. Der Husarenfisch könnte ebenso gut grau sein oder blau statt rot; für die Existenz des Einzeltieres wie für das Fortbestehen der Art wäre das ohne Bedeutung.

Freilich hat die Schönheit dieses Fisches, der als Beispiel für sehr viele Tiere herhalten muß, durch den Menschen doch noch einen späten Nutzen erlangt, wenn auch keinen unmittelbar biologischen: in unserem künstlichen Licht erfreut uns sein Farbkleid, in der Höhle wie auf der Leinwand oder dem Bildschirm. Auch im Aquarium können Farben ans Licht gebracht werden, die sonst verborgen bleiben.

Die winzigen Korallen-Krabben und der Soldatenfisch verlassen erst im Dunkel der Nacht ihre Verstecke; und käme den Farben von Röhrenwürmern, Schwämmen und Federsternen eine biologische Bedeutung zu, so gäbe es sie wohl nicht in allen erdenklichen Tönungen und Mustern.

Die Natur kann sich Verschwendung leisten

Schon lange hat sich – nicht zuletzt unter Fach-Biologen – der Usus breitgemacht, bei jeder anatomischen Struktur, bei jeder Musterung und Farbe, bei jedem Bewegungs- und Verhaltens-Typ sofort zu fragen: wo liegt hier der Nutzen für die Art? Als lesende oder hörende Konsumenten werden wir dann nicht gerade selten auch gleich mit der Antwort beliefert: »Wir wissen es noch nicht« oder: »der biologische Sinn ist noch unklar«. »Noch« ..., so als sei es stets ganz selbstverständlich, daß ein Zusammenhang zwischen dem Faktum und einer Bedeutung bestehen müsse und es nur eine Frage der Zeit sei, bis wir ihn auch hier enträtselt haben. Im Einzelfall kann eine solche Verknüpfung dann tatsächlich aufgedeckt werden. Wer aber an eine entsprechende Gesetzmäßigkeit glaubt, unterliegt einem grundsätzlichen Irrtum. Er vergißt nämlich, daß wir Zeugen fließender Entwicklungsprozesse sind. Das Experimentier-Labor der Lebens-Entfaltung hat keine Etat-Sorgen und kann sich leisten, täglich Neues zu gestalten, ohne Rücksicht auf Nützlichkeit und dauerhafte Lebenstüchtigkeit. Über 99 % aller Arten an Geschöpfen, die bisher auf der Erde gelebt haben, starben wieder aus, so lehrt es uns die Paläontologie. Sie alle waren irgendwann dem Auslesedruck durch besser an das jeweilige Milieu angepaßte Nachfolger nicht mehr gewachsen. Und solche möglichen Nachfolger bestehender Arten produziert die Natur pausenlos weiter, auch in unserer Zeit. Man kann kaum daran zweifeln, daß auch heute erfolgreiche Versuche eingebettet bleiben in eine Vielzahl von Irrtümern. Das bedeutet unter anderem, daß ständig neue Arten entstehen, die zwar zunächst lebensfähig sind und damit sichtbare Zeitgenossen von uns, die wir sehr wohl kennen; daß sie aber den unvermeidlichen Veränderungen ihres Lebensraumes schon in naher Zukunft nicht mehr gewachsen sein werden. Zum Aussterben verurteilt also, was wir aber nicht zu erkennen vermögen.

Unter den Merkmalen, die als »schädliche oder doch wenigstens als »nicht genügend nützliche« zum langsamen Untergang einer Art beitragen, können selbstverständlich auch Farben und Muster sein. So ist es nicht nur denkbar, sondern sogar wahrscheinlich, daß auch vor unseren Augen einige solche Farbkleider als Negativ-Faktoren existieren, während wir glauben, ihnen eine wichtige positive Funktion zuschreiben zu müssen – und vergeblich danach suchen.

Erst Augen machten ewige Strahlung zu Farben

Zwischen den Polen »nützlich« und »schädlich« im Hinblick auf die Arterhaltung (die es nur als Effekt der Triebbefriedigung gibt, nicht als Konzept) besteht aber ganz zweifellos die dritte Gruppe: »bedeutungslos«. Nach meiner Überzeugung wird die Zahl der hier einzuordnenden Merkmale: – nicht positiv, weil mit keiner Funktion betraut, aber auch nicht negativ, weil frei von Konkurrenzdruck durch Zweckmäßigeres, also belanglos – teils ganz übersehen, teils erheblich unterschätzt. Es müßte sich nicht um die verschwenderisch experimentierende Natur handeln, wenn es anders wäre.

Diese dritte Möglichkeit, so vermute ich, trifft auf unseren Husarenfisch zu. Sicher können wir freilich nicht sein; dazu fehlt uns die prophetische Sicht.

Die Geschichte des Lebens liefert selbst den besten und gleichzeitig simpelsten Beweis dafür, daß auch die prächtigsten Farben völlig ohne Sinn und Wirkungsmöglichkeit existieren können: Farbig erscheinende Dinge gab es schon lange vor der Entwicklung der ersten, primitiven Farb-Sehorgane. Als solche Augen entstanden, hatten die »Farben« auf der Erde bereits Milliarden von Jahren hinter sich – ungesehen. Das ist naturwissenschaftlich leicht zu belegen: Es gibt viele chemische Verbindungen; die zwingend nur mit einer bestimmten Färbung sichtbar sind. Solche Substanzen gab es schon auf der noch unbelebten Erde, sodann in der belebten Natur. Statt einer langen Aufzählung sei hier nur das Blattgrün erwähnt, das Chlorophyll. Es ist eine der unerläßlichen Grundsubstanzen für fast alle Pflanzen und damit auch für das gesamte Tierreich. Als chemisch-physiologische Verbindung hat sie eine tragende Funktion; daß sie aber grün aussieht, bleibt ein Zufall, der überaus lange gänzlich belanglos war und erst mit dem Auftauchen farbensehender Tieraugen hier und dort eine Funktion bekam, die sich aber bis heute in bescheidenen Grenzen hält.

Unser Husarenfisch-Beispiel sollte belegen, daß auch seit der Entwicklung hoch leistungsfähiger Augen durchaus noch nicht alle leuchtenden Farben Aufgaben zu übernehmen haben. Weitere Beispiele – von vielen möglichen – liefern uns Fotos aus der ewig nachtschwarzen Tiefsee. Wissenschaftler der Scripps Institution of Oceanography z.B. drangen mit dem Forschungs-U-Boot »ALVIN« in der Nähe des Galapagos-Archipels bis in 2600 Meter Tiefe vor, zu hydrothermalen Schloten, die reiches Leben ermöglichen. Die Bilddokumente von dort zeigen uns u.a. hellgelbe Schlotmuscheln und leuchtendrote Riesen-Röhrenwürmer. Die Farbe der letzteren konnte bereits erklärt werden. Das reichlich vorhandene Blut der Tentakel transportiert den Sauerstoff wie unser Blut mit Hilfe von Hämoglobin. Und das ist kräftig rot. Hier zeigt sich, wie sinnlos die Frage »Zu welchem Zweck« sein kann. Daran sollte öfter gedacht werden. Im Zusammenhang mit der Natur müssen wir überhaupt mit der Frage »wozu?« ganz besonders kritisch umgehen.

Wenn Farben und Muster Aufträge bekommen
Uniformen – grelle und dezente

Es dauerte lange, bis in der Menschheit die Uniform einen festen Platz errang. Nach Ansätzen in der Antike wurde erst vor 300 Jahren die Nutzbarkeit voll erkannt: vor allem für Gruppenzugehörigkeiten und als Amtskennzeichen, aber auch für Imponiergehabe und zur Tarnung. Im Tierreich gelten zwar ganz andere Zeitdimensionen. Rückblicke umfassen nicht Hunderte, sondern Millionen Jahre. Dennoch: Es währte eine Ewigkeit, bis die seit je vorhandenen Farben und Muster zu jenen Merkmalsträgern wurden, die sie heute für viele Wesen sind. Die Palette der Funktionen übertrifft dabei noch weit das, was menschliche Kleidung zum Ausdruck bringen kann.

Von wirkungslosen »Farben« – in der heutigen Natur ebenso wie in grauer Vergangenheit – war bereits die Rede, von vergeblicher Schönheit, sei es mangels Augen oder mangels Licht.

Was uns imponiert und wo wir – wenigstens zum Teil – mit Recht Buntheit und Zeichnungsmuster mit Verhaltensfunktionen verknüpft zu sehen gewohnt sind, spielt sich in den oberen Wasserschichten ab.

Partnerlook ruft: »look, Partner!«

Während ich tauchend um eine Ecke am vielfarbigen Korallenriff biege, begegnet mir ein Pärchen Falterfische; ein ganz normaler und häufiger Vorgang- für mich. Die beiden Schmetterlingsfische aber sind überrascht, vermutlich sogar erschreckt ob des merkwürdigen Wesens, das womöglich gefährlich und hungrig ist. Eilig wedeln die zwei also dem jeweils nächsten Unterschlupf zu. Da keine Zeit zur Verständigung über die Fluchtrichtung blieb, ging's ziemlich weit auseinander. Nun durchs Labyrinth des löchrigen Kalkfelsens und an zwei anderen Stellen wieder raus. Die sind noch weiter voneinander entfernt, und das bei trübem Wasser, schlechter Sicht. Dennoch sehe ich die beiden nach ganz kurzer Frist wieder friedlich beisammen. Diesmal drehen sie mir ihre Schwanzflossen zu und schweben gemeinsam davon.

Paarweise zu leben ist für viele ortstreue Fischarten die häufigste Form sozialer Bindung; so auch beim Großteil der Falter- und Kaiserfische. Während ihrer Nahrungssuche im oft recht großen Revier müssen die Tiere viele Male am Tag in Spalten oder zwischen Korallenäste flitzen, vor Gefahren flüchtend. Dabei sind Trennungen – wie eben geschildert – oft unvermeidlich, und die Partner verlieren sich aus den Augen. Obwohl sie selten den Eingang zum Irrgarten auch wieder als Ausgang benutzen, sind die beiden Getreuen stets sehr bald wieder beisammen. Als Taucher kann man sich davon beliebig oft überzeugen, wenn man den gefräßigen Räuber simuliert.

Die Fähigkeit des raschen Wiederfindens, auch unter schwierigen Bedingungen, beruht fast ausschließlich auf hervorragenden Augenleistungen und dem guten Gedächtnis für das Erscheinungsbild des Genossen. Das muß umso höher bewertet werden, als in fruchtbaren Zonen etliche Arten auf engem Raum vorkommen können, die sich nur geringfügig unterscheiden. Irrtümer wären aus unserer Sicht zwar leicht vorstellbar, kommen aber offenbar höchst selten vor. Das Bild des Partners ist so präzise und fest im Hirn verankert – nach Form, Farbe, Muster und individuellen Merkmalen – daß ein kurzer Blick für die richtige Diagnose ausreicht.

Die Kehrseite der Medaille

Nun hat aber ein auffälliges Äußeres – genau wie beim Menschen – keineswegs nur Vorteile. Schließlich sind Tier-Paare, die sich gegenseitig am Kleid erkennen, nicht die einzigen, die Farben sehen können. Kraßbunte Muster – der berühmte Verhaltensforscher und Nobelpreisträger Konrad Lorenz spricht einprägsam von »Plakatfärbung« – springen auch denen ins Auge, die man zu fürchten hat. Zum Überleben waren deshalb nur solche Arten fähig, welche die Gefahren der Farbenpracht kompensieren konnten durch wirksamen Schutz vor Freßfeinden. Im Fall unseres Falterpaares sind das drei Dinge: ein stets ganz nahes Korallenriff mit seinen unzähligen kleinen Verstecken, die nötige Sprintfähigkeit, um in Sekundenschnelle dorthin zu gelangen, sowie eine den Spalten angepaßte Körperform. Röhrenwürmer und Muscheln können sich sogar den Luxus überflüssiger Pop-Farben ungestraft leisten, weil sie bei Gefahr schnell genug

Schwarm- und paarweise lebenden Fischen dienen Uniformen und Signalfarben zum Erkennen und Zusammenbleiben. Für andere (siehe im Bild Mitte rechts den Fisch rechts unten) und für Hochseefische heißt es: nur nicht auffallen.

Reaktionsschnelle Muscheln können sich alle Popfarben leisten.

Ihr auffälliges Muster gefährdet die Seenadel.

Scherengarnelen werben mit rot-weißer Streifung für ihre Putzdienste.

die exponierten Teile in Sicherheit bringen. Viele andere Tiere sind (und waren) aber weniger glücklich strukturiert. Wenn wir uns in Erinnerung rufen, daß das erbbedingte Auftreten von Farbkleidern und Mustern dem Zufall entsprang (und weiter entspringt), so können wir vielleicht ahnen, wie riesig die Zahl von Tierarten gewesen sein mag (und ist), deren auffällige Haut zu ihrem Todesurteil wurde (und wird). Es kommt nicht von ungefähr, daß sich die größte Farbenpracht auf Erden jeweils dort entfalten konnte, wo die Natur ihre Hand zum größtmöglichen Schutz reicht: an Land im Dschungel, im Wasser am Korallenriff und an anderen spaltenreichen Uferfelsen.

Die Hochsee ist farbenfeindlich ...

Ganz anders im offenen Meer. Mit zunehmender Distanz vom Land sinkt die Farbigkeit der Tiere rapide ab. Die Regel bei Freiwasserfischen (natürlich mit Ausnahmen) ist: unten hell bis silbrig, also beim Blick von unten schwer auszumachen gegen die Wasseroberfläche; oben dagegen dunkler, dem Blick in die lichtarme Tiefe angepaßt. Plakat-Farben wären in der hindernisfreien Jagd-Szene offener Gewässer ganz unangebracht. Darum haben sie sich dort auch nicht durchsetzen können. Sardinen, Heringe, Schellfisch und Kabeljau, Stachelmakrelen, Thunfische und nicht zuletzt Haie und Wale – sie alle sind der genannten Regel gefolgt, was fraglos nicht unwesentlich zu ihren Erfolgen beigetragen hat.

... die Tiefsee bleibt farbenblind

Die farbenfeindliche Regel gilt allerdings nur in den oberen Regionen des Meeres, wo alle Lebewesen mit den Augen von anderen, ihnen vielleicht nicht Wohlgesinnten zu rechnen haben, oder von Beute, der man unbemerkt nahe kommen möchte. In der ewig nachtschwarzen Tiefsee hingegen ist der Gesichtssinn für alle Tiere bedeutungslos (besser: für fast alle, denn es gibt die Biolumineszenz von Tieren mit Leuchtorganen). Farbreflexe sind zwar sinnlos im Hinblick auf die Übernahme von Funktionen, aber sie vermögen auch nicht zu schaden, weil sie ungesehen bleiben. Darum gibt es sie dort unten. Das vorige Kapitel erzählte davon.

Farben schaffen privilegierte Minderheiten

Zurück in die lichtdurchflutete Nähe der Wasseroberfläche. Zwar sind durch die Naturgesetze hier die Voraussetzungen für alle Farben gegeben, gesehen zu werden. Es wäre aber die Annahme irrig, daß damit jeder Farbe schon eine Aufgabe zugeteilt sein müsse. Wie wir gesehen haben, sind Lichtwellen und passende Reflex-Flächen alt, farbtüchtige Augen aber jung in Maßstäben der Evolution. Bis jetzt präsentiert sich auch in den oberen Meeresschichten die Mehrheit der bunten Wesen »nur so« in ihren Farbkleidern, ohne daß sie von irgendeiner Bedeutung wären. Die Übernahme von Aufgaben durch Farbmuster ist eine der modernen Errungenschaften in der stammesgeschichtlichen Entwicklung und vorerst nur einer bevorzugten Minderheit zugänglich. Es kann nicht wundernehmen, daß eine stürmisch aufstrebende Gruppe von Knochenfischen darin den (Farb-)Ton angibt. Es ist die Ordnung der Barschartigen (Perciformes), zu denen auch der größte Teil der munter gemusterten Riffbewohner zählt. Die Dominanz der Farbmerkmale kann, z.B. für das Sozialverhalten, so weit gehen, daß im Experiment der Partner von seinem ständigen Lebensgefährten nicht mehr erkannt wird, wenn man sein Aussehen nur unbeträchtlich abwandelt. So bewies Hans Fricke in seinen Versuchen an Anemonen- (oder Clowns-)Fischen, daß ein Teil des Pärchens den anderen als Eindringling verkannte und sofort von der heimischen Anemone zu vertreiben suchte, wenn nur eine helle Querbinde im Brustbereich überdeckt worden war. Wer also nicht die richtige Uniform trägt, läuft Gefahr, den Feinden zugerechnet zu werden.

Heeres-Uniformen

Diese wichtige Fähigkeit der optischen Differenzierung – hie Freund, da Feind – kann natürlich auch für Schwarmfische lebenswichtige Bedeutung erlangen. Vom Verband definitiv getrennt zu werden oder sich irrtümlich einer fremden Schule anzuschließen kann der Anfang vom Ende sein. Vielen Schwarmfischarten wird der Zusammenhalt mit der Gruppe durch Farb-Markierungen erleichtert, die als optische Signale wirken, zusätzlich zur artspezifischen Silhouette der Körperform.

Wertungsregeln für Farben im Meer

Es sei mir erlaubt, eine ganz grobe Faustregel zu formulieren – in vollem Bewußtsein der Ungenauigkeiten, die einer didaktischen Vereinfachung anhaften müssen. Also:

- Nützlich: An Riffen und bestimmten Uferzonen mit guten Verstecken wurden mit der Entwicklung von Augen die Farben auf vielfältige Weise in die Systeme integriert als ergänzende moderne Lebenshilfe.
- Schädlich: Auf hoher See blieben auffällige Farben ohne Chancen. Signalgeber für den Zusammenhalt – im übrigen aussehen wie Wasser: das ist das Ideal für Beutetiere wie für Räuber. Grau bleibt Trumpf.
- Belanglos: In den Tiefen der Ozeane schließlich haben Farben Narrenfreiheit; es gibt sie, aber kaum zum Sehen oder Gesehenwerden.

Zwischen Gruseln und Bewunderung
Verrufene Räuber in Groß und Klein

3

Da unten aber ist's fürchterlich ...
Schwarz wimmelten da, in grausem Gemisch,
der stachlichte Roche, der Klippenfisch,
und dräuend wies mir die grimmigen Zähne
der entsetzliche Hay, des Meeres Hyäne.
Friedrich Schiller

Ähnlich dem tragischen Taucher des großen Dichters muß auch heute so mancher von »da unten« berichten. Und zu den ersten Fragen zählt nahezu gesetzmäßig – eine wie diese: »Aber wenn ein Hai kommt ...?« Das lebhafte Interesse gilt aber nicht etwa der bestechenden Eleganz von Körperbau und Bewegungen, sondern allein den vermeintlichen Gefahren, dem Gruseln, das die Begegnung mit der »Geißel Gottes im Meer« auslöst. Die Antworten der Gefragten sind nicht selten – zur Image-Pflege – aufschneiderisch. Wenn sie aber ehrlich bleiben, stoßen sie oft auf Unglauben oder bewirken Enttäuschung. Haie – allen voran der Weiße Hai – sowie Rochen, Barrakudas, Muränen, Riesenkraken, Killerwale und einige andere »Ungeheuer« der Ozeane haben der Menschheit unsäglich geschadet. Allerdings nicht durch Mord, Freßgier und physische Pein; vielmehr in aller Unschuld ganz einfach durch ihr Dasein. Den Rest erledigten die Menschen selbst durch Horrorgeschichten, seit dem Altertum über Klassiker-Dichtungen (s.o.) bis zu den Massenmedien der Gegenwart. Irrige und nicht zuletzt auch bewußt irreführende, dämonisierende Darstellungen trüben die Sicht seit vielen Generationen. Heute wäre für entscheidende Korrekturen genügend Wissen vorhanden. Leider aber haben einschlägige Versuche bei weitem nicht die magnetische Anziehungskraft wie die profitorientierten und die aus Geltungsbedürfnis verzerrten Machwerke von Autoren und Abenteurern. Zur Verteufelung reichen wenige Fakten aus, zum Beispiel eindrucksvolle Zähne und das Fressen lebender Beute. Wo aber ist da das Spektakuläre? Wo ist der Unterschied zum Bussard und zum Fuchs? Er liegt offenbar darin, daß der Mensch die Meeres-»Monster« nicht unter seine Kontrolle bringen kann und ihnen in Extrem-Situationen nicht gewachsen ist. Der Mensch als sein eigenes Maß aller Dinge, immer noch. Das ist es, was Tiere zu Symbolen des Satanischen macht.

Haie – als Beispiel – sind durchweg vorsichtige, ja scheue Tiere und unter den vermenschlichenden Bezeichnungen wäre »feige« oft treffend. Nur ein ganz besonders neugieriger Hai dreht nicht ab zum – wenn auch würdevoll langsamen – Rückzug, sobald ein Taucher auf ihn zuschwimmt. Aus seiner Sicht kann sowas kein Beutetier sein, Beute versucht zu fliehen. Was uns von Hollywood und Illustrierten, leider auch in vielen sogenannten »Dokumentarfilmen« im Fernsehen an Haien präsentiert wird, ist zuvor aufwendig mit großen Mengen Blut und (zu wenig) Fleisch angelockt und in Futter-Erwartung versetzt worden. Was Wunder, daß sich an den hungrigen Tieren Gier vorführen läßt.

Auf den folgenden Seiten soll von einer spezialisierten Gruppe der Haie die Rede sein, erst später von den merkwürdigen Hammerhaien. Im Bestreben, durch einen möglichst weit gespannten Bogen das Verständnis für das Phänomen Leben zu fördern, soll den Haien nicht über Gebühr viel Platz eingeräumt werden. Schließlich

Stattliche Beute hat den großen Räuber mit seinem Begleitpersonal von Schiffshaltern stets zu fürchten.

Für Jung- und andere Kleinfische ist der nur spannenlange Eidechsenfisch nicht weniger bedrohlich.

sind sie nicht die einzigen, deren Anblick Bedrohung signalisiert; für wen – das ist allerdings eine Frage der beiderseitigen Größe. Der zentimeterkleine Jungfisch kann den Barrakuda getrost ignorieren, nicht aber den kaum spannenlangen Eidechsenfisch.

Mit ruhiger Umsicht kann es gelingen, die rauhe Haut eines Leopardenhais zu streicheln (links).

Des Ammenhais Barteln dienen nicht dem Tastsinn (wie bei vielen Knochenfischen), sondern sind Teil des Riechorgans und befinden sich am Oberkiefer (rechts).

Australische »Teppichhaie« (Wobbegongs) sind durch Hautfransen recht gut getarnt. Aufdringliche Taucher können die spitzen Zähne zu spüren bekommen.

Ammen- und Glatthaie
Friedfertige unter den Killern

Haie – fast regelmäßig löst dieser Begriff in uns Empfindungen aus, die mit Horror, Aggression, Angst zu tun haben, zumindest aber mit Nervenkitzel. Das hat gute Gründe. Es liegt dem aber eine unzutreffende Verallgemeinerung zugrunde. Viele dieser Tiere werden zu Unrecht verteufelt, ganz abgesehen von den nicht enden wollenden Übertreibungen zu diesem sensationsträchtigen Thema. Eine differenzierte Betrachtung lehrt uns, daß die weitaus meisten der etwa 350 Hai-Arten keineswegs den gierigen Freßmaschinen ihres schlechten Rufs entsprechen. Viele kennen sogar lange Fastenzeiten. Nur wenige Arten werden – ohne provoziert zu sein – dem Menschen gefährlich. Und dann gibt es da die friedfertigen Haie, die am Boden leben und uns Tauchern dann und wann zu unvergeßlichen Erlebnissen verhelfen.

Jeder, der über Haie liest, stößt unweigerlich auf zwei Behauptungen:

1. Haie müßten fortwährend aktive Schwimmbewegungen ausführen, um nicht zu Boden zu sinken; und
2. Sie müßten stets in Bewegung sein, um nicht zu ersticken.

Aus der Not eine Tugend gemacht

Zu Behauptung Nr. 1: Das spezifische Gewicht von Fischen ist höher als das des Meerwassers. Knorpelfische – also Haie und Rochen – besitzen im Gegensatz zu den Knochenfischen keine Schwimmblase. Es fehlt ihnen somit die praktische »Tarierweste« der anderen und es geht tatsächlich mit ihnen abwärts, wenn sie nichts dagegen tun. Das ist indessen nur von Nachteil, solange nicht der Boden zum Lebensraum gemacht wurde. Und genau das hat die Evolution im Laufe einer langen Entwicklung einigen Hai-Arten und vielen Rochen beschert: Anpassung an den ökologischen Raum Meeresgrund.

Welcher Taucher ist nicht erfreut, wenn er eines dieser privilegierten Tiere, die nicht den ständigen Ärger mit der Schwerkraft haben, in einer Höhle entdeckt oder unter einem Überhang liegend antrifft? Wir pflegen von »Ammenhaien« zu sprechen, im englischen Sprachraum von »nurse sharks«. Weiß der Kuckuck, woher der Name rührt. Die ebenfalls häufige englische Bezeichnung »sleeping shark« – schlafender Hai – leuchtet dagegen sofort ein. Die Familie der Ammenhaie (Orectolobidae) umfaßt etwa 25 Arten. Aber nicht alle am Boden lebenden Tiere der Unterordnung »Echte Haie« sind Mitglieder dieser Familie: Einige gehören zu den Glatt- oder Marderhaien sowie zu den Hundshaien und anderen Familien.

Mit dem Meeresboden als Wohnraum können sich diese Tiere leisten, faul zu sein. Sie leben von Muscheln, Schnecken, Krebsen und von Grundfischen. Weite Jagdexkursionen haben sie nicht nötig. Die meisten Arten sind deshalb auch vom Vagabundieren zur Seßhaftigkeit übergegangen. Den Beweis liefern sie uns manchmal so: haben wir mit unseren aufdringlichen Fotoblitzen und Filmleuchten einen dieser Freunde von seinem Ruheplatz vertrieben und hat er uns beim raketenhaften Start fast die Schwanzflosse mit der Zähnchenhaut wie ein Reibeisen um die Ohren gewedelt, so kann es sein, daß wir denselben, am Tage müden, weil nachtaktiven Zeitgenossen zwei Felsecken weiter wieder antreffen. Er hat nicht mehr getan als nötig, um den Lästigen zu entweichen und die Ruhe wiederzufinden.

Am Boden lebende Haie kommen in allen Schelfmeeren vor, am häufigsten jedoch in warmen Gewässern. Einige erreichen drei Meter Länge oder mehr, wie z.B. der Zebrahai *(Stegostoma fasciatum)*, der Leopardenhai *(Triakis semifasciatus)* und der Australische Wobbegong *(Orectolobus maculatus)*.

Zwei der drei bei Haien vorkommenden Fortpflanzungsarten sind bei bodenadaptierten Tieren zu beobachten: einige befestigen hornige Eikapseln am Boden (z.B. der Zebrahai), die meisten aber gebären jeweils viele Junge, die bereits im Leib der Mutter aus dem Ei geschlüpft sind. Die Befruchtung erfolgt – wie bei allen Haien – im Körper des Weibchens mit Hilfe des männlichen Begattungsorgans, einer umgewandelten Bauchflosse.

Alternatives Leben erfordert Umstellungen

Zu Behauptung Nr. 2: Für die Freiwasserhaie (und damit für die weitaus meisten) trifft es zu, daß sie ohne Fortbewegung oder beachtliche Gegenströmung ersticken. Sie haben nämlich – im Gegensatz zu den Knochenfischen – keine Pump-Muskulatur, um Wasser in die Kiemen zu treiben. Deshalb sind sie auf den »Fahrtwind« angewiesen und oft mit leicht geöffnetem Maul zu sehen. In einem Netz oder Gitter gefangen überleben sie nicht lange.

Anders die am Grund lebenden Haie. Eine gnädige Entwicklung lieferte ihnen ein Instrument, das gleich zwei Probleme löst. Die sogenannten Spritzlöcher hinter den Augen dienen bei ihnen dem Ansaugen von Atemwasser. Das unterständige Maul wäre dazu schlecht geeignet. Wenn sich die Tiere im Sand räkeln, wären die Kiemen nur allzuleicht verstopft. Das nach oben verlegte »Ansaugrohr« wurde zusätzlich noch mit einer Pumpmuskulatur ausgestattet. Nun kann man beruhigt liegen.

Es geht auch ohne Horror-Gebiß

Eine langwierige und relativ späte Entwicklung hat noch einige weitere praktische Konstruktionen für diese Haie produziert. Kopf und Vorderkörper der meisten Arten sind abgeplattet, relativ breit. Am ausgeprägtesten ist das bei den Wobbegongs von Australien der Fall, die zudem noch Tarnungs-Vorteile durch Flecken und Fransen haben.

Die spitzen Zähne der Freiwasser-Haie – Kernstücke von Horror-Filmen – wären nicht das ideale Werkzeug zum Muschelknacken. Es hat sich bei etlichen der hier besprochenen Haie, allerdings nicht bei allen (denn einige leben von Fischen), etwas Praktischeres herausgebildet: ein Gebiß von Pflasterstein-förmigen Zähnen, unseren Backenzähnen nicht unähnlich. Wie bei allen Haien stehen auch hier die Zähne in vielen Reihen; hinter denen »vom Dienst sind viele andere in »Wartestellung«; für abgenutzte vordere rükken pausenlos neue von hinten nach. Man könnte neidisch werden. Charakteristisch für die Ammenhaie sind auch ihre mehr oder weniger langen Barteln, auf jeder Seite eine. Sie befinden sich jedoch nicht am Unterkiefer wie bei vielen Knochenfischen, sondern sind Teil des Riechorgans und helfen beim Aufspüren von Nahrhaftem im Boden.

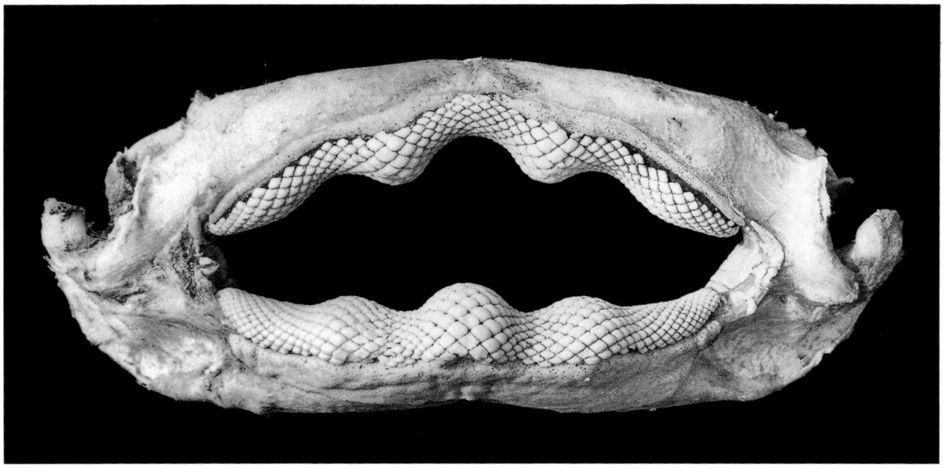

Wie ein Nussknacker funktioniert das Pflastersteingebiss des Ammenhais.

Schließlich wird die Erkennung bei den meisten Arten noch erleichtert durch relativ kurze und rundliche Brustflossen sowie durch einen schlankeren Körperbau, als ihn die weniger friedfertigen Haie haben. Häufig wird – selbst in seriösen Fachbüchern – der Weißspitzen-Glatt- oder -Hunds-Hai *(Triaenodon obesus)* mit dem Weißspitzen-Riffhai *(Carcharhinus albimarginatus)* verwechselt. Zum Glück ist auch dieser nicht gerade gefährlich. Und – leider – gibt es nicht selten absichtliche Täuschungen des Betrachters oder Lesers durch Autoren aus reiner Sensationshascherei. Manche Verwirrung entsteht allerdings durch uneinheitliche Populärbenennungen.

Wirklich ungefährlich?

Jedermann weiß es im voraus: mit Ammenhaien kann man spielen, man hat sie nicht zu fürchten. Und was sagen die Statistiken? Zählt man nur tödliche und lebensgefährliche Zusammenstöße zwischen Mensch und Ammenhai, so trifft die allgemeine Ansicht zu. In der Gesamtauflistung aller durch Haie verursachten Verletzungen kann es allerdings gänzlich anders aussehen. Davon werden in Australien z.B. nach medizinischen Archiven nicht weniger als 90 % – man lese und staune – durch Ammenhaie verursacht. Das aber nicht etwa, weil die Tiere aggressiv wären. Vielmehr wehren sie sich lediglich gegen menschliche Unvernunft. Am Schwanz versucht man den einen aus seiner Höhle zu zerren, den anderen belästigt man mit Filmleuchten von vorn und versperrt ihm gleichzeitig den Fluchtweg. Darf man sich da wundern, wenn ein Tier in der Bedrängnis sich den Weg freibeißt?

Bleibt der *Homo sapiens* als Eindringling ins Meeresleben so friedlich, wie es die Ammen- und Glatt-Haie von Natur aus sind, dann gibt es keine Probleme.

Stellung im System der Tiere

Klasse:	**Knorpelfische** (etwa 700 Arten)
Ordnung:	**Haie** = Selachii (etwa 350 Arten)
Unterordnung:	**Echte Haie** (fast 200 Arten) [6 weitere Unterordnungen: Stierkopfhaie, Engelshaie, u.a.]
Familien:	**Ammenhaie** = Orectolobidae (etwa 25 Arten) **Glatthaie** = Triakidae (etwa 30 Arten) [17 weitere Familien: Makrelenhaie, Walhaie, Katzenhaie, Blauhaie, Hammerhaie, u.a.]

Ihre Größe macht die Manta zum Räuber ungeeignet. So führt der »Teufelsrochen« als friedlicher Seiher ein Engelsleben.

Rochen
Die platten Haiverwandten

Das Image der Rochen ist – ganz ähnlich wie das ihrer nächsten Verwandten, der Haie – geprägt von Furcht und Unbehagen bis zur Abscheu. Zahllose Greuelgeschichten nähren ein solches Bild seit dem Altertum. Heute setzt die junge meeresbiologische Forschung ein rasch anwachsendes Wissen an die Stelle von Legenden. Angst und Schrecken treten zurück und lassen Staunen, Bewunderung und Verständnis aufkommen für diese urtümlichen Tiere, die sich zum Teil dem Meeresgrund zuwandten, mit einigen Arten aber auch der Hochsee.

Wer je das Glück hatte, beim Tauchen von einigen Teufelsrochen überrascht zu werden, die erstaunt und neugierig, aber ohne Furcht die merkwürdigen Bubblemaker umkreisen, dem muß wohl die Frage kommen, was uns denn in aller Welt diese seltsamen Erscheinungen zu den Fischen rechnen läßt.

In der Tat liegen Welten zwischen diesen Gebilden nach Art von Riesenvögeln aus der Unterwelt und etwa einem Schwarm von Mönchsfischen oder einem Zackenbarsch.

Ein typischer Rochen scheint mit seinem platten, breiten Körper und seiner merkwürdigen Schwimmweise auch unendlich weit entfernt von dem torpedoförmigen Bauprinzip und der schlängelnden Bewegungsform eines Hais. Dennoch sind beide aufs engste miteinander verwandt.

Die Herkunft

Rochen (Rajiformes), Haie (Selachii) und Seedrachen oder Chimären (Holocephali) bilden zusammen die Klasse »Knorpelfische«. Die steht mit nur etwa 700 Arten der riesigen Klasse »Knochenfische« (mit mehr als 25000 Arten) gegenüber.

Lange galt in der stammesgeschichtlichen Forschung die Auffassung, zunächst habe es nur die urtümlicher wirkenden Knorpelfische gegeben und die Knochenfische hätten sich daraus entwickelt. Inzwischen lernte man um. Die Mehrheit der Fachleute neigt heute der Auffassung zu, daß zunächst – vor etwa 440 Millionen Jahren – die Knochenfische auf den Plan traten und die Knorpelfische nach vielleicht 15 weiteren Millionen Jahren folgten. Etliche Fakten lassen vermuten, daß die Frühphase der Evolution von Knochenfischen im Brack- oder Süßwasser stattfand. Erst später wanderte ein Teil dieser neumodischen Modelle ins Meer, aus dem ihre Ahnen gekommen waren und wo die Brüder dieser Ahnen immer geblieben waren. Für die Knorpelfische gilt als sicher, daß sie sich von solchen Tieren abspalteten, die nie das Meer verlassen hatten. Bei gleichen Ur-Vorfahren konnten sich die Arten der beiden großen Klassen recht verschiedene Merkmale aneignen. Den Knochenfischen gelangen dabei wesentlich mehr Neuentwicklungen. Das führte zu einer beschleunigten, ja vergleichsweise explosiven Artenvermehrung, die sich heute in den oben genannten Zahlen ausdrückt. Auf eine Knorpelfisch-Spezies kommen zur Zeit wenigstens 36 von Knochenfischen.

Perfektes braucht kaum Modernisierung

Unter anderem erwarben die Knochenfische die Schwimmblase, ein überaus nützliches Instrument. Man hält sie für den Rest eines Organs zur Luftatmung, die im sauerstoffarmen, warmen Brack- oder Süßwasser notwendig geworden war. Knorpelfische nahmen an dieser Entwicklung nicht teil und müssen bis heute auf die praktische Tarierweste verzichten. Die Mantas als Hochseerochen sind deshalb ebenso wie die meisten Haie zu pausenlosen Schwimmbewegungen genötigt, selbst im Schlaf, um nicht auf den Meeresgrund zu sinken. Auch in wichtigen Stoffwechselbereichen konnte man beträchtliche Unterschiede der beiden Klassen ergründen, wobei Knochenfische exakt allen Wirbeltieren gleichen, die sekundär ins Meer zurückkehrten: Reptilien, Vögel und Säuger. Allein die Knorpelfische folgen ganz anderen Regeln.

Die fortschrittlichere Entwicklung der Knochenfische schien diese zu befähigen, alles Frühere aus dem Feld zu schlagen und alle ökologischen Systeme mit neuen Formen zu erobern. Tatsächlich gelang das weitgehend. Es blieben indessen unter den altmodischen Fischen etliche, die bereits früh so perfekt ihrem Lebensraum angepaßt waren, daß es den »modernen Typen« nicht gelang, sie zu verdrängen. So gibt es heute noch Knorpelfische, Rochen und Haie, die sich im Laufe mehrerer hundert Millionen Jahre kaum gewandelt haben. Sie brauchten es eben nicht.

Freilich hielt die Artenbildung bei weitem nicht mit der von Knochenfischen Schritt. Die wenigen »Gestandenen« aber bevölkern nach wie vor in reichlicher Zahl die Meere und gehören zu den geschicktesten und erfolgreichsten Jägern im ganzen Tierreich. Selbst der Mensch kann sie nicht dezimieren; Rochen wie Haie sind für die Buchführer der Roten Listen keine Themen.

Gründlichkeit führt zur Verflachung

Annäherung der Körperform an das Ideal für die jeweilige Lebensweise ist eines der kreativen Prinzipien, nach denen das Zusammenspiel von Selektion und Mutationen ununterbrochen wirksam ist. Wer am Meeresgrund lebt und sich nicht – wie etwa Grundeln und Röhrenwürmer – ein Versteck baut, ist im Vorteil wenn er platt ist; am besten so platt, daß es nicht einmal für einen Schatten reicht. Die Rochen haben es so weit gebracht. Die meisten verbringen ihr Leben auch heute noch am Boden, wo sich die Gruppe entwickelte und wo die Tiere ihre Nahrung suchen und finden. Die besteht zum größten Teil aus Muscheln, Schnecken, Krebsen, Würmern und kleineren Fischen.

Natürlich hat die Abflachung als Anpassung an den Grund sich über Zeiträume erstreckt, denen unser Vorstellungsvermögen kaum gewachsen ist. Es war auch nicht mit der Formwandlung von Höhe zu Breite getan. Der unterständige Mund eignete sich zwar bestens für den Beutefang am Boden, nicht aber zur Aufnahme von Atemwasser dort. Zuviel Sand käme ins Kiemengetriebe. Es mußte – ebenso wie bei den Grundhaien – ein Ansaugstutzen mit Muskelpumpe an der Oberseite konstruiert werden. Die Kiemenspalten als Auspuff sind statt dessen bei den Rochen auf der Unterseite – im Gegensatz zu allen Haien. Das erleichtert übrigens die Unterscheidung zwischen Rochen (vor allem Geigenrochen) und den ähnlichen Engelhaien, deren Kiemenspalten im Rücken sitzen. Kiemendeckel, wie sie die Knochenfische haben, gibt es bei Knorpelfischen nicht.

Rochen sind erfolgreiche Jäger. Viele sind nachtaktiv. Deshalb treffen wir sie als Taucher meist in ihrer Ruhephase an. Dazu ziehen sie sich gern unter Felsvorsprünge oder in Höhlen zurück oder bedecken sich mit etwas Sand. Stiel- oder Teleskopaugen sind dabei nützlich und zuweilen außer den Pumpbewegungen der Spritzlöcher das einzige, was von ihnen zu sehen ist. Zum Knacken von Schalen- und Krustentieren besitzen viele Arten ein stumpfes Pflastersteingebiß.

Vorsicht! Elektrisch geladen! Echter Zitterrochen (Torpedo sp.).

Übrigens liegen Rochen wirklich auf ihrem Bauch, im Gegensatz zu Plattfischen wie z.B. Scholle, Flunder, Steinbutt und Seezunge. Die liegen auf einer Seite, deren Auge während des Wachstums langsam auf die andere, nach oben gekehrte, wandert.

Wo? Wie viele? Wie groß? Wie tief?

Rochen stellen mit rund 350 Arten etwa die Hälfte aller Knorpelfische, von den Systematikern eingeteilt in 5 Unterordnungen: Sägerochen, Geigenrochen, Elektrische Rochen, Echte Rochen und Stachelrochenartige. Sie besiedeln alle Meere der Welt und einige Arten drangen gar ins Brack- und Süßwasser vor. Vom Flachwasser bis in Tiefen von 3000 Meter sind sie zu Hause. Ihre Größen reichen von 10 cm bis zu 7 m. Die Rekord-Maße werden nicht mit der Länge, sondern mit der »Flügelspannweite« erreicht, natürlich von Mantas.

Dem Jäger ist Größe hinderlich

Keine Regel ohne Ausnahme. Bei der Regel »Rochen sind Jäger« machen die Mantas nicht mit. Und dahinter steckt wiederum eine Regel, nämlich diese: Jäger können nur gut sein bis zu einer bestimmten Größe. Darüber sind Schnellkraft und Wendigkeit nicht mehr im nötigen Ausmaß gewährleistet. Eine Umstellung auf Pflanzennahrung wird unumgänglich. Beispiele finden sich allenthalben: Die größten Landsäuger sind Weidegänger – Elefant, Nashorn, Flußpferd, Büffel; die größten Meeressäuger sind sämtlich friedliche Bartenwale und ernähren sich vom Plankton. Ebenso ist es bei den Haien: die größten, Riesenhaie und Walhaie, sind keine Jäger, sondern gemütlich dahinschwimmende Planktonseiher. Unter den Rochen sind es, wie gesagt, die vielfach verleumdeten Mantas, die diesen Schritt vollzogen haben zum behäbigen »Vegetarier« (in Anführungszeichen, weil natürlich Plankton auch schwebende Kleintiere enthält). Das bedeutete auch Loslösung vom Boden und Unabhängigkeit von Küsten und Schelfmeeren: So entstand ein Hochseefisch, ein Bruder des Walhais, wenngleich ohne jede äußere Familienähnlichkeit mit ihm. Eine große, fettreiche Leber von geringem Gewicht hilft ihm gegen den lebenslangen Abtrieb. Die größten der 12 Arten dieser kosmopolitischen Wanderer bringen es auf die erwähnten 7 m Spannweite der Brustflossen, Längen von 6 m und Gewichte von 2 Tonnen. Die veränderte Lebensweise ließ die Brustflossen eine neue Anpassung durchmachen: Aus dem Rundum-Flossensaum des Rochen-Grundmodells, der mit eleganten Wellenbewegungen vorantreibt, wurden lange, schmale und spitz zulaufende Gebilde, die nicht nur der Form nach, sondern auch in der noch eleganteren Schwingenschlag-Bewegung Vogelflügeln ähneln.

Was hat man diesem gutmütigen Riesen mit den beiden schaufelartigen Kopfflossen, die das Geschwebe in das stets offene, breite Maul und in den Kiemenkorb lenken, nicht schon alles angedichtet an Bösem. Beim Populärnamen fängt der Rufmord schon an: »Teufelsrochen«; »Weiblicher Dämon der Tiefe« wird er von Fischern am Roten Meer genannt; Seeleute soll er hypnotisieren können, Boote umkippen und zerquetschen oder gar in die Tiefe ziehen. Dabei streift niemand friedlicher durch die Meere, in kleinen Trupps, paarweise oder einsam. Aber wer so extrem geformt ist, kann wohl der Verteufelung nicht entrinnen.

Die nachtaktiven unter den Rochen bedecken sich tagsüber gern mit Sand ...

... oder ziehen sich unter Felsvorsprünge oder in Höhlen zurück.

Wie ein Röntgenbild läßt der versteinerte Sonnenrochen das Skelett mit der großen Rundung der Brustflossen erkennen ...

... sowie die 3 Schwanzstacheln. Das Tier lebte vor 50 Millionen Jahren und entsprach im Bauplan bereits seinen heutigen Nachfahren).

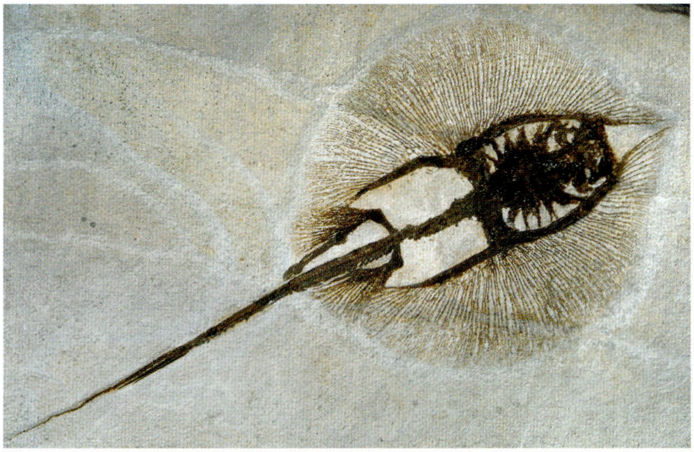

Sind wir Zeugen eines Wandels?

Ein flüchtiger Schatten läßt mich aufblicken von dem Kleingetier am Meeresboden. Ein traumhafter Anblick bietet sich mir: Ein großes Exemplar der herrlichen Adlerrochen zieht – majestätisch langsam – wenige Meter über mir seine Kreise. Neugier treibt ihn vermutlich dazu, der Drang, Neues zu erfahren, ein Zeichen von Intelligenz. Das Markenzeichen der Adlerrochen macht ihn unverkennbar: als einzige ihrer Ordnung haben sie einen deutlich ausgeformten, vorspringenden Kopf. Keine Spur von Angst bei dem Tier, unter dessen Bauch ein Schiffshalter haftet, während ich etliche Male den Auslöser meiner Kamera bediene. Leider wurde dieses besonders schöne Erlebnis später getrübt: Der ganze Film blieb – wegen eines Bedienungsfehlers – unbelichtet. So was passiert einem nur einmal.

Adlerrochen und Fragezeichen gehören zusammen, solange wir nicht über mehr Informationen verfügen. Ihre Nahrung finden sie – so heißt es – ausschließlich am Boden. Sie sind indessen wesentlich schwimmfreudiger als ihre meisten Verwandten. Man sieht sie auch besonders oft in oberen Wasserschichten, nicht selten weit weg vom Boden, sogar recht fern der Küste. Und schließlich imponiert die große Ähnlichkeit mit den Mantas in Körperbau und Schwimmbewegungen. Mir scheint deshalb die Frage naheliegend, ob wir in den Adlerrochen vielleicht Tiere vor uns sehen, die gerade einen Prozeß durchlaufen, den die Mantas bereits hinter sich haben: Abnabelung vom Grund und Rückkehr ins offene Meer. Großräumige Untersuchungen über das Wanderverhalten liegen noch nicht vor. Wieder einmal bedaure ich, daß zwar Fossilien stückchenweise die Vergangenheit vor Augen führen, Einblicke in zukünftige Entwicklungen uns aber verwehrt bleiben.

Und die Gefährlichkeit?

Das Flair des Unheimlichen, das die ganze Gruppe umgibt, deuten die Begriffe schon an, die mit den Namen verbunden werden: Stachel-, Gift-, Teufel-, Dämon- u.a.m. Rochen tun von sich aus aber gar nichts, was einen schlechten Ruf rechtfertigen könnte. Wo es dennoch zu unangenehmen Begegnungen kommt, liegt es an mangelnder menschlicher Umsicht. Da sind zunächst die Schwanz-Stacheln. Viele Arten verfügen über diese reine Abwehrwaffe, aber keineswegs alle, nicht einmal jede Art der besonders großen Unterordnung Stachelrochenartige, der auch Mantas und Adlerrochen zugehören. Andererseits gibt es unter den Besitzern welche, die gleich mehrere haben. Giftdrüsen machen Verletzungen über die Rißwunden hinaus unangenehm, aber nur selten lebensgefährdend. Unachtsamkeit beim Gehen im Flachwasser ist der häufigste Anlaß zu solchen Zwischenfällen, danach folgt gleich der unbedachte Versuch, einem solchen Tier zu nahe zu kommen, bis es sich bedrängt fühlt und flüchtend mit dem bewehrten Schwanz Peitschenhiebe austeilt. Fischer müssen sich hüten, wenn sie Rochen an Bord hieven. Zuviel Ehre tut die griechische Sage den Rochen an, wenn sie Odysseus durch das Gift eines Stachels auf der Speerspitze von Circes Sohn sterben läßt.

Von ganz anderer Art ist das, was uns von Elektrischen Rochen widerfahren kann. Entladungen von 40 bis 80 Volt Spannung sind üblich, mehr als 200 sollen schon gemessen worden sein bei Stärken von mehreren Ampère. Die elektrischen Organe bestehen aus umgewandelten Muskelzellen und dienen zur Betäubung oder Tötung von kleinen Beutetieren, über die sich der Rochen blitzschnell wirft. Damit erfand die Tierwelt bereits vor etwa 100 Millionen Jahren die Elektrofischerei. Es muß ja wirklich nicht sein, daß wir den Tieren so nahe auf die Haut rücken und sie noch so töricht berühren, daß es zur Entladung kommt.

Aktive Angriffe haben wir nie zu fürchten. Gründliche Betrachtung aus gebührender Distanz wird fast immer geduldet. Sie sollte uns genügen. Respekt wird dann zur Grundlage für helle Bewunderung äußerst origineller Geschöpfe.

Nachruf auf einen ermordeten Freund
Wenn ein gezähmter Riese die Geduld verliert

Der Eindruck war in der Tat gewaltig. Zwar mußten wir schon aus plastischen Schilderungen von ihnen und hatten sie auf Bildern gesehen. Aber es war doch noch etwas anderes, sie um sich versammelt zu haben: die Riesen-Zackenbarsche vom Ribbon Reef No. 10 im Großen Barriere-Riff. John, der Bootsmann der »Auriga Bay«, wollte offenbar für uns eine Art Bescherung aus der Vorführung der Kolosse gestalten: um sie anzulocken tauchte er mit einem Eimer voll Leckerbissen einige Minuten vor uns ab. Der Effekt war durchschlagend und zählt zu den Erlebnissen, die die weite Reise rechtfertigen.

Da läßt du dich vom Schiff aus fallen in eine Senke der bunten Riffplatte, 12 bis 15 Meter tief, und findest dich unverzüglich in der Gesellschaft von einigen dieser bulligen Schwergewichte. Sie bewegen sich gelassen zwischen den Korallenblöcken umher, als seien wir Taucher ein ganz normaler Bestandteil ihres Reiches. John hat begonnen, ihnen Fischbrocken anzubieten. Keiner gibt sich gierig. Einzeln streichen sie langsam herbei und holen sich ihr Teil ohne Hast.

Jonas irrte: es war kein Wal

Wir befinden uns im nördlichen Großen Barriere-Riff, dem tropischen Teil Australiens vorgelagert. Von Cairns, dem Ausgangspunkt für die schönsten Kreuzfahrten zum Riff, sind wir 150 Seemeilen entfernt. Wie uns Kerry, der Skipper, erzählt, haben Ron und Valerie Taylor vor mehreren Jahren diesen einzigartigen Clan von Riesenzackenbarschen der Art *Epinephelus tukula* zufällig entdeckt und während der Filmarbeiten die Tiere handzahm gefüttert. Seitdem wird der einsame Platz, weitab von jedem Land, immer wieder von den beiden Tauchschiffen »Reef Explorer« und »Auriga Bay« angesteuert. Die Kolosse scheinen diese Abwechslung zu schätzen und lassen mit stoischer Ruhe die angebotenen Fischstücke in ihren gewaltigen Rachen verschwinden. Und sieht man eines dieser Großmäuler gähnen (oder was immer der Grund für das Aufsperren sein mag), dann versteht man die Version, daß es ein Riesenzackenbarsch gewesen sein müsse und nicht ein Wal, der Jonas gemäß Legende verschluckte und unversehrt wieder ausspie.

Seltsamer Zusammenschluß von Einzelgängern

Es ist nicht ganz klar, wieviele »Potato Cods« (so nennen sie die Australier) das Areal bewohnten: Die Angaben schwanken zwischen 10 und 18. Sie zu zählen ist trotz ihrer gemächlichen Bewegungen nicht leicht. Ich konnte 8 gleichzeitig sehen, also waren es vermutlich ein paar mehr. Einer mit differenter Zeichnung, von einer anderen Art, mischte sich dazwischen, und ein großer Napoleonfisch schlich im Hintergrund umher. Außer diesem Platz ist nirgendwo auf der Welt ein weiterer bekannt, wo solche Riesenzackenbarsche in größerer Zahl zusammenleben. Sie sind sonst Einzelgänger, und an anderen Stellen des Barriere-Riffs sahen auch wir nie mehr als ein Exemplar. Die erforderliche Mindestgröße für die Mitgliedschaft in diesem erlauchten Club scheint bei 1,50 m zu liegen. Das dürfte einem Gewicht von gut und gern 150 Pfund entsprechen. Für die größten – z.B. den offensichtlichen Chef, mit einem Schiffshalter am Bauch – schätzten wir 2 m und mehr als zwei Zentner. Fast jeder von uns beteiligt sich am Füttern, hat Vertrauen zu der Gutmütigkeit, die – wie so oft – auch hier den Riesen eigen ist.

Wir sind uns alle einig: das war ein Supertauchgang. Und wir vereinbaren, daß wir gegen Ende unserer Kreuzfahrt hierher zurückkehren, um den aristokratischen Herrschern dieses Areals noch einmal unsere Reverenz zu erweisen.

Gesagt – getan. Wieder erleben wir die gleiche würdevolle Szenerie mit den langsam dahergleitenden prallen Muskelpaketen, die sich sogar anfassen lassen. Nur ganz selten bemerkt man, daß es doch unter den Tieren eine Rangordnung gibt, z.B. wenn ein Benjamin von »nur« eineinhalb Metern Länge dem Boß zu nahe kommt. Dann gibt es ein kurzes Drohverhalten, schnell schwimmt der Große im Scheinangriff auf den Kleineren zu, ebenso schnell weicht dieser aus. Und wieder sieht man ausschließlich majestätisch-gemessene Bewegungen, die selbst bei der Fütterung keinen Zweifel darüber aufkommen lassen, wer hier die Herren sind.

Gutgläubig vertraut der Revierfürst den fremden Wesen.

Kleine Geschenke erhalten die Freundschaft

Einigen der großen Freunde ist in der Zwischenzeit offensichtlich das Spielchen mit den Fischhappen langweilig geworden. Anscheinend sind sie nicht hungrig und beschränken sich nun aufs Spazierenschwimmen und Betrachten der komischen Blasenproduzenten. Auch John verschafft sich Abwechslung, indem er die herumlungernden Kleinfische zu füttern beginnt. Ein letzter Brummi harrt noch erwartungsvoll bei ihm aus. Er steht vor John mit seinem leicht geöffneten Riesenmaul und dreht die Stielaugen einzeln hinter allen Bewegungen in der Umgebung her. Aber John ist der Ansicht (die er bald bereuen sollte), der große Bruder hätte nun genug. Die Reste der Futterbrocken nahm er vor den zudringlichen Kleinen aus dem Eimer und brachte sie – in seiner Achselhöhle eingeklemmt – in Sicherheit (wie er meinte).

Überraschende Action-Einlage

Und dann – urplötzlich – geschieht das Einmalige: unser strammer Freund schießt vor wie ein geölter Blitz, reißt das Maul auf und läßt den halben John darin verschwinden. Aber fast ebenso schnell hat er den Rückwärtsgang eingelegt und spuckt den sonst so kaltblütigen, jetzt aber doch recht erschreckten Neuseeländer wieder aus. Erneut werde ich nachhaltig an Jonas erinnert. Die rasche Überprüfung des Kameraden zeigt: es ist noch alles dran an unserem John. Wirklich alles? Nein! Nur alles, was ihm gehört: seine Gliedmaßen, der Kopf mit Ohren, Nase, Hals ... aber weg sind die Futterbrocken. Nach Ansicht des Dicken gehörten sie ihm und wurden ihm vorenthalten zugunsten des niederen Volkes. Da muß man doch eingreifen und zur Selbstbedienung übergehen! Eine darüber hinausgehende, gegen den Taucher gerichtete Aktion lag dem Fisch sicherlich ganz fern. John ist zwar komplett geblieben, jedoch über und über verkratzt an allen ungeschützten Hautstellen: am ganzen linken Arm, an der Schulter und am Hals, sogar das Gesicht hat was abbekommen. Die zahllosen spitzen, aber kleinen Zähne des Fisches sind an der Basis mit Gelenken versehen, so daß sie sich nach hinten umlegen lassen. Tiefe Wunden haben sie zum Glück dennoch nicht reißen können. Nach Einpinseln mit einem roten Desinfektionsmittel sieht John abenteuerlich aus und könnte in jedem Gruselfilm mitwirken. Aber alles ging gut. – Ob Jonas ähnlich ausgesehen hat?

Nicht genug mit diesem Erlebnis. Wie es gelegentlich langweilige Tauchgänge gibt, so häufen sich die Highlights bei anderen. Fast alle Kameraden sind bereits zum Schiff zurückgekehrt. Ich genieße noch das gemessene Bewegungsspiel der einmaligen Show-Gruppe, da bietet sich mir für einige Sekunden ein so phantastisches Bild, wie es sonst nur in Träumen vorkommt: während vor mir drei Riesenzackis stehen, kommt von links etwas höher eine Manta über uns geschwommen und gleichzeitig von rechts ein »Silberspitzen«-Hai. Das gäbe mein Foto des Jahrhunderts wenn ... ja, wenn nicht der Film längst voll wäre. Begeisterung und Ärgernis zugleich! Aber damit muß man leben. Man kann nicht alles haben. Ich bin auch so zufrieden.

Story ohne Happy-End

Aber eine Geschichte mit Happy-End blieb es leider nur für wenige Monate, wie ich später erfuhr. In Australien wird immer noch das Töten von Fischen als »Sport« verkauft. Je größer und herrlicher das Tier, umso »heldischer« der Killer. Nicht nur mit Hochsee-Angeln werden Geschäfte gemacht, sondern auch Wettbewerbe im Harpunieren sind noch schick. Die Kilos sind der Maßstab für den Sieg. Viele moderne und schnelle Boote starten von Cairns zum Game Fishing. Aber nicht jeder kräftig zahlende Kunde hat das Glück, einen Fächerfisch, einen Blauen Marlin oder einen Schwertfisch zu angeln. Und manchmal ist die gesamte Kundschaft unzufrieden, weil man ihr zuviel versprach. Ein solcher Fall war offenbar eingetreten, als sich ein Skipper besann, daß er von einem Taucher die Lage des Platzes der Riesenbarsche erfahren hatte. Und damit war das Todesurteil für die gesamte Gruppe gefällt. An den Angelhaken von Blutrünstigen, die sich für Kämpfer halten, endete das Leben der vertrauensseligen Kreaturen. Zumindest für einen langen Zeitraum ist das Große Barriere-Riff um eine seiner besten Attraktionen ärmer geworden – und die Menschheit um ein weiteres trauriges Zeugnis ihrer sinnlosen Boshaftigkeit reicher. Kaum haben einige eine solche herrliche Tiergruppe dahin gebracht, im Menschen so etwas wie einen Freund zu sehen, so zerstören andere alles um geschmackloser Fotos der »Helden« mit der Trophäe willen. Daß Riesenzackenbarsche nicht zum Verzehr geeignet sind, war den Tätern gewiß nicht unbekannt.

Wer die grandiosen Geschöpfe erlebt hat, bedauert zutiefst, daß es keine rechtliche Handhabe gegen ihre Vernichter gibt.

Muränen und Schlangenaale
Umwittert von Greuelmärchen

Allenthalben begegnen wir ihrer Etikettierung als Symbole für heimtückisch lauernde Gefahren im Meer. Muränen und Schlangenaale figurieren in der Rangliste boshafter Ungeheuer schon bald nach Haien und vielleicht noch vor den Barrakudas. Sie werden auch Pate gestanden haben, als Schiller unseren glücklosen Taucher-Kollegen so dramatisch erzählen ließ: »Das Auge mit Schaudern hinunter sah, / wie's von Salamandern und Molchen und Drachen / sich regt' in dem furchtbaren Höllenrachen:« Daß der Wirklichkeit eine andere Charakterisierung entspricht, versteht sich für uns aufgeklärte Menschen von heute. Anders – aber wie?

Zugegeben: Ohne Übung in Selbstüberwindung fällt die Befreiung von althergebrachten Klischees schwer. Wer sieht schon in der Schlange ein liebenswertes Mitgeschöpf? Und mit Schlangen haben Muränen sehr viel Ähnlichkeit. Für Schlangenaale gilt das noch mehr. Diese Parallelität zu gefürchteten und weithin verabscheuten Reptilien – bewußt oder unbewußt wahrgenommen – genügt bereits für ein negatives Image dieser Fische. Kein Wunder, daß zahllose Berichte über sie nur so strotzen von Superlativen über Angriffslust, über Raub- und Freßgier, über wütende Attacken auf harmlose Taucher und über die Gefährlichkeit giftiger Bisse. Verständlich. Viele Orte bieten indessen Gelegenheit zu Bekehrungs-Erlebnissen.

Image-Pflege durch Zirkus-Darbietung

Colin, Leiter der Tauchbasis auf Heron Island am australischen Großen Barriere-Riff, schwimmt voran. Er führt uns, eine Handvoll Europäer, zu einem der »Bommies«, der großen Korallenblökke im Sand der Lagune. Dort reckt sich uns eine große Muräne in typischer Weise entgegen: Nur Kopf und Hals sind sichtbar, der Rest des Körpers verharrt, wie stets tagsüber, im Versteck. Der zahnbewehrte Rachen öffnet und schließt sich unentwegt. Das sieht nach ernsthafter Drohung aus, und das üppige Format des »Monsters« hindert jeden von uns Ferientauchern daran, ihm zu nahe zu kommen. Colin aber steuert unverzüglich den waffenstarrenden Schlund an und hält ihm Fischbrocken aus einem mitgebrachten Beutel hin. Ohne Gier werden die Geschenke angenommen, mit Präzision, ohne Gefahr für die Finger. Und dann dokumentiert Colin seine offensichtliche Freundschaft mit einem verrufenen Räuber: anhaltend krault er sowohl die Kehle wie den Nacken der wuchtigen Muräne, die keine Scheu erkennen läßt.

Räuber = Killer?

Dem weniger Vertrauten sind solche Liebkosungen durchaus nicht zur Nachahmung empfohlen. Man mag überhaupt solche Fütterungsfreundschaften als unnatürliche Dressuren kritisieren, ebenso wie die beliebten Szenarien mit Haien. Eines aber lehren sie uns zweifelsfrei: Die sogenannten Raubtiere sind keineswegs von immerwährender und unberechenbarer Aggression getrieben. Zum Überleben müssen sie Beute fangen, sie müssen auch Angreifer abwehren und ihr Revier verteidigen. Der große Rest ihres Lebens aber spielt sich in Frieden ab. Berichte über unmotivierte Attacken dürfen getrost der Fabuliersucht zugerechnet werden. Freilich kann es für die Tiere zum Einsatz ihrer Waffen Auslöser geben, die für uns nicht durchschaubar waren, z.B. ein Empfinden, in die Enge getrieben zu werden durch unbedachte Handlungen des Menschen. Auch versehentliche Bisse in die Finger eines Fütternden können vorkommen, denn die Augen dieser Aalfische sind weniger scharf als die Zähne. Nie jedoch habe ich von unsinnigen, unerklärlichen Attacken gehört.

Steckbrief

Für Tiere gibt es zum Glück keinen Datenschutz. Ganz im Gegenteil ist eines der Hauptziele zoologischer Wissenschaftler, möglichst viele Einzelheiten über möglichst viele Tiere zu erfahren und umgehend publik zu machen. Einiges aus den Dossiers von Muränen und Schlangenaalen kann man so zusammenfassen:

Sie gehören beide – als gesonderte Familien – in die Ordnung der sogenannten Aalartigen oder Aalfische (Anguilliformes). Seit außerordentlich langer Zeit bevölkern Tiere dieser Gruppe alle Meere. Schon unter den frühen echten Knochenfischen waren sie vertreten und entsprechend vielfältig verlief ihre lange Entwicklung. Spezialistentum wird großgeschrieben unter den 26 Familien der Aalfische mit ihren 370 Arten. Zwei extremen Formen – den Röhrenaalen und den Nasenmuränen – habe ich weiter unten gesonderte Berichte gewidmet. Ein besonders eindrückliches Beispiel für die Entfaltungsfähigkeit im Rahmen der Stammesentwicklung führen uns die ebenso geheimnisumwitterten wie schmackhaften Echten (Fluß-) Aale (Gattung *Anguilla*) vor Augen. Sie entwickelten die Fähigkeit, auch im Süßwasser zu existieren und verbringen einen großen Teil ihres Lebens in den Flüssen von vier Kontinenten, ehe sie zur Fortpflanzung und zum Sterben wieder ins Meer zurückkehren.

Nicht nur die langgestreckte, schlangenähnliche Körperform aller Aalfische ist auch unseren Muränen und den noch schlankeren Schlangenaalen eigen; wie fast der ganzen Sippe fehlen auch ihnen Schuppen sowie Brust- und Bauchflossen, während Rücken-, After- und Schwanzflossen (soweit vorhanden) sich meist ohne Unterteilung durchgehend präsentieren. Die phänomenale Manövrierfähigkeit im Vorwärts- wie im Rückwärtsgang wurde erst möglich durch die Entwicklung besonders zahlreicher Wirbel. Die Rekordhalter in der Verwandtschaft haben bis 260 davon (zum Vergleich: beim Menschen sind es 24 einzeln bewegliche plus 9 bis 10 miteinander verwachsene). Eine dicke Schleimschicht auf der nackten, aber kräftigen Haut erleichtert das schlangenhafte Gleiten im Labyrinth oft scharfkantiger Fels- oder Korallenformationen.

Etwa 120 Arten Muränen sind bekannt, von Schlangenaalen sogar 200. Wenn man letztere dennoch relativ selten zu Gesicht bekommt, so liegt das an ihrer besonders »heimlichen« Lebensführung. Die Tiere beider Familien sind ausgesprochen nachtaktiv. Während viele Muränen aber tagsüber wenigstens ihr Vorderteil vorzuzeigen pflegen, bleiben Schlangenaale meist gänzlich versteckt, solange es nicht dunkel ist. Wer seine Chancen, diese eleganten Räuber zu sehen, erhöhen will, muß sich zu Nachttauchgängen entschließen. Wer allerdings in der Karibik einer Seeschlange, also einem lungenatmenden Reptil, zu begegnen glaubt, der sieht einen Schlangenaal, denn Schlangen gibt es dort nicht. Bemerkenswert ist, daß die beiden hier besprochenen Familien 87 % aller Aalfisch-Arten stellen und den übrigen 24 Familien nur 50 der 370 Arten überlassen. Das unterstreicht die besondere Durchsetzungs-, also Anpassungs-Fähigkeit seit vielen Millionen Jahren.

Ziemlich viel Gift – aber wo?

Daß Muränen und Schlangenaale einiges mit Giften zu tun haben, ist unbestritten. Fischer wissen das und lassen entsprechende Vorsicht walten. Über das WO, WIE und WANN der Giftigkeit gibt es indessen Meinungsverschiedenheiten selbst unter Spezialisten. Beginnen wir beim Biß. In zoologischen Standardwerken kann man lesen, am Grund der kräftigen Fangzähne, die – je nach Art – in mehreren Reihen oder nur in einer angeordnet sind, gebe es Giftdrüsen, die beim Zubeißen ihr Sekret entleeren; durch Kanäle in den Zähnen gelange es in die Wunden der Opfer. Es wird sogar behauptet, das Zahngift einiger Arten sei so stark, daß ein Biß für den Menschen tödlich sein könne. Zunehmend vertreten aber Meeresbiologen heute die Auffassung, das Thema Giftzähne sei ein Produkt stets weiterkolportierter Irrtümer (zu denen die Schlangenähnlichkeit ihren Beitrag geliefert haben dürfte). Vermutlich entspricht das der Wirklichkeit, wenngleich einschränkend zu vermerken ist, daß die noch sehr junge Wissenschaft Meeresbiologie noch gar nicht die Zeit hatte, alle 320 Arten gründlich zu untersuchen.

Giftzähne hin – Giftzähne her: sicher ist, daß Bisse nicht nur stark schmerzen, sondern auch schlecht heilen und tatsächlich Vergiftungssymptome zur Folge haben können. Die sind aber hinreichend erklärbar durch ein Gift, das im Schleim der Mundhöhle vieler Arten sicher nachgewiesen wurde. Einzellige Drüsen sind die Produzenten.

Unsere Aalfische verlieren mit dem Tod noch keineswegs ihre Gefährlichkeit. Auch im Blutserum, in den Muskeln und in der Leber vieler Vertreter sind Giftstoffe enthalten, die zum Teil fähig sind, unsere roten Blutkörperchen aufzulösen. Die Tiere gehören also auch zu den sogenannten »passiv giftigen«. Schließlich soll nach Genuß von Muränenfleisch auch schon die berüchtigte Erkrankung namens Ciguatera beobachtet worden sein. Sie entsteht durch das Gift bestimmter Algen, die von irgendeinem Glied der Nahrungskette verspeist wurden. Das Syndrom kann durch verschiedene Fische übermittelt werden.

Muräne auf dem Tisch

Unsicherheiten in Sachen Giftigkeit brachten den Schlangenaalen und Muränen bei den Küstenvölkern sehr differente Bewertungen als Speisefische ein. Im Sudan sahen wir die angelnden Wachen eines Leuchtturms, auf Frischfisch durchaus begierig, eine stattliche Muräne achtlos fortwerfen. Anderswo weiß man, daß alle Gifte dieser Fische durch Erhitzen unwirksam werden (weil sie aus Eiweißverbindungen bestehen). Durch Kochen, Braten, Grillen und Räuchern scheint man Delikatessen zu erlangen. Das wußten schon die alten Römer. Sie trieben Vorratswirtschaft mit lebenden Muränen, mästeten sie in speziellen Becken und sollen sie sogar gezüchtet haben. Damit waren sie wohl die Erfinder der Vivarien, schon vor unserer Zeitrechnung. Angeblich soll der Wohlgeschmack noch erhöht worden sein, wenn hungrige Tiere mit Sklaven gefüttert worden waren. Bei einem Festmahl habe man – so wird überliefert – 6000 Exemplare verspeist. Auch heute schätzt man die Fische in vielen Ländern. Auf den Märkten sieht man sie allerdings meist nur ohne den furchterregenden Kopf – zur Schonung der Kundennerven. In Japan allein werden jährlich einige zigtausend Tonnen verkauft. Es gibt sie halt in viel größerer Zahl, als es unseren Eindrücken beim Tauchen entspricht.

Respekt: ja – Angst: nein

In vielen hundert Stunden unter Wasser fuhr mir bisher nur einmal ein heftiger Schreck in die Glieder. Das geschah nicht durch eine der zahlreichen Begegnungen mit Haien oder anderen »gruseligen Monstern«. Eine Muräne hatte es fertiggebracht, daß ich unter Wasser unwillkürlich einen Schrei ausstieß. Ich tauchte ruhig an einer Riffwand vor Mauritius empor. Gegen die niedrig stehende Nachmittagssonne lag der Schräghang im Schatten. Meine chronische Natur-Neugier ließ mich in jedes größere Loch blicken. Als ich wieder einmal den Kopf in eine ziemlich dunkle Lücke steckte, entfuhr mir der besagte Schrei und alle Muskeln beteiligten sich an einer reflektorischen Rückwärtsbewegung. Mit weit aufgerissenem, innen orangerot ausgekleidetem Rachen schoß eine große Muräne (der Art *Lycodontis javanicus*) auf mich los. Meine Reaktionen waren unnötig und wären im Ernstfall auch viel zu langsam gewesen. Mit unvorstellbar kurzem Bremsweg stoppte das »Ungeheuer« dicht vor mir, zog sich ein Stück weit zurück, um dann noch einen zweiten solchen Scheinangriff folgen zu lassen, nun schon in abgeschwächter Wucht. Die Drohung des Tieres ließ keinen Zweifel, wer dort der Chef war. Ich hatte einen Fehler gemacht und war nun belehrt worden.

Das war ein typisches Muränenverhalten. Um gebissen zu werden, muß man wohl noch um einiges unvorsichtiger hantieren. Entgegen ihrem Ruf sind Muränen und Schlangenaale keineswegs angriffslustig. Das rhythmische Maulöffnen bedeutet nicht einmal Drohung. Es gehört –

Wer Schlangenaale sehen will, muß die Nacht zum Tage machen. Mit einem dornartigen Schwanzende können sie sich rückwärts in den Sand bohren (links oben).

Nicht aus Aggressivität, sondern zur Atmung wird das Maul rhythmisch geöffnet.

Schlangenaale und Muränen haben 4 Nasenlöcher. Den vorderen sitzen immer originelle Röhrchen auf, den hinteren nur bei wenigen Arten (oben und unten rechts).

Mangel an Spalten und Löchern kann solche Einzelgänger in friedvolle Wohngemeinschaften zwingen (Mitte).

ganz banal – zur Atmung der Tiere: Frisches, sauerstoffreiches Wasser muß durch einen langen und schmalen Kiemenapparat mit klein geratenen Austrittsöffnungen, weit rückwärts gelegen, regelrecht gepreßt werden. Das optisch so wirksame Zähnezeigen ist also nichts als ein harmloses Pumpen.

Wir sollten aufhören, diesen geschmeidigen und behenden Tieren ihren friedfertigen Charakter abzusprechen. Respekt ist angebracht, aber keine Angst, solange wir den Geschöpfen ihre Bewegungsfreiheit lassen. Bewunderung hingegen kann nicht ausbleiben, wenn wir erkennen, wie unübertrefflich hier von der Natur die Herausforderung der labyrinthischen Gliederung von Felsen und Korallenriffen gemeistert wurde. Muränen sind Musterbeispiele der Anpassung von Wesen an die Gegebenheiten.

Eidechsenfische
Große Räuber im Kleinformat

Grausamkeiten räuberischer Jagdmethoden, Gefahren für das Leben, Angst, die daraus erwächst, bis hin zur Panik: Die Dimensionen solcher Phänomene steigen nicht mit der Größe von Beutegreifern. Eidechsenfische zum Beispiel sind weder nach Metern zu messen, noch können sie durch unberechenbares Umherschweifen Furcht verbreiten, wie etwa Haie. Für kleine Tiere, Garnelen und junge Fische vor allem, sind sie dennoch Ungeheuer, deren Auftauchen stets Lebensgefahr bedeutet und Alarmstimmung auslöst. Welche Methoden machen sie so »tückisch« aus der Sicht ihrer Opfer?

In altüberlieferten Sagen figuriert der »Drache« als Symbolfigur des Bedrohenden, Furchterregenden, Vernichtenden.

Wie der Drache im Mythos

Es mag auf vorzeitliche Riesenechsen unter den Sauriern zurückgehen, wenn in bildlichen Darstellungen die Grundform solcher Drachen besonders häufig Eidechsen-ähnlich ist. Mittelalterliche Handschriften sind mit ungezählten Vignetten solcher Art geschmückt.

Nach dem gleichen Grund-Bauplan sind die Eidechsenfische gestaltet. Ihr Maul, der breiteste Teil des ganzen Körpers, ist sicherlich für jedes auserkorene Opfer ein gräßlicher Anblick, auch wenn es nicht Feuer speit wie ein Drache. Selbst in geschlossenem Zustand zeigt es noch etliche der dolchhaft geformten Zähne vor, die sich übrigens nicht auf Ober- und Unterkiefer beschränken; vielmehr ist auch noch die Zunge damit besetzt.

Gut gewählter Name

Nicht allzuoft sind die Populärnamen von Tieren so kennzeichnend wie in diesem Fall. Die Ähnlichkeiten zwischen unserem kleinen Raubfisch und den Eidechsen verblüffen. Im Körperbau, sowohl des Rumpfes wie des Kopfes, sind sie so augenfällig, daß sie kaum der Beschreibung bedürfen. Führen wir uns nur die häufigsten heimischen Echsen vor Augen, die Zauneidechse z.B. oder auch die Berg- und die Mauereidechse; stellen wir uns weiter vor, daß die hintere Schwanzhälfte abgeworfen und noch nicht fertig neugebildet wurde (was häufig vorkommt); denken wir uns schließlich die Hinterbeine weg: die verbleibenden Unterschiede zum Eidechsenfisch sind erstaunlich gering: Selbst in einigen Lebensgewohnheiten setzen sich die Ähnlichkeiten fort. Beide leben ausschließlich von tierischer Nahrung und ihre Größe entspricht am häufigsten in etwa der Spanne einer Männerhand. Beide verharren oft stundenlang auf einem Fleck. Bei den Eidechsen dient das allerdings meist einem ausgiebigen Sonnenbad; bei unseren Eidechsenfischen ist es indessen Teil des Beutefangverhaltens.

Das Erfolgsrezept: Tarnung, Geduld und Blitzstart

Eidechsenfische ernähren sich mit wenig Bewegung. Für die Wahl ihrer Operationsbasis haben sie zwei Möglichkeiten. Die eine: erhöhte Plätze, zum Beispiel auf Korallenblöcken, als Aussichtspunkte. Im Gegensatz zu den Korallenwächtern (Büschelbarschen) hocken Eidechsenfische nicht auf einem Ast verzweigter Korallenstöcke (wie Geweihkorallen aus der Familie Acroporiden, Baumkorallen); vielmehr bevorzugen sie größere Flächen, wie sie z.B. auf den sog: Hirnkorallen zur Verfügung stehen. Ein erhöhter »Ansitz« bietet den Vorteil, daß der Fisch in viele Richtungen vorzuschnellen vermag, aus denen sich Beute nähern kann. An solchen Plätzen heben sich die Tiere natürlich besser ab gegen Hinter- und Untergrund. Das steht ein wenig in Gegensatz zu einer Gabe, die zu den erstaunlichsten im Tierreich gehört: der plötzlichen Farbänderung, die der Tarnung dient. In hochspezialisierten Zellen der Haut, Chromatophoren genannt, wandern Pigmentsubstanzen so, daß das Äußere des Fisches in Farbe und Muster dem Untergrund, wie ihn das Auge sieht, ähnlich wird. Noch viel Forschungsarbeit ist nötig, um diesen phantastischen Vorgang aufzuklären.

Erstaunlich ist, daß Eidechsenfische – wie ich immer wieder beobachtete – auf diese Tarnung offenbar ziemlich häufig verzichten. Ihre Fähigkeiten als Jäger scheinen ihnen das ebenso zu erlauben wie das Sitzen auf deckungslosen Flächen, zu denen auch der zweite Standort-Typ unserer Fische gehört: Sandboden. Hier kann sich die Haut entsprechend hell und gesprenkelt färben. Solange die Tiere – wie meist – mit angehobenem Vorderkörper dastehen, auf die Brustflossen gestützt wie Eidechsen auf ihre Vorderbeine, sind sie auch hier trotz Tarnfärbung keineswegs schwer auszumachen (wie in den meisten Beschreibungen behauptet wird). Es geht auch so. Mancher spätere Happen unterschätzt offenbar die Schnelligkeit dieses kleinen Räubers. Wie eine Rakete nämlich schießt er auf seine Opfer los und verfolgt sie nötigenfalls über kurze Strecken, etwa bis zu 10 Metern. Einmal von den nadelspitzen Zähnen erfaßt, gibt es kein Entrinnen mehr. Mit Hilfe der bezahnten Zunge wird es unzerteilt verschlungen. Dazu muß es »mundgerecht« erfaßt werden. Gelang das nicht schon beim ersten Zupacken, so könnte das Beutetier beim Loslassen vielleicht doch noch entfliehen. Das wird durch ein Verhalten verhindert, wie es wiederum auch von Eidechsen bekannt ist: unser Raubfisch schlägt sein Opfer einige Male wuchtig auf den Boden, ehe er das Maul öffnet, um die Lage des Bissens zu korrigieren.

Noch zwei Tricks

Zuweilen wird die Tarnung von den Eidechsenfischen auf die Spitze getrieben: sie können sich – mit schnell schaufelnden Bauch- und Brustflossen – im Sand vergraben, bis nur noch die Augen herausschauen. Das kann Teil der Fangtechnik sein. Wie aus dem Nichts flitzt dann der kleine Räuber aus dem Boden hervor und schnappt sich seine Beute. Bei Nachttauchgängen sah ich aber auch schon Eidechsenfische, die sich offenbar unseren Blicken oder denen größerer hungriger Räuber durch Verschwinden im Sand entziehen. Es ist schon eindrucksvoll, wenn der Schein der Lampe über den vermeintlich so leblosen Sand streicht und plötzlich den Kopf eines Drachen im Kleinformat mit Glotzaugen und großem, zähnestarrendem Mäulchen einfängt.

Manchmal scheinen die hungrigen Kerlchen an der Richtigkeit ihrer eigenen Ansitz-Wahl zu zweifeln. Man kann nämlich zuweilen beobachten, wie sie umherschleichen und versuchen, sich unauffällig einem Schwarm kleiner Fische, z.B. von Riff- oder auch Fahnenbarschen, so weit zu nähern, daß ein Blitzstart Erfolg verheißt. H. Fricke beschrieb, daß der kleine Räuber sich auch an die wesentlich längeren Röhrenaale heranmacht. Beschränkt er sich dabei nicht auf Jungtiere, so hat der Appetit die Augen größer gemacht als der Bauch ist. Selbst der Putzerfisch des Indo-Pazifik *(Labroides dimidiatus)*, von fast allen Raubfischen in seiner Narrenfreiheit verschont, kann zwischen den Zähnen des unersättlichen Eidechsenfisches ein jähes Ende finden.

Wenig Familiensinn

Sieht man sich nach den nächsten Verwandten unserer Räuber um, so endet das in Verblüffung und es fällt schwer, Familien-Ähnlichkeiten zu konstatieren. Zur Ordnung der Lachsfische (Salmoniformes), wo sich auch Forellen mit Äschen und Hechten zusammenfinden, gehören die Eidechsenfische. Die zuständige Unterordnung ist die der Laternenfische (Myctophoidei), also jener merkwürdigen Tiefsee-Unikate, die wir aus den Zoo-Aquarien kennen, die unter ihren Augen Leuchtorgane, von Bakterien mit Energie versorgt, tragen. 15 Familien existieren in dieser Unterordnung. Der wesentliche Teil der Arten, die wir als Taucher zu Gesicht bekommen, hat das Flachwasser zu seinem Lebensraum erkoren. Insgesamt gibt es 35 Arten Eidechsenfische. Sie leben in den warmen Meeren rund um die Erde. Einige Exemplare werden gelegentlich in kältere Zonen des Nordens und Südens verschlagen, wo sie sich als überlebensfähig erweisen. Die Verwandtschaft zweiten Grades – weit über 100 Arten – tummelt sich in der Tiefsee. Einige davon werden neuerdings zur Familie der Eidechsenfische gezählt. Es handelt sich um die Gattung *Saurida* (von griechisch Eidechse, Salamander).

Senkrechte Mundspalten dienen dem Betrachter als wichtiges Charakteristikum der Steinfische (hier ein Paar).

Diagnosehilfe

Viele Taucher und Aquarianer pflegen alle Feuerfische unter dem Namen »Rotfeuerfisch« zu subsumieren; manchen fallen gar nicht erst Unterschiede auf. Gourmets wollen wissen, welchen Fisch sie vor sich haben – auf dem Teller. Warum sollen Naturfreunde ihnen nachstehen? Im Meer, vor dem Foto oder vorm Aquarium? Wer's gern präzise hat, merkt sehr wohl, daß es verschiedene Arten von Feuerfischen gibt. Bei der genauen Zuordnung kann man dennoch leicht ins Schleudern geraten. Das beweisen nicht zuletzt auch Veröffentlichungen von anerkannten Spezialisten: Je mehr Bücher man zur Hand nimmt, um so verwirrter steht man da, weil es an Übereinstimmung fehlt. So jung ist eben noch die Meeresbiologie und besonders die einschlägige populäre Naturkunde.

Ein paar Hinweise mögen die Differenzierung der häufigsten Arten erleichtern:

- Nur der Rotfeuerfisch *(Pterois volitans)* hat federförmige Strahlen. Die Brustflossen sind so lang, daß sie – angelegt – bis zur Schwanzflosse reichen.
- Der Strahlenfeuerfisch *(Pterois radiata)* hat außer seinen Querstreifen zwei weiße Längsstreifen an der Schwanzwurzel. Die weißen »Fäden« der Brustflossen können bei Jungtieren länger sein als der Körper.
- Der Antennenfeuerfisch *(Pterois antennata)* kann anhand blauer Punkte identifiziert werden, die die dünnen »Schwimmhäute« seiner Brustflossen zieren. Außerdem verfügt er über besonders auffällige, fransige »Antennen«, die wie Hörner über den Augen aufragen.
- Wird ein ähnlicher Fisch bei Hawaii gesehen (oder wurde er von dort importiert), so handelt es sich um *Pterois sphex*.

- Nur bei Zwergfeuerfischen (*Dendrochirus*-Arten) können die spitzen Enden der einzelnen Bruststrahlen aufgezweigt sein. Ferner sehen bei ihnen die beiden Brustflossenabschnitte recht unterschiedlich aus.

Feuerfische sind anzutreffen in den warmen Zonen des mittleren und westlichen Pazifik, im Indischen Ozean und im Roten Meer, nicht dagegen im östlichen Pazifik und im Atlantik (einschließlich Karibik). In der obersten Wasserschicht sieht man sie selten, denn sie scheuen als schlechte Schwimmer die Brandung und die Dünung. Alle sind vorwiegend dämmerungsaktiv.

Rotfeuerfische sind die größten und können fast 40 cm erreichen. Zwergfeuerfische bleiben immer unter 20 cm, zuweilen sogar beträchtlich.

Stellung im System der Tiere

Klasse:	**Knochenfische** (36 Ordnungen)
Ordnung:	**Panzerwangen** = Scorpaeniformes (6 Unterordnungen)
Unterordnungen:	**Panzerwangen** im engeren Sinne = Scorpaenoidei (21 Familien) [außerdem: Groppen, Seehasen, Flachköpfe, u.a.]
Familien:	**Drachenköpfe** oder Skorpionsfische = Scorpaenidae [außerdem: Knurrhähne, Steinfische, u.a.]
Gattungen:	**Rotfeuerfische** = *Pterois* **Zwergfeuerfische** = *Dendrochirus* [außerdem: Skorpionsfische im engeren Sinne, Segelfische, u.a.]

Symbole versteckt lauernder Gefahr
Steinfische und Konsorten

Wenn von ihnen die Rede ist, kommen unweigerlich auch tödliche Verletzungen ins Gespräch. Schon die Skorpionsfische sind ungeliebte Heimlichtuer und mit ihnen ist wahrlich nicht zu spaßen. Der Steinfisch aber ist Weltmeister gleich in zwei Disziplinen: er verfügt nicht nur über das mit Abstand stärkste Gift aller Fische; seine Tarnung ist zudem so perfekt, daß er auch vom Erfahrenen häufiger übersehen als entdeckt wird. Daß er und viele seiner Genossen, der Skorpionsfische, nicht einmal vor dem Menschen die Flucht ergreifen, macht sie noch unheimlicher und wirft interessante Fragen auf.

Von zwei Familien aus einer Unterordnung ist hier die Rede: Die Steinfische (Synancejidae) und die Drachenköpfe (Scorpaenidae) sind Panzerwangen. Zu den Scorpaeniden zählen auch die im vorigen Kapitel beschriebenen Feuerfische (über die Verwandtschaftsbeziehungen siehe Kasten dort). Wir reißen hier also – wegen sehr verschiedener Lebensweisen – stammesgeschichtlich Zusammengehöriges auseinander. Die Feuerfische machen aus ihrer Gefährlichkeit kein Hehl, ja sie protzen mit ihren Waffen, zeigen Flagge und flanieren umher. Umgekehrt stimmt die Lebensweise vieler Skorpionsfische mit der von Steinfischen so gut überein, daß sie zusammen beschrieben werden sollen. Ihr Erfolg gründet auf ganz anderen Methoden, als der von Feuerfischen.

Ein Wegelagerer

Auf dem Rückweg vom Tauchgang an der Außenwand des »Hausriffes« unserer maledivischen Ferieninsel haben wir die schmale Rinne erreicht, die durch die Riffplatte zum Strand führt. Weil es mit Lufttank, Blei und schwerer Kamera bequemer ist, schwimme ich, obwohl ich waten könnte. Denn das Wasser ist hier kaum mehr als einen Meter tief. Mehrere Male muß ich über dem Sandboden Steinblöcke umschwimmen. An einem bin ich gerade vorbei – da schaltet etwas in meinem Hinterkopf. War da nicht ein seltsamer, dunkler Strich von umgekehrter U-Form in einem Stein? Also zurück für einen zweiten prüfenden Blick. Tatsächlich! Ein Steinfisch residiert unbewegt dicht neben einem Stein, dem er in Form und Farbe schärfste Konkurrenz machen kann. Kaum komme ich dazu, den Burschen in Ruhe zu fotografieren, denn immer wieder muß ich »Passanten« warnen. Alle Badenden, Schnorchler und Taucher, die aus der Lagune wollen oder vom Meer zurückkehren, müssen hier durch. Das stört den Steinfisch nicht im geringsten. Die Gefahr, daß ihm jemand in die höchst schlimmen Giftkanülen seiner Rückenflosse tritt, ist groß. Also versuche ich – selbstverständlich erst nach einigen Ablichtungen – den Störenfried von diesem öffentlichen Pfad zu vertreiben, der schließlich für Urlauber geschaffen wurde. Aber der Fisch gibt mir zu erkennen, wer hier das Heimrecht hat. Ich habe meine liebe Mühe, bis ich ihn mit Schnorchel und Kamera gerade einen Meter zur Seite getrieben habe. Mehr will er nicht. Und am nächsten Morgen sitzt er wieder mitten in der Rinne für Gäste. Also kommt eine Warnung ans schwarze Brett, in großer Schrift.

Seine Visitenkarte

Mit den »Korallenfischen« – um einen geläufigen und nützlichen Sammelbegriff zu verwenden, der freilich im Wortschatz der wissenschaftlichen Systematik nicht vorkommt – bewohnt der Steinfisch die Riffzonen im Roten Meer (mit einer Art), im Indischen- und im Pazifischen Ozean (mit verschiedenen Arten). Im Karibischen Becken hingegen ist er ebensowenig vertreten wie im übrigen Atlantik. Sein ausgeprägtes Wärmebedürfnis läßt ihn mit zunehmender Entfernung vom Äquator – nach Norden wie nach Süden – immer seltener werden, ebenso im östlichen Pazifik, wo gleichbleibend hohe Wassertemperaturen auch in Äquatornähe nicht mehr gewährleistet sind.

Steinfische bilden eine eigene Familie mit mehreren Arten in wenigstens zwei Gattungen. Unter den nächstverwandten von den 21 Familien der Ordnung Panzerwangen finden wir die Knurrhähne, die Pelzgroppen sowie die Drachenköpfe mit den Feuer- und den Skorpionsfischen. Letztere können den Steinfischen so ähnlich sein, daß sie oft dafür gehalten werden. So kommt es, daß der gefährlichste aller Fische viel öfter angeblich als wirklich gesehen wird, auch in Meeresgegenden, wo er gar nicht vorkommt. In seiner Heimat aber passiert sicherlich auch das Umgekehrte: wir sehen nur einen Bruchteil der Tiere, die wir sehen könnten, fielen wir nicht auf die exzellente Tarnung rein. In gegliedertem Gelände pflegt der Steinfisch flach am Boden zu liegen. Auf sandigem Grund buddelt er zuweilen seine untere Hälfte ein. Er kann aber auch – wie es Skorpionsfische oft tun – auf einem erhöhten Platz liegen und dennoch bestens getarnt sein. Seine Brustflossen sind besonders groß. Damit macht sich der Fisch sehr breit. Die regelmäßige, strahlige Gliederung dieser Brustflossen ermöglicht noch am ehesten eine Enttarnung. Auch die Mundlinie ist für einen Stein zu gleichmäßig, während die Augen, obwohl erhaben, erstaunlich unauffällig bleiben. Form und Stellung des Mundes erleichtern übrigens die Abgrenzung vom Skorpionsfisch: beim Steinfisch nähert sich der Spalt zwischen den geschlossenen Kiefern der Vertikalen, der Unterkiefer ragt also fast senkrecht auf. In der Größe ähneln sich die beiden Verwandten ebenfalls: Steinfische sind oft um 30 cm lang; eine Art kann bis 60 cm erreichen.

Beschauliches Leben

Ganz geduldig und ruhig, aber stets wachsam liegt der Steinfisch da und zügelt seinen Appetit, bis ein Happen ahnungslos in seine Nähe kommt, weil er die Gefahr nicht bemerkte. Mehrere Faktoren lassen die nahezu perfekte Tarnung des Tieres zustandekommen. Nicht alle sind erschöpfend erforscht. Zottige, fransige Anhänge der (übrigens schuppenlosen) Haut leisten gemeinsam mit der wenig fischtypischen Gestalt schon viel. Hinzu kommt eine scheckige, unauffällige Färbung zwischen grau und grünlich, manchmal auch roströtlich, wie es die Unterseite immer ist. Zum Farbwechsel ist das Tier nicht fähig. Ungewiß ist noch, ob es sich häutet. Einzelne Spezialisten bejahen das und nehmen an, daß dabei eine Farbanpassung an die Umgebung erfolgt. Das Ganze wird noch von winzigen Algen bewachsen, natürlich von solchen, wie sie am betreffenden Ort dominieren. Dieser Klumpen sieht aus wie ein Stein, und so liegt er auch Stunden und Tage reglos am selben Fleck. Jagd gibt es nicht, sie wird ersetzt durch blitzschnellen Beutefang. Der erfolgt nach dem gleichen Prinzip wie bei Anglerfischen (siehe Kapitel 10) und bei Feuerfischen (siehe voriges Kapitel): Das riesige Maul wird plötzlich aufgerissen und der Schlund geweitet. Das erzeugt einen kräftigen Sog, der die Beute in den Rachen wirbelt. Der Räuber macht dabei allenfalls einen kleinen Hopser – und liegt wieder still.

Schwer zu entdecken ... ebenso schwer aufzuscheuchen ..., um das Rot der Unterseite sichtbar werden zu lassen (ganz oben links und rechts und oben).
Vexierbild: Was ist Stein, was ist Fisch? Nur die Lippenspalte hilft (Mitte links).
Selbst auf erhöhtem Platz, zwischen Muschel und Seeigel, läßt sich gut getarnt lauern (links).

Skorpionsfische konnten sich in allen Meeren heimisch machen. Der Fachmann unterscheidet die vielen Arten u.a. an den Hautfransen.

Der Giftapparat

Von den etwa 25000 Fischarten, die unsere Erde beherbergt, sind rund 750 giftig, 500 allerdings nur »kulinarisch«, d.h. nur der Verzehr ihres Fleisches kann uns vergiften. Es bleiben 250 »aktiv« giftige Arten. Sie verfügen über Stechwerkzeuge mit Giftdrüsen. In dieser Gruppe ist der Steinfisch Meister aller Klassen, gefolgt von den Scorpaeniden.

Das Waffenarsenal besteht aus einem Stachelwald fast ringsum: 19 in jeder der überdimensionierten Brustflossen, etwa je 7 auf den Kiemendeckeln und 2 in den Bauchflossen, 3 in der Afterflosse. Die entscheidenden Waffen jedoch sind 13 kurze, aber kräftige Kanülen in der ersten Rückenflosse. Sie sind nicht zu sehen beim ungestörten Tier. Wird es aber kräftig berührt – was fast nur von oben geschehen kann – werden sie automatisch aufgerichtet. Jeder dieser Stacheln hat rechts und links am Grund einen Giftbeutel, der sich bei Druck auf die Spitze blitzartig entleert. Das funktioniert selbst nach dem Tod des Fisches noch und auch das Gift bleibt lange wirksam. Deshalb können auch Fischer und Angler zu Opfern dieses wehrhaften Tieres werden. Die Zusammensetzung des milchig-weißen Giftes ist noch nicht definitiv analysiert. Sicher ist, daß es aus Eiweißverbindungen besteht und wesentlich stärker wirkt, als das aller anderen Giftfische.

Die nachgeordneten Genossen

Skorpionsfische sind wesentlich verbreiteter als Steinfische. Sie konnten sich überall durchsetzen und selbst an kalte Gewässer gewöhnen. Dem entspricht auch eine wesentlich größere Artenzahl. Bis auf die Stärke des Giftes sind kaum grundsätzliche Merkmalsunterschiede zu den

Steinfischen zu nennen. Man mag kaum glauben, daß die so unsystematisch wirkenden Hautfransen arttypisch und deshalb bei der Bestimmung nützlich sind. Nicht alle sind gleichgut getarnt, aber ein kleiner Teil ist immerhin zu – wenn auch bescheidenen – Farbänderungen mit langsamer Anpassung an den Untergrund fähig. Das Wirkungsprinzip des Giftes und seine Bekämpfung entsprechen den folgenden Darlegungen zum Steinfisch.

Medizinisches

Bei allem Respekt vor der Wirkung des Steinfischgiftes muß man doch das gruslige Taucher-Latein von minutenschnellem Tod ins Reich der Fabel verweisen. Sicher gibt es fatale Ausgänge von solchen Verletzungen; vergeblich recherchiert man aber nach solch spektakulären Verläufen. Ein tödlicher Ausgang nach wenigen Stunden ist schon die extreme Ausnahme. Für Dramatik jedoch sorgt die offenbar unvorstellbare Intensität des Schmerzes, den das Gift bereitet. Es gibt Berufstaucher, die über Vergleiche berichten konnten, weil sie sowohl mit Steinfisch- wie mit Rotfeuerfisch-Stacheln Bekanntschaft gemacht hatten. Das Steinfischgift hält einsam den Rekord. Erfahrene Ärzte von tropischen Küsten wissen von Patienten zu berichten, die flehentlich um Amputation der verletzten Extremität baten. Die Zahl der Verletzten wird indessen manchenorts wohl zu hoch angesetzt, da viele aus reiner Vermutung den Steinfisch als Übeltäter beschuldigen. Sehr oft wird es ein Drachenkopf, ein Feuerfisch oder ein anderes giftiges Tier gewesen sein, zumal wenn der Schmerz nach etlichen Stunden abklingt, statt über Tage zu persistieren, was bei Steinfischverletzungen typisch ist.

Die Giftwirkung ist recht komplex. In erster Linie richtet sie sich gegen Nerven und Blutkörperchen. Langsam entwickeln sich Muskelschwäche und Lähmungen, beginnend in dem verletzten Körperteil. Nur in den gravierendsten Fällen steigen sie bis zur Atem- und Herzmuskulatur auf. Die Einstichstellen schwellen und verfärben sich. Ausgeprägte Schocksymptome, Erbrechen und Atemnot vervollständigen das Bild.

Was tun?

Wer fürchtet sich schon vor Steinen im seichten Wasser? Man sollte sich vielleicht doch von einem Rest Mißtrauen nie trennen. Weil der Steinfisch die obersten, warmen und ruhigen Wasserschichten bevorzugt, ist er besonders häufig in Lagunen und auch in Gezeitentümpeln zu finden. Deshalb sind keineswegs nur Gerätetaucher gefährdet, sondern mehr noch Schnorchler, Badende und sogar Wanderer auf trockengefallenen Riffplatten bei Ebbe. Die Sohlen von Turn- oder Strandschuhen garantieren keinen Schutz vor den stabilen Stacheln.

Wie können wir einem Betroffenen helfen? Nur höchst selten werden alle Bedingungen für eine optimale Soforttherapie erfüllt sein als da sind: ein Arzt mit Skalpell und Medikamenten, u.a. einem Lokalanästheticum und vor allem einem Vorrat an frischem Steinfischserum, einem Antitoxin, das in Australien produziert wird, teuer und schlecht haltbar ist. Ich will hier nur die realistischen Möglichkeiten wirksamer erster Hilfe erwähnen. Zu zwei wichtigen Maßnahmen besteht fast immer Gelegenheit: 1. Aussaugen aller Stichstellen mit Hilfe eines aufgesetzten Schnorchels (was den Helfer nicht gefährdet). 2. Da alle Eiweißverbindungen bei Temperaturen über 56 °C denaturiert werden, gilt es, die Einstichpartien nach Möglichkeit solchen Temperaturen auszusetzen. Das kann man mit Hilfe vom Kühlwasser eines Bootes oder eines Autos. Ich würde es in der Not auch mit Auspuffgasen versuchen. Die geschilderten Verfahren sind auch in Zweifelsfällen angebracht, weil sie nicht nur gegen das Gift von Steinfischen, sondern bei allen aus Eiweißverbindungen bestehenden Giften nützen.

Die vollständige Heilung von einer Steinfischverletzung pflegt langwierig zu sein. Vier Monate stationäre Behandlung, wie sie ein mir bekannter chinesischer Profi benötigte, sind nicht ungewöhnlich.

Woher der ruhige Puls?

Zurück zum Riff. Niemand braucht sich vor einem Steinfisch zu fürchten – sofern er ihn sieht und erkennt. Ein Tier zum Anfassen ist er allerdings nur für Suizid-Beflissene. Seine überaus wirksame Waffe dient ausschließlich der Verteidigung. Mit Beuteerwerb haben die Giftdrüsen nichts zu tun. Auch sonst fehlt dem Steinfisch jede Aggressionsneigung. Sein Instinktgefüge kennt – anders als bei vielen Tieren – nicht den Mechanismus, der in höchster Not die beste Verteidigung im Angriff sucht. Es fehlt aber auch ein Fluchtverhalten gänzlich.

Wir haben wieder mal ein Exemplar aufgespürt, am Riff vor Mauritius. Gern möchte ich eine schwimmende Panzerwange fotografieren. Mein Partner versucht deshalb, sie mit dem Schnorchel in Bewegung zu bringen. Als es ihm endlich gelingt, ist ein einziger Hopser von weniger als einem Meter das ganze Ergebnis. Immerhin war für einen Moment das schöne Rot der Unterseite von Brust- und Schwanzflossen sichtbar. Das Tier hat sich fortbewegt, weil es sich belästigt fühlte; Flucht war das nicht. Solches Verhalten, charakteristisch für gut getarnte Skorpionsfische und für Steinfische, läßt Fragen aufkommen wie z.B. diese: Wo ist der Fluchtreflex geblieben? Wieso lassen diese Tiere keine natürliche Furcht erkennen? Allenthalben ist zu lesen und zu hören, sie könnten auf Tarnung und Gift voll vertrauen, hätten deshalb Flucht nicht nötig. Besagen solche »Erklärungen« wirklich etwas? Wohl kaum. Sie setzen voraus, der Fisch »wüßte« von seinem steinähnlichen Aussehen und von der Wirksamkeit seiner Flossenstacheln (die zudem nur reflektorisch auf Druck aufgerichtet werden und nicht willkürlich). Derlei Vorstellungen sind gewiß absurd. Individuelle Erfahrung kann nicht zur »Vertrauens«-Basis geworden sein. Denn: würde ein ignorantes Großmaul ihn fressen – der Steinfisch könnte die durchschlagende Wirkung seines Giftes nicht mehr erleben. Wir sind hier vielmehr Zeugen eines der zahllosen Ergebnisse evolutionärer Mechanismen die uns immer wieder Staunen und Bewunderung abringen. Wenngleich wir von Detailkenntnissen weit entfernt sind, soll das Prinzip der geltenden wissenschaftlichen »Deutung« solch eindrücklicher Selektionsprodukte skizziert werden.

Für Tiere, die nicht auf dem Speisenplan größerer Räuber stehen, ist es vorteilhafter, zu verweilen, als immer wieder Reißaus zu nehmen, wenn ein Großer die Fluchtdistanz – die bei den weitaus meisten Wirbeltieren zum erblichen Instinktgefüge gehört – unterschreitet. Beim Steinfisch haben sich im Laufe von Millionen Generationen diejenigen Individuen mit der geringsten Furcht am besten ernähren und fortpflanzen können. Bis schließlich das seltene Ergebnis einer Art ohne Furcht resultierte. Das Verhalten unseres Steinfischs ist demnach mit einer angeborenen Unfähigkeit zur Furcht erklärbar. Ähnliche Erscheinungen sind von isolierten Tierpopulationen ohne Freßfeinde bekannt, wie etwa auf den Galapagos-Inseln. Angstgefühle wurden langsam wegentwickelt. Die Skorpionsfische zogen mit.

Große Rätsel bleiben

Unsere Fische leben aber nicht isoliert und in ihrem Lebensraum wimmelt es von größeren Räubern. Deshalb bleibt – trotz aller Wissenschaft – ein großes Fragezeichen: Wieso wird der Steinfisch von hungrigen Großfischen verschont. Woher »wissen« diese, daß eine solche Mahlzeit schlecht bekommen würde? Individuelle Erfahrung scheidet selbstredend auch hier aus, denn einem Toten nützt keine Lehre. Auch die Tarnung des Steinfischs gibt keine hinreichende Erklärung, denn oft genug schon wurde beobachtet, wie er von anderen Tieren durchaus wahrgenommen und allenfalls vertrieben, aber nicht gefressen wurde. Ob vielleicht die Ausscheidung eines unappetitlichen Duftstoffes im Spiel sein mag?

Wie dem auch sei – bei unserer nächsten Begegnung mit einem Steinfisch kommt es hoffentlich nicht zum ungewollten Kontakt, sondern nur zur erneuten Bewunderung der phantastischen Leistungen stammesgeschichtlicher Entwicklungen.

Reptilien sind wie Knorpelfische, Säuger und Vögel stets lebenslang unveränderlich eingeschlechtig. Zusammen mit der inneren Befruchtung erhöht das die Bedrohung von Arten, wenn der Mensch sie verfolgt.

Von immerzu währender Teilung des Unsterblichen zur Erfindung von Lust und Tod

Formen der Fortpflanzung

4

»Ich verstehe die Schöpfung nicht – war es nötig, daß es zwei Geschlechter gibt?«

Don Juan in der Komödie
»Don Juan oder die Liebe zur Geometrie«
von Max Frisch

Lebendig sein heißt stets auch, Energie verbrauchen. Ohne Nahrungszufuhr ist der aktive Weiterbestand eines jeden Individuums undenkbar. Allenfalls kann eine Ruhephase in absoluter Passivität überbrückt werden, wie wir es von Bakterien und Viren kennen. Wie der Stoffwechsel so für das Einzelwesen als das Achsengeschehnis bezeichnet werden kann, ist es die Fortpflanzung nicht nur für die Weitergabe des Lebens an zukünftige Generationen; sie ist auch die notwendige Grundlage für verändernde Entwicklungen und »Experimente« in der Evolution. Ohne angepaßte Fortpflanzungsbedingungen ist die Sackgasse einer Schöpfung von vornherein vorprogrammiert. Es kann aber auch ein funktionierendes Fortpflanzungssystem mehr oder weniger langsam (oder auch schlagartig) seine Wirksamkeit einbüßen. Es starben – wie erwähnt – 99,9 % aller Lebewesen, die je auf der Erde existierten, wieder aus. Es ist gut vorstellbar, ja sogar wahrscheinlich, daß ein ansehnlicher Teil davon Pannen im Fortpflanzungsgeschehen zum Opfer fiel. Ein Beispiel: Es gab Saurier, die besonders erfolgreich waren, weil ihre Eier durch stärkere Schalen besser geschützt waren als die konkurrierender Arten. Der vorteilhafte Prozeß im Kalkstoffwechsel, der das möglich gemacht hatte, war indes nicht mehr abzubremsen, die Eihüllen wurden immer kräftiger, bis sie nicht nur gierigen Räubern widerstanden, sondern auch von den Embryonen im Innern nicht mehr gesprengt werden konnten. Der Nachwuchs mußte im allzu fortschrittlichen Gefängnis verhungern oder ersticken. Noch heute werden in Sibirien und in Spanien immer wieder solche Eier gefunden, zwar versteinert, aber nicht zerbrochen.

Wieviele Methoden der Lebenserhaltung »erfunden« und wieder aufgegeben wurden, können wir nicht mehr ermitteln. Allein was sich bis zur Gegenwart an Altem behaupten konnte und was im Laufe der heute halbwegs überschaubaren Vergangenheit neu hinzukam, läßt uns aus dem Staunen nicht rauskommen. Denken wir nur an die Verknüpfungen von sexuellen Zyklen mit äußeren Gegebenheiten wie Jahreszeiten, Mondphasen, Lichtrhythmen und Gezeiten, also die hochkomplizierten Kombinationen, die zur Entstehung einer sogenannten inneren Uhr führen; sie gehen weit über das hinaus, was wir dem Zufall zubilligen möchten.

Solche Phänomene, ebenso aber auch die offenbar ewige Gültigkeit der frühesten Formen der Lebenserhaltung, die den Begriff des Sterbens ins Wanken bringen und damit naturphilosophische Grundfragen aufwerfen, alles dies zusammen ist von so eminentem Stellenwert im Gesamtthema Leben, daß es mich veranlaßte, dem Kapitel Fortpflanzung einen relativ breiten Raum zuzugestehen.

Geschlechtliches und Ungeschlechtliches Reproduktion im Meer

Ein wunderschön gemusterter, farbiger Kissenstern am Boden gehört zu den vielen Dingen, die meine Blicke beim Tauchgang auf sich ziehen. Unbewegt, wie ein lebloser Dekorationsgegenstand, liegt er dort, ähnlich einer liebevoll gestalteten Keramik. Wenn ich ihn in die Hand nehme und umdrehe, sehe ich auch nicht viel mehr als die hartschalige Oberfläche. Die kleinen Erhabenheiten reichen kaum aus, um das Tier als Stachelhäuter auszuweisen. Mir kommt wieder einmal die Frage in den Sinn: Wie pflanzt sich so etwas fort?

Vielen Anderen – Tauchern, Aquarianern, Besuchern von Vivarien – geht es fraglos ebenso beim Anblick absonderlicher Meerestiere. Die Antworten sind fast so vielfältig wie die Erscheinungen. Von recht einfach zu beschreibenden Methoden der Bildung neuer Generationen bis zu sehr komplizierten reicht die Palette. Lassen wir fürs erste die hochentwickelten Wirbeltiere – also Fische, Reptilien und Säuger – beiseite und wenden uns den Wirbellosen, den sog. Niederen Tieren des Meeres zu.

Mit und ohne Sexualität

Eine erste grobe Einteilung mag ein wenig Übersicht in die mannigfaltigen Beobachtungen bringen, die der Wissenschaft bisher gelangen. Eines der Kernstücke des Reproduktions-Repertoires ist die geschlechtliche (sexuelle) Fortpflanzung. Ihr wesentliches Prinzip: Hervorbringung von weiblichen (Ei-) und männlichen (Samen-)Zellen, aus deren Vereinigung ein neuer Keim, ein selbständiges Individuum hervorgeht.

Die zweite Säule des arterhaltenden Geschehens ist die ungeschlechtliche (vegetative oder asexuelle) Fortpflanzung. Sie basiert in erster Linie auf der Fähigkeit von Zellen zur Einschnürung bis zur Teilung; die getrennten Teile wachsen schnell heran und es existieren dann mehrere Gebilde ganz gleichartig dem einen zuvor.

Das tönt klar und einfach, ist aber in Wirklichkeit beträchtlich vielfältiger und komplizierter. Nicht nur, weil es zahlreiche Varianten und Abweichungen von diesen Grundmustern gibt; auch die notwendigen Folgeschritte bis zum fertigen Tochtertier gehorchen sehr unterschiedlichen Gesetzen. Wer zu vertieftem Nachdenken neigt, findet hier Anlaß zum Spekulieren und Philosophieren.

Auf der untersten Stufe: Unsterblichkeit?

Von dem, was heute auf unserem Planeten lebt, sind nur noch tief unten im Stammbaum stehende winzige Organismen ausschließlich auf ungeschlechtliche Vermehrung angewiesen. Es sind die direkten Nachkommen der ersten Lebewesen, die schon bald nach der Entstehung des Weltmeeres (vor mehr als 3,5 Milliarden Jahren) auf den Plan traten. Die bisher ältesten Versteinerungen primitiver Einzeller fand man in Südafrika. Ihnen wird ein Alter von etwa 3,1 Milliarden Jahren zugesprochen. Bei den heutigen Nachfahren sprechen wir von Urtieren und Urpflanzen. Dazu gehören beispielsweise Amöben, Blaualgen und Bakterien (über deren Einordnung Fachleute seit langem diskutieren: Zum Pflanzenreich? Zum Tierreich? Oder bilden sie ein ganz eigenständiges Reich, was zunehmend propagiert wird?).

Die Zellteilung kann bei diesen und vielen anderen kleinen Lebewesen, die immerhin mit ihrer unvorstellbaren Anzahl die Basis aller tierischen Nahrungspyramiden bilden und auch das Plankton bevölkern, nach verschiedenen Mustern erfolgen: quer, längs, in zwei Teile oder viele, z.B. sternförmig und so fort.

Man kann bei dieser Art der Erzeugung immer neuer Generationen ins Philosophieren geraten über Fragen nach Tod und Unsterblichkeit. Von allen Vorfahren einer heute lebenden Amöbe ist keine einzige gestorben. Jede hat – über Jahrmilliarden und unzählige Generationen – ihren Körper in Teilen zu einer nachfolgenden Generation gemacht. Wie so oft geraten wir auch hier in Schwierigkeiten bei der Anwendung menschlicher Begriffe auf Naturvorgänge, sogar bei so scheinbar klaren Dingen wie Tod und Sterben. Die immer neuen Teilungen – im Prinzip eine ständige Vermehrung – würden selbst bei mikroskopisch kleinen Einzeltieren sehr schnell unermeßliche Dimensionen erreichen, wenn nicht laufend das meiste als Nahrung für Größere wieder verschwände. Die Welt hätte sonst für nichts anderes mehr Platz als für Amöben beispielsweise.

Doppelt genäht hält besser

Die einfache Teilung von Individuen in zwei oder mehr annähernd gleichgroße Lebewesen ist als einzige Art der Fortpflanzung heute beschränkt auf eine Anzahl winziger Oldtimer, von denen wir oben einige nannten. Tieren, die nur wenig höher entwickelt sind, wurde eine Erfindung von zeitloser Modernität (jedenfalls bis heute) zuteil: die sexuelle Fortpflanzung. Für diesen Schritt waren freilich mehr als weitere zwei Milliarden Jahre nötig. Seit höchstens einer Milliarde Jahren gibt es auf unserer Erde Sexualität. Da diese aber wie oft das Neue – nicht immer und überall nur Vorteile bietet, verschwand bei sehr vielen Arten die ungeschlechtliche Vermehrung nicht ganz. Derart bevorzugte Wesen erreichen mit beiden Grundverfahren nebeneinander einen größeren Schutz vor dem Aussterben.

Als eine Fortsetzung der Zweiteilung eines Einzellers auf höherer Ebene kann man – vereinfacht – den Zerfall größerer, vielzelliger Tiere, die bereits zu sexueller Fortpflanzung fähig sind, in zwei oder mehr Teile, betrachten: Diese Vermehrungsart, eine der verschiedenen Rückversicherungen auf ungeschlechtlichem Weg neben dem unsicheren geschlechtlichen, ist häufig bei Schwämmen, Schnur- und Borstenwürmern sowie bei Nesseltieren. Viele Kolonien von gleichartigen, dicht beisammen lebenden, aber nicht miteinander verbundenen Tieren, die wir am Meeresboden sehen, sind auf solche Weise entstanden: Röhrenwürmer, Schwämme, Pilzkorallen, Aktinien u.v.a. mehr. Ein Verfahren also, das sich nicht auf das ungewisse Zusammenfinden von Ei- und Samenzellen, über die all diese Tiere verfügen, verläßt und zusätzlich auf eine sichere Methode baut.

Primitiv = privilegiert

Das freilich setzt eine Fähigkeit voraus, die mit zunehmender Stammesentwicklung immer mehr schwindet: die Regeneration. Je tiefer ein Lebewesen im Stammbaum der Entwicklungsgeschichte angesiedelt ist, um so eher sind einzelne Zellen, Zellverbände oder Gewebestücke »omnipotent« (oder »totipotent«), Alleskönner: werden sie vom Organismus abgetrennt, so entsteht aus ihnen ein komplettes neues Tier, während beim Ursprungstier der fehlende Teil voll nachwächst. Auf diese Weise sind einerseits »Reparaturen« gewährleistet von dem, was durch »Feindeinwirkung« oder Unfall abhanden kam; zum anderen kann durch freiwillige Selbstamputation eines Körperteils eine zusätzliche ungeschlechtliche Vermehrung vollzogen werden. Das wird in einem gesonderten Kapitel von den hübschen *Linckia*-Seesternen ausführlich geschildert. Teilabschnürungen mit solchem Effekt sind auch von Hydroid-Polypen, Korallen, Aktinien und Echten Quallen bekannt. Der Verlust weitgehender Regenerationsfähigkeit bei höheren Tieren ist der Preis, der für den Erwerb differenzierterer Organe bezahlt werden mußte: Wir Menschen sind – bis jetzt – gerade noch zur Heilung von Wunden und Knochenbrüchen fähig, und auch das bei den meisten Geweben nur mit Narbenbildung. Zur Zeit wird jedoch biotechnologisch versucht, mittels omni- oder totipotenter Stammzellen die verlorene Fähigkeit zu fabelhaften Regenerationen zurückzugewinnen mit komplizierten Methoden, während die Imitation des Klonens bereits gelang.

Die Fortentwicklung der vegetativen Vermehrung führte mit dem nächsten Schritt zur Knospung oder Sprossung: Noch wenig differenzierte Zellgruppen, meist in Bodennähe, sprießen aus und bilden ein neues Exemplar (wie es im Kapitel über die Seescheiden beschrieben und fotografisch dokumentiert ist). Der Sprößling wächst zu gleicher Größe wie die Mutter heran. Auch hier können sich die Tochtergebilde ablösen und alle stehen dann in mehr oder weniger dichten Kolonien beisammen, sofern es sich um seßhafte Tiere handelt wie Schwämme, Seescheiden, »Seerosen« und verschiedene Würmer. Bleiben sie aber miteinander in Verbindung, so entstehen Stockgebilde der verschiedensten Formen, wie wir sie z.B. von Korallen, Moostierchen und Feuerkorallen (die keine echten Korallen sind) kennen. Aber auch freischwimmende Tierkolonien wie die Staatsqualle »Portugiesische Galeere« und die Ketten aus Salpen, den Seescheiden verwandte Manteltiere, entstehen auf diese Weise.

Die Pros und Cons

All diese Tiere verfügen – wie gesagt – auch über die Fähigkeit zur Produktion und Abgabe von Geschlechtszellen, Eiern und Samen, können sich also auch sexuell fortpflanzen. Das ist auf lange Sicht gesehen von unschätzbarem Vorteil. Nur wenn die Erbanlagen zweier Individuen, die stets ein wenig voneinander abweichen, zusammenkommen, kann es immer neue Kombinationen geben. Sind sie von Nachteil, werden sie nicht bestehen; weisen sie Vorteile im Konkurrenzkampf auf, werden sie im Rahmen der natürlichen Auslese zur Grundlage von Weiterentwicklungen der Arten. Alle ungeschlechtlichen Methoden dagegen vollziehen sich ohne Austausch der

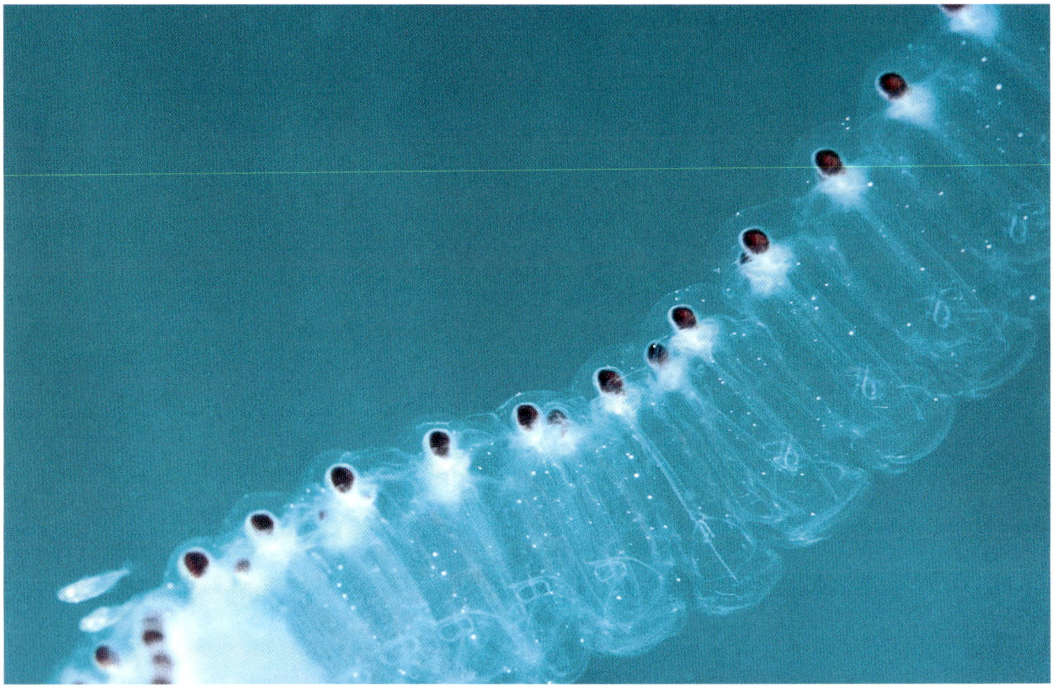

Salpen sind wie Seescheiden Chordatiere und somit Vorläufer aller Wirbeltiere. Zu regelmäßigem Generationswechsel kombinieren sie zwei Fortpflanzungstypen: Durch vielfach wiederholte Knospung ohne Trennung entsteht aus einem geschlechtslosen Exemplar eine lange Kette; deren Einzeltiere entlassen Ei- und Samenzellen ins Wasser. Deren Verschmelzung schafft wieder asexuelle Einzeltiere.

Seewalzen geben ihre Geschlechtszellen durch die Mundöffnung ab und richten sich dazu auf.

Erbträger, der Gene; es kann immer nur das Erbgut des Muttertieres weitergegeben werden. Dafür aber sind Teilung, Zerfall, Abschnürung und Knospung sichere und einfache Verfahren, bei denen kaum etwas schiefgehen kann; »einfach« sogar in doppeltem Sinn, denn es ist kein Partner nötig. Hier hat nämlich die sexuelle Fortpflanzung ihren Schwachpunkt. Ob Ei- und Samenzellen sich finden und zum befruchteten Keim werden, hängt von vielen Zufällen ab. Die riesige Überzahl von Meerestieren überantwortet die Geschlechtszellen einfach dem Wasser. Es

Wie entsteht ein solches Tier von 2 cm Länge (oben links), und wie pflanzt sich der träge Kissenstern (oben rechts) fort?
Asexuelle Vermehrung: durch Knospung entstehen Korallenkolonien (Mitte rechts) ... durch Selbstamputation eines Armes ein neuer Seestern (unten links). Drei der vier Aktinien auf dem Haus des Einsiedlerkrebses werden ungeschlechtlich zustandegekommen sein (unten rechts).

liegt auf der Hand, daß nur der geringste Teil davon durch Strömungen und Gezeiten den passenden Partnern entgegengetrieben wird, ganz zu Schweigen von den vielen hungrigen Mäulern auf dem Weg dorthin.

Optimal = altmodisch + modern

So nimmt es nicht wunder, wenn sich bis heute besonders viele Tiere erfolgreich entwickelten, die sich sowohl geschlechtlich wie auch vegetativ fortpflanzen können. Es ist gut vorstellbar, daß manche Art mit nur einer Methode längst ausgestorben wäre, was vielen wohl auch geschah. Der Wechsel zwischen beiden Verfahren kann ganz unregelmäßig und ohne erkennbares System erfolgen. Es gibt aber auch große Tiergruppen, bei denen gesetzmäßig jeweils eine vegetative Vermehrungsphase auf eine sexuelle Fortpflanzung folgt. Bei diesem sog. Generationswechsel (Metagenese) existieren wechselweise zwei Individuen, die sich – ähnlich wie bei der Metamorphose der Insekten – nach Gestalt und Lebensweise stark voneinander unterscheiden. Am Beispiel der Schirmquallen habe ich das im entsprechenden Kapitel beschrieben: Die schwimmende Meduse ist für den geschlechtlichen Teil zuständig, die festsitzende Larve vermehrt sich durch Sprossung. Ganz ähnlich – oder auch umgekehrt – ist der Ablauf bei vielen Arten, so z.B. bei fast allen anderen Nesseltieren: Seßhafte Phasen von Korallen- und Hydroid-Polypen wechseln sich mit schwimmenden Medusenformen ab, die sich dann wieder am Boden ansiedeln. Die Vorzüge dieser raffinierten Nutzung zweier Wege sind unverkennbar: Was gut gedeiht, also an die Umweltbedingungen gut angepaßt ist, wird ungeschlechtlich – d.h. unverändert – vervielfältigt. Dann werden durch geschlechtlichen Austausch von Erbmerkmalen neue Varianten geschaffen, von denen die besten erfolgreich sein werden, sich dann mit konstanter Erbinformation wieder vermehren und so fort.

Von diesem wirksamen System machen im Meer die meisten Pflanzen ebenso Gebrauch wie die tierischen Einzeller und sehr viele niedere Tiere bis hinauf zu einigen Chordatieren, den direkten Vorläufern der Wirbeltiere.

Abkehr von der Verschwendung
Vom groben Zufall zur Begattung

Was der von Liebe geplagte Don Juan, dessen Seufzer diesem Buchabschnitt als Motto vorangestellt wurde, noch nicht wissen konnte: nötig war es nicht, daß es zwei Geschlechter gibt. Lange, sehr lange hat die ungeschlechtliche Fortpflanzung auf Erden ausgereicht, das Leben zu bewahren. Aber sie kam, die Zweigeschlechtlichkeit. Und sie machte Fortschritt und Vielfalt der Evolution in ganz anderem Ausmaß möglich als zuvor.

Uns wird nur selten bewußt, wo überall wir mit menschlichem Tun die Natur kopieren. Selbst unser gesamtes Wirtschaftsleben ist davon nicht ausgenommen.

Sparsamkeit als Voraussetzung für Fortschritt

Eines der Managementziele lautet: stetig verbesserte Produkte bei immer geringerem Aufwand. So entsteht Fortentwicklung. Wer im Hinblick auf diese Relation vorn ist, wird erfolgreich sein; wer es nicht schafft, bleibt auf den unteren Stufen stehen oder gerät in Krisenzeiten gar in Konkurs und verschwindet.

Genau so ist es auch in der Natur. Am Beispiel der Fortpflanzung wird das besonders deutlich: Arten, die gute Rezepte nach dem genannten Prinzip fanden, konnten sich zu sogenannten »höheren« Tieren entwickeln und weit verbreiten. Der Mensch ist das derzeitige – allerdings stark verbesserungsbedürftige – Spitzenmodell. Arten, denen die Rationalisierung nicht gelang, blieben im Stammbaum – besser: Stammstrauch – mehr oder weniger weit unten, was in diesem Zusammenhang bedeutet: fortwährende verschwenderische Produktion von Geschlechtszellen und Jungtieren – fast ausschließlich als Futter für Höherentwickelte.

Astronomische Dimensionen

Im vorangehenden Kapitel wurden die biologischen Vorzüge der sexuellen Fortpflanzung gegenüber der vegetativen dargelegt. Die ebenfalls geschilderte Möglichkeit, von beiden Verfahren Gebrauch zu machen, haben dann allerdings bereits die Weichtiere – Muscheln, Schnecken und Kopffüßer – verloren, sie sind ausschließlich auf ihre Geschlechtszellen (Gameten) angewiesen. Die damit verbundenen Probleme wurden ebenfalls schon gestreift. Zur Verdeutlichung ein Beispiel.

Eine einsame weibliche Muschel, z.B. eine Auster oder eine Mördermuschel, kann keinen männlichen Artgenossen zur Paarung suchen oder von ihm besucht werden, da beide festsitzen. Sie können lediglich Ei- und Samenzellen ins freie Wasser entlassen. Das Ganze wäre – im Hinblick auf die Befruchtung auch nur eines einzigen Eis – vielleicht absolut hoffnungslos, wenn da nicht eine der erstaunlichsten Erfindungen der Natur in das Geschehen eingeschaltet wäre: die innere Uhr. Solche Tiere pflegen nämlich nur zu ganz bestimmten, z.T. bis auf wenige Stunden eingegrenzten Zeiten abzulaichen, männliche und weibliche gleichzeitig. (Die meisten Muscheln sind eingeschlechtig). Mond, Gezeiten und Licht spielen in der Steuerung dieser komplizierten hormonellen Synchronisation entscheidende Rollen. Wie groß die Unsicherheit der Befruchtungsvorgänge dennoch bleibt, sollen die folgenden Überlegungen und Zahlen verdeutlichen.

Bei gleichbleibendem Gesamtbestand einer Art treten im statistischen Mittel gerade zwei Exemplare an die Stelle ihrer Eltern. Im Falle unserer Muscheln (die mehrere Jahrzehnte alt werden können) wären das nur vier Zellen – nämlich zwei Samen- und zwei Eizellen im Laufe vieler Jahre. Weibliche Muscheln entlassen aber bei einem einzigen Laichvorgang, wie man von wissenschaftlichen Beobachtungen weiß, minimal viele Tausend, manchmal bis zu 15 Millionen Eier ins Meer! Es wird also ein immenser Aufwand getrieben für ein minimales Ergebnis, meist sogar ganz für die Katz.

Also muß gespart werden

Das konnte natürlich noch nicht die letzte Weisheit der Evolution sein. Rationalisierungen waren an der Reihe. Der nächste Entwicklungsschritt ergab sich fast von selbst: frei bewegliche Tiere lernten – wiederum durch Hormone gelenkt – zueinander zu finden und dann gleichzeitig die Geschlechtszellen zu entlassen. Das erhöht natürlich die Trefferzahl und erlaubt, mit wesentlich geringeren Mengen auszukommen. Die meisten Knochenfische laichen auf diese Weise: das Männchen gibt sein Sperma über den abgelegten Eiern ab oder über dem laichenden Weibchen. Ähnlich sind die Vorgänge bei vielen Stachelhäutern und Weichtieren. Naturfremde Gemüter werden das Ergebnis nicht nur als Fortschritt begrüßen. Denn nun gibt es Jungtiere in recht großer Zahl, wovon aber die meisten bald gefressen werden; also eine Verschiebung von der Keimzellenvergeudung zur hochprozentigen Kindersterblichkeit.

Ungleich verteiltes Privileg: die Begattung

Erstaunlicherweise sind die hochentwickelten Knochenfische bis heute bei der sogenannten äußeren Besamung stehengeblieben und proftieren nicht von dem nächsten Entwicklungsschritt, der die Sicherstellung des Nachwuchses verbessert: der inneren Besamung. Schon etliche niedere Tiere, z.B. unter den Platt- und Schlauchwürmern, den Schnecken und den Krebstieren, können mittels eines Penis oder eines anderen Organs den Samen in die weibliche Geschlechtsöffnung bringen, so daß die Eier bereits im weiblichen Körper befruchtet werden. Das engt die Gefahren für den Nachwuchs nochmals ganz beträchtlich ein.

Einige Weichtiere bieten am ehesten dem Taucher Gelegenheit, sie beim Begattungsvorgang, der sehr lange dauern kann, zu sehen. Zuweilen findet man zwei Schnecken dicht beisammen. Oder zwei Kraken, die ganz unüblicherweise anhaltend ärgerlich reagieren und gar nicht zum Spielen verleitet werden können. Sie sind nämlich mit der Begattung beschäftigt, für die sie interessante Organ-Spezialisierungen erfuhren: Einer der 8 oder 10 Arme des Männchens ist zum Geschlechtsarm umgewandelt. Damit überträgt das Tier seine Samenkapseln in eine Vertiefung des weiblichen Körpers, die Begattungstasche. Einige Stunden später legt das Weibchen seine Eier ab, die dabei an der Begattungstasche entlanggleiten und dort befruchtet werden. Bei vielen Arten schließt sich eine Bewachung des Geleges an: Brutpflege als weitere Sicherungsmaßnahme für das Aufkommen des Nachwuchses.

Knorpelfische, also Haie, Rochen und Chimären, traten wesentlich früher auf den Plan als die jetzigen Knochenfische. Dennoch (oder deshalb?) sind die meisten Knorpelfische für die Fortpflanzung beträchtlich »moderner« ausgerüstet und programmiert, nämlich für Paarung mit

Verschwenderisch entläßt eine solche Muschel viele Male Unmengen von Geschlechtszellen – für durchschnittlich ein oder zwei Nachkommen im ganzen Leben.

Nur eine Unzahl von Eiern im Gelegeband der Schnecke schafft Überlebenschancen für wenige.

innerer Befruchtung. Darin muß eine wichtige Basis für ihre dauerhaften Erfolge (seit mehr als 350 Millionen Jahren) gesehen werden.

Nach der inneren Besamung können die Keimentwicklungen noch sehr verschiedene Wege gehen. Manche Arten, wie z.B. die Katzenhaie, streifen ihre Eier irgendwo ab und kümmern sich nicht mehr darum. Andere, auch die Hammerhaie, bringen nach längerer Entwicklung in einer Gebärmutter – die Tragzeit kann zwei Jahre dauern – frei bewegliche und zu selbständiger Ernährung fähige Junge zur Welt. Fast immer sind es mehrere oder viele. Denn eine über diese Brutfürsorge hinausgehende Betreuung, eine sog. Brutpflege, hat sich bei den Knorpelfischen noch nicht entwickelt, wohl aber bei einer Anzahl von Knochenfischen. Brutfürsorge und Brutpflege, die nächsten Verbesserungsschritte nach Begattung und innerer Besamung, werden später noch gestreift. Hier nur soviel: Diese beiden Verhaltensweisen gipfeln bei den Meeressäugetieren in Situationen, die bereits denen des Menschen recht ähnlich sind. Wale und Robben pflegen nur ein einziges Junges zu gebären, das dann im Schutz der Mutter und des Gruppenverbandes bleibt. Der Gipfel der Aufwandbeschränkung ist erreicht, ökonomischer kann die Fortpflanzung kaum noch werden.

Nur Knorpelfische, nicht aber die modernen Knochenfische, verfügen über Begattung und innere Befruchtung. Das Katzenhai-Paar war auch durch Anfassen nicht bei der Kopulation zu stören. Der Sexualtrieb dominierte. Katzenhaie heften ihre Eier irgendwo an und überlassen sie sich selbst. Dottersack und Embryo mit Nabelschnur sind in der durchsichtigen Eihülle erkennbar.

Sexuelle Fortpflanzung ohne Partner und andere Kuriositäten

Zur Abrundung der Darstellung mögen noch einige recht seltsame Methoden der Fortpflanzung Erwähnung finden. Da gibt es gleich mehrere Verfahren, sich zwar geschlechtlich, aber ohne Partner fortzupflanzen. Zum Beispiel die Jungfernzeugung (Parthenogenese): Man kennt sie unter den Meerestieren vor allem von Kleinkrebsen und Schlauchwürmern. Als sexuell gilt der Vorgang, weil er von Eizellen ausgeht – aber von unbefruchteten: sie beginnen sich zu teilen, wie es bei der ungeschlechtlichen Vermehrung andere Zellen tun. Natürlich können dabei nur Weibchen entstehen. Irgendwann, offenbar durch Veränderungen der Lebensbedingungen gesteuert, oder auch in regelmäßigem Wechsel (Heterogonie) kommt es dann wieder zur bisexuellen Fortpflanzung.

Hier mag die Mehrlingsbildung erwähnt sein, die wir vor allem von Säugetieren (wie auch vom Menschen) kennen. Sie stellt quasi die umgekehrte Kombination dar: Eine einzelne Eizelle teilt sich nach der Befruchtung in mehrere getrennte Zellverbände; es entstehen sog. eineiige Zwillinge, Drillinge, Vierlinge usw., alle mit identischem Erbgut. Auch hier also erhöhte Effektivität bei minimalem Aufwand. Bei verschiedenen Tieren kommt diese Multiplikation gehäuft vor. Eine weitere Möglichkeit, sich partnerlos geschlechtlich fortzupflanzen bietet das Zwittertum (Hermaphroditismus). Viele niedere Tiere können sowohl weibliche wie männliche Geschlechtszellen erzeugen. Selbstbefruchtungen, die als Inzucht zu werten sind, bleiben aber die Ausnahme; sie werden meist auf einfache Weise verhindert: Eier und Samen reifen selten zur gleichen Zeit.

All diese – z.T. hochkomplizierten – Vorgänge haben sich nach den Selektionsprinzipien herausgebildet: in langsamen Prozessen wurden die weniger nützlichen verdrängt von den »fortschrittlichen«, die Sicherheit und Wirtschaftlichkeit fördern.

Damit sind die phantastischen Kapitel aus dem Buch der Fortpflanzung im Meer noch nicht abgeschlossen. Man denke z.B. an die unglaubliche Anpassung an sich ändernde Bedürfnisse durch Geschlechtsumwandlungen, wie sie nicht selten bei Fischen vorkommen. Aber dazu möge der geneigte Leser bitte umblättern.

Sex-Stories aus der Natur
Geschlechtsverteilung und Zwittertum

»High-Tech« hat ihren Preis, nicht nur als Produkt menschlichen Erfindergeistes. Auch in der Natur muß für Höchstentwicklungen gezahlt werden, wenn auch in anderer Münze. Dort ähnelt die Situation unserem Berufsleben: Spezialistentum, das sich stets weiter aufzweigt, geht zwingend zu Lasten »generalistischer« Fähigkeiten. Ein spannendes Krimi-Kapitel dazu schrieb die Natur mit ihren Varianten zur Polarisierung der Geschlechter. Was ist vorgegeben? Was kann sich ändern? Wie weit vermögen in die individuelle Festlegung und in die Wandlung des Geschlechts die Umwelt oder gar das Sozialgefüge von Gruppen entscheidend einzugreifen? Ist es möglich, daß ein Tier sich sein Geschlecht selbst erkämpft?

Das bekannteste Beispiel für den schrittweisen Verlust äußerst wichtiger Fähigkeiten, den die Höherentwicklung als Tribut fordert, ist die Regenerationsfähigkeit, von der bereits die Rede war. Sogenannte »Niedere Tiere« sind nicht selten imstande, fast ihren ganzen Organismus wieder neu zu bilden, wenn er bis auf einen geringen Rest verlorengegangen war. Bei uns Menschen und den Säugern sind schon fast die Möglichkeiten spontaner narbenfreier Regeneration erschöpft mit dem Ersatz der Oberhaut nebst einiger Anhangsgebilde wie Haaren und Nägeln.

Nicht weniger drastisch können die Unterschiede bezüglich der Zuordnung des Geschlechts bei Tieren mit sexueller Fortpflanzung sein.

Einmal Frau oder Mann – immer Frau oder Mann?

Für den Menschen und (soweit man bis heute weiß) alle Säugetiere ist bereits im frühesten Embryonalstadium ein für allemal festgelegt, wer männlichen und wer weiblichen Geschlechts sein wird – ein Leben lang, unumstößlich. Dieses eherne Gesetz erfährt durch wenige und seltene grob pathologische Störungen der Keimdrüsenentwicklung lediglich die bestätigende Ausnahme. Zwar berichten die sensationsbedürftigen Medien immer wieder von angeblich geschlechtsumwandelnden chirurgischen Eingriffen bei erwachsenen Menschen nach deren Wünschen. Wer diesen Darstellungen glaubt, läßt sich täuschen. Operationen mit solcher Wirkung gibt es nämlich nicht. Möglich sind lediglich bescheidene Korrekturen des äußeren Erscheinungsbildes, kosmetische Genitalplastiken oder Veränderungen sekundärer Geschlechtsmerkmale bei (krankhaften) Fehl- oder Mißbildungen. Funktionstüchtige Keimdrüsen können dabei nicht geschaffen werden. Auch mit noch so intensiven Hormonbehandlungen ist ein solches Ziel nicht erreichbar (zum Glück für Doping betreibende Sportlerinnen; eine partielle äußere Vermännlichung ist bekanntlich zuweilen unübersehbar). Dasselbe gilt – nach allem, was wir aus Experimenten und aus der freien Natur wissen – für sämtliche Säugetiere: Es gelang noch nie; die Fortpflanzungsorgane umzupolen. Auch spontane Wechsel des Geschlechts scheint es bei Säugern nie zu geben. In zoologischen Gärten wäre dergleichen hervorragend zu beobachten. Aber so wie der Basler Zoo trotz seines würdigen Alters von mehr als einem Jahrhundert Fehlanzeige meldet, so geht es auch allen anderen Institutionen.

Je niederer aber die Organisationsstufen, die wir unter die Lupe nehmen, umso weniger festgefügt erweist sich die Polarisierung der Geschlechter. Schon bei Amphibien und Fischen konnte man künstlich, mit Hormonen, das »falsche« Geschlecht und funktionstüchtige Fortpflanzungsorgane herbeimanipulieren, und zwar in beiden Richtungen. Bei Fischen sind zudem spontane Geschlechtswandel durchaus keine Seltenheit und können – wie wir sehen werden – höchst interessanten Gesetzen folgen. Gehen wir die Entwicklungs-Stufenleiter noch weiter abwärts, so müssen wir registrieren, daß der Fächer der Reproduktionsmechanismen immer breiter wird: Zwittertum, Geschlechtswandel, Selbstbefruchtung, Jungfernzeugung und andere Raritäten von denen »oben« werden hier »unten« zu gängigen Methoden. Wieso diese Divergenz zwischen hoch- und weniger hochentwickelten Organismen?

X ist wichtiger als Y

Gehen wir nochmals zurück zu Mensch und Säugetieren. Hier ist das weibliche Erscheinungsbild die basale geschlechtliche Ausprägungsform. Die Abwandlung vom weiblichen Grundtyp zum männlichen (Sekundär-)Typus kann nur mit männlichen Sexualhormonen erfolgen, die aber – anders als bei weniger fortgeschrittenen Organisationsstufen – in Abwesenheit des männlichen Geschlechts-Chromosoms unwirksam bleiben. Jedermann kennt vom Biologieunterricht das Zufallsspiel der Chromosomenpaare XX (weiblich) und XY (männlich), die, geteilt und über Kreuz wieder vereinigt, entweder weibliche (X+X) oder männliche (X+Y) Nachkommen zeitigen, die sich im statistischen Mittel die Waage halten. Das ist aber nur einer von etlichen probaten Wegen zur Arterhaltung in der Natur. (Nebenbei: Ein Mann, der nur Töchter bekommt und dafür seine Frau(en) anschuldigt, ist im Unrecht und sollte sich an die eigene Y-Chromosomen-Nase fassen).

Pannen der Natur

Es gibt nun bei Säugern und Menschen eine Reihe von Fehlentwicklungen sowohl der Chromosomen-Kombinationen wie auch der Ausbildung von äußeren und inneren Geschlechtsmerkmalen. Die wohl bekannteste ist das Schein-Zwittertum (Pseudo-Hermaphroditismus): Bei meist funktionsfähigen Keimdrüsen eines Geschlechts und bei normalen Chromosomensätzen täuschen die äußeren sekundären Geschlechtsmerkmale das konträre, falsche Geschlecht vor. Hier sind die erwähnten Korrekturmaßnahmen sinnvoll. Übrigens sind auch bei Homosexuellen und Transvestiten keine Chromosomen-Anomalien zu finden.

Im Gegensatz zum stets als Panne der Natur zu wertenden Schein-Zwittertum kommt dem echten Zwittertum (Hermaphroditismus verus) im Reich des Lebendigen eine außerordentliche Bedeutung zu. Die Blütenpflanzen z.B. (denen auch die Seegräser zugehören) sind als das Modernste, was die Botanik zu bieten hat – zum weitaus größten Teil echte Zwitter, und das Tierreich bedient sich dieses Nebeneinanders von weiblichen und männlichen Geschlechtsdrüsen in großem Umfang. Diverse Varianten gibt es da.

Säugetiere und Menschen allerdings sind diesem Stadium entwachsen. Sie haben das Zwittertum ihrer Vorfahren als brauchbare Methode der Fortpflanzung aufgegeben. Wo es noch einmal durchbricht, tut es das als unnützes, ja störendes Relikt, als Krankheit, die auch mit Chromosomen-Anomalien verbunden sein kann. Wo Hoden und Eierstöcke im selben Organismus vorhanden sind, pflegen beide nicht mehr zu funktionieren. Diesen Preis des »Fortschritts« mußten natürlich auch die Meeressäuger entrichten: die Robben, die Wale und die Seekühe.

Fazit: Alles, was sich über das Niveau der Amphibien hinaus entwickelt hat, trägt (im Meer ausnahmslos) den Stempel: »Nur eingeschlechtige Individuen zur Fortpflanzung zugelassen«. Damit sind auch die Möglichkeiten der Sex-Umkehr definitiv gestrichen. Das hat gewiß nützliche Aspekte, aber auch Nachteile.

Schädlicher Fortschritt?

Vom Schiff aus mache ich einen Nachttauchgang bei der einsam im Stillen Ozean gelegenen Cocos-Insel, weitab von jedem anderen Land. Langsam lasse ich den Lichtkegel meiner Lampe rundum wandern. Für Überraschungen sind solche Unternehmen stets gut. Unversehens erfaßt der Strahl des Scheinwerfers eine Grüne (Suppen-)Schildkröte. Ich schwimme eine Weile neben ihr her. Obschon ich weiß, daß ein solches Tier sein Leben lang unterwegs ist, schießt mir die Frage durch den Kopf, ob es wohl auf dem Weg sei, einen Partner zu suchen. Deprimierende Vorstellungen schließen sich an. Fast unermeßlich weit ist der Ozean, die unbarmherzig gejagte Suppenschildkröte gehört zu den besonders bedrohten Tieren, ihre Paarungsplätze sind rar, und es bedarf sicherlich eines unfehlbaren navigatorischen Instinktes, um das gesuchte Flachwasser zu finden. Vielleicht warten dort schon begehrliche Fischer. Ganz zu schweigen von den Gefahren, die den Weg säumen. Wenige Minuten zuvor wurde ich von einem neugierigen Hai hautnah umrundet. Er verschwand wieder in der Finsternis, ohne sich meiner als Verpflegung zu bedienen. Hoffentlich verfährt er mit der Schildkröte ebenso gnädig. Wird sie ihr Ziel erreichen? Wenn nicht, so ist ein weiterer Schritt in den Tod einer bewundernswerten, uralten Lebensform getan. Das Tier hat keine andere Möglichkeit, sein Leben weiterzugeben, als mit einem heterosexuellen Partner. So kann es sich durchaus als Nachteil erweisen, den Spitzenmodus der Fortpflanzung, nämlich die innere Befruchtung, erreicht zu haben.

Die Vorteile der Universalisten

Wieviel günstiger sind da doch die Fortpflanzungsaussichten von so vielen Tieren, die im Stammbaum des Lebens weiter unten angesiedelt sind. Zwar gehorcht eine Fülle von Arten auch dort der Einteilung in lebenslange Weiblichkeit oder Männlichkeit. Daneben aber hat ein beträchtlicher Teil von ihnen zunächst einmal doppelte Chancen als echte Zwitter, aber mit Keimdrüsen beiderlei Geschlechts, die zu voller Funktion befähigt sind.

Davon gibt es verschiedene Typen. Die beiden häufigsten sind im genetischen Fortpflanzungsprogramm vieler Tiere und Pflanzen festgeschrieben. Es handelt sich um die zeitlich gegeneinander versetzten Reifungen der Geschlechtszellen in den beiden Organen im selben Tier oder in derselben Pflanze (Konsekutiv-Zwitter). Gleichzeitige Reifung von beiden (Simultan-Zwitter) ist nur noch selten. Sie konnte der Selektion nicht in großem Umfang standhalten, da sie die Selbstbefruchtung ermöglicht; es können dann keine Mängel mehr ausgemerzt und kein frisches genetisches Material aufgenommen werden. Solch extremer Inzucht droht zu leicht der Untergang. Wohl aber können so superraffinierte Varianten überleben wie z.B. manche Seescheiden: ihre Spermien sind nicht fähig, die Hüllen der Eizellen im eigenen Individuum zu durchdringen, wohl aber in fremden.

Überlebens-Versicherung für Nachkommen

Die Methoden der elegant-einfachen Umschiffung solcher Klippen hatten natürlich größere Chancen der weiten Ausbreitung. So entstanden besonders viele Arten mit zunächst einer weiblichen und erst danach einer männlichen Phase (Protogynie). Weniger häufig ist die umgekehrte Abfolge: zuerst männlich, dann weiblich (Protandrie). Beide Wege machen Selbstbefruchtung unmöglich, lassen nur Fremdbefruchtung zu. Borstenwürmer, Seesterne und Schnecken liefern u.a. Beispiele für die erstgenannte Methode. Die andere Variante begegnet uns mit besonders interessanten Spielarten bei etlichen Gruppen von Knochenfischen. Davon soll im nächsten Kapitel die Rede sein.

Kopffüßer wie der Krake (oben links), Nesseltiere (hier ein Hydrozoenzweig; oben rechts) und Krebse (unten links) sind überwiegend eingeschlechtig, Moostierchen (unten rechts) wie Seescheiden meist Zwitter. Seesterne (Mitte rechts) und Schnecken pflegen erst männlich, später weiblich zu sein.

Ein faszinierendes Kapitel Sozio-Biologie
Geschlechts-Umkehr bei Fischen

Wir sind gewohnt, die Ganzheit des Individuums zurückzuführen auf ein Ineinandergreifen von Erbgut und Umwelteinflüssen. Bei extremen Merkmalen glauben wir klare Unterscheidungen zu erkennen. Welche Fremdsprache man lernt oder ob ein Hund abgerichtet wird, war sicher nicht zuvor im genetischen Code festgeschrieben. Andererseits zweifeln wir nicht an der Dominanz des Erblichen, wenn es um die Hautfarbe und andere typische Rassenmerkmale geht. Das Geschlecht gar erscheint uns als absolute Domäne erblicher Vorgabe. Plötzlich wird da aber unsere schöne gerade Trennlinie zum krummen Fragezeichen verbogen durch eine Reihe sozial lebender Tiergruppen. Hier übernehmen die Bedürfnisse der Gemeinschaft das Kommando über die Geschlechtszugehörigkeit Einzelner. Das kann nicht nur zu merkwürdigen Schieflagen des Proporzes von Geschlechtsverteilungen führen, sondern auch zu wundersamen Umkehrprozessen bei erwachsenen Tieren.

Über die beschriebene doppelte; aber zeitverschobene und periodische Nutzung zwittriger Keimdrüsen und die Umkehr eingeschlechtiger Fruchtbarkeit bei einzeln lebenden Tieren (Beispiel Borstenwurm) hinaus gibt es zahlreiche Spielarten der Geschlechtsrollen-Verteilung innerhalb von Sozialverbänden. Es können hier davon nur einige, für den Naturfreund geradezu aufregende Beispiele herausgegriffen werden.

Soeben noch sexuell aktives Männchen – jetzt ablaichendes Weibchen

Im Sexual- und Fortpflanzungs-Verhalten gibt es ebenso wie in anderen Bereichen auch – auffällige Systeme, von denen wir nicht annähernd wissen, wieviele Tierarten sich ihrer bedienen. Denn die spektakulären Forschungsergebnisse sind, auf's Ganze gesehen, nichts weiter als Stichproben. So wissen wir auch nichts über die Häufigkeit etwa des archaischen Fortpflanzungs-Modus, der beim Gürtelsandfisch *(Seranellus subligatorius)* beobachtet wurde. Dieser Sägebarsch, ein atlantischer Bruder des allbekannten Mittelmeer-Schriftbarschs *(Serranus scriba)*, hat trotz gruppenweisen Lebens das altmodische Simultan-Zwittertum noch nicht aufgegeben. Zwar kann man größere und buntere »Männchen« von offenbar stets jüngeren Weibchen« unterscheiden. Geht es indes ans Fortpflanzen, so werden diese Unterschiede belanglos. Beim Ablaichen, das die Tiere in Grüppchen gemeinsam tun, kann jedes Individuum im einen Moment Eier ablaichen und im nächsten sich als samenspendendes Männchen betätigen. Dabei wird jeweils auch das Farbkleid dem Geschlecht in Sekundenschnelle angepaßt. Im Aquarium wurde beobachtet, daß isolierte Gürtelsandfische ihre eigenen Eier besamten. Das dürfte in Freiheit nur selten vorkommen. Denn der Geschlechtstrieb, der so vieles bewegt auf dieser Welt, treibt auch die Simultan-Zwitter zunächst auf Partnersuche. Erst wenn die sich als vergebliche Liebesmüh' erweist, als fruchtlos im wahrsten Wortsinn, kann die Selbsthilfe einspringen. Die Gefahren der Inzucht bleiben begrenzt.

Der biologische Nutzen solcher Doppel-Potenz? Wo die Geschlechtszellen frei im Wasser treiben, wo also Brutpflege fehlt, ist mehr halt besser; und außerdem ist doppelt gemoppelt bekanntlich sicherer. Zur Not geht's auch ohne Partner, und im Gegensatz zur Meeresschildkröte bleibt man weit vom Bannkreis der berüchtigten Roten Liste entfernt. Es darf vermutet werden, daß so manche Art unter den Sägebarschen – zu denen auch die artenreiche Gattung Zackenbarsche zählt – und den Meerbrassen zu Ähnlichem fähig ist. Nach den bisher erforschten Modalitäten der Geschlechtsrollen-Verteilung hat das Anpassungsgeschehen aber längst weit kompliziertere Wege erfolgreich getestet.

Massenvernichtung von Arten – ohne Tragik

Alle in diesem Kapitel erwähnten Fische sind nicht zufällig Mitglieder der modernen und größten aller Ordnungen in der systematischen Einteilung der Fische, nämlich der »Barschartigen«. Eine wichtige Unterordnung davon bilden die Lippfische (Labroidei). Alle Vivarienbesucher wie jeder Meerwasser-Aquarianer kennen zumindest einige, wenn nicht viele davon, z.B. die Papageifische, oder die Putzer, auch die Meerjunker oder die Schnabellippfische.

Diese Lippfische erfuhren ein gewaltiges – aber dennoch ganz undramatisches – Artensterben. Für ein Zahlenbeispiel mögen die Papageifische herhalten. Die letzte Forschergeneration führte noch 350 Arten Papageifische in ihren Listen. Nach erstaunlich kurzer Zeit waren es, in der Mitte unseres Jahrhunderts, nur noch 80. Wer waren die Verantwortlichen?

Schreibtisch-Täter

Es waren Naturforscher, von denen man annehmen darf, daß sie die Wesen, über die sie Erkenntnisse sammeln, auch lieben. Sie tun das tatsächlich und verursachten dennoch das gewaltige Artensterben. Und zwar ganz einfach dadurch, daß sich Spezialisten der aufblühenden Ichthyologie, der Wissenschaft von den Fischen, mit diesen Tieren eingehend befaßten. Dabei stellte sich heraus, daß zahlreiche Verwandtschaften ersten Grades zuvor nicht erkannt worden waren und man deshalb bei weitem zu viele »Arten« beschrieben hatte, die nun die Register füllten. Der Grund: Alte und Junge, Weibchen, Männchen und darüber hinaus noch Individuen mit ganz speziellen Funktionen – sie alle können ein und derselben Art angehören und dennoch nach Färbung und Musterung, oft auch in der Größe und gelegentlich sogar der Form nach unterschiedliche Erscheinungen zeigen. Überall, wo man zu einer solchen Erkenntnis kam, schrumpfte die jeweilige Anzahl vermeintlich eigenständiger Arten zusammen zu einer schlichten Eins. Der »Rest« bestand aus lauter getarnten, maskierten Mitgliedern derselben »echten« Art. Dieser Prozeß ist zweifellos noch nicht an seinem Ende angelangt. Ein Folgeproblem: Welchen der bisherigen (z.B. 5) Namen soll die Art nun behalten? So manche babylonische Sprachverwirrung war und ist unvermeidlich.

Im Blick auf das, was uns in zoologischen Gärten vor Augen geführt wird oder auch daheim am Vogelhäuschen, können uns auch beträchtliche Unterschiede zwischen Jungtieren und Erwachsenen sowie – mehr noch – zwischen Männlein und Weiblein kaum überraschen. Der aufmerksame Betrachter kennt sich rasch aus und weiß die wenigen Formen auseinanderzuhalten. Was aber, wenn unversehens auch ausgewachsene Exemplare ihr Aussehen entscheidend ändern oder zwei ganz unterschiedliche Männchen-Sorten in einer sozialen Gruppe das Bild verwirren?

Wozu zwei Sorten Männer?

Bleiben wir bei den Lippfischen. Da sind zum Beispiel die seltsamen Meerjunker-Gesellschaften (Gattung *Coris*). Jedem, der auch nur einmal unter die Oberfläche des Mittelmeers geschaut hat, sind sie begegnet. Wer noch nicht ein wenig in die Materie eindrang, wird glauben, verschiedene Fischarten gesehen zu haben in dem Schwarm, der sich über einen aufgeschnittenen Seeigel hermachte: Der Fortgeschrittene mag da erhaben lächeln, kann aber dennoch in Verwirrung geraten, wenn er das Glück hat, das Völkchen in Balzstimmung anzutreffen.

In drei verschiedenen Aufmachungen tummeln sich die Meerjunker in ihren kleinen Schwärmen. Da gibt es stets wenige größere und bunte, sogenannte Prachttiere. Sie sind immer Spermien-produzierend, also Männchen. Zum gleichen Pulk gehören Dutzende von kleineren, braunrückigen sogenannten Schlichttieren. Soweit wäre an der Sache noch nichts Besonderes – vorausgesetzt, die schlicht gefärbten wären alle Weibchen. Denn deutlich sichtbare Unterschiede der Geschlechter (Sexual-Dimorphismus) präsentiert uns das Tierreich in Hülle und Fülle. Bei den Meerjunkern setzt sich das Völkchen der Braunrückigen aber aus Weibchen und Männchen zusammen, darunter viele geschlechtsreife, die ebenso an der Fortpflanzung beteiligt sind wie die wenigen Prachttiere. Eine Fischart leistet sich also zwei Sorten Männchen: Man fand heraus, daß die Prachttiere ausschließlich umgewandelte Weibchen sind. Niemals bringen es Primär-Männchen bis zum Pracht-Typ: Tiere in der Übergangsphase stellen die dritte Erscheinungsform. Äußerlich zeigt sich das in einer »mittelprächtigen« Färbung, innerlich in einer Umpolung der Keimdrüsen: Degeneration der Eierstöcke und Umwandlung in Hoden.

Wo kann der Vorteil liegen, der diese Spezial-Entwicklung soweit kommen ließ? Lange war es den Fachleuten schwer, Hypothesen zu formulieren. Eine Entdeckung half weiter: Prachtmännchen produzieren zwar Spermien (wenn auch beträchtlich weniger als die Schlichtmännchen), haben aber den Chromosomensatz aus ihrem weiblichen Vorleben hinübergerettet in die Chefetage. Sie können folglich ausschließlich X-Spermien vererben, also nur Töchter zeugen – siehe oben. Da die Schlichtweibchen zudem mit großer Vorliebe ihre Eier vom Prachttier besamen lassen, gibt es am Ende weit mehr weibliche als männliche Meerjunker. Denkt man an die stets horrende Minderzahl von Eizellen gegenüber Samenfäden, so leuchtet der Vorteil für den Fortpflanzungserfolg bei einer freilaichenden Spezies sofort ein.

Nochmals Supermänner – aber in Varianten

Ähnlich – aber eben nur ähnlich – liegen die Dinge bei Fischen einer Gattung aus der nächsten Verwandtschaft des Meerjunkers, den *Thalassoma*-Lippfischen. Jeder Urlauber an westatlantischen Gestaden, von den Bermudas über die Bahamas und die ganze Karibik bis an südamerikanische Küsten, kann z.B. die farbenfrohen Blaukopf-Fische betrachten. Selbst die kühleren Gewässer der afrikanischen Westküste wurden von den anpassungsfähigen Tieren erobert. Sie bewohnen die oberen Wasserschichten, und so bedarf es lediglich einer Tauchermaske, um sich an den stets geschäftigen Bürschchen erfreuen zu können.

Auch diese Fische können in drei Uniformen auftreten: als männliche Prachttiere, im Schlichtkleid und als Übergangstypen. Hinzu kommt noch eine ganz aus dem Rahmen fallende Gelbfärbung der Jungtiere. Wie bei *Coris* kann man – vornehmlich um die Mittagszeit – zwei verschiedene Laichtypen beobachten: Gruppensex der Schlichttiere, und zwar dicht unter der Wasseroberfläche, sowie – abseits vom gemeinen Volk – das Paarlaichen, das dem Prachttier und seinen Lieblingsfrauen vorbehalten bleibt. Es vollzieht sich in häufigen Wiederholungen und nach einem konstanten Ritual. Ein grundsätzlicher Unterschied zum System der Meerjunker wurde allerdings herausgefunden: Die Prachtmännchen sind keineswegs nur umgewandelte Weibchen, sondern können ebensogut zuvor Schlichtmännchen gewesen sein. Diese sogenannten Primärmännchen sind äußerlich von den Sekundärmännchen nicht zu unterscheiden; nur die Untersuchung der Geschlechtsdrüsen kann Licht in ihr Vorleben bringen. Natürlich gibt es so auch nicht die Überzahl an weiblichem Nachwuchs wie beim Meerjunker. Umso erstaunlicher ist die enorme Verbreitung des Blaukopfs. Es führen eben viele Wege nach Rom.

Aggressivität als Grundlage für Wachstum, Erfolg und Geschlechtswandel

Wir stehen auch hier vor den Fragen: Wer oder was adelt zum Prachttier? Wie wird man die Lieblingsfrau? Was läßt den Rest unscheinbar bleiben oder gar unfruchtbar ein Leben lang?

Die Antwort ist zweiteilig. Teil 1: Die Körpergröße ist ein entscheidender Faktor. Je größer, desto bedeutender. Wachstum heißt Machtgewinn. Man kann die hierarchische Position eines jeden Tieres buchstäblich mit dem Zollstock ermitteln. Das Prachtkleid tragen nur die Größten und wo eine Lücke entsteht, steigt von den Aspiranten stets der größte auf.

Wie aber wird man größer als seine Nachbarn im Sozialverband? Die Antwort – 2. Teil: durch Aggressivität. Wer andere einschüchtern kann, wächst; der Furchtsame bleibt ein Kümmerling. Der Frechste wird mit dem Prachtkleid gekrönt.

Nun sind dergleichen Vorgänge im Tierreich (und beim Menschen) noch nichts Ungewöhnliches. Das hat nicht zuletzt der Nobelpreisträger Konrad Lorenz mit einem wichtigen Teil seiner Arbeit in der Verhaltensforschung dokumentiert. Das Besondere liegt bei diesen Fischen in der Fähigkeit, sich durch Aggressivität vom unscheinbaren Weibchen bis zum dominierenden Supermann hochzuimponieren, Geschlechtsumwandlung inbegriffen.

Junge Mädchen und alte Männer

Die beschriebenen sozio-sexuellen Dynamiken sind bei vielen anderen Barschartigen in Gebrauch, zum Teil in mehr oder weniger abgewandelter Form. Zu den bekanntesten Riff-Fischen mit Geschlechtsumkehr durch soziale Faktoren gehören u.a. die Fahnenbarsche (*Anthias*, z.B. Rötlinge) und die Papageifischfamilie (die zu den Lippfischen zählt).

Viele dieser Tiere mit der so flexiblen Physiologie beginnen ihr Leben grundsätzlich als Weibchen – oder besser: als Zwitterweibchen, also mit der angeborenen Befähigung zum späteren Wechsel. Sie leben also in Gesellschaften, wo den jungen Frauen nur »alte« Männer zur Verfügung stehen. Diese Gesellschaftsstruktur ist besonders häufig unter den Zackenbarschen, den Meerbrassen, den Papageifischen und vielen anderen Lippfischen.

Die Ausnahme von der Ausnahme

Wir haben die erfolgreiche Umkehr der Reihenfolge kennengelernt, die den Knochenfischen gelang, sofern alle Jungtiere zunächst nur von ein und demselben Geschlecht sein können: Im Gegensatz zu den vielen sogenannten Niederen Tieren – bestimmten Würmern, Stachelhäutern, Weichtieren und anderen –, die zunächst männlich sind, waren die erwähnten Fische auf dem anderen Weg erfolgreich. Indessen: Wenn schon Ausnahmen von allen Regeln in der Natur die Regel sind, warum soll es dann nicht auch Ausnahmen von regelhaften Ausnahmen geben?

Es gibt sie. In diesem Fall sind die Anemonenfische *(Amphiprion)* die Abweichler, eine Gattung, die es versteht, auf verschiedene Weise ihre Sonderstellung zu unterstreichen. Wir widmeten diesen lebhaften Riffbarschen deshalb ein gesondertes Kapitel (s. weiter unten). Wie wenige Fische sonst sind diese sog. Clownfische immer zunächst Männchen (besser: Zwitter-

Sekundenschnell können viele Zackenbarsche zwischen männlicher und weiblicher Sexualaktivität wechseln (oben links). – 2 sehr verschiedene Papageifische – dennoch ein Paar (rechts). – Bei Fahnenbarschen gibt es sozial ausgelösten Geschlechtswandel (unten links).

männchen); also nach dem Muster der vielen Wirbellosen, aber anders als die Lippfische, Zackenbarsche usw. Anemonenfische sind uns besonders vertraut, weil sie als erste unter den Riffbarschen in Gefangenschaft gezüchtet werden konnten, und zwar 1971 durch Prof. Dr. W. Neugebauer in der Stuttgarter Wilhelma. Heute gehört das zur Routine in allen guten Aquarien. Was man da zum Schlüpfen bringt, ist also ausschließlich männlich, und meist bleibt es das auch lebenslang. Denn lediglich das ranghöchste Tier in der stets kleinen Gruppe bei einer Wirtsanemone erfährt den Geschlechtswandel zum Weibchen.

Ferngesteuerte Geschlechtsumwandlung durch fremde Mächte

Preisfrage: Wie kann ein Raubfisch, etwa eine Muräne oder ein Zackenbarsch, einen männlichen Anemonenfisch zum Weibe und gleichzeitig größer machen, ja womöglich ohne ihn je gesehen zu haben? Die Antwort ist simpel: Dem Räuber braucht nur ein einziges Zuschnappen zu gelingen; wenn er nämlich die Chefin des sozialen Grüppchens verspeist, tritt der Witwer, d.h. der dominante und größte unter den Hinterbliebenen, die alle männlich sind, das Erbe an. Der Umwandlungsprozeß zum Eier-produzierenden Weibchen und das dazugehörige Größenwachstum spielen sich jedoch nicht so blitzartig ab. Die noch unterentwickelt angelegten Eierstöcke müssen zur Vollentwicklung heranreifen, während die Hoden degenerieren. Das beansprucht jedoch nur wenige Wochen. In dieser Zeit rückt auch das zweitgrößte Männchen auf und wird geschlechtsreif – ein Aschenbrödel wird zum Prinzgemahl. Der Rest – meist nur ein bis vier Individuen – muß sich weiter mit dem Schattendasein begnügen, jedenfalls vorerst. Weiterhin sind es häufige Aggressionen durch das nun neu geformte ranghöchste Paar, die sie klein und unfruchtbar halten. Aufstiegschancen winken indes mit jedem Räuber, der sich der Anemone nähert. Das gilt nicht nur im Hinblick auf das Verschwinden des Weibchens. Auch wenn ihr Partner das Opfer einer Attacke wird, kann ein Halberwachsener nachrücken und zeugungsfähig werden. Anders als bei den erwähnten Lippfischen vollziehen sich bei den verschiedenen *Amphiprion*-Arten diese Entwicklungen ohne signifikante Änderungen von Mustern und Farben.

Der »Sinn« dieser Mechanismen kann so gedeutet werden: Die Gruppeneinheiten bei je einer Anemone pflegen klein zu sein; sehr oft bestehen sie sogar nur aus einem Paar. Ihre Dynamik der Geschlechtsverteilung garantiert auch solchen Minimalbeständen die Fortpflanzungsmöglichkeit, weil auch die Zweiergruppe niemals nur aus Männchen oder nur aus Weibchen bestehen kann. Das ist bei diesen Spezialisten von ganz besonderer Wichtigkeit, weil ihr Lebensraum nur in äußerst engen Grenzen einige Sicherheit bietet und eine Wanderung zwecks Partnersuche meist einem Selbstmord gleichkäme. Die Gattung *Amphiprion* hat vermutlich eine ideale Antwort gefunden auf die Herausforderung durch den Selektionsdruck: Schutz in der Anemone, aber auch Abhängigkeit von ihr, dazu ein Fortpflanzungssystem, das die Isolierung raffiniert überspielt.

»sozio-« + »bio-« = unteilbare Summe

Soweit der Bericht über nur einige von vielen komplizierten Grammatiken der Geschlechtsverteilung innerhalb von Arten. Sie sind jeweils integriert in das Geflecht von Strategien, die die Erhaltung ihrer Art ermöglicht haben – zumindest bis heute. Selbst wenn bei solchen soziobiologischen Beobachtungen unser vermeintlich scharfes Trennungsvermögen zwischen der Bedeutung von Erbanlagen und Umwelteinflüssen einen heftigen Knacks erleidet: Kann es Faszinierenderes geben als die Entdeckung solcher verschlungenen Pfade, auf denen sich die verschiedenen Gattungen in den Erfolg des Überlebens gemogelt haben? Nur entfernt können wir ahnen, wieviele dead ends es gegeben haben mag, Sackgassen, in denen Versuche der Natur mit ihren Geschöpfen endeten, und über deren Schicksal wir meist gar nichts wissen, zuweilen anhand einiger Versteinerungen herumrätseln dürfen. Die bisher entschlüsselten Möglichkeiten der Geschlechtszuteilung und -änderung innerhalb von Sozialgefügen sind Teil jener Ergebnisse biologischer Forschung, die ein neues sozio-biologisches Kapitel in der Betrachtung und Beschreibung der belebten Welt nötig gemacht haben.

Ein 600 Millionen Jahre altes Unternehmen
Mammutbauten und ihre winzigen Schöpfer

5

Unsere Welt ist reich an Meeresriffen, ohne daß es augenfällig wäre. Große Teile davon liegen in nahezu jedermanns weiterer Heimat, und nicht wenige unserer Zeitgenossen verbringen ihr Leben auf alten Korallen- und Schwamm-Riffen – aber nicht alle wissen es.

Das Alter der heute von Leben erfüllten Korallenriffe, dieser grandiosen Schöpfungen der warmen Meere rund um den Globus, ist durchweg in Jahrtausenden zu messen, wenn auch zum Teil in sehr vielen davon.

Was aber ist das schon gemessen an der Geschichte dieser unvergleichlichen Gestaltungskraft lebendiger Wesen! Wieviele bemerkenswerte Landschaften auf der Welt würden ohne die riffbildenden Organismen gar nicht existieren!

Bereitwillig erzählen uns tote Riffe aus ihrer Vergangenheit: Seit mindestens 600 Millionen Jahren mischen diese kleinen Meerestierchen kräftig mit an der Gestaltung der Erdoberfläche, und zwar nicht nur unter, sondern auch – sozusagen postum – über Wasser. Die zahlreichen Fundstätten von Versteinerungen verraten uns das. Denn die weitaus meisten aller fossilen Tiere waren Meeresbewohner. Heute finden wir aber ihre Reste in der Erde des trockenen Landes, nicht selten gar in Gebirgen von beachtlichen Höhen. Gemeinsam war all diesen Regionen, daß sie zu Lebzeiten jener Geschöpfe von warmen Meeren bedeckt waren, auch wenn sie heute in gemäßigte oder kalte Zonen verbannt sind. Die ständigen Bewegungen der Kontinente, die entsprechenden Verformungen der Ozeane, die Verlagerungen der Erdachse, die Temperaturschwankungen der Atmosphäre und – nicht zuletzt – zum großen Teil sogar als Ursache dieser dynamischen Prozesse – die ungeheuren Kräfte, die aus dem Inneren unseres Planeten nach außen drängten: das alles ließ, meist in Zeitlupe, große Landmassen versinken und neue Kontinente, Gebirge und Inseln aufsteigen, ließ ganze Meere austrocknen und brach an anderen Stellen die Breschen für neue Randmeere. In diesem permanenten Wandel (der übrigens auch heute noch andauert) erwies sich ein Faktor von ungewöhnlicher Beständigkeit: die Riff-Bildner. Sie schafften unbeirrt, wo immer die Wassertemperatur ihnen behagte. Unter den Standhaften kam den Steinkorallen die Führungsrolle zu. Ihnen traten, zumindest für einen recht langen Zeitraum, Kiesel- und Kalkschwämme hilfreich zur Seite. Zwar haben diese Tiergruppen nicht gänzlich unverändert die 600 Millionen Jahre durchgehalten. Sie veränderten sich aber nur zögernd und hinterließen jeweils Nachfahren, die das Fortwirken an den riesigen und zahlreichen Baustellen ohne Unterbrechung gewährleisteten. Krisenzeiten mit Massensterben, die es im Laufe der Epochen für jedes marine Leben gab, wurden von den Korallen relativ unbeschadet überstanden. Wir können nicht nur hoffen sondern vieles dazutun (und noch mehr mit Vorteil unterlassen), damit sie auch die jüngste Bedrohung, nämlich durch uns Menschen, überleben. Zählen wir nur einige der heutigen Länder mit Fundstätten fossiler Meerestiere auf, so entsteht vor unseren Augen ein Geschichts-Atlas der tropischen Meere vom Erdaltertum bis in die Erdneuzeit. Das Bild ist bunter und verwirrender als ein Patchwork, ein »Fleckerlteppich«. In Europa reichen die Areale von Skandinavien über Großbritannien und fast alle nord- und mittel- sowie etliche osteuropäischen Staaten bis nach Spanien, Italien und Sizilien. Besonders ergiebig sind die Jura-Formationen in Frankreich, in der Schweiz und in Süddeutschland. In Kanada und den USA haben die

Große Riff-Formationen können gegliedert sein oder lückenlos verlaufen. Bei Ebbe können Riffplatten trockenfallen und ihre netzförmige Struktur zeigen. Wind und Wellen lassen Sandbänke entstehen, die schließlich in den Lagunen zu Koralleninseln werden.

meisten Bundesstaaten zwischen Atlantik und Pazifik irgendwann dem Meeresboden angehört. So geht es auch in den anderen Teilen der Welt weiter: ob Mexiko, Brasilien, Bolivien oder Puerto Rico, ob Afrika von Marokko bis Kenia – überall finden sich die Visitenkarten alter Riffe. So auch im Libanon, auf Madagaskar, auf Timor und in Australien. Ja, sogar in der jetzigen Antarktis herrschte einst ein tropisches Meer. Das Alter der Fundobjekte variiert, je nach geographischer Lage, von wenigen bis zu Hunderten von Millionen Jahren.

Zahlreichen anderen Tiergruppen tun wir allerdings Unrecht, wenn wir im Zusammenhang mit Riffen die Steinkorallen so stark in den Vordergrund rücken. Leider aber sind die verfügbaren Seiten beschränkt – ganz im Gegensatz zur Phantasie der Natur bei der Gestaltung immer neuer Schönheiten. So müssen – um nur bei den Blumentieren zu bleiben – die Hornkorallen mit ihren dekorativen Fächern und Peitschen ebenso im Hintergrund bleiben wie die Seeanemonen (Aktinien) und die formen- und farbenreichen Weich- oder Lederkorallen, die mit ihren Farbtupfern so manchem Riff erst den letzten Schliff geben. Ihrer sei wenigstens mit einigen flankierenden Fotos zu diesem Text gedacht. Die fundamentalen Fragen allerdings, vor die uns die (weichen) Seefedern stellen, durften nicht ausgeklammert werden.

Von Riffen und Korallen
Die größten Bauten der Erde

Die größten von Lebewesen errichteten Bauwerke der Erde? Nicht die Chinesische Mauer oder die Pyramiden von Gizeh. Auch in New York müssen wir sie nicht suchen, sondern – im Meer. Es sind die Korallenriffe. Winzige Einzeltierchen in unermeßlich großer Zahl schufen wie aus dem Nichts Felsformationen von ganz unterschiedlicher Größe, darunter auch viele, mit denen sich Menschenwerke nicht entfernt messen können. Was wissen wir heute über ihre Geschichte und ihre kennzeichnenden ökologischen Merkmale?

Menschliche Baudimensionen in den Schatten zu stellen bleibt keineswegs allein dem Großen Barriere-Riff an der Nordostküste Australiens vorbehalten.

Übermenschliche Größenordnungen

Freilich ist es mit seinen 2000 km die längste Riffkette. Ein einziges Riff aber ist es ebensowenig wie etwa die Auskleidung der Rotmeerküsten durch Saumriffe, die sich sogar über 5000 km hinziehen. In beiden Fällen haben sich vielmehr parallel zur Küste zahlreiche, bis höchstens 24 km lange Einzelriffe aneinandergereiht, mit einer Unzahl meist recht schmaler Lücken. Das Große Barriere-Riff fußt auf einer Fläche so groß wie die Bundesrepublik Deutschland, und man schätzt das Kalkfels-Volumen auf 21000 Kubik-Kilo(!)meter. Im warmen Gürtel der Tropen und Subtropen rund um die Erde gibt es indessen sehr viele weitere Korallenriffe, gegen deren Masse sich die des Empire State Building geradezu lächerlich ausnimmt. Man denke z.B. an das Riff vor der Küste von Belize in Mittelamerika, das sich über 240 km hinzieht, oder an ringförmige Riffe von ähnlicher Länge, wie etwa das um die Insel Mauritius oder große Atolle mit Lagunen-Durchmessern von 100 km und mehr, eine Fläche umschließend, die der halben Schweiz entspricht.

Wie einst das Riff bei Bern und Freiburg

Wenn Ehrwürdigkeit vom Alter abhängt, dann gehören Korallenpolypen mit ihren Wohnkolonien zum Ehrwürdigsten, was an Organismen auf der Erde heute lebt. Ihre Existenz ist bereits für die Zeit vor 600 Millionen Jahren nachgewiesen. Es gibt kaum andere vielzellige Tiere, die mehr als eine halbe Milliarde von Jahren mit so wenig Veränderungen durchgehalten haben. Wir müssen das als ein Zeichen früh erlangter Perfektion ansehen. Das unentwegte Auftreten neuer, modernerer Tiere und Pflanzen konnte den Korallen offenbar nichts anhaben. Erst wir Menschen werden – kaum daß wir auf der Bildfläche erschienen sind – zur tödlichen Gefahr.

Man hat vergleichende Untersuchungen angestellt zwischen fossilen Riffgesteinen (als Bohrkerne gewonnen) und heutigen Korallenriffen. Die Ergebnisse weisen auf ungewöhnliche Ähnlichkeiten der Merkmale hin. Im Jura-Zeitalter z.B., vor rund 140 bis 220 Millionen Jahren, bedeckte ein warmes Meer unsere Heimat, und vom Berner Jura bis zum Isteiner Klotz südlich von Freiburg im Breisgau existierte ein stattliches Korallenriff. Nach den verblüffenden Untersuchungsergebnissen der Sedimentschichten muß es ganz ähnlich ausgesehen haben wie die Ziele unserer Tauchurlaube. Die Beharrlichkeit der Korallenpolypen ist besonders bemerkenswert angesichts einer von den Paläontologen ermittelten Zahl: 99,9 % aller im Laufe der Erdgeschichte entstandenen Tiere und Pflanzen starben wieder aus und machten neuen Entwicklungen Platz. Was den Einfluß auf die Gestalt der Erdoberfläche anbetrifft, so schickt sich der Mensch gerade an, als erstes Lebewesen mit den Korallenpolypen in Konkurrenz zu treten. Wir machen uns kaum klar, daß so mancher Sandstrand, an dem wir uns grillen lassen, ein spätes Korallenprodukt ist. Noch weniger denken wir daran bei heimischen Sandgruben und beim vielfältig genutzten Kalkstein. Es fällt auch nicht ganz leicht, in den über 3000 m hinausragenden Gipfeln der Dolomiten die Korallenriffe vergangener Erdzeitalter zu erkennen. Aber sie sind es. Gewaltige Kräfte aus dem Inneren unseres Planeten hoben sie aus dem Wasser himmelwärts. Sie werden gewiß noch lange dort stehen. Was sind dagegen 5000-jährige Pyramiden?

Die Baumeister: winzige Hohltiere ...

Zwar können sie den Ruhm der Bauleistungen nicht ganz allein für sich in Anspruch nehmen, aber sie sind mit Abstand die wichtigsten, sind die »Erfinder und Architekten der Riffe: die Steinkorallen. Sie gehören unter den Hohltieren zum Stamm der Nesseltiere, dort wieder zur Klasse Blumentiere. Von den etwa 6500 Arten dieser Klasse zählt aber nur ein kleiner Teil zu den Konstrukteuren, nämlich die riffbildenden unter den Steinkorallen. (Über Zusammenhänge der Stammesgeschichte vgl. die Kästen zu den Kapiteln über Seefedern und über Nesselzellen). In Gemeinschaftsarbeit, oft zu Millionen an einem »Bau, errichten diese kleinen Wichte ohne Unterbrechung seit Hunderten von Millionen Jahren ihre Gebirge im Wasser durch das Abscheiden von Kalk. Jeder einzelne der Polypen ist nur einige Millimeter bis höchstens 3 Zentimeter groß. Wir werden auf ihre Körper und deren Leistungen zurückkommen. Zunächst aber sei noch von einer der erstaunlichsten Zweierbeziehungen, die unsere noch junge Naturwissenschaft bisher erforschen konnte, berichtet.

... und mikroskopisch kleine Pflanzen

Korallenriffe würden nicht existieren, gäbe es nicht eine merkwürdige Lebensgemeinschaft zwischen den Polypen riffbildender Korallen und winzigen, einzelligen Algen; den sog. Zooxanthellen. Das bloße Auge hat keine Chance, sie zu sehen. Dennoch können diese Mikro-Pflanzen an Volumen und Gewicht das Gewebe der Korallenpolypen bei weitem übertreffen. Verschiedene Zählungen führten zu phantastische Zahlen: zwischen 30 000 und 1 000 000 Algen in einem einzigen Kubikmilli(!)meter Polypengewebe. Die Pflanzen – es handelt sich um mehrere Arten aus zwei Gattungen – leben innerhalb der Zellen ihrer Wirtstiere, und zwar anscheinend ausschließlich dort. Außerhalb von Steinkorallenpolypen suchte man sie jedenfalls bis jetzt vergeblich. Offensichtlich haben sich hier jeweils zwei unterschiedliche Lebewesen gemeinsam entwickelt bis zu einem Stadium der völligen (oder wenigstens weitgehenden) gegenseitigen Abhängigkeit. Man nennt solche koordinierten Selektionsprozesse Ko-Evolutionen und ihre Ergebnisse obligate Symbiosen. Vergleichbares kennen wir von den Flechten, die nur noch als Paar-Wesen – Pilze und Algen – leben können, nicht mehr einzeln. Auch bestimmte Blütenpflanzen und Insekten wären ohne einander dem raschen Untergang geweiht.

Optimiertes Nehmen und Geben

Die Beziehungen zwischen Korallen und Algen sind heute wenigstens teilweise geklärt. Es scheint der Idealfall einer Partnerschaft vorzuliegen, mit einem unübertrefflichen Kurzschluß des Stoffaustausches: Jeder Teilhaber produziert als Abfall, was der andere zum Leben benötigt. Das Korallentier braucht Sauerstoff – und bekommt ihn (auch) von der Pflanze, die ihn ausscheidet. Die Alge wiederum ist für den Aufbau von Zucker und Stärke auf Kohlendioxid angewiesen und erhält es vom Polypen, der es als Abfallprodukt abgibt. Ein Recycling also zum neidisch werden. Darüber hinaus fördern die Zooxanthellen die Kalk-Synthese und seine Abscheidung bei den Polypen, die auch noch Zucker, Glycerin und Eiweiß-Bausteine fertig übernehmen können. Die Algen wiederum führen ein relativ geschütztes Leben im Innern der Zellen eines mit Nesselkanonen gut gewappneten Tieres. Insgesamt also ein denkbar ökonomischer Zusammenschluß. Im Experiment ließ sich nachweisen, daß riffbildende Steinkorallen zwar nicht rasch absterben, wenn man sie ihrer Algen beraubt. Sie wachsen aber wesentlich langsamer, je nach Korallen-Art bis zu zwanzigmal. In so geringem Tempo könnten die natürlichen Zerstörungsprozesse am Riff keineswegs mehr ausgeglichen werden, geschweige denn Größenzunahmen erfolgen. Ohne Zooxanthellen wären vermutlich die Jahre aller Korallenriffe gezählt.

In der Diskussion unter Spezialisten ist noch umstritten, ob die Polypen einen Teil der Pflanzenzellen verdauen und damit ihre Nahrung – sonst nur tierisches Plankton – bereichern, wie es etwa die Mördermuscheln tun (was weiter unten geschildert wird).

Der Pakt erfordert Einschränkungen

Vielleicht gäbe es unter der Meeresoberfläche längst nichts anderes mehr als Korallenriffe, wären da nicht zwei Limitierungen, die dem Supererfolg des Doppelgespanns Grenzen setzen. Die eine besteht in der Temperatur. Steinkorallen als Einzeltiere (Solitärkorallen) und auch koloniebildende gibt es in allen Meeren der Welt bis in die kalten Zonen. Sie finden sich jedoch nicht zusammen, um Großbaustellen zu betreiben. Wer das tut, stellt hohe Ansprüche an das Wasser. Es muß für das Gedeihen riffbildender Korallen wenig Sediment führen, hinreichend Plankton und Sauerstoff enthalten und vor allem warm sein und ganzjährig warm bleiben. Die Polypen brauchen ein Jahresmittel von wenigstens 23,5 °C und sterben ab, wenn die Wassertemperatur für längere Zeit deutlich unter 20 °C fällt. Entsprechend ist die Verbreitung von

Korallenriffen eingegrenzt auf einen Gürtel, der die Tropen und kleine, besonders begünstigte Teile der Subtropen, (wie z.B. das nördliche Rote Meer) umfaßt. Aber selbst in Äquatornähe sind die Wassertemperaturen den Riffkorallen keineswegs überall hold. Wo kalte Strömungen aus der Tiefe zeitweise oder gar ständig emporsteigen, gibt es keine Riffe. Es hängt mit der Erddrehung zusammen, daß solche Strömungen an den Westküsten der Kontinente besonders zahlreich sind, während sich die warmen an den Ostküsten häufen. Entsprechend ist die Verteilung der Riffe. Selbst großen Inseln sind nicht selten nur im Osten Riffe vorgelagert, oder sie sind dort stattlicher als im Westen.

1998: »bad news« über Riffe

Auch nach oben ist die Temperaturtoleranz von Polypen und Zooxanthellen begrenzt, und zwar bei etwa 30 °C. In großen Teilen des tropischen Meeresgürtels kam es 1998 zu vorübergehenden Wassertemperaturen über dieser Grenze. Ein außergewöhnlich warmer »El Niño« vor der Westküste Südamerikas soll dafür verantwortlich gewesen sein. Die Zusammenhänge werden freilich noch nicht recht verstanden. Viele Riffe wurden geschädigt. Zuerst starben die Farbenproduzenten der Polypen, ihre einzelligen pflanzlichen Untermieter. Dadurch bleichten die Polypen aus und wurden für tot gehalten. Aber »good news«: bleich heißt noch nicht tot. Nur ein Teil der Tierchen erlitt wirklich den Hitzetod. Viele erholen sich seitdem und werden von neuen Algen-Partnern besiedelt. Die Katastrophe ist nicht so monströs, wie befürchtet wurde. Wir sind Zeugen einer akuten, aber nicht seltenen Machtdemonstration der Natur. Ob der Mensch nachhalf, muß offenbleiben.

Die zweite Beschränkung betrifft die Vertikale und wird von den Algen diktiert. Als Pflanzen sind sie auf die Energiequelle Sonnenlicht angewiesen. Ohne diese Strahlung funktioniert ihr Stoffwechsel mit dem Chlorophyll als Motor nicht. Folglich ist das Tandem an die obersten paar Dutzend Meter Wasser gebunden. Zwar konnte man noch in 80 Metern Tiefe Zooxanthellen nachweisen, die guten Plätze aber sind höher.

Die Tiefen waren nicht immer tief ...

Die Bindung des Riffwachstums an oberflächennahe Wasserschichten erklärt natürlich nicht, wieso denn viele Riffe in ganz beträchtliche Tiefen hinabreichen. Steilwände von mehreren hundert Metern sind keine Seltenheit. Am Großen Barriere-Riff liegen die Fundamente bis 500 Meter tief. Es gibt sogar Riffe, die steil aus 4000 bis 6000 Metern Tiefe emporragen, aus Schichten mit Wassertemperaturen nahe dem Gefrierpunkt. Wie ist das zu vereinbaren mit den geschilderten Anforderungen der tier-pflanzlichen Gemeinschaft an die Lebensbedingungen?

Für den obersten Abschnitt solcher Hochbauten liegt des Rätsels Lösung in Klimaschwankungen der Erdatmosphäre, insbesondere den Eiszeiten. Wir leben jetzt in einer relativ warmen Periode, einer Zwischeneiszeit.

Die letzte Eiszeit endete vor etwa 12000 Jahren, und seit zirka drei Millionen Jahren haben sich etliche solcher Episoden wiederholt. Während dieser Eiszeiten wurden so ungeheure Wassermassen in Form von Eis und Schnee in den weiten Polkappen festgehalten, daß der Spiegel aller Weltmeere um bis zu 100 Meter sank. In entsprechenden Tiefen sind heute an vielen Stellen Stufen im Festlandsockel zu finden, die einstigen Brandungszonen entsprechen. Mit jeder Erwärmung der Luft schmolzen riesige Eismassen, der Meeresspiegel stieg langsam, und die Korallen wuchsen in die Höhe, dem Licht entgegen.

Alle Riffe, die mehr als etwa 100 Meter hinabreichen, verdanken das zusätzlichen vertikalen Bewegungen des Meeresbodens. Die Oberfläche unserer Erde ist seit ihrer Entstehung in ständiger Unruhe, auch noch heute. Abgesehen von vulkanischen Eruptionen und Erdbeben gehen die Veränderungen langsam vor sich, schleichend, millimeterweise, aber ohne Pause. So können Gebirge immer höher wachsen, wie es auch die Alpen noch tun, jährlich bis zu 1,5 cm; das ergibt in 1000 Jahren immerhin 15 m. Wo sich der Meeresboden im Bereich von Riffen hebt, entstehen Koralleninseln. Dabei sterben die Polypen natürlich ab. Senkt sich der Boden unter einem Riff langsam, so können die Korallen mit Höhenwachstum nachkommen und die Nähe zur Wasseroberfläche wahren. Ihre Ausdauer ist unbegrenzt: Geht die Senkung des Meeresbodens über Jahrhunderttausende, so wächst ein Riff eben Tausende von Metern in die Höhe.

... und kalte Zonen waren nicht immer kalt

Die Bewegungen in der Erdkruste beschränken sich natürlich nicht auf die Vertikale. Auch in horizontalen Richtungen sind Kontinente und Meeresböden ohne Unterlaß langsam unterwegs. Damit ist die Lage toter Skelette uralter Korallenriffe in heute kalten Regionen zu erklären. Wie

Steinkorallenpolypen bauen ständig am Riff, bis zur Wasseroberfläche. Hebt sich der Boden oder fällt der Meeresspiegel, so entsteht Land. Korallen, Muscheln, Schwämme und vieles andere gestalten das Riff in seiner Unregelmäßigkeit, der Voraussetzung für die einzigartige Mannigfaltigkeit des Lebens. Die Außenwand kann senkrecht abfallen oder mit zerbrechlichen Geweihkorallen einen sanften Hang bilden.

andere geographische Zonen wurden auch die Dolomiten und der Berner Jura aus dem Paradies warmer Meere abgetrieben, und die einstigen Riffe müssen heute Ski-Abfahrer und Langläufer auf ihren Schneeflächen dulden.

Eine Vielzahl kalkbildender seßhafter Organismen baut das Riff: Moostierchen, Hydrozoenstöcke, Korallen, Algen, Röhrenwürmer und viele mehr. Sie schaffen Landschaften aus Unregelmäßigkeiten, die wiederum der Vielfalt freilebender Tiere ihre artspezifischen Räume schaffen.

Facharbeiter, Hilfskräfte und Baulücken
Gestaltende Kräfte am Riff

An einer steilen Wand tauchen wir ab. Das Riff liegt vor einer philippinischen Insel. In 42 m Tiefe finden wir den Eingang zu einem recht ausgedehnten Höhlensystem, das wir durchtauchen. Was wir an Fauna und Flora dabei sehen, unterscheidet sich deutlich von dem Leben außen am Hang. Ein gutes Stück vom Höhleneingang entfernt und 10 m weniger tief gelangen wir wieder ins freie Meer. Wie kam es zur Bildung solcher Aussparungen im Fels und was läßt ein Korallenriff so vielgestaltig werden?

Im letzten Kapitel war einiges zu lesen über die Naturgeschichte von Korallenriffen, über die wundersame symbiotische Gemeinschaft von Korallenpolypen mit einzelligen Algen sowie über die Grenzen der Ausbreitung von Riffkorallen. Wärme und Sonnenlicht waren zur Entstehung von Riffen wohl immer erforderlich. So sind die Reste alter Riffe nicht nur mit ihren Versteinerungen wichtige Quellen zur Erforschung der Evolution des Lebens, sondern liefern auch der historischen Geologie und der Geophysik bedeutende Hinweise für wiederholte Klima-Wandlungen im Ablauf der Erdgeschichte, für die Verschiebungen der Kontinente und die Änderungen der Stellung unserer Erdachse zur Sonne mit entsprechenden Verlagerungen des Äquators und damit natürlich auch aller Klimazonen, die Pole eingeschlossen. So werden selbst Funde alter Korallenfelsen unter dem Eis nahe den heutigen Polar-Regionen erklärbar.

Unregelmäßigkeit und Vielfalt sind Trumpf

Die heute existierenden Riffbaumeister haben – wie alle früheren auch – nicht mit raschem Heben oder Sinken des Meeresspiegels während ihrer Lebensspanne zu kämpfen. Selbst eine neue Eiszeit (mit der unsere späten Nachfahren zweifellos konfrontiert werden) kann nur sehr langsam eine Veränderung bewirken. Folglich bleibt den riffbildenden Korallen und ihren Helfern nur die Horizontale zur echten Erweiterung ihrer Bauten – es sei denn, der Boden unter ihnen ist gerade dabei, sich zu senken; dann kann aufgestockt werden. Für eine globale Erwärmung gilt Analoges.

An jedem Riff sind indessen auch zerstörende Kräfte unablässig am Werk. Defekte Stellen entstehen und bieten ebenfalls Siedlungsraum und Arbeitsplätze für den Nachwuchs. Die Arbeit besteht in der erwähnten Abscheidung von Kalk, der aber zuvor synthetisiert werden muß aus Bestandteilen des Meerwassers. Die Arbeiter wirken jedoch nicht alle unter gleicher Regie. Viele verschiedene Arten von Steinkorallen bauen jeweils ausschließlich nach dem Muster, das ihnen die Erbinformation eingegeben hat. Das Ergebnis sind kugelige Gebilde neben geweihförmigen, flächige Überzüge des Felsens neben steilen Hügeln und so fort. Jeder Polyp kann gemäß dem Erbgut seiner Art nur in einer einzigen und im Vergleich zu anderen Arten einmaligen Weise seinen Lebensraum mit Kalk umbauen. Es gibt niemals einen Bauplan für ein ganzes Riff, an dem stets etliche oder viele riffbildende Korallenarten beteiligt sind. Außerdem leisten so manche anderen Pflanzen und Tiere ihren Beitrag zum Ganzen. So entsteht ein Gebilde von dem malerischen Zauber, wie wir ihn erleben können mit seiner Vielfalt an Farben, Einzelformen, größeren Strukturen – und seiner Vielfalt an Einfassungen des Nichts: an Löchern, Spalten, Gräben, Grotten, Höhlen, Arkaden. Wo jede kleine oder große Kolonie eigensinnig nach ihrem Programm vor sich hinwächst, entstehen Zwischenräume aller erdenklichen Formen.

Wie Höhlen entstehen

Die geräumigen unter den Höhlen haben allerdings zum größten Teil eine eigene, andere Geschichte. Hier griffen – wieder einmal – die Eiszeiten gestalterisch ein. Ein sinkender Meeresspiegel verwandelte jeweils Riffe, die dicht unter der Oberfläche gelegen hatten, zu kleinen oder auch großen Bergrücken oder Flächen über Wasser, bis etwa 100 m hoch. Damit wurde nicht nur allen dort festsitzenden Meerestieren die Lebensgrundlage entzogen, sondern der Fels war nun auch allen Witterungseinflüssen des neuen Bereichs ausgesetzt: Regen, Frost, Stürmen, Springfluten, Sonne und vor allem der Brandung. Diese Kräfte konnten Tausende von Jahren am relativ weichen Kalkgestein wirken. Die brüchigsten und weniger geschützten Teile wurden als erste ausgewaschen, und wo ein Anfang gemacht ist, geht's leichter weiter. So kamen in die ohnehin schon unregelmäßigen Gebilde noch zusätzliche, größere Aussparungen:

Lücken, Arkaden und nicht zuletzt eben Höhlen. Sogar Grundwasser konnte, besonders wenn es relativ kohlensäurereich war, aus dem Felsen vor dem Wiedereintauchen ins Meer Kalk herauslösen und Hohlräume schaffen. (Selbstverständlich waren Hebungen und erneute Senkungen des Meeresbodens imstande, dasselbe zu bewirken wie entsprechende – entgegengesetzte – Schwankungen des Wasserspiegels durch Eis- und Zwischeneiszeiten.) Die weitaus meisten größeren Höhlen befinden sich bei dieser Entstehungsgeschichte denn auch in Wassertiefen bis zu etwa 100 m. Tiefer gelegene Riffabschnitte waren – solange die Erdkruste relativ ruhig blieb – immer von Wasser bedeckt, und die alles nivellierenden und zuzementierenden Kalkalgen konnten dort ungestört ihr glättendes Werk durch alle Perioden fortsetzen. Die Entstehungsvorgänge machen aber auch klar: Bei langsamem Sinken und Steigen des Meeresspiegels durch Eis- und Zwischeneiszeiten sind von den betroffenen obersten 100 Metern der heutigen Riffe die unteren Anteile jeweils nur kürzere Zeit der Brandung und den anderen zerstörenden Faktoren ausgesetzt gewesen, weiter oben dann stufenlos zunehmend. Aber in den obersten, heute lichtdurchfluteten Teilen derselben Riffe gedeihen seit einiger Zeit alle beteiligten Tiere und Pflanzen, das Riff kann sich ausdehnen und Lücken können zuwachsen. Von vielen Riffen haben die obersten Partien (als die jüngsten) auch noch nie aus dem Wasser geragt, weil sie erst nach der letzten Eiszeit entstanden, also noch nie der Unbill von Kräften über Wasser ausgesetzt waren. Deshalb treffen wir auf Höhlen nur selten im Bereich der oberen 15 Meter, am häufigsten zwischen etwa 25 und 60 Metern, während sie weiter unten wieder zunehmend rar werden. Dort würden wir nach größeren Höhlen wohl meist vergeblich suchen.

Bau-Hilfsarbeiter

Es wird Zeit, die Helfer zu erwähnen, die zwar ein Riff nicht entwerfen und auch alle zusammen ohne Steinkorallen keines zustande brächten, wohl aber recht bedeutende Beiträge zur Anhäufung von Substanz leisten. Unter den wichtigen Mitgestaltern sind auch recht unauffällige, z.B. einige Arten von Algen, die Kalk synthetisieren. Als rostrote oder lila Krusten überziehen sie festen Untergrund, als Grünalgenbäumchen stehen sie malerisch in Grüppchen oder bilden ganze Rasen. Nach dem Absterben werden sie dann zum Substrat, auf dem sich neues Leben ansiedeln kann. An der Oberflächengestaltung eines jeden Riffs beteiligen sich ferner Moostierchenkolonien und viele Hydrozoen, vom zarten, winzigen, tannenbaumförmigen über größere von Strauchcharakter bis zu den verschiedenen Arten der starren Feuerkorallen (die keine echten Korallen sind). Die Reihe festsitzender Kalkbildner wird komplettiert durch Röhrenwürmer und viele Arten von Muscheln, die sich im Fels verankern. Auch die meisten Riesenmuscheln der Gattung *Tridacna*, die sog. Mördermuscheln »verwachsen« mit dem Untergrund. Es kommen noch weitere Tiere hinzu, die zwar frei beweglich sind, aber mit Hartteilen ebenfalls die feste Masse des Riffs vermehren, wie z.B. Gehäuse-Schnecken, frei lebende Muscheln, einzeln lose am Boden liegende (solitäre) Steinkorallen, Seeigel, Krebstiere mit ihren Chitinpanzern und einiges mehr. Nach dem Tod all dieser Organismen werden ihre dauerhaften Hartteile zum Werkstoff der unablässigen Umformung ihres Riffs, sei es, daß relativ stabile, festsitzende Gerüste sofort zur Siedlungsunterlage expansiver, oft auch um den Platz kämpfender Arten werden (vgl. das Kapitel: »Wohnungsnot am Meeresboden«), oder sei es, daß sie als Füllmaterial in Nischen und Löchern langsam – durch das beharrliche Wachstum von Kalkalgen – fest in den Untergrund einzementiert werden. Sie liefern dem Riff damit einen nicht zu unterschätzenden Anteil an fester Masse, der bis zu 90 % betragen kann, und wandeln ganz allmählich das Filigranwerk des jungen Riffs, das zahllose Lücken umschließt, in den massiven, felsartigen Untergrund eines alten Riffs, der neuem Leben eine solide Basis bietet.

Gedränge trotz mäßigen Nahrungsangebots

So wirken an jedem Riff ohne Unterlaß ungezählte Pflanzen und Tiere verschiedenster Provenienz, jeder dort, wo er Wohnraum und Nahrung findet. Pausenlos wird der Riesenbau weiter ausgestaltet, durch Produkte lebender Organismen ebenso wie durch dauerhafte Reste toter. Das geht so über die gesamte Existenzspanne von Riffen, die sich über viele Jahrtausende erstrecken kann. Das Ergebnis erinnert in seiner Einmaligkeit ein wenig an große, alte historische Menschen-Bauwerke, an denen viele Generationen ihren wachsenden Bedürfnissen entsprechend gebastelt, repariert, geändert und erweitert haben, ohne einen Gedanken an Gesamtplanung und Stilechtheit zu verschwenden.

Das aus allen Nähten platzende Leben verhilft dem Korallenriff zu einem Weltrekord-Titel: Kein Ökosystem auf dieser Erde beherbergt eine artenreichere Lebensgemeinschaft. Nicht einmal der tropische Regenwald kann konkurrieren. Verantwortlich dafür ist nicht etwa das Angebot an Grundnahrungsmitteln, das ist nämlich nicht so unwiderstehlich verlockend. Wie jedermann weiß (zumindest aus Werbeprospekten) sind warme tropische und subtropische Gewässer durchschnittlich klarer als kältere Meere. Das ist eine direkte Folge der jeweiligen Plankton-Dichte. Ohne Geschwebe gibt es aber keine aufsteigende Nahrungspyramide. Viele Kleinlebewesen des Planktons gedeihen in kaltem Wasser am besten. Deshalb ist auch die Produktion an Biomasse insgesamt in den trüben kalten Meeren wesentlich höher als in wärmeren; sie besteht aber aus nur wenigen Arten, die große Mengen hervorbringen. Riesige Herings-, Thunfisch- und Makrelenschwärme sowie der Krill der Polarmeere sind Beispiele dafür. Im Korallenriff herrscht das umgekehrte Prinzip: ganz besonders viele Arten sind in (fast immer) geringen Individuenzahlen vertreten. Das architektonische Gefüge des zerklüfteten Riffs mit seinen reich differenzierten Biotopen, die Schutz und Verstecke für Klein und Groß bieten, macht dieses bunt zusammengewürfelte Miteinander so vieler Arten möglich. Licht und Wärme sind, wie erwähnt, ebenfalls hocherwünscht bei zahlreichen Bewohnern. Selbst unter den Baumeistern und eigentlichen »Grundbesitzern« der Riffe, den Steinkorallen, sind Lebensmöglichkeiten geboten für viele sehr verschiedene Spezies: im Indopazifik sind es insgesamt etwa 700 Arten aus 80 Gattungen. An jedem Riff ist ein beträchtlicher Teil davon vertreten. Noch viel höher sind die Artenzahlen von Muscheln, Schnecken und Fischen. Hinzu kommen all die Erscheinungsformen von Schwämmen, Würmern, Stachelhäutern, Krebstieren und vieles mehr. Für jeden gibt es die ihm gemäßen, spezifischen Lebensbedingungen. Nur der Platz ist knapp und deshalb hart umkämpft.

Das Verhältnis von relativ geringem Nahrungsangebot (in Form von Plankton) einerseits zu einer doch recht hohen Produktivität an Biomasse, die dazu noch eine besonders lange Nahrungskette umfaßt, andererseits, ist nur möglich durch ein System besonders ökonomischen Stoffaustausches unter den Tieren und Pflanzen. Die verschwenderische Fülle ungenutzter »Nahrung«, wie etwa in den Polarmeeren, gibt es im Riff nicht. Dort ist Altersschwäche eine relativ seltene Todesursache. Durch den kurzgeschlossenen Energiekreislauf wird das Ökosystem Korallenriff aber auch kompliziert und ganz besonders empfindlich. Von uns sollte die hohe Störanfälligkeit, nachdem sie erkannt wurde (hoffentlich gerade noch rechtzeitig), stets berücksichtigt werden im Umgang mit Korallenriffen. Viele sind bereits geschädigt oder gar zerstört. Der Rest gehört zum letzten, was auf unserem Planeten noch erkennen läßt, welche Wunder die Natur mit langem Atem zustande bringen kann. Eigentlich sollte jeder Mensch wenigstens einmal in seinem Leben Gelegenheit haben zu einer ausgiebigen Betrachtung dieser Zauberwelt. Immer wieder kommt mir dieser Gedanke beim Tauchen. Fernseh-Bildschirm und Kino-Leinwand sind nur ein dürftiger Ersatz dafür.

Unsere becherförmigen Vor-Vorfahren? Steinkorallen näher betrachtet

Eine Öffnung, gleichzeitig Mund und After, geht über in eine kleine Bauchhöhle, in der verdaut wird. Einige »Fransen« am Rand der Öffnung dienen dem Fang von Nahrungspartikeln. Fertig. Keine Sinnesorgane, schon gar kein Gehirn, nicht einmal Beine oder andere Körperteile zur Fortbewegung. So einfach könnte man ein Hohltier wie den Korallenpolypen beschreiben. Aber ist das wirklich alles? Woher kommen die großen und kleinen Wunder von denen diese Wesen umgeben sind?

Eine mißverständliche, aber nicht mehr ausrottbare Namengebung spricht bei allem, was nicht der Organisationsstufe von Wirbeltieren zugehört, von »Niederen Tieren«. Dieser Begriff führt in die Irre, sobald er anders als ausschließlich entwicklungsgeschichtlich benutzt oder verstanden wird.

In schier unbegrenztem Formenreichtum präsentieren fast 3000 Arten Steinkorallen ihre Skelette und Polypen. Manche, vor allem Baumkorallen (Acropora), vermögen ihr Design in Anpassung an die Verhältnisse stark zu variieren. Andere, z.B. Hirnkorallen, halten sich stets streng an dasselbe Muster. Rechts und Mitte links: Weich- oder Leder- und Hornkorallen.

Konkurrenzlos modern und leistungsstark über Hunderte von Millionen Jahren

In den mehr als 600 Millionen Jahren seit es Korallen gibt, entstanden unzählige andere höher organisierte Lebewesen, darunter sämtliche Wirbeltiere. Weit über 90 % davon starben, wie erwähnt, wieder aus. Den Korallenpolypen indessen erwuchs nicht einmal eine ernsthafte Konkurrenz. Ganz offensichtlich befähigte sie ihre perfekte Konstruktion nicht nur bis heute, in aller Ruhe ihre Bauwerke zu errichten; darüber hinaus vermochten sich viele Varianten herauszubilden und bis in die Gegenwart zu behaupten. Zwei Drittel der rund 10 000 Hohltiere sind Korallen (Blumentiere, Anthozoen). Davon wiederum gehören zwei Drittel zur Unterklasse der Sechsstrahligen Korallen, von denen die meisten Kalk produzieren. Und es hat – nach den Befunden der Paläontologen – den Anschein, daß in diesem Teil des Tierreichs weit weniger Arten ausstarben und besonders viele über unvorstellbar lange Zeiträume ohne »Modellverbesserungen« hervorragend an ihre Lebensräume angepaßt blieben. Das gilt in besonderem Maße für die letzten 225 Millionen Jahre. An einem einzigen tropischen Riff können Hunderte von Korallenarten miteinander existieren. Einzig der knappe Raum vermag die lebenstüchtigen Winzlinge in Schranken zu halten. Deshalb geht es nicht überall so friedlich zu, wie es uns der Anblick vortäuscht.

Becherförmige Vorfahren des Menschen?

Das Erscheinungsbild der einzeln lebenden Großformen von Blumentieren, wie Pilzkorallen, Pferdeaktinien, Seerosen, Seenelken, Zylinderrosen und andere Anemonen, ist jedem Besucher von Schauaquarien und allen Meeres-Aquarianern vertraut. Mit den winzigen koloniebildenden Tierchen sieht das anders aus, weil sie sich in Gefangenschaft nicht halten lassen, weniger »dankbar« sind wie es in einer gedankenlos vermenschlichenden Wendung genannt wird.

Der Gestaltplan von Korallenpolypen gehört zu den Ur-Grundformen, auf denen der größte Teil des Evolutionsgeschehens aufbaute. Bei der Entschlüsselung des Werdens aller hochorganisierten »modernen« Tiere stoßen wir auf ein frühes Stadium, aus dem sich alle späteren im Laufe der vielen Millionen Jahre entwickelten, und zwar durch immer weiterschreitende Spezialisierung einzelner Zellverbände, bis hin zu so hochkomplizierten Organismen wie wir Menschen sie repräsentieren: Sehr zahlreiche Organe und Organ-Systeme sind jeweils nur noch für ganz bestimmte Auf gaben verantwortlich. Sie können selbst im Notfall zu nichts anderem mehr »umgeschult« werden. Auch ihre Ableger sind dazu unfähig geworden. Ein Zusammenspiel der Bauteile untereinander ist zwar unerläßlich; reduziert sich jedoch auf die notwendige Abstimmung; es kann nicht mehr einer für den anderen einspringen. Das ist – ganz ähnlich wie bei der unaufhaltsam fortschreitenden Spezialisierung menschlicher Berufe – von Vorteil im Hinblick auf ein immer breiteres Leistungsspektrum. (Wohin Leistungsfähigkeit führen kann, sehen wir am Menschen: nicht nur Gutes kommt dabei heraus.) Spezialisierung führt aber auch zu wachsender Störanfälligkeit. In einem komplizierten Gefüge kann der Ausfall eines winzigen Teils den ganzen Apparat lahmlegen. Das weiß jeder vom Umgang mit der Technik nur allzu gut. So ein Malheur pflegt im Reich der Lebewesen zum Todesurteil zu werden.

Demgegenüber machten Korallen offensichtlich auf einer sehr geeigneten Entwicklungsstufe halt, vervollkommneten die entstandenen Organismen durch einige raffinierte Tricks und blieben mit dem Erreichten bis heute eine der bedeutenden Tierklassen, ohne die Bedrohung durch Katastrophen, wie sie andere Gruppen trafen. Der Bauplan eines Korallenpolypen hat also nicht von ungefähr eine verblüffende Ähnlichkeit mit dem Entwicklungsstadium des Vielzeller-Keims, den wir Becherkeim (Gastrula) nennen. Jedes werdende Individuum von höherer Organisationsstufe durchläuft noch heute dieses Durchgangsstadium, auch jeder einzelne Mensch. Den Korallen-Polypen zum direkten Ur-Ur-Ahn aller höheren Tiere und damit auch der Menschheit zu erklären, liegt so verführerisch nahe, daß manche Biologen es tatsächlich tun.

Dauerbrenners Bauplan

Hier einige Stichworte zum Schema des Erscheinungsbildes. Der becherförmige Polyp besteht aus lediglich zwei Zellschichten, einer äußeren und einer inneren – genau wie jede Gastrula. Berühren wir einen entfalteten Polyp, so zieht er sich mit beachtlicher Geschwindigkeit zusammen. Muskelfasern in den Zellen, außen längs und innen ringförmig angeordnet, machen das möglich. Der untere Teil des Bechers, der dem Substrat aufsitzt, Fußscheibe genannt, scheidet bei den Steinkorallen ein Skelett aus Kalk ab. Er trägt also bei zur Gestaltung des Riff-Felsens, und zwar permanent. Das geschieht nicht nur nach unten, sondern auch in Form eines Ringwalles seitlich. So wächst die Grundlage, auf der die Kolonie siedelt, ständig. Es entstehen die sehr verschiedenen, arttypischen Formen. Bei der Baumkoralle *(Acropora)* z.B. wachsen so die »Zweige« in die Höhe. Die »Wohnhöhlen« der Polypen würden aber unförmig lange Schläuche, wenn nicht von Zeit zu Zeit ein Querboden ringförmig den untersten Teil des Raumes und mit ihm auch den untersten Teil des Tieres abtrennen würde; dieser Teil stirbt ab und muß vom Polypen neu gebildet werden.

Wunder sind auch länger haltbar

Gar so simpel, wie es nach dieser stark gerafften Schilderung erscheinen mag, ist ein Korallenpolyp freilich nicht strukturiert. Da gibt es zwar keine Sinnesorgane, aber doch einzelne Sinneszellen und Nervenzellen, die wie ein Netz die Oberfläche außen und innen überziehen und lokale Reize an den ganzen Organismus melden; da gibt es Wimpern, die einen Wasserstrom erzeugen und Nahrungsteilchen in den Magen leiten; es gibt Regionen, wo Geschlechtszellen heranreifen, die dann ins Meer entlassen werden, und noch manches mehr könnte aufgezählt werden. Hier soll die Beschreibung von Strukturen indessen auf das Wesentliche beschränkt bleiben. Einige ganz wundersame Leistungen der »primitiven«, winzigen Tiere (die Größe eines Polypen liegt zwischen einem Millimeter und drei Zentimetern) dagegen können gar nicht genug bestaunt und bewundert werden. Den unglaublich schnellen und höchst wirksamen Nesselzellen, die sowohl als Fanggeräte wie auch als Verteidigungswaffen dienen, habe ich ein eigenes Kapitel gewidmet (siehe unten). Diese mikroskopisch kleinen Wunderwerke gehören zur absoluten Spitzentechnik in der Natur, die menschliche Leistungen stümperhaft erscheinen läßt. In drei Tausendsteln einer Sekunde wird ein Krebschen eingefangen und sein Panzer ist von Giftgeschossen durchsiebt. Dann ist da die raffinierte und für die Erhaltung und Ausbreitung der Arten überaus wirksame doppelte Methode der Fortpflanzung: Die gewaltigen Kolonien von oft Millionenstärke kommen durch ungeschlechtliche Fortpflanzung, durch Teilung und Knospung zustande, während sowohl die Auffrischung des Erbgutes wie auch die Verbreitung der Sippe in ferne Regionen durch geschlechtliche Fortpflanzung, durch die Entlassung von Eizellen und Spermien ins Freiwasser erzielt werden. Befruchtete Zellen gründen dann irgendwo eine neue Kolonie. Auch diese Phänomene sind im einzelnen geschildert, im Kapitel über die Fortpflanzung (siehe oben).

Es wäre von noch mehr Besonderheiten zu berichten. Zum Beispiel über die mysteriösen Nachrichtenverbindungen unter den Mitgliedern einer Kolonie, die durch hauchdünne Gewebe und Ernährungskanäle miteinander in Verbindung bleiben. Beschränkung ist jedoch auch hier vonnöten. Die erstaunlichste Erscheinung für mich ist immer wieder die ererbte Vorgabe für jeden einzelnen Polypen, in welcher Weise er seinen Kalk abzulagern hat, damit genau die Form von Korallenstock entsteht, dessen Baustein er dann sein wird. Wieso wachsen die Äste einer Geweihkoralle in so schöner Regelmäßigkeit abwechselnd in alle Himmelsrichtungen? Wie bringen es die Einzeltiere einer Elchhornkoralle fertig, erst am Ende eines Stockes die Schaufel zu bilden? Wer gibt die Befehle zum Bau einer Tischkoralle? Was bringt die Polypen einer Hirnkoralle dazu, sich in genau diesen Windungen anzuordnen? Das sind kaum faßliche Erscheinungen, die mich in Erregung zu versetzen vermögen; obwohl ich weiß, daß es dafür potentiell nüchterne, wahrscheinlich biochemisch definierbare Regelmechanismen geben muß, die wir nur noch nicht zu entschlüsseln imstande sind. Aber auch wenn wir sie eines Tages enträtselt haben sollten: das Wunder ihrer Entstehung aus – soweit wir heute sehen können – Zufallsveränderungen und Konkurrenzdruck bleibt. Und damit bleibt das Staunen. Wie so oft beim Betrachten der Natur.

Meisterdesigner Natur

Die Fotos vermögen nur einen schwachen Eindruck zu vermitteln von dem Einfallsreichtum, den die Evolution in Sachen Steinkorallen entfaltet hat. Von den meisten können wir im Meer bei Tage nur die Kalkskelette sehen. Viele von ihnen sind ebenso ästhetisch schön anzuschauen wie die Polypen, wenn sie sich – meist nachts – zum Beutefang herausrecken. Nahezu die Hälfte aller Blumentiere sind Steinkorallen (Madreporaria), nicht viel weniger als 3000 Arten, und jede baut nach ihrem eigenen, unverwechselbaren Design. Mehr noch: manche haben die Fähigkeit, ihre Bauform den Umweltverhältnissen anzupassen. Baum- oder Geweih-Korallen *(Acropora)* z.B. gestalten an geschützten Stellen mit wenig bewegtem Wasser die bekannten Stöcke, die in Form eines Hirschgeweihs nach oben streben. Läßt sich eine Larve aber in oft stark bewegtem Wasser nieder oder gar an der ständig von Wellen geschundenen Riffkante, so wird sie zur Stammutter einer dicken Kuppe oder nur einer Kruste. Durch Verpflanzung eines Stücks davon in eine ruhige Bucht kann man wieder eine Kolonie von geweihhafter Verzweigung entstehen lassen, mit entsprechend begünstigten Voraussetzungen für die Ernährung der Polypen. Das ist durch Experimente erwiesen.

Je tiefer wir in die Kenntnisse über solch hochdifferenzierte Leistungen eindringen – und wir stehen erst ganz am Anfang ihrer wissenschaftlichen Erforschung – um so schwerer sollten uns Begriffe wie »niedere« oder »primitive« Tiere von den Lippen gehen.

Wandernde Korallenstöcke
Die Seefedern

Beim Stichwort »Korallenstock« pflegen wir einen Felsblock vor Augen zu haben, mit mehr oder weniger regelmäßig eingebetteten Polypen; oder wir sehen strauchförmige Gorgonen, bäumchenhafte Weichkorallen, vielleicht auch lappige Lederkorallen vor dem inneren Auge; in jedem Fall aber Festgewachsenes. Wanderungen ganzer Stöcke wollen nicht so recht in das Bild von Korallenkolonien passen. Und doch gibt es das in der unerschöpflichen Natur: bei den Seefedern. Und sie bewegen sich am Boden fort, ohne so etwas wie Beine zu besitzen.

Sie gehören zu den mit Nesselzellen ausgerüsteten Blumentieren, und zwar zu den achtstrahligen Korallen (s. Schema S. 119). Mit ihrer Fähigkeit der aktiven Ortsveränderung stehen sie einzig da unter all ihren Verwandten. Zwar gibt es bei den (stets sechsstrahligen) Steinkorallen etliche, die nicht im Riff festwachsen, sondern lose am Boden liegen. Sie verbringen aber ihr ganzes Leben am selben Platz. Dazu gehören z.B. die verschiedenen Arten der Pilzkorallen. Es gibt aber auch eine einzeln lebende Steinkoralle, die ebenfalls die Fortbewegung kennt; jedoch nicht aus eigener Kraft, sondern mit Hilfe eines Partners: die nicht einmal zwei Zentimeter große Wanderkoralle *(Heteropsammia cochlea)* wird von einem symbiotisch in ihrem Kalkskelett hausenden Wurm wie eine Sänfte umhergetragen, ähnlich mancher Anemone auf dem Wohnhaus eines Einsiedlerkrebses. Die weichen achtstrahligen Korallen aber sind – fast – regelmäßig festgewachsen auf hartem Untergrund, auf Korallenblöcken im Riff oder auf Fels. Allein die bemerkenswerten Seefedern halten sich nicht an diese »Regel«. Sie leben auf Sandböden, im Schlick oder im Schlamm. Sie können das dank einer besonderen Methode, sich in weichen Böden zu verankern. Aber nicht genug mit dieser Erschließung eines riesigen ökologischen Lebensraumes, der anderen Korallen verschlossen bleibt; sie haben es auch noch zum »Laufen« gebracht. Die Wissenschaft ordnet sie deshalb als »halbsessile« (= halbseßhafte) Wesen ein.

Unstetes Leben mit Hilfe komplizierter Technik

Sowohl für das Stehen in weichem Boden als auch für das Wandern bedarf es einer besonderen Ausstattung im Körperbau und in funktionellen Leistungen. Wie alle Weichkorallen sind die Seefedern biegsam und elastisch. Sie sind es in ebenso hohem Maße wie die Lederkorallen, mithin weit mehr als die fächerförmigen Gorgonen. Dazu kommt die Fähigkeit, durch Wasseraufnahme und -abgabe an- und abzuschwellen. Das können Seefedern noch wesentlich ausgeprägter als Lederkorallen; die Maximalhöhe kann das Zehnfache des Schrumpfzustandes erreichen. Vor allem aber hat sich daraus zusätzlich ein Mechanismus gezielter Körperbewegung entwickelt:

Das Rückgrat der Seefeder ist eine unverzweigte Skelettachse. Ihr unteres Drittel ist polypenlos, nackt, während der größere obere Teil die Polypen trägt. Bei den meisten Arten hat das Ganze etwa die Form einer Feder oder eines Farnblattes, manche ähneln aber auch einer Walze oder einer Peitsche. Bei den federähnlichen, die der Ordnung den Namen gaben, befinden sich die Polypen am Außenrand von etagenartig angeordneten »Rippen«.

Diese »Fiederblättchen« sind nichts anderes als die zusammengeschmolzenen Magenräume der Polypen. Sie wachsen rechts und links aus dem Schaft heraus. Bei manchmal über 40 »Etagen« (siehe Abb.) und bis zu 500 Polypen pro Seitenzweig kann deren Zahl 40 000 bei einem einzigen Gebilde von vielleicht 25 cm Höhe übersteigen.

Die Seefeder stemmt sich mit der Vorderseite gegen die Strömung, gehalten vom mobilen Fuß im Sand.

Als Weichkorallen sind Seefedern für den Riffbau nicht von Bedeutung. Ihre Einordnung in unser Weltbild indes stellt menschliche Begriffe auf harte Proben.

4 Zentimeter im Ausschnitt aus der Fülle der »Etagen«.

Eine andere, nicht zweiseitig- sondern radiär- symmetrische Art läßt an den Fang-Polypen die Achtstrahligkeit erkennen, Merkmal der Weichkorallen. Der unverzweigte Schaft weist sie als Seefeder aus.

Wie gehen nun die Bewegungen vor sich? Will eine Seefeder an einem bestimmten Platz Stellung beziehen, so geschieht das aus liegender Position. Der nackte untere Teil biegt sich im rechten Winkel zum Boden. Dann laufen ringförmige Verdickungswellen über ihn hinweg und schaffen im Sand oder Schlamm langsam ein Loch, in das sich der Stiel hineinschiebt. Schließlich erfolgt die Aufrichtung des Gebildes, ebenfalls durch Schwellung. Meist sind mehrere Anläufe nötig. Endlich steht die Seefeder über dem Boden und kann das Geschwebe aus dem Wasser filtern und verzehren. Dazu vermag sie sich noch um ihre Achse zu drehen, der Strömung entgegen. Will sie einen anderen Platz aufsuchen, so »entwurzelt« sie sich zunächst in einem Vorgang umgekehrt wie beschrieben. Der liegende Korallenstock schiebt sich dann vorwärts durch Bewegungen seiner Fiederblättchen. Ortsveränderungen um 40 cm wurden schon im Aquarium beobachtet. Das alles geht recht langsam vor sich, lediglich das Abschwellen, besonders bei Störungen, kann relativ rasch erfolgen, z.B. in weniger als einer halben Minute.

Erfolgreich und langlebig dank heimlicher Lebensweise

Seefedern gehören zu den ältesten noch lebenden Tieren, wenn man den Nachweis ihrer Ahnen in geologischen Schichten zugrunde legt. Ebenso wie Quallen und einige Gliederfüßer hinterließen sie Abdrücke in mehr als 600 Millionen Jahre alten Gesteinen aus der Erdfrühzeit (Präkambrium). Damit stellen sie die ältesten paläontologischen Korallenfunde dar. Das ist recht erstaunlich, denn Seefedern sind gleichzeitig die höchstorganisierten unter den achtstrahligen Korallen. Dieses Faktum macht es im Verein mit weiteren Besonderheiten den Wissenschaftlern schwer, die Ordnung Seefedern in der systematischen Klassifikation unterzubringen.

Man kann aber auch ganz einfach vermuten, daß ihre älteren und primitiveren Verwandten keine Spuren hinterlassen haben. Ich könnte mir denken, daß der unterschiedliche Lebensraum damit zu tun haben kann: in Schlamm, Schlick oder Sand war es wohl viel eher möglich, in einem dichten Grab verschüttet zu werden, was erst die Voraussetzung zur Fossilierung schafft, als auf Felsen.

Seefedern sind nicht nur uralt, sondern auch sehr weit verbreitet, nämlich über alle Meere, von den Polen bis zum Äquator. Nur im Süßwasser gibt es sie nicht. Im arktischen Kaltwasser gedeihen die größten Exemplare. Man hat bis zu 2,30 m Höhe gemessen. Bedenkt man zudem, daß mehr als 300 verschiedene Arten bekannt sind (zweifellos gibt es noch weitere zu entdecken), so fragt man sich, warum nur höchst selten aus dem Meer Fotos von diesen attraktiven Tieren zu sehen und fast nie Beschreibungen zu lesen sind. Das dürfte mit ihrer zurückgezogenen Lebensweise zusammenhängen. Die Tiere bevorzugen – ganz besonders in warmen Gewässern – die Nacht zur Nahrungsaufnahme und ziehen sich in der übrigen Zeit, zusammengeschrumpft auf einen Bruchteil ihres stolzesten Volumens, so weit wie möglich in den Boden zurück. Ich habe nach einigen kleinen Exemplaren, die ich auf Nachttauchgängen antraf, am Tage vergeblich ganze Areale intensiv abgesucht. Die Vorliebe für das »Nachtleben« teilen sie mit sehr vielen der vom Plankton lebenden sogenannten Filtrierer, denn des Nachts ist das Nahrungsangebot durch aus der Tiefe aufsteigendes Geschwebe größer als am Tage.

Ein zusätzlicher Vorteil gegenüber riffbildenden Korallen, die auf Licht angewiesen sind, liegt in der vertikalen Verbreitungsmöglichkeit: Seefedern leben auch in großen Tiefen. Bei den Forschungen der Galathea-Expedition wurde eine Seefeder aus einer Tiefe von 5000 Metern geborgen.

Das relativ geringe Wissen über Lebensweise und Verhalten der Seefedern stammt überwiegend von Beobachtungen in Aquarien.

Ein einziges Tier – oder eine Gemeinschaft von 40 000?

Die Antwort auf diese Frage fällt schwer. Wir sind gewohnt, einen Korallenpolypen als eigenständiges Tier, als ein Individuum zu betrachten und einen Korallenstock als eine Kolonie von Einzeltieren. Folgerichtig verfährt man ebenso mit den Seefedern in der zoologischen Systematik. Voll befriedigend ist das aber nicht einmal für spezialisierte Wissenschaftler. Die Seefedern weisen in Bau und Leistungen so viele Merkmale auf, die wir sonst nur von einzelnen, hochorganisierten Gesamtorganismen kennen, daß man zur Ketzerei gegen biologische Sprachregelung geradezu herausgefordert wird. Die Vielzahl verschiedener Funktionen von Polypen mit unterschiedlichen Körperformen würde allein die Klassifizierung noch nicht ins Wanken bringen; einige Insekten schaffen Vergleichbares bei der Staatenbildung durch unterschiedliche Individuen. Bei den Seefedern geht die Integration der Polypen in den »Staat« aber noch wesentlich weiter: alle werden zu einem sehr speziellen Gesamt-Gebilde geformt, ihre Mägen stehen miteinander in Verbindung, Längs- und Ringmuskeln sind so verteilt, daß koordinierte Bewegungen des Ganzen möglich werden. Bei vielen Arten geben zahllose kleine Kalknadeln der Seefeder Halt, ohne ihre Beweglichkeit einzuschränken. Ein Kanalsystem für den Wassertransport verbindet die Polypen miteinander, und Nervenzellen, deren Fortsätze in die anderer Nervenzellen übergehen und so ein Netz bilden, geben Informationen an alle Teile der Kolonie, z.B. den Befehl zum Wasseraufnehmen oder -abgeben, also zum An- oder Abschwellen. Kurz: im Gegensatz zu den meisten anderen Korallen und zu den Schwämmen, die in der Entwicklungsreihe unter den Hohltieren stehen, sind hier schon gleichartige Zellen, auch vieler Polypen, zu Organsystemen zusammengeschlossen.

Schon diese unvollständige Aufzählung läßt erkennen, wie wenig gerecht man der Seefeder wird, wenn man sie gleich anderen Korallenstöcken als eine simple Kolonie zahlreicher unabhängiger Einzeltiere bezeichnet.

Viele können dazu noch leuchten

Die erstaunlichen Fähigkeiten dieser »niederen Tiere« (wie der Zoologe sagt) sind mit der bisherigen Darstellung noch keineswegs erschöpft. Zu den spektakulären Besonderheiten gehören die sogenannten Ersatzzellen. Irgendwo im Gebilde entstehen undifferenzierte Zellen, die dann durch den »Organismus« wandern, dorthin, wo für verbrauchte Zellen Ersatz geschaffen werden muß. Das können z.B. Drüsenzellen in den achttentakligen Nährpolypen oder Zellen in den vornehmlich als Wasserpumpen dienenden Schlauchpolypen sein, aber auch Nervenzellen oder Nesselzellen. Letztere brauchen natürlich besonders häufig Nachschub, weil sie ständig beim Beutefang ihre Waffe abschießen. Die Ersatzzelle entwickelt sich erst am Bestimmungsort vom »Rohling« zum differenzierten Spezialwerkzeug.

Übrigens sind die Nesselgeschosse der Seefedern zu schwach, um in die menschliche Haut einzudringen. Ein besonderes Schauspiel können viele Arten bei Nacht bieten: sie leuchten. Sie tun das auf mechanische, chemische oder thermische Reize hin. Auch dieser Vorgang wird vom Nervennetz gesteuert. Die Oberflächenzellen sondern Schleim mit einer Substanz ab, die erst bei Berührung mit dem Meerwasser luminesziert. Tageslicht hemmt diesen Vorgang, dessen Mechanismus noch nicht geklärt wurde. Das stärkste Licht produziert die Leuchtende Seefeder *(Pennatula phosphorea)*, die ebenso wie die Graue Seefeder *(Pteroides griseum)* im Atlantik und im Mittelmeer vorkommt. Berührt man ein solches Wesen oder knabbert ein Freßfeind – Krebs, Schnecke, Fisch, Seestern – daran, so breitet sich das Aufleuchten innerhalb von etwa einer Sekunde geisterhaft über die ganze Kolonie aus. Man müßte Gelegenheit haben, eine der riesigen »Wiesen« von großen Seefedern, die in der Tiefsee vorkommen, leuchten zu sehen. Aber dazu bedarf es anderer Hilfsmittel, als wir Sporttaucher sie haben. Sollte in Ihnen, lieber Leser, ein wenig Interesse an diesen sonderbaren Tieren erwacht sein, so nehmen Sie sich – sofern Sie Taucher sind oder einmal werden wollen – vielleicht vor, was mir einst zur Pflicht gemacht wurde: meine ständige Tauchkameradin, meine Frau, entließ mich, als ich erstmals ohne sie auf weite Tauchreise ging, nur unter der Bedingung, daß ich ihr als Souvenir Fotos von Seefedern mitbringe. Mit Glück war ich gehorsam.

Stellung im System der Tiere

	Hohltiere = Coelenteraten (rund 10000 Arten)
Stämme:	**Nesseltiere** (nahezu 10000 Arten) [außerdem: Nessellose Hohltiere = Rippenquallen (weniger als 100 Arten)]
Klassen:	**Blumentiere** (mehr als 6500 Arten) [außerdem: Hydropolypen = Hydrozoen (rund 2700 Arten); Echte Quallen (etwa 250 Arten)]
Unterklassen:	**Achtstrahlige Korallen** (rund 2500 Arten) [außerdem: Sechsstrahlige Korallen (Steinkorallen, Anemonen, u.a.; über 4000 Arten)]
Ordnungen:	**Seefedern** = Pennatularien (14 Familien mit über 300 Arten) [außerdem: Lederkorallen (über 800 Arten); Rinden- oder Hornkorallen= Gorgonarien (über 1200 Arten); Blaukorallen (1 Art)]

Durch »Messer« am Schwanzstiel verraten sich Doktorfische. Sie tragen zur sprichwörtlichen Farbenpracht der Korallenriffe bei. Gesellige Weißkehlseebader gruppieren sich hier mit anderen Doktorfischen, Papageifischen und einem Trompetenfisch.

Paradies mit straffer Hausordnung
Von der bunten Fischgemeinschaft am Riff

6

Ach wüßtest du, wie's Fischlein ist
So wohlig auf dem Grund,
Du stiegst herunter, wie du bist,
Und würdest erst gesund.

Joh. W v. Goethe

Jeder Modeschöpfer käme sich ebenso kreativ wie mutig vor, würde er Kleider entwerfen nach Art von »Designs«, wie sie unter den Fischen des Korallenriffs gang und gäbe sind. Wer kennt sie nicht, sind sie doch unter den meistbestaunten Ausstellungsobjekten der Schauaquarien. Von Farben und Mustern war oben ausführlich die Rede. Sie übernehmen bei diesen Fischen, die nicht viel mehr als den Lebensraum gemeinsam haben, offensichtlich häufiger und intensiver eine Funktion, als es bei Fischen in anderen Lebensräumen der Fall ist. Das kommt nicht von ungefähr. Ohne Zweifel hängt es zusammen mit der hohen Arten-Produktivität der Korallenriffe. Sie ist bekanntlich die höchste von allen ökologisch definierten Bereichen der Erde. Wenn auch einige andere Systeme noch mehr Biomasse pro Kubikmeter erzeugen – die Anzahl der Tierarten, die sich in das Korallenriff teilen müssen, bleibt Weltrekord. Das gilt auch für die dort heimischen Fische. Allein die 6 Familien, aus denen in den nächsten Kapiteln wenige Vertreter vorgestellt werden, umfassen weit mehr als 600 Arten. Da keine gegenseitigen Freßfeinde darunter sind, müssen sie sich untereinander arrangieren, haben die Reviere – und Nahrungskonkurrenten auch die Futterplätze – zu behaupten, die Zeiten der Aktivitäten müssen abgestimmt und die Schlafplätze eingeteilt werden. Überpopulationen gilt es zu vermeiden, Geschlechtspartner aber sollten verfügbar sein, entweder zur rechten Zeit oder ständig, als Lebensgefährten. Das und noch manches mehr sind Merkmale eines komplizierten Geflechts ineinandergreifender Faktoren, alles zusammen eingebettet in die weitaus größere Gesamtheit der Lebensgemeinschaften mit Tieren aus vielen verschiedenen Stämmen. Bei kleinen Riffen muß das auch auf engem Raum funktionieren. Man sieht: Ganz so unbeschwert, wie es bei Goethe klingt, läuft auch das Leben beim »Fischlein auf dem Grund« nicht ab.

Die nachfolgend skizzierten Familien können nur als Beispiele dienen für ein Vielfaches. Sie lassen aber mancherlei Prinzipien erkennen, die auch im Korallen-Paradies keine Ausnahme dulden. Da ist die zwingende Relation zwischen Lebensweise und Körperbau einer jeden Fischart, und da sind die stark unterschiedlichen Bewegungstypen, deren Herausbildung und Erhaltung von der Zweckmäßigkeit diktiert werden – um nur zwei Beispiele zu nennen.

Nicht einmal allen typischen, häufigen und auffälligen Fischen des Riffs können in diesem Rahmen gesonderte Darstellungen gewidmet werden. Mit vielen weiteren Fischen vom Riff befassen sich andere Kapitel dieses Buches in speziellen Zusammenhängen. Es bleibt aber noch so manch Erstaunliches, wofür der Raum fehlt. Da gibt es beispielsweise die so charakteristischen Doktorfische. Sie sollen wenigstens jetzt mit einigen Sätzen sowie mit wenigen Fotos gewürdigt werden. Kennzeichnendes Merkmal dieser schönen und zum Teil recht bunten Vegetarier ist ihre artspezifische

Der seltene Acanthurus gahm – hier in Gesellschaft winziger Kofferfische – ist ein paarweise lebender Doktorfisch, während die Prionurus-Arten des Ost-Pazifik mit ihren 3 Messern beiderseits die Schwarmbildung lieben.

Abwehrwaffe: auf jeder Seite der Schwanzwurzel ein bis drei dolchförmige, harte und scharfe Dorne, die als »Skalpelle« für den Namen der Familie sorgten. Bei vielen Arten können sie wie Klappmesser angelegt und bei Gefahr ausgeschwenkt werden, bei anderen drohen sie ständig als feststehende Klingen. Nicht selten wird die Wehrhaftigkeit noch durch auffällige Färbung dieser Verteidigungsinstrumente unterstrichen. Ob Klappmesser oder Hirschfänger – bei Tieren muß, anders als bei uns, das Tragen solcher Waffen nicht die Assoziation zu aggressiven Absichten wecken. Die Doktorfische sind denkbar harmlos. Sie ernähren sich fast ohne Ausnahme von den flachen Algenüberzügen auf totem Riffgestein. Damit beleben sie auch Flächen, die ohne sie als Korallenfriedhöfe trostlos wirken würden. Ganze Felder von Geweihkorallen zum Beispiel können infolge Altersschwäche (die bei den Acropora-Arten durchschnittlich nach etwa 60 Jahren einsetzt) Opfer einer tiefgreifenden starken Dünung werden. Das Ergebnis ist eine Geröllhalde, die aber sehr rasch von einem Algenbewuchs überzogen wird und nun den zahlreichen Vegetariern im Riff ein gutes Auskommen bietet. Entgegen einer weitverbreiteten Meinung sind deshalb solche »Friedhöfe« – ebenso wie Sandflächen und Seegraswiesen – durchaus der Aufmerksamkeit des Betrachters zu empfehlen. Sie halten so manche Überraschung bereit.

Der neugierige Besucher muß übrigens keineswegs ein Held sein oder das Gerätetauchen erlernt haben. Um vom Leben in den oberen Schichten des Korallenriffs einen Eindruck zu erlangen, genügen durchaus Maske, Schnorchel und Flossen. Diese Grundausrüstung – fast überall für wenig Geld zu mieten – kann biologisch unvorbelasteten, aber interessierten Urlaubern überaus fesselnde Naturerlebnisse vermitteln. Zuweilen erwächst daraus eine stammesübergreifende Freundschaft für den Rest eines Menschenlebens.

Viele Arten munterer kleiner Riffbarsche beleben die Korallen-landschaft.

Die Statur verrät den Kurzstreckensprinter.

Ob Einzelgänger oder in Gruppen und Schwärmen lebende Arten – kein Riffbarsch entfernt sich weit vom schützenden Versteck.

Die Familie der flinken Riffbarsche
Das muntere Fußvolk im Reich der Korallen

Sie sind ein wesentliches Stück Substanz ihrer Landschaft, die lebendigen kleinen Riffbarsche: Obwohl sich ihr Dasein für den Betrachter ein wenig im Schatten der Spektakulären abspielt. Sie sind keine Blickfänger. Dennoch würde ohne sie das Riff tot wirken. Sind große Zackenbarsche und Riffhaie die Herrscher im Revier, rekrutiert sich die Aristokratie aus Kaiser- und Falterfischen, so stellen die Riffbarsche den größten Teil des gemeinen Volkes. Entsprechend gering ist die Beachtung, die wir ihnen schenken. Wir nehmen sie wahr, gewiß. Aber sie sind nicht viel mehr als eine Selbstverständlichkeit, kein Gesprächsstoff nach dem Tauchgang. Schade. Sie hätten mehr verdient. Sowohl wegen ihrer Schönheit wie auch des Verhaltens.

Was macht der – leider gar nicht seltene – Typ Taucher, dessen Netzhaut nur auf Mantas, Barrakudas, Haie und große Muränen anzusprechen pflegt, wenn dergleichen unentschuldigt fernbleibt? Ohne große lange Fische die große Langeweile?

Leben im Freiwasser, Schutz im Riff

Der rettende Vorschlag lautet: den Plan ändern – nach kleineren Sensationen fahnden. Falter- und Kaiserfische übersieht man so leicht nicht. Aber es lohnt auch, sich mit noch Kleinerem, mit den Plebejern zu bescheiden. Sie danken einem den Entschluß immer, denn sie fehlen nie, wo es Korallenstöcke gibt, auch nicht, wenn alle Großen längst weggefischt wurden. Steht ein einsamer Block im Sand wie eine Oase in der Wüste, sehen wir die mehr oder weniger farbigen Tupfen schon von weitem wie ein Wölkchen darüber. Wer allerdings mit wohltrainiertem, forschem Flossenschlag herbeirauscht, sieht nichts mehr, es sei denn, er sucht zwischen den Ästen der Geweihkorallen und in den Ritzen der Blöcke. Denn beim Herannahen des Ungetüms ist alles blitzartig in Deckung gegangen, jeder in sein angestammtes, enges Plätzchen. So manches Geäst ist regelrecht voll von den kleinen Burschen. Versucht man, ihnen dort nachzustellen, so sieht man sie mit unglaublicher Präzision in dem Labyrinth umhersausen. Nur wenige Meter müssen wir uns entfernen, und alles schwebt wieder im freien Wasser über dem Unterschlupf. Man kann ein Spiel draus machen. Aus der richtigen Distanz genügt der Wechsel von Handbewegungen und ruhigem Verhalten oder von Ausatmen und Atempause. Immer wieder kann man über die Geschwindigkeit der Fluchtreaktion staunen. Die Bindung an den schützenden Korallenstock ist überaus stark. Brutale Versuche zeigten, daß die Tiere noch in ihrem Bäumchen verharren, wenn es abgebrochen und aus dem Wasser gehoben wird.

Nasenlöcher verraten die Familienzugehörigkeit

Es sind – sehen wir von einigen Raritäten ab – im wesentlichen fünf Gattungen aus der Familie der Riffbarsche (Pomacentriden, umfaßt etwa 250 Arten), denen wir begegnen:

- die Preußenfische *(Dascyllus)*
- die Sergeantenfische *(Abudefduf)*
- die Gattung Chromis (u.a. Mönchsfische und Schwalbenschwänzchen)
- die Demoisellefische *(Pomacentrus)* und
- die Anemonen- oder Clownfische *(Amphiprion)*.

Die Letztgenannten klammern wir hier aus und stellen sie wegen ihrer interessanten symbiotischen Lebensweise mit nesselnden Aktinien in einem gesonderten Kapitel vor. Ohne sie sind es noch mehr als 200 Arten in der Riffbarschfamilie.

Den Mönchsfisch *Chromis chromis* kennt jeder Mittelmeerschnorchler oder -taucher: leuchtendblaue Jungfische tummeln sich in kleinen Schwärmen, während die erwachsenen Tiere – etwa 12 Zentimeter groß – unscheinbar braun gefärbt sind. Der Garibaldi-Barsch *(Hypsypops rubicunda)* lebt im kühlen Wasser vor der Küste des südlichen Kalifornien, und einige Arten der australischen Gattung *Parma* bevölkern dort gemäßigte Zonen. Alle übrigen Riffbarsche sind Bewohner flacher tropischer Gewässer.

Nur eine einzige Art hat nicht das Schelfmeer zum Lebensraum, dem Familiennamen zum Trotz: der Blaue Hochseebarsch *(Pomatomus saltator)*. Er schwebt über großen Tiefen im westlichen Atlantik.

An gemeinsamen Merkmalen der Mitglieder dieser Knochenfisch-Familie fehlt es nicht. Das besondere anatomische Charakteristikum aber sind die Nasenlöcher: Riffbarsche haben deren nur je eines auf jeder Seite, das in einen blind endenden Gang führt. Fast alle anderen Fische verfügen über je zwei, die eine Art U-Rohr miteinander verbindet.

Gestalt und Lebensstil nach Kompromißformel

Der Körperbau eines Fisches gestattet bereits gewisse Schlüsse auf seine Lebensweise. Für schnelle Jäger und Dauerschwimmer im stark bewegten Meer ist eine Annäherung an die Torpedoform mit flächenhaftem Schwanzruder ideal. Thunfische, Haie, Barrakudas sind Beispiele dafür. Kofferfische, Seepferdchen, Kugel- und Igelfische sind Meister der Wendigkeit. Wenn nötig, drehen sie auf der Stelle oder verschwinden rückwärts. Maximale Geschwindigkeit und optimale Wendigkeit sind prinzipiell nicht in einer Form vereinbar. Die kleinen Riffbarsche profitieren indessen von einem vorzüglichen Kompromiß. Bei der zeitraubenden Aufnahme der Nahrung – winzige pflanzliche oder tierische Partikel aus dem Geschwebe – mit den kleinen Mäulchen stehen sie über ihrer Korallenburg. Die nicht sehr effizienten Brustflossen reichen für die nötigen Bewegungen aus, während die Schwimmblase das Tarieren besorgt. Naht etwas Bedrohliches, so wird auch die Muskulatur des Rumpfes und der Schwanzflosse eingesetzt – wie ein geölter Blitz ist das Tier in seinem Versteck. Allerdings kann es nur über ganz kurze Strecken so sprinten. Dann kommt die Wendigkeit zum Zuge. Ihr dient der von den Seiten stark abgeflachte Körper, oft nahezu ebenso hoch wie lang, aber schmal. Er paßt auch in kleine Ritzen vom Fels und enge Zwischenräume im Geäst von Korallen. Der lüsterne Räuber vermag nicht zu folgen, er bleibt ausgesperrt.

Die meisten erwachsenen Riffbarsche sind zwischen 8 und 12 Zentimeter groß, verschiedene Arten erreichen einige Zentimeter mehr und nur eine einzige kann stolze 25 Zentimeter produzieren. Das sind natürlich schwierige Motive für den Unterwasser-Fotografen, zumal bei der Scheu und Fluchttendenz. Mangelnde Größe rettet sie auch vor der Speisekarte des Menschen, obwohl sie eßbar sind. Viele erfreuen mit recht schönen Färbungen. Das trifft besonders auf Jungfische zu, während im Alter oft unauffällige Dunkeltöne vorherrschen. Übrigens können die Kerlchen nach Aquarien-Beobachtungen mehr als ein Dutzend Jahre alt werden.

Rauflustige und lärmende Gesellen

Viele Riffbarsche sind gesellig und leben in kleinen Trupps beisammen. Zuweilen sieht man aber auch – besonders bei *Chromis*-Arten – größere Verbände von mehreren hundert Tieren. Auch Preußenfische können sich in kleinen Schwärmen drängen. Bei vielen Arten schart ein Männchen jeweils einen ganzen Harem um sich. Andere wieder – von manchen Arten die alten, düster gefärbten Exemplare – leben einzeln wie z.B. der Neon-Riffbarsch und einige Abudefdufs, oder in Paaren. Jeder Rifftaucher kennt die sprichwörtliche Aggressivität von solchen Einzelgängern. Sie verteidigen ihr Revier und versuchen selbst Riesen wie den Taucher durch wütendes Anschwimmen und (lächerliche) Bisse zu vertreiben, ganz besonders, wenn sie ein Gelege zu hüten haben. Dabei kann man schnalzende Laute vernehmen. Mancher Taucher wundert sich zuweilen über ein permanentes Knistern. Es kann die Summe klickender Geräusche von vielen *Chromis* sein, mit den Schlundzähnen produziert. Sieht man einen Preußenfisch heftig auf und ab schwimmen, so ist man Zeuge der Balz: das Männchen zeigt dem Weibchen die gesäuberte Laichstelle. Dort wird der Vater später allein das Gelege bewachen.

Der *Abudefduf saxatilis*, der »Oberfeldwebel« (englisch »sergeant major«) ist übrigens einer der ganz wenigen Riff-Fische, die sowohl im Indo-Pazifik wie auch im tropischen Atlantik vorkommen. Er kann den Helligkeitsgrad seiner Rückenfarbe dem Untergrund anpassen, ähnlich wie wir es u.a. von Kraken und einigen Zackenbarschen kennen. Überhaupt sind Farbwechsel bei Riffbarschen nicht ganz selten, offensichtlich von psychischen Zuständen wie Angst, Zorn und Balzstimmung gesteuert. Zwei weitere Besonderheiten sind vom Dreipunkt-Preußenfisch *(Dascyllus trimaculatus)* zu berichten. (Der Populärname dieser Gattung hat den Staat mit der schwarzweißen Flagge überlebt). Jugendliche dieser Spezies mogeln sich sehr oft zwischen Anemonenfische und leben ebenso unbehelligt wie diese zwischen den Tentakeln gefährlicher Aktinien. Außerdem sind sie imstande, Flüsse aufwärts zu wandern und sich im Süßwasser zu behaupten.

Fürwahr – eine aufstrebende Familie!

Stellung im System der Tiere	
Klasse:	**Knochenfische** (über 24000 Arten)
Ordnung:	**Barschartige** = Perciformes (artenreichste der 36 Ordnungen, mehr als 150 Familien mit über 6000 Arten)
Unterordnung:	**Barschfische** = Percoidei (artenreichste der 20 Unterordnungen)
Familie:	**Riffbarsche** = Pomacentriden (etwa 250 Arten in wenigstens 10 Gattungen)

Falter- und Kaiserfische
Blickfänger am Riff und im Heim

Obwohl sie ihre eng begrenzten Territorien niemals freiwillig verlassen, haben sie es im wahrsten Sinn des Wortes weit gebracht, die agilen Schönheiten der Korallenriffe. Nämlich bis in die Seewasseraquarien in aller Welt, und zwar als Hauptdarsteller. Erst wenn Falter- und Kaiserfische wie Mannequins in popfarbigen Kleidern selbstbewußt durchs Becken schweben, kann die Illusion komplett werden: ein Stück lebende exotische Natur im Wohnzimmer.

Sie gelten als die schönsten aller Fische. Was Wunder, daß sie als Import-Artikel Schritt hielten mit der raschen Entwicklung, die Transportwege schrumpfen läßt, Meeres-Aquaristik zur technischen Bagatelle macht und die Sehnsucht einbetonierter Städter nach der kontinuierlich schwindenden Natur nährt.

Bei ihnen zu Hause ...

Mit einem professionellen Zierfischfänger bin ich herausgefahren zum Riff vor der Küste von Neuguinea. Während der andere einträgliche Fänge zu machen sucht, hocke ich auf einer großen Hirnkorallenkugel. Ich bin im Territorium eines Pärchens von Orangestreifen-Faltern *(Chaetodon ornatissimus)*. Wachsam beäugen sie den Eindringling. Das geschieht aus unablässiger Wanderschaft, was zwar die Szenerie zauberhaft belebt, das Fotografieren jedoch zur Glücksache macht. Die Zeit des Wartens wird nicht lang, zumal die Fischwelt des Reviers das ängstlich-neugierige Interesse an mir verliert und zur Tagesordnung übergeht. Dazu gehören immer wieder kurze Szenen des Jagens und Gejagdwerdens, nicht nur von benachbarten Artgenossen, sondern auch von Nahrungskonkurrenten ganz verschiedener Familien. Erstaunlich ist immer wieder, daß nicht nur Kleine von Größeren gescheucht werden, sondern recht oft auch umgekehrt. Im Zentrum seines Reviers ist auch der Kleine stark.

... und bei uns zu Hause

Dem quirligen Bewegungsdrang der berückend schönen Tiere werden doch arg enge Grenzen gesetzt, wenn sie in Aquarien als Freunde des Menschen zu Millionen die Wohnzimmer mit ihm teilen. Dennoch ist diese Art der Bereicherung menschlichen Daseins gut – vorausgesetzt der Aquarienwirt nimmt seine Sache ernst und pflegt die Tiere sachgerecht. Sie werden dann zur täglichen Quelle der Erholung und – wie es der Verhaltensforscher und Nobelpreisträger Konrad Lorenz formulierte – »zu einer Schule der allgemeinen Lebensfreude, deren erzieherische Werte nicht hoch genug einzuschätzen sind«. Unter Tauchern begegne ich immer wieder solchen, die über längere Zeit ihre Lieblinge nur hinter Glas bewunderten, bis der Drang obsiegte, sich endlich mit Falter- und Kaiserfischen gemeinsam in ihrem natürlichen Lebensraum zu treffen und zu bewegen. So wird ein Sport zum Vermittler von hochkarätigen Naturerlebnissen.

Die Medaille hat aber auch ihre Kehrseite. Es will bis heute – von geringen Ausnahmen abgesehen – nicht gelingen, diese Juwelen unter den Riff-Fischen in Gefangenschaft zu züchten (im Gegensatz zu anderen Riff-Bewohnern, etwa den Anemonenfischen). Das zwingt zu ständi-

Lebenslange Ehen sind bei Falterfischen häufig (oben links). Vom Roten Meer bis zur Pazifikmitte verbreitete Einzelgänger: Pfauenkaiserfisch (Pygoplites diacanthus, oben rechts) und Gelber Dreipunkt-Zwergkaiserfisch (Apolemichthys trimaculatus, Mitte links). Eine dunkle Querbinde verbirgt das Auge (Chaetodontoplus mesoleucus, Mitte), ein falscher Augenfleck kann Angreifer irreführen (Chaetodon capistratus, Mitte rechts). Ein extrem ausgezogener Mund verhalf dem Pinzettfisch zum Spezialisten-Monopol und zum Verbreitungsrekord der Falterfische über den gesamten Indopazifik (Forcipiger flavissimus, unten).

gem Nachschub aus dem Meer, zumal die Lebensdauer der Tiere bestenfalls einige Jahre beträgt. Nur ein Teil übersteht die Verpflanzungsprozeduren: Fang, Vorratshaltung, Transport in ferne Länder, Eingewöhnung beim Händler und schließlich in den Becken des Kunden. Es bedarf eines entschiedenen Verantwortungsgefühls gegenüber der Kreatur, um die Verluste zu begrenzen. Das ist nicht überall vorhanden; Profitsucht und Raubbau, aber auch Leichtfertigkeit haben schon manches angerichtet. Naturschutz ist auch hier dringend vonnöten. Züchterglück würde freilich die Probleme am elegantesten lösen.

Zur Ahnenforschung

Falter- und Kaiserfische gehören zu den Barschfischen, der weitaus größten Gruppe im System der Fische. Damit rücken sie, auch wenn es auf den ersten Blick erstaunt, recht nahe zusammen mit Zackenbarschen, Stachelmakrelen, Meerbarben, Schiffshaltern und vielen anderen. Die weitere Untergliederung teilt sie den »Borstenzähnern« zu, so genannt nach der Form ihrer zahlreichen Zähne in Ober- und Unterkiefer.

Bis vor wenigen Jahren sah man Falter- und Kaiserfische als Mitglieder ein und derselben Familie. Ende der 70er Jahre wurde indessen nachgewiesen, daß die verwandtschaftlichen Beziehungen durchaus nicht so eng sind. Ein wesentlicher Unterschied in den Larvenstadien beider Gruppen läßt erkennen, daß die gemeinsamen Vorfahren sich schon vor vielen Millionen Jahren auf zwei verschiedene Wege begaben. So gliedert man unsere bunten Tierchen heute in zwei getrennte Familien:

– Falterfische = Chaetodontiden; (die Bezeichnungen »Schmetterlingsfische« und »Gaukler« meinen dasselbe, können aber zu Mißverständnissen führen).
– Kaiserfische (oft auch »Engelsfische« genannt) = Pomacanthiden (nicht zu verwechseln mit Pomacentriden, den Riffbarschen).

Von den Erstgenannten sind weltweit 114 Arten bekannt, von den durchschnittlich größeren Kaiserfischen 74. Selbstverständlich kann hier nicht auf einzelne Arten eingegangen werden. Einige Bemerkungen sollen die Lebensweise und die Funktionen der auffälligen Körpermerkmale skizzieren. Nicht zuletzt möchte ich recht interessante Aspekte streifen, die sich aus den sehr unterschiedlichen Verbreitungsdaten ergeben.

Die illustrierende Bilddokumentation stammt ausschließlich aus den natürlichen Habitaten im Meer.

Wo sie leben …

Falter- und Kaiserfische lieben ausnahmslos warmes Wasser, und fast alle leben in geringen Tiefen, etwa bis 20 Meter. Ganz wenige Arten ziehen tiefere Schichten – immerhin bis 200 Meter – vor. Diese Eigenschaften teilen die Fische mit den riffbildenden Korallen und ließen sie in unseren Augen – zutreffend – zu unabdingbaren Bestandteilen tropischer Riffe werden.

Der Körperbau aller Mitglieder beider Familien ist sehr schmal und nach oben und unten mehr oder weniger stark gewölbt. Damit verrät sich das Korallenriff auch als der Ursprungsort, wo sich diese Fische entwickelten und der Umgebung anpaßten, Die zahllosen Ritzen im Riff lassen die seitlich abgeflachten Körper mühelos eindringen, gleichgültig ob senkrecht, schräg oder horizontal, und bieten Schutz vor fast jedem Feind. Für schnelles Dauerschwimmen sind weder Flossen noch Schwimmuskeln eingerichtet, wohl aber für einen kurzen Sprint und für gewandtes Manövrieren im Labyrinth. Nie entfernen sich diese Fische weit vom Fels und damit vom nächsten Zufluchtsspalt.

Nicht alle Falter- und Kaiserfische sind so empfindlich wie die Riffbauer unter den Korallen. Einige haben, sich in Gewässer vorwagen können, deren Temperatur zeitweise unter der ominösen 20°-Grenze liegt. So gibt es zum Beispiel verschiedene auch in rifflosen Einflußgebieten kalter Meeresströme, wie an den Westküsten von Afrika und Amerika im Tropengürtel, sowie südlich der Riffzonen Australiens. Den Bewohnern dieser Regionen wird nicht nur an Wärme einiges vorenthalten; auch mit Verstecken ist es hier nicht so weit her. Felsgestein, auch mit Pflanzen und allerlei Getier bewachsenes, ist nicht so durchlöchert wie ein Korallenriff. So mag neben der Wassertemperatur auch der Wohnungsmangel zur geringen Populationsdichte in kälteren Gewässern beitragen. Der Mangel an Verstecken ist dort vielleicht auch die Ursache der häufigeren Gruppen- und Schwarmbildungen; sie geben – wie die Theorie der Verhaltensforscher besagt – den Einzelindividuen relativen Schutz vor Raubfischen.

Schließlich gibt es auch dort Falter- und Kaiserfische, wo zwar das Wasser ganzjährig ausreichend warm bleibt, echte Riffe aber dennoch fehlen, wie zum Beispiel an langen

Ostküsten-Strecken des tropischen Amerika, an Süd- und Westseiten großer Inseln in der Karibik, im Indischen Ozean und im Malaiischen Archipel.

... und wie sie leben

Es ist nicht immer leicht, Falter- und Kaiserfische auseinanderzuhalten oder auch von anderen Riffbewohnern zu unterscheiden. Alle Borstenzähner haben eine durchgehende Rückenflosse, die ebenso wie die Afterflosse mit Stacheln versehen ist. Ihre Schwanzflossen enden gerade oder leicht konvex gewölbt, nie gegabelt. In der Kaiserfischfamilie besteht die markante Note in einem Stachel vorn unten am Kiemendeckel.

In beiden Familien ist es für viele Arten üblich, paarweise zu leben, anscheinend in lebenslanger Bindung. Andere bevorzugen das Einzelgängertum. Nur wenige Arten neigen zur Gruppenbildung. Im Extremfall ziehen mehrere hundert bunter Fische gleichen Aussehens über dem Riff einher, ein majestätischer Anblick. Diese geselligen unter den Falter- und Kaiserfischen ernähren sich zumeist auch etwas anders als ihre einzeln oder in Paaren lebenden Verwandten: sie schwimmen ein gutes Stück über dem Grund und fangen Zooplankton aus schwacher Strömung. Die anderen suchen Kleintiere am Boden und in Riffwänden. In Mägen fand man bei Untersuchungen vor allem Kleinkrebse sowie Reste von Würmern, Schwämmen und Algen. Je länger das Mäulchen der Tiere, dessen Lippen vorgestülpt werden können, ausgezogen ist, um so besser sind sie an das Aufstöbern von Beute angepaßt. Pinzettfische (Gattung *Forcipiger*) sind darin am auffälligsten spezialisiert. Sie vermögen zurückgezogene Korallenpolypen aus ihrem tiefen Kalkbecher zu zerren. Es soll aber unter unseren bunten Kerlchen auch reine Vegetarier geben, die sich mit dem Abweiden von Algen begnügen.

Alle Falter- und Kaiserfische sind reine Tagtiere. Mit Einbruch der Dämmerung wird die Nahrungssuche eingestellt und der feste Schlafplatz aufgesucht. Vielfach gibt es dann eine Ablösung im Felsspalt: Der nachtaktive Soldatenfisch zum Beispiel wird aus dem Versteck gedrängelt. Morgen früh kommt er zurück; dann steht ihm der Sieg bei dem Gerangel zu, und unser Borstenzähner startet zu einem neuen Tagewerk.

Eigenständige Entwicklungen in Atlantik und Indo-Pazifik
Ein kalter Vorhang trennt zwei Ozean-Welten

In der Farbenpracht der Stars aus dem Riff liegt ihre Attraktivität für uns. Keine der fast 200 Arten kennt nennenswerte Abweichungen von ihrem ganz spezifischen, unverwechselbaren Design. Warum aber leben unterschiedliche Mitglieder der beiden Familien in zwei streng voneinander getrennten Welten? Die Antworten gewähren uns einen Blick in die unendlich mannigfaltige und pausenlose Betriebsamkeit der Evolution.

Die Entwicklung der Arten, wie sie zuerst von Wallace und besonders Darwin erkannt und beschrieben wurde, steht niemals still. Mit allen Pflanzen und Tieren sind auch wir Menschen mittendrin im unaufhörlichen Prozeß der natürlichen Auslese (Selektion) und der erbändernden Mutationen. An vielen Lebewesen – heutigen wie fossilen – lassen sich Beispiele für die klassischen Mechanismen dieser hochinteressanten Vorgänge finden. Auch unsere Falter- und Kaiserfische können uns einiges dazu erzählen.

Geschwister in zwei getrennten Welten

In einem Tauchreisebericht amerikanischer Provenienz las ich: dieselben Korallen, Fische und anderen Tiere, denen man am australischen Großen Barriere-Riff begegnet sei, wären fast alle alte Bekannte gewesen, vielfach vom Chronisten gesehen vor der Haustür in den Bahamas und der Karibik; also nahezu nichts Neues unter Wasser. Zum Glück beobachten nur wenige Taucher so schlecht und berichten so blasiert, zumal wenn sie weite Reisen auf sich nehmen. Das krasse Gegenteil zu behaupten wäre richtig gewesen. Von allen Korallen z.B., ob Anemonen, Stein-, Weich- (= Leder-) oder Hornkorallen, kommt nicht eine einzige sowohl in der Karibik wie auch im Indo-Pazifik vor. Für sämtliche Tier- und Pflanzengruppen, die auf warme Gewässer angewiesen sind, gilt ähnliches. Warum? Die Weltmeere stehen schließlich miteinander in Verbindung.

Degradieren wir die aristokratischen Falter- und Kaiserfische zu biogeographischen Demonstrations-Objekten. Knapp 200 Arten sind, wie erwähnt, von den beiden Familien insgesamt bekannt. Aber wiederum muß konstatiert werden: keine davon ist sowohl an indopazifischen wie an karibischen Riffen zu finden, obwohl sehr enge Verwandtschaftsgrade bei vielen nicht nur offensichtlich, sondern auch anatomisch und biochemisch nachgewiesen sind. Selbst viele Verhaltensmuster ähneln sich hüben wie drüben zum Verwechseln.

Unüberwindliche Kälteschranken

Diese Fakten und viele andere waren Anlaß für die Wissenschaft, die grobe Einteilung der Weltmeere auf zwei große Einheiten zu beschränken: den atlantischen Raum und den indopazifischen Raum. Ein Blick auf den Globus läßt erkennen, daß sich die Verbindungsstellen zwischen diesen beiden riesigen Wasserwelten nur im hohen Norden und im tiefen Süden befinden und zudem relativ schmal sind. Die Beringstraße im Norden ist 92 km breit und nur 40 m tief, die Drakestraße im Süden läßt etwa 600 km frei zwischen Südamerika und Antarktis. Lediglich zwischen Afrika und Antarktis klafft eine breite Fläche, wo Atlantischer und Indischer Ozean ineinander übergehen. Das Kap der Guten Hoffnung liegt jedoch bereits jenseits der Grenze von Korallenriff-Vorkommen. Die Übergangsflächen genügen zwar zum Wasseraustausch hin und her. Damit ist eine annähernde Identität von Meereshöhen und Wasserzusammensetzung auf beiden Hälften des Globus gewährleistet. Für Pflanzen und Tiere ist indessen von entscheidender Bedeutung, daß diese Kontakte der Ozeane ausschließlich in kalten bis eisigen Gewässern stattfinden. Es können nur Lebewesen vom einen Becken in das andere finden – sei es mit Strömungen oder durch aktive Bewegung – welche fähig sind, Kälte zumindest für einen längeren Zeitraum zu ertragen. Das trifft auf einige Meeressäuger zu, also Warmblüter, wie Wale und Robben, ferner auf etliche Fischarten und auf viele Wirbellose. Insgesamt sind es zwar relativ wenig Arten, die aber das nahrungsreiche Wasser oft in großen Mengen bevölkern. Man denke nur etwa an die riesigen Schwärme von Heringen und Dorschen oder an die unbeschreiblichen Massen von Krill, der vor allem aus kleinen Schwimm-Krebschen und Schnecken besteht. Ganz kümmerlich dagegen ist die Kälte-Toleranz sehr vieler reviertreuer Tiere und Pflanzen, deren Heimat dem Äquator näher liegt. Zwar geht die Empfindlichkeit nur selten so weit wie bei den riffbildenden Steinkorallen, die bereits bei längerdauernden Wassertemperaturen unter 20 °C ihr Leben einbüßen. Die kalten Passagen im Norden und Süden sind jedoch für fast alle Wesen warmer und gemäßigter Zonen unüberwindlich.

Es waren zwei Königskinder

Zu den Ausgesperrten auf beiden Seiten gehören auch alle Falter- und Kaiserfische, und, was noch wichtiger ist, ihre Larven, die zunächst ganz hilflos von Strömungen verschleppt werden. Freilich sind die Strecken, die überwunden werden müßten, auch reichlich weit. Anders als zwischen Atlantik einerseits und den beiden anderen Ozeanen andererseits, dem Indischen und dem Pazifischen, sind die Verbindungen zwischen den beiden letzteren auf breiter Front hinreichend weit auch im tropennahen Gürtel. Der ständige Austausch von Organismen wird durch die zahlreichen Inseln des Indo-Australischen Archipels nur unwesentlich behindert; als Zwischenstationen für benthische Lebewesen, die den Boden benötigen, können sie sogar von größtem Nutzen für die Ausbreitung sein.

Mit Suez- und Panama-Kanal wurden 1869 und 1914 zwei künstliche Verbindungen zwischen den großen Ozeanen geschaffen, beide im Warmwassergürtel. Sie haben in Sachen Artenaustausch bis heute fast nichts bewirkt; das Mittelmeer ist lediglich auf begrenztem Raum durch wenige Spezies aus dem Roten Meer bereichert worden, z.B. den Roten Soldatenfisch *(Holocentrus ruber)*, dessen Vormarsch inzwischen Zypern erreicht hat. Die Panama-Passage ist nicht nur jünger, sondern auch durch Schleusen erschwert. Vermutlich sind die Zeiträume einfach noch zu kurz.

Von der langsamen Geburt der Ozeane

Wenn also die Landbarriere so überaus wirksam ist, muß man sich fragen: wieso leben denn hüben und drüben ganz nahe Verwandte mit so vielen Ähnlichkeiten? Die Antwort gab schon Anfang dieses Jahrhunderts der Geophysiker Wegener: die Kontinentalverschiebung, unaufhörliche Bewegungen der Landmassen, haben zwangsläufig auch die Gestalt der Ozeane ständig verändert und tun das noch heute. Vor 200 Millionen Jahren hing die gesamte Kruste der Erde

In Kaiser- und Falterfischen kumuliert die Pracht der Riffe – und der Aquarien.

Der neugierige Sichelkaiserfisch (Pomacanthus maculosus, unten li.) entwickelte sich im Roten Meer und drang nur bis zum Arabischen Golf vor. Der Cortez-Kaiserfisch (unten re.) gelangte nicht über die fast rifflose tropische Westküste Amerikas hinaus.

noch zusammen und bildete einen einzigen, riesigen Kontinent, Pangaea, der sich zwischen den Polen ausdehnte. Der Rest unseres Planeten war von ebenfalls nur einem einzigen Ozean bedeckt, Panthalassa genannt. Allmählich kam es zu einer Spaltung in einen Nord- und einen Südkontinent, Laurasia- und Gondwanaland, getrennt durch eine relativ schmale Wasserstraße in Ost-West-Richtung. Vor 135 Millionen Jahren dann, im Jura, begannen einige Blöcke auseinanderzudriften. Nordamerika hatte aber noch mit Eurasien Verbindung, Südamerika mit Afrika, und Australien mit der jetzigen Antarktis. Der indische Subkontinent war isoliert und hatte den halben Weg vom Südkontinent zu seinem heutigen Platz im Süden Asiens bereits hinter sich. Es gab nun zwar etliche Randmeere, aber immer noch nur einen großen Ozean. Als sich dann schließlich die beiden späteren amerikanischen Halbkontinente selbständig machten, von Europa und Afrika westwärts entfernten und einander näherten, war die Zeit der Teilung des Weltozeans in Atlantik und Indopazifik gekommen. Aber immer noch war genügend Raum für die freie Ausbreitung pflanzlichen und tierischen Lebens über das gesamte Meeresgefüge.

Das änderte sich erstmals vor etwa 70 Millionen Jahren; als eine Landbrücke – zunächst nur für mehrere Millionen Jahre – Nord- und Südamerika miteinander verband. Während fast der gesamten Dauer der geologischen Erdformation des Tertiär, etwa 60 Millionen Jahre lang, war dann diese Schweißstelle wieder überflutet. Erst seit höchstens 5 Millionen Jahren existiert das heutige mittelamerikanische Land, das die Königskinder der Riffe nicht mehr zusammenkommen läßt.

Diese Zahlen verhelfen uns zu wichtigen Erkenntnissen, wenn wir sie in Beziehung zur Entwicklung der Lebewesen sehen. Was ist z.B. mit unseren Falter- und Kaiserfischen in diesen maximal 5 Millionen Jahren geschehen? Im Vergleich zu den 3800 Millionen Jahren, die der Lebensentfaltung zur Verfügung standen, ist das ein recht kurzer Zeitraum, auch noch in Relation zu den nahezu 400 Millionen Jahren, seit es Knochenfische gibt. (Groß allerdings wird die Spanne, wenn wir sie an den nur 3 Millionen Jahren Menschheits-Existenz messen).

Zahlen plaudern über Entwicklungsmechanismen

Der heutige Bestand an Falter- und Kaiserfischen erlaubt drei wesentliche Feststellungen (die auch für viele andere Tier- und Pflanzengruppen gelten).

Erstens: Die Zeit der Trennung durch die unüberwindliche Kälteschranke war bereits zu lang für ein unverändertes Überleben von Arten in beiden Meeresräumen. Weiterentwicklungen fanden statt, und »alte Modelle« starben aus.

Zweitens: Die Fortentwicklungen hüben und drüben haben die grundsätzlichen Baupläne innerhalb der beiden Familien nicht nennenswert berührt; dazu scheint die Dauer der Isolierung wiederum noch zu kurz. Die Körperformen der Tiere, also ihre Anatomien, scheinen der Lebensweise so glänzend angepaßt, daß nennenswerte Mutationen, die es vermutlich gab, sich nicht durchsetzten. Bewährtes blieb erhalten. Mit Farben und Musterungen dagegen schöpft die Evolution ganz offensichtlich so großzügig aus dem vollen, daß die von uns so bewunderte Vielfalt entstehen konnte. Etliche der unverwechselbaren Arten sind trotz großer Differenzen ihrer Farbkleider so nahe miteinander verwandt, daß sie gemeinsam Bastarde (Hybriden) erzeugen können. Aus der Familie der Falterfische wurden bisher 11 solche Kreuzungen registriert, bei Kaiserfischen 5. (Es bleibt noch zu erforschen, wie weit diese Hybriden ihrerseits fortpflanzungsfähig sind; wo das der Fall ist, wäre gemäß Definition des Artbegriffes die Klassifikation dieser Tiere zu überprüfen.)

Es ist also offensichtlich, daß Anatomie, Physiologie und Verhaltensmuster dem Auslese-Druck durch neue Varianten wesentlich besser standhielten, also stärker im Erbprogramm verankert sind, als Farben und Muster des äußeren Kleides.

Drittens: Es besteht heute, nach höchstens 5 Millionen Jahren Trennung der wärmeliebenden Tiere in zwei ozeanische Räume, ein krasses zahlenmäßiges Übergewicht der Arten des indo-pazifischen Raumes gegenüber dem atlantischen. Auch das betrifft nicht nur die hier behandelten Fische, sondern fast alle Warmwasserbewohner, von den Schwämmen über Korallen, Würmer, Weichtiere, Krebse und Stachelhäuter bis zu den Knorpel- und Knochenfischen. Das bedeutet nicht, daß Riffe im Indo-Pazifik prinzipiell belebter sein müßten, wohl aber, daß sich dort wesentlich mehr Arten in den Lebensraum teilen, als im Atlantik und seinen Randmeeren.

Dazu einige Zahlen. Von den rund 25 000 bekannten (Meeres- und Süßwasser-)Fischarten siedeln weniger als 3000 an Korallenriffen. Nur etwa 21 % davon sind im atlantischen Raum zuhause, 79 % im Indopazifik. Von den 114 Falterfischarten leben 13, das sind 11 %, im Atlantik mit seinen Randmeeren, und von den 74 Arten Kaiserfischen sind es 9, also 12 %. Die Ursache dieser Ungleichheit muß wohl in mehreren Faktoren gesucht werden.

Wiege der Riff-Fauna

In keinem Großraum, auch nicht im Indo-Pazifik, herrscht eine gleichmäßige Verteilung der Artenhäufigkeiten. Das gilt für alle Tierstämme. Riffbewohner lassen besonders markante Konzentrations-Areale erkennen. Die höchste Artendichte wird für die verschiedensten Gruppen, von den entwicklungsgeschichtlich sehr alten Korallen bis zu den jungen und modernen Barschfischen, in ein und derselben Region verzeichnet. Sie umfaßt Indonesien, Malaysia,

Neuguinea, die Philippinen, Nordaustralien, Mikronesien, Melanesien und Taiwan. Die Spezialisten unter den Wissenschaftlern glauben, daß dieses Gebiet für einen großen Teil der heute lebenden Riffbewohner die Wiege war und daß auch jetzt noch dort die meisten neuen Arten entstehen. Diese These wird durch viele biogeographische Verbreitungsmuster gestützt. An einzelnen Korallenriffen um die soeben aufgezählten Inseln und Landmassen sind mehr als 300 Arten Korallen heimisch, derweil die gesamte Karibische See »nur« 84 aufweist; über 80 Riffbarscharten kann man an bestimmten Riffen zählen, während es bei Hawaii nur 13 sind. Von den 114 Falterfischen sind in diesen fruchtbaren Gebieten jeweils um 45 bis 50 anzutreffen, im ganzen Roten Meer dagegen nur 15 und in der Karibik 7. Die Malediven nehmen mit 27 Arten eine Mittelstellung ein. Ähnlich sind die Relationen bei den Kaiserfischen: um Neuguinea 23 Arten, bei den Malediven 9. Und so weiter.

Die wesentlichste Basis zur Entfaltung und Verbreitung eines solchen Artenreichtums ist natürlich das Vorhandensein vieler Inseln, Atolle und Kontinental-Schelfgebiete, möglichst dicht beieinander, in geeignetem Klima und bei günstigen warmen Meeresströmungen. Nirgendwo auf der Welt sind und waren solche Bedingungen besser erfüllt als im Indo-Australischen Archipel. Die Vergangenheitsform »waren« bezieht sich auf die Eiszeiten, die in den letzten 3 Millionen Jahren die Erde periodisch heimsuchten. Durch die Eismassen in den kalten Zonen war soviel Wasser gebunden, daß der Meeresspiegel wiederholt beträchtlich sank, um bis zu 120 m. Wieder war die genannte Region aufgrund der Meeresboden-Profile im Vorteil. Eine Ausnahme gab und gibt es allerdings: im östlichen Pazifik sind die Entfernungen zwischen den Inselgruppen besonders groß, die Tiefe des Meeres ist beträchtlich und es kommen, je östlicher um so mehr, kühle Strömungen ins Spiel. So wundert es nicht, daß sowohl Falter- wie Kaiserfische dort gerade noch mit je 4 Arten vertreten sind.

Kreative Isolation

Durch das eiszeitliche Absinken des Meeresspiegels wurde so manche Bodenschwelle für längere Zeit trockengelegt und Tierpopulationen wurden von ihren Artgenossen jenseits der Barriere getrennt. In früheren Erdzeitaltern ist derlei durch die tektonischen Bewegungen der Erdkruste vielfältig geschehen. So trocknete z.B. das Mittelmeer mindestens einmal – vor etwa 6 Millionen Jahren – aus durch Hebung der Gibraltar-Schwelle. Auch in bescheideneren Dimensionen werden Isolationen, wie sie im ganz großen Maßstab zwischen atlantischem und indopazifischem Raum beschrieben wurden, zum Anlaß für lokale Abwandlungen von Arten. Spezies mit sehr begrenzter Verbreitung, die wir endemische nennen, sind das Ergebnis. Beispiele dafür sind 3 von den 4 erwähnten Falterfischen und alle 4 Kaiserfische im Ost-Pazifik. Das Rote Meer hat 7 »eigene« Falter- und 2 Kaiserfische hervorgebracht. Im atlantischen Raum gibt es keinen Falter- und nur einen Kaiserfisch *(Pomacanthus paru)*, der sowohl an der afrikanischen Westküste wie auch in der Karibik vorkommt; zu groß sind die rifflosen Flächen, zu weit die Entfernungen über tiefem Meer, zu ungünstig die Strömungen für treibende Larven. Die Aufzählung könnte lange fortgeführt werden. Im Extrem beschränkt sich das Verbreitungsgebiet einer Art auf wenige winzige Inseln oder gar nur auf eine. Für den Liebhaber und Kenner werden solche Raritäten zu Juwelen. Will er sich daheim an ihnen erfreuen, so muß er tief in die Tasche greifen. Noch besser ist dran, wer eine Tauchreise zum Lebensraum der regionalen Schönheitskönige möglich macht. Das schont nicht nur den Bestand der endemischen Minderheiten; die Lebensdauer von Farbfotos pflegt auch länger zu sein als die der Aquarienfische.

Betrachtungen dieser Art erzeugen in mir immer wieder ein wehmütiges Bedauern darüber, daß es mir verwehrt sein wird, weitere Arten-Abwandlungen mitzuerleben. Am schönsten träumt sich von einer Zeitraffer-Sequenz über weitere 5 Millionen Jahre.

Namengeber der Familie: »Imperator«, Kaiser zwischen Rotem Meer und Hawaii (Pomacanthus imperator, oben links), während der Ring-Kaiserfisch (Pomacanthus annularis) sich nur wenig über den indo-australischen Archipel hinaus durchsetzen konnte (oben rechts). Konkurrenzlose Expansion über Karibik und Atlantik gelang dem Franzosenkaiser (Pomacanthus paru, unten links). Im Abseits kreiert und dort geblieben, um die Lord-Howe-Insel und Neukaledonien: der Kragenkaiserfisch (Chaetodontoplus conspicillatus) (Mitte rechts). En face die Konstruktion für Wendigkeit (unten rechts).

Obgleich Riffbewohner, konnten einige der wanderlustigen Kugel- und Igelfische die Kälteschranken zwischen den beiden großen Ozeanen überwinden und leben – als rare Ausnahmen unter Riffbewohnern – in beiden Hemisphären. Heimat des Masken-Kugelfischs ist das Rote Meer; ich fotografierte ihn in einer thailändischen Putzerstube (oben links). Aufgepumpt unter einer Tischkoralle festgeklemmt, entzieht sich der Fisch jedem Zugriff (oben rechts). In der Tanglandschaft vor der australischen Südwestküste muß das Tier auch kaltes Wasser ertragen (unten links). Kuriose Ruhestellungen mit typisch eingeschlagenem Schwanz sind beliebt (Mitte rechts).

Ein Wald von Dornen schützt die Augen eines schlechten Schwimmers: eines Igelfischs.

Kugel- und Igelfische
Tödlich noch nach dem Tode

Abgesehen vom Oktopus gibt es wohl kaum Tiere im Meer, mit denen der Taucher so gern und vergnüglich spielt, wie mit den Kugel- und Igelfischen. Läßt er dabei ein Minimum an Vorsicht walten, sind die Tiere absolut harmlos. Und doch haben sie nicht nur wirksame Waffen, die ihr Leben vor Räubern zu schützen vermögen – außer vor dem Menschen. Sie verfügen sogar über die – freilich für sie selbst nutzlose – Fähigkeit, sich noch im Sterben und nach dem Tode an ihren Feinden zu rächen – diesmal den Menschen eingeschlossen. Sie sind augenfällige Beispiele für die immer wieder erstaunliche Mannigfaltigkeit an Formen und Tricks aus der Erfinderwerkstatt der Natur.

Jeder Rifftaucher kennt sie, die putzigen Hubschrauber mit den großen Augen, überaus wendig zwischen den Korallenblöcken, flink in ein Loch entwischend. Wagen sie sich etwas weiter von den Schlupfwinkeln weg, können wir sie manchmal fangen, denn im Wettschwimmen sind sie allemal die Verlierer. Und dann beginnt das bekannte Spielchen: der Fisch schluckt und schluckt, bis er – von Wasser aufgebläht – zur Kugel geworden ist, sich kaum noch rühren kann und seine Stacheln ringsum steil aufgerichtet sind.

Sie mögen's warm

Zwar kann uns im Mittelmeer oder gar an der Westküste Europas ein Kugel- oder Igelfisch begegnen. Dann erleben wir aber nichts Typisches, sondern sind Zeugen einer relativ seltenen Panne: als schlechte Schwimmer kommen sie gegen stärkere Strömungen nicht an. Unvorsichtige Tiere können deshalb gelegentlich sehr weit von ihrer Heimat weg-»geblasen« werden. Zu Hause sind sie in den Flachwasserzonen aller warmen Meere. Daß sie hart genug sind, das Verdriften in kühlere Zonen zu überleben, ist wohl der Grund dafür, daß gleich mehrere Arten unter den Kugel- und Igelfischen zu den ganz wenigen sogenannten Korallenfischen gehören, die sowohl im Indo-Pazifik (mit Rotem Meer) als auch im Atlantik (Karibik) vorkommen. Sie waren in der Lage, die kalte Landbarriere im Norden oder Süden zu überwinden. Bei den Kugelfischen hat die Anpassungsfähigkeit sogar dazu geführt, daß einige Arten Flüsse hinaufwanderten und nur noch im Süßwasser leben, z.B. im Nil und im Kongo, in Südamerika, in Thailand sowie auf Sumatra und Borneo.

Im Korallenmeer ist der bevorzugte Lebensraum die Lagune nahe der Innenriffkante, wo ruhiges Wasser üppigen Korallenwuchs ermöglicht. Dort sind unsere Freunde streng ortstreu. Verirrt sich ein Artgenosse, so blufft der Revierinhaber durch »Aufblähen, er täuscht einen Riesen vom drei- oder gar vierfachen Volumen des Normalzustandes vor. Der andere versucht vielleicht, es ihm gleichzutun, am Ende aber wird er sich davonmachen. Das Leben in einem kleinen Bezirk mit zahlreichen Verstecken setzt keinen Rekordschwimmer voraus, wohl aber große Wendigkeit. Und genau die besitzt der Igel- wie der Kugelfisch. An einem schnellen Antrieb mangelt es. Die beiden ständig wie Propeller trillernden Brustflossen sowie das Wedeln von je einer weit hinten sitzenden Rücken- und Afterflosse befähigen das Tier aber, zu manövrieren wie ein Kolibri: auf der Stelle wenden, rückwärts schwimmen, präzis in einem Loch verschwinden – das alles kann er meisterlich. Die Schwanzflosse dient dabei nur als Steuerruder, Bauchflossen sind nicht vorhanden. Leichtsinniges Entfernen vom Felsen kann tödlich enden, denn zur Flucht in hohem Tempo reicht es nicht.

Anders als viele Falterfische und Korallenbarsche sind die Kugel- und Igelfische nicht unbedingt auf Korallenriffe angewiesen. Zwar können sie – wie Papageifische – Stücke vom Korallenfels abbeißen, um die darin enthaltenen organischen Substanzen zu verdauen; ihre Hauptnahrung besteht jedoch aus hartschaligen Tieren: Muscheln, Schnecken, Krustentieren. Das dazu nötige Werkzeug gab den Familien der Kugelfischartigen ihren wissenschaftlichen Namen: Kugelfische = Tetraodontidae = Vierzähner. In Ober- und Unterkiefer sind auf beiden Seiten die Zähne zu je einer scharfkantigen Platte verwachsen, vier an der Zahl. Bei den Igelfischen fehlt auch noch oben wie unten der Mittelspalt, sie besitzen zwei durchgehende Beißplatten: Diodontidae = Zweizähner. Und was uns neidisch machen kann: mit der Abnutzung wachsen diese Platten ständig nach. Ihre Leistungsfähigkeit sollte der Taucher besser nicht testen, denn mit einem Finger wird das Gebiß hinter den wulstigen Lippen spielend fertig. Einige Zoologen vertreten gar die Ansicht, daß diese Fische sich durch die Magenwand und die Haut eines Räubers einen Weg zurück in die Freiheit beißen können.

Größe und Gewicht der verschiedenen Arten variieren stark und reichen von 6 bis 90 cm, von wenigen Gramm bis über 6 kg.

Bei der Suche nach Beutetieren hilft ihnen eine Technik, über die sie ebenso wie die ihnen verwandten Drückerfische verfügen: mit kräftigem Wasserstrahl blasen sie Sand, Geröll oder Pflanzenblätter beiseite.

Stachlige Ballonhaut statt Skelett

Das charakteristische Verhalten, dem die Kugelfischartigen ihren deutschen Namen (und auch den gleichsinnigen französischen: »poissons globe« sowie den englischen: »puffer« – »Aufbläser«) verdanken, dient nicht nur dem Imponiergehabe bei Revierbehauptung und Balz, sondern ist auch eine wirksame Waffe. Die spektakuläre Verwandlung in eine große Kugel macht sie für viele Hungrige zu einem nicht zu bewältigenden Happen. Beim Tier, das im Normalformat überrumpelt wird, erfolgt das Aufblähen mit Wasser so rasch, daß der Fisch bereits im Rachen eines Räubers steckenbleiben kann. Gelingt es diesem nicht, die Beute wieder auszuspucken, kann er ersticken, weil der Zugang zu den Kiemen blockiert wird. Man hat schon viele tote Haie und Barsche mit einem Kugel- oder Igelfisch in der Kehle gefunden. So gehören diese kleinen, langsamen Kerle zu den wenigen echten Haifeinden. Von denen, die doch in den Magen eines Großen geraten, widersteht oftmals die Haut der Magensäure, bleibt unverdaut liegen, unterbricht den Verdauungsfluß und kann zum Tode führen.

Diese Haut ist eine von drei Voraussetzungen für die spezifische Reaktion der beiden Familien auf Gefahrensignale. Sie ist überaus dehnbar und mit Sensoren versehen, die das Platzen beim Aufblähen durch rechtzeitige Signale verhindern. Übrigens sind nicht nur bei den Igelfischen die Schuppen in hohle Stacheln umgewandelt, sondern auch bei den meisten Kugelfischen, bei den restlichen in weniger spitze Buckel. Nur bei einigen kleinen Igelfischarten stehen die Stacheln ständig ab, bei allen anderen nur im aufgeblähten Zustand. Ansonsten werden sie angelegt oder sogar in Poren versenkt.

Als zweite Voraussetzung für die Volumenzunahme besitzen die Kugelfische einen besonderen Sack, der vom Magen aus sich bauchwärts ausdehnt. Ein Ringmuskel kann den Rückfluß des geschluckten Wassers (oder der Luft) in den Magen verhindern. Die Igelfische haben dieses Organ nicht, statt dessen einen enorm dehnbaren Vorderdarm, der sie zum abwehrbereiten Morgenstern werden lassen kann.

Die dritte Voraussetzung betrifft das Skelett. Rippen und Beckenknochen sind »weg«-entwickelt, sie würden der Formveränderung hinderlich sein. Die relativ kurze Wirbelsäule kann sich der Kugelform anschmiegen. Hat ein Kugel- oder Igelfisch das Pech, bei Ebbe in einem flachen Tümpel zurückzubleiben, hat er eine Überlebenschance, indem er sich voll Luft pumpt, die er dann schluckweise an die Kiemen abgeben kann, bis die Flut ihn befreit. Zum Jux sollten wir freilich einen solchen Fisch nicht an die Oberfläche holen. Als »Luftballon« treibt er nämlich hilflos, bauchoben, und kann die Luft nur sehr mühsam wieder loswerden. Gedankenlose Tierquälerei ist natürlich, wenn Kinder an tropischen Küsten die Geschöpfe als Bälle benutzen. Und bei den geschmacklosen Souvenirs – z.B. Igelfischhaut als Lampe – sollten wir nicht vergessen, daß die Größenordnung der Jagd durch die Nachfrage bestimmt wird.

Wie die Kugel im Revolver beim Russischen Roulett

Wer in allem, was die Evolution hervorbringt, einen Nutzen für die entsprechende Art sucht, hat es schwer, wenn es um das Gift der Kugel- und Igelfische geht. Es ist zwar überaus stark, reichert sich aber nur in einigen inneren Organen an, in Keimdrüsen, Gallenblase, Leber und Darm sowie im Laich. Die Fische können sich damit also nicht wehren, sondern nur noch rächen nach dem Tode. Man nennt das »passiv giftig«. Hungrige Räuber werden im Meer ahnungslose Opfer dieser späten Killer. Der Mensch aber, der um das tödliche Gift – nach der Tierfamilie Tetrodotoxin genannt – weiß, setzt sich in makabrem Hasard-Spiel mutwillig dem Todesrisiko aus: in Japan gilt das Fleisch der Kugelfische als besonders schmackhaft und ein Gericht aus mehreren Arten, Fugu, als Delikatesse. Seit langem ist die Zubereitung nur mit besonderer Ausbildung und Zertifikat erlaubt. Die gifthaltigen Organe, am gefährlichsten, wenn der Fisch am schmackhaftesten, nämlich zur Laichzeit, müssen sachgerecht und vor allem rechtzeitig entfernt werden: Das gelingt nicht immer, und es hat auch nicht jeder, der die Speise zubereitet, die vorgeschriebene Sachkenntnis. Das Gift ist – im Gegensatz zu den meisten tierischen Giften kein Eiweißkörper und wird deshalb auch nicht durch Kochen zerstört. So sterben in Japan jährlich mehr als 100 Menschen an der rasch wirkenden Substanz, die die Atmung lähmt. Weniger als ein tausendstel Gramm ist für den Menschen tödlich. Es soll Exzentriker geben, die rein um des Nervenkitzels willen immer wieder ihre Chance am Fugu messen, ja sogar solche, die vor der Mahlzeit Wetten abschließen und ihr Vermächtnis regeln. Wahrlich eine besondere Spielart des Russischen Roulett!

Stellung im System der Tiere

Überklasse:	**Fische** (etwa 25 000 Arten)
Klassen:	**Knochenfische** (36 Ordnungen mit mehr als 24 000 Arten) [außerdem: Knorpelfische (etwa 700 Arten) mit nur 2 Unterordnungen: Haie und Rochen (je etwa 350 Arten)]
Ordnung:	**Kugelfischverwandte**
Unterordnungen:	**Kugelfischartige** [außerdem: Drückerfischartige (Familien: Dreistachler, Drückerfische, Feilenfische, Kofferfische)]
Familien:	**Kugelfische** = Tetraodontiden (etwa 90 Arten) **Igelfische** = Diodontiden (etwa 15 Arten) [außerdem: Dreizähner = Triodontiden und Mondfische = Moliden]

Soldatenfische
Die Garde der Nachtschicht am Riff

Stellen wir uns einmal vor, es sei uns möglich, um rund 100 Millionen Jahre zurückversetzt zu werden, also in eine Zeit, die von menschenähnlichen Gebilden noch unendlich weit entfernt war. Nehmen wir weiter an, wir könnten das Unterwasserleben tropischer Korallenriffe (die es schon seit mehreren hundert Millionen Jahren gab) in Augenschein nehmen, so würden wir guten Bekannten in reichlicher Zahl begegnen: den Soldatenfischen. Allerdings würden wir uns über eine ganz andere Lebensweise im Vergleich zu heute wundern.

Die Wahl unseres Tauchziels müßten wir freilich mit besonderer Vorsicht treffen. Denn Dinosaurier beherrschten das Land, und mit einigen Arten war gewiß nicht zu spaßen. Beim Weg zum Einstieg ins Meer könnten wir auch von Flugsauriern attackiert werden. Erst einmal im Wasser, könnten wir fast glauben, ein heutiges Riff vor uns zu haben. Fast. Denn immerhin wäre die Begegnung mit einem großen Meeres-Saurier möglich, für dessen letzte, kleinere Nachfahren wir heute schon bis zu den Galapagos-Inseln reisen müßten. Ansonsten hätten wir nicht viel Ungewohntes zu erwarten. Das Riff sah ähnlich aus wie auch jetzt. Haie, ebenfalls schon sehr lange erfolgreich, brauchten ihre bewährten Formen auch über so lange Zeiträume kaum zu verändern. Hammerhaie freilich, diese merkwürdige Variante, gab es noch lange nicht.

Die große Masse der dominierenden Fische am Korallenriff aber waren damals Soldatenfische.

Vom Tag in die Nachtaktivität gedrängt

Anhand von Fossilien, nicht zuletzt aus unseren Regionen, die damals unter einem großen, warmen Meer lagen, konnte uns die paläontologische Forschung ein ziemlich gutes Bild vermitteln. Danach hätten wir bei unserem fiktiven Tauchgang in die ferne Vorgeschichte

Den Tag verbringen Soldatenfische mehrerer Arten gemeinsam in einer Höhle (oben). Ein harter Stachel am Kiemendeckel schreckt erfahrene Großräuber ab (unten rechts). Streifenmuster sind in der Familie verbreitet und arttypisch (unten links).

vergeblich Ausschau gehalten nach Falter- und Kaiserfischen ebenso wie nach den heute so zahlreichen Riffbarschen und Rötlingen; auch Anemonen und Doktorfische wären uns nicht begegnet. Statt dieser heutigen Vielfalt sind es eben lauter Soldatenfische gewesen, die das Bild am Riff, einzeln und in Schwärmen, prägten. Ein besonders auffälliger Unterschied zu ihren heutigen Nachfahren: sie waren tagsüber aktiv und ruhten nachts. Das sonnenlichtdurchflutete Riff gehörte ihnen weitgehend; Versteinerungsfunde von sehr zahlreichen Exemplaren auf engem Raum beweisen das. Etwas später kamen die Kardinalbarsche (Apogoniden) hinzu, die – ebenfalls in zahlenstarken Schwärmen – so gern zwischen den langen Stacheln von Seeigeln oder zwischen den Ästen von Geweihkorallen Schutz suchen.

Dann aber entwickelten sich andere Knochenfische mit deutlichen Wettbewerbsvorteilen. Das war vor etwa 65 Millionen Jahren, gegen Ende der Kreidezeit, als die Saurier einschließlich der großen Meerechsen, die mehr als 100 Millionen Jahre Land und Wasser beherrscht hatten, langsam ausstarben. Die Ursachen kennen wir bis heute nicht. Was damals an Fischen auf den Plan trat, hatte vor allem bessere Augen als die Soldatenfische, mit schärferem Abbildungsvermögen und guter Farbtüchtigkeit. Das befähigte sie, den früheren Herren des Riffs viel von der Beute vor der Nase wegzuschnappen. Die Soldatenfische gerieten langsam in die prekäre Situation, in der schon viele Arten ausgestorben sind: durch übermächtigen Konkurrenzdruck leistungsfähigerer Neuentwicklungen. Irgendeine glückliche Konstellation bewahrte die Soldatenfische aber vor dem drohenden bitteren Ende. Es gelang ihnen nämlich, eine ökologische Nische zu entdecken, die noch offenstand: die Nachtschicht für Riff-Fische. Sie entzogen sich dem hoffnungslosen Wettbewerb, indem sie die Tatsache nutzten, daß es nachts besonders viel Nahrung und wenig hungrige Mäuler gab. Im Laufe der Zeit konnten sich ihre Augen, ähnlich denen der Katzen, dem Sehen bei geringem Restlicht mehr und mehr anpassen. Dazu gehört auch ein typisches Merkmal der Nachttiere: vergrößerte Augen. Die Riffhörnchenfische (Gattung *Myripristis*) sind typische Beispiele dafür. Sie verdanken dieser Besonderheit, die an Eichhörnchen erinnert, wohl auch ihre Populärnamen in verschiedenen Sprachen.

So hatten die Soldatenfische das Glück, die Saurier zu überleben und noch heute, als »lebende Fossilien« unter den Knochenfischen, noch immer ein charakteristischer Teil des Lebens am Korallenriff zu sein.

Verwirrspiel mit Namen

Für all die sattsam bekannten, unseligen Probleme um die Benennungen von Tier- (und Pflanzen-)Arten und -Gattungen sind die Soldatenfische ein klassisches Beispiel. Das gilt nicht nur für die Populärnamen, mit denen willkürlich in jeder Region von den Bewohnern die Tiere gekennzeichnet werden, sondern im vorliegenden Fall auch für die wissenschaftliche Nomenklatur, bei der es um Ehrgeiz und Rechte der Erstbeschreiber und um Auseinandersetzungen über Verwandtschaftsgrade geht. Wir wollen vermeiden, in Details zu gehen und uns beschränken auf die Feststellung, daß wenigstens der wissenschaftliche Sammelname der Fischfamilie international Geltung hat: Holocentridae. Die wichtigsten Gattungsnamen sind: *Holocentrus* und *Myripristis*, daneben noch *Adioryx* und *Flammeo*. Von den einzelnen Arten – es handelt sich um etwa 70 – sind viele nur schwer voneinander zu unterscheiden. Nach ihren Lebensgewohnheiten sind es zwei Gruppen: die einen ernähren sich von kleinen Krebstieren, die sie als Einzelgänger am Boden aufspüren. Die meisten *Holocentrus*-Arten gehören dazu. Die Gattung *Myripristis* dagegen umfaßt vornehmlich Planktonseiher, die in Schwärmen leben, wie z.B. die Husarenfische.

Da wir uns in tropischen Gegenden oft mit Hilfe englischer Bezeichnungen verständigen müssen: man nennt sie Soldier- und Squirrelfishes, wobei die beiden Namen wahllos quer durch alle Gattungen gehen.

Die häufigen Füsiliere *(Caesio)* gehören übrigens trotz des militärischen Namens ebensowenig zu den Soldatenfischen wie die Meerjunker, Ritterfische und Trommler.

Das barschähnliche Aussehen der Soldatenfische kommt nicht von ungefähr. Sie sind die stammesgeschichtlichen Vorläufer der »Barschartigen Fische«, der modernen und weitaus größten Ordnung.

Die Phasen des Schichtwechsels

Kehren wir zurück in die Gegenwart und registrieren wir einige Beobachtungen von einem ausgedehnten Tauchgang, den wir am späten Nachmittag beginnen. Wir suchen uns eine möglichst zerklüftete Felswand, die seeseitig relativ steil abfällt. Während es noch hell ist, steigen wir ab. Die üblichen Patrouillen begegnen uns in ihren mehr oder weniger klar begrenzten

Revieren: Kaiser- und Falterfische, Drücker, Doktorfische und Zackenbarsche, Papageien- und Lippfische. Über den Geweihkorallen stehen Schwärme von Riffbarschen und bei der Außenkante große Schulen von Fahnenbarschen (Rötlingen, Anthias) und verspeisen Plankton.

In den zahlreichen Löchern, Höhlen, Tunneln, Arkaden und Spalten finden wir unsere Soldatenfische mit ihren großen, sensiblen Nacht-Augen, die ohne Lider und Regenbogenhaut vor Sonnenlicht nicht abgeschirmt werden könnten. Diese Kavernen und Löcher, in den Eiszeiten durch Verwitterung entstanden, als dieser obere Teil des Riffs aus dem Meer herausragte, sind wie gemacht für Tiere, die dem Licht ausweichen. In kleinen Räumen stehen einzelne, große Fische aus der Gattung *Holocentrus*; sie können bis zu 60 cm Länge erreichen. In größeren und großen Höhlen verbringen oft ganze Scharen von Husarenfischen den Tag. Zuweilen schwimmt ein Teil von ihnen mit dem Bauch nach oben, zum Höhlendach orientiert. Alle lassen mit ihren ruhigen Bewegungen erkennen, daß die Zeit der Nahrungssuche noch nicht gekommen ist. Wenn wir darauf achten, können wir Laute vernehmen, die von den Husarenfischen verursacht werden: von Stakkato-Tönen über Zirpen und Quaken bis zum Geräusch einer quietschenden Tür. Ob damit eine Verständigungsfunktion verbunden ist, wissen wir nicht. Tauchen wir tiefer hinab in Regionen, wo das Licht knapp wird, so können wir auch Soldatenfische im freien Wasser sehen, besonders unter Überhängen. Mit Beginn der Dämmerung verbreitet sich eine seltsame Stimmung am Riff. Schnapper, Grunzer und Makrelen, Feuerfische und Barsche bewegen sich weniger behäbig und wirken ängstlich-aggressiver; die Riffbarschschwärme und Rötlinge stehen jetzt dichter über ihren Fluchtburgen, und eine allgemeine Nervosität scheint sich zu verbreiten. Bald sind die ersten Muränen außerhalb ihrer Tunnel zu sehen, und schemenhaft zeichnen sich die Umrisse von Riff-Haien jenseits der Steilwandkante ab. Schließlich verschwinden vor diesen Dämmerungsjägern die weitaus meisten Fische im Netzwerk der Spalten und Höhlen und für etwa 20 Minuten breitet sich über dem Riff fast so etwas wie eine Friedhofsstille aus: die abendliche Ruhe-Periode. Für Tag-Augen ist es zu dunkel geworden, für Nacht-Seher noch nicht finster genug.

Ganz langsam kommen dann nach und nach die Kreaturen der Nacht aus den Labyrinthen von Hohlräumen hervor. Nur die Beilbauchfische *(Pempheris)* können an manchen Orten zahlenmäßig mit den Soldatenfischen mithalten. Die Mehrzahl der *Holocentrus*-Arten ernährt sich von Krebstieren und gelegentlich von kleinen Fischen, während die Tiere der Gattung *Myripristis* – von 10 cm Größe an aufwärts – vornehmlich die Plätze der Fahnen- und Riffbarsche nahe der Riff-Außenkante und über den großen Korallenblöcken einnehmen und Plankton seihen. Natürlich spielt die leuchtend rote Farbe der meisten Soldatenfische in der Nacht keine Rolle mehr. Sicher haben auch diese Tiere das Bedürfnis, von lästigen Hautparasiten befreit zu werden. Die emsigen Putzerfische haben aber bis heute noch keinen Nachtdienst eingerichtet. So bleibt das Barbier-Amt den darauf spezialisierten Garnelen-Arten überlassen, die ihre Tätigkeit auch auf die Nacht ausdehnen, sogar mit Vorliebe.

Unmittelbar vor Einsetzen der Morgendämmerung verschwinden die Soldatenfische wieder wie auf Kommando. Die innere Uhr funktioniert. Jeder nimmt wieder seinen angestammten Platz im Innern eines Korallenblocks ein, um den kommenden Tag mit Warten zu verbringen. Nur selten wird einer Besuch bekommen von einem neugierigen Taucher. Dann posiert er fast ohne Scheu ziemlich nah vor der Kamera, und es entsteht eines der Imponier-Fotos, das aussieht, als sei es schwierig aufzunehmen gewesen.

Stellung im System der Tiere

Klasse:	**Knochenfische** (über 24000 Arten in 36 Ordnungen)
Ordnung:	**Schleimkopfartige** (12 Familien)
Familie:	**Soldatenfische** etwa (70 Arten)

Mehr als 100 Millionen Jahre vor dem ersten Leben an Land war das Meer bereits von vielfältigen Organismen erfüllt. Hochdifferenzierte Nesseltiere (oben: ein Corallimorpharia-Exemplar; auf S. 143 Krustenanemonen) durchlebten ebenso wie die noch älteren Schwämme ohne entscheidende Veränderungen eine halbe Jahrmilliarde – und ihre Zukunft ist sicherer als die der Menschen.

Frühe Höchstleistungen der Evolution
Oldtimer als Dauerbrenner

7

Das grenzenlose Staunen, welches bei »richtigem und verständigem Urteilen« im Sinne Bernoullis das Betrachten der Natur stets begleitet, kann sich an verschiedenen Marken orientieren. Zum einen sind da das Ausmaß und das Raffinement der immerwährenden stammesgeschichtlichen Weiterentwicklungen und Neuschöpfungen, die unserem Vorrat an Superlativen beim Versuch sprachlicher Beschreibungen hohnlacht. Dieser unaufhaltsame Drang nach vorn, zur Spezialisierung und zur Vervollkommnung läßt uns verstehen, daß jeweils das Gestrige, das Überholte auf der Strecke bleibt. So entsprechen denn auch die vielen Millionen ausgestorbener Arten unserer Erwartung angesichts der ruhelosen Evolution.

Aber da tut sich dem Staunen auch die gegensätzliche Blickrichtung auf. An einer Anzahl von Bauplänen zeigt uns die Schöpfung, daß sie durchaus auch Lieblinge kennt, Konstruktionen, von denen sie sich über viele erdgeschichtliche Epochen

hinweg nicht trennen mag. Die Erklärung dafür liegt auf der Hand: Es waren schon früh besonders große Würfe gelungen, reif genug für endlos lange Zeiträume, gewappnet schon für Herausforderungen, die zum Teil noch Hunderte von Millionen Jahren auf sich warten ließen, und schon gewachsen dem zukünftigen Konkurrenzkampf mit Heerscharen von Mitbewerbern auf dem Planeten. Die häufig benutzte widersprüchliche Bezeichnung »lebendes Fossil« hat einen Beigeschmack von Rückständigkeit; de facto ehrt sie die lebenstüchtigen Beweise dafür, daß nicht jede Neuerung schon bald der Verbesserungen bedarf.

Eine solche Charakterisierung ist dazu angetan, eine naheliegende Assoziation zu wecken: Einfachheit des Baues müsse der Schlüssel zu solchen Erfolgskarrieren gewesen sein. Wir wissen das ja aus der Technik und auch aus anderen menschlichen Bereichen: Das Geniale besticht durch seine Einfachheit. Bei genauerem Hinsehen können wir in diesem Punkt allerdings bei den »Dauerbrennern« unter den Lebensformen beträchtliche Überraschungen erleben, geeignet, unsere Spitzentechniker vor Neid erblassen zu lassen. Einige Beispiele werden das auf den folgenden Seiten verdeutlichen. Die Zeitdimensionen, um die es geht, drohen unseren Vorstellungshorizont zu überschreiten. Die Methode der bildhaften Zeitkompression kann da hilfreich sein. Sie sei deshalb in diesem Zusammenhang benutzt. Nehmen wir als Beginn des Lebens das Jahr 3800 Millionen vor der Gegenwart und projizieren wir die seitdem verflossene Zeit auf ein Kalenderjahr. Ein heutiger Tag repräsentiert dabei knapp zehneinhalb Millionen Jahre. Es ergeben sich dann nach dem jetzigen Stand der Forschungen die folgenden Annäherungsdaten. Vom Neujahrstag (wohlgemerkt: des Lebens, nicht der Erde) bis etwa Ende April bestand das Leben ausschließlich aus winzigen, einzelligen Pflanzen im Meer. Um den ersten Mai herum schlossen sich erstmals mehrere (pflanzliche) Zellen zu einem Individuum zusammen, die Einzeller blieben aber in absoluter Überzahl. Irgendwann im Sommer gelang die Erfindung des heterotrophen Stoffwechsels: Organismen konnten sich von Pflanzen ernähren und wurden unabhängig von der Assimilation. Das Reich der Tiere war gegründet, blieb vorerst aber ebenfalls bevölkert von Winzlingen mikroskopischer Ausmaße. Ende September wurde die geschlechtliche Vermehrung serienreif, wiederum mit den Pflanzen als Schrittmachern voran. Um die Wende vom Oktober zum November war dann die Zeit der »Explosion« gekommen, die im Prolog beschrieben wurde. Die Artenentfaltung sprengte mit ihrer Produktivität alle Grenzen. Von dieser Zeit an (vor 700 bis 600 Millionen Jahren) hinterließ uns die Werkstatt der Stammesentwicklung viele Beispiele ihres Schaffens, die dann versteinerten und uns heute ein recht gut gesichertes Wissensgerüst über die zeitlichen Abläufe ermöglichen.

Die ältesten vielzelligen Tiere, die Schwämme, waren aber zu jener Zeit schon auf dem Plan. Es ist (bis jetzt) nicht präzisiert, wann sie auftauchten; vermutlich war es im Laufe des Oktobers in unserem didaktischen Jahr. Die Ringelwürmer, von denen die Röhrenwürmer eine Untergruppe bildeten, hatten etwa am 8. November Geburtstag. Unser Nautilus erblickte Mitte November das spärliche Licht seiner Tiefen. Zu seinen Zeitgenossen zählten die ersten unserer – d.h. der Wirbeltiere – direkten Vorfahren, der Seescheiden. In jener schöpferisch besonders fruchtbaren Zeit wurden auch die technisch bis heute perfekten Waffen der Nesseltiere in ihren langen Lebenslauf geschickt. Das alles vollzog sich 100 oder noch mehr Millionen Jahre bevor die ersten Pflanzen sich aus dem Meer wagten, um das Festland zu beleben. Das begann nämlich erst am 22. November.

Und zum Schluß die erdrückende Selbsterkenntnis: Die Geburt des Menschen – wenn wir, wie heute üblich, sein Alter auf drei Millionen Jahre schätzen – erfolgte am Sylvestertag um 17 Uhr; also sieben Stunden vor dem Ende des fiktiven Jahres.

Bindeglieder zwischen Chaos und Organisation
Die Schwämme

Würden die markantesten Entwicklungsschritte in der Natur, die zukunftsbestimmenden Neuerungen, mit so etwas wie »Nobelpreisen« bedacht – die Schwämme wären unter den frühesten Preisträgern zu finden. Sind sie doch im Stammbaum der Tiere die ersten Vielzeller und die Erfinder der Arbeitsteilung im Verband. Ihre nähere Betrachtung bringt ganz Erstaunliches an den Tag.

Solange wir keinem gezielten Interesse nachgehen, wissen wir wohl nicht viel über Schwämme. Der Badeschwamm und der bei der Schultafel, sie geben mit Aussehen und Konsistenz nicht gern preis, daß sie einst Tieren als Skelette dienten. Vor nicht viel mehr als einem Jahrhundert waren Fachleute noch nicht bereit, Schwämme dem Tierreich zuzuordnen. Nicht von ungefähr spielt ihr Name in den volkstümlichen Bezeichnungen von Pilzen eine so große Rolle.

Felsen aus Schwämmen

Man sieht den Schwämmen auch nicht an, daß sie kräftig mitwirkten an der Formgebung unserer heutigen Kontinente. Wer denkt schon an diese mehr oder weniger weichen Tiere beim Anblick der Kalkalpen oder der Höhenzüge des französisch-schweizerischen Jura, der Fränkischen- und der Schwäbischen Alb? Schwämme wirkten aber zu einem guten Teil an der Gestaltung dieser Gebirge mit, als sie noch Riffe im Meer waren. Die Mundartbezeichnung »Schwammstotzen« rührt daher. Neben den meist dominierenden Korallen waren nämlich zeitweise Algen und Schwämme wichtige Konstrukteure im Riffbau. Ihre Blütezeit war offenbar die Kreide, vor etwa 136 bis 65 Millionen Jahren. Obwohl sicherlich noch viel zu entdecken bleibt, kennt man bereits heute mehrere Tausend Arten fossiler Schwämme aus etwa 1000 Gattungen. Nur knapp 20 Gattungen davon überlebten bis in die Gegenwart; inzwischen entstanden aber 1400 neue, mehr als 5000 Arten umfassend. Fast alle sind sie Meerestiere; nur eine einzige Familie mit etwa 120 Arten drang bis jetzt ins Süßwasser vor.

Die Schwämme können also nicht nur – als ein uralter Tierstamm – eine überaus erfolgreiche Vergangenheit vorweisen. Die Gegenwart sieht ebenfalls glänzend aus und um ihre Zukunft wird man trotz (oder wegen) aller Urtümlichkeit kaum bangen müssen.

Einzelkämpfer verbünden sich

Bis zu einem gewissen – (noch) nicht hinreichend präzise anzugebenden – Zeitpunkt in der unvorstellbar langen Geschichte der Entwicklung alles Lebendigen existierten ausschließlich einzellige Lebewesen. Sie waren im damaligen Meer, der sogenannten »Ursuppe«, entstanden. Die ältesten fossil Nachgewiesenen haben vor etwa 3800 Millionen Jahren gelebt. Sicherlich waren sie nicht die ersten auf der etwa eine Milliarde Jahre älteren Erde. Überaus lange – vielleicht 1300 Millionen Jahre oder mehr – blieben diese Einzeller unter sich und perfektionierten ihre Stoffwechsel- und Fortpflanzungssysteme.

Dann geschah es offenbar, daß bestimmte Zellen bei der Vermehrung (durch Teilung) sich nicht voneinander trennten. So entstanden Zellverbände, mehrzellige Lebewesen. Der Mangel an dauerhaften Hartteilen macht es schwer, ein lückenloses Bild mit präzisen Zeitangaben zu diesem Problem zu erlangen, das zu den ältesten und wichtigsten in der zoologischen Forschung zählt. Manches spricht dafür, daß etwa im gleichen Zeitraum der Entstehung von Mehrzellern auch die Trennung zwischen Pflanzen und Tieren erfolgte, also zwischen solchen Lebewesen, die sich aus toten Substanzen der Umgebung ernähren können, und solchen, die auf pflanzliche Nahrung angewiesen sind. Dieser Entwicklungsschritt geschah gewiß auch – so darf mit Fug vermutet werden – zunächst bei Einzellern.

Nach unserem heutigen Wissensstand waren Schwämme die ersten vielzelligen Tiere. Ihre Organisationsstufe erreicht bei weitem noch nicht das Niveau späterer Vielzeller mit hochspezialisierten Organen und Organsystemen, deren Entwicklung bis hin zu den warmblütigen Wirbeltieren und zum Menschen führte. Die Baupläne der Schwämme kennen noch nicht einmal präzise »Normen« für Größe, Formen und Farben der Einzelindividuen. Innerhalb der meisten Arten gibt es so große Variationen, daß oft erst durch mikroskopische Betrachtung die richtige

Zuordnung sichergestellt werden kann.

Man nennt den Entwicklungsstand primitiv. Diese Tiere passen sich indessen nach Größe, Form und Farbe den lokalen Gegebenheiten ihres Lebensraumes so weit an, wie es höher organisierte Wesen nicht mehr können.

Pumpwerke aus Zellen mit Stehkragen

Die Grundprinzipien der Baupläne machen Schwämme trotz aller Unregelmäßigkeiten unverwechselbar. Sie bestehen aus nur zwei Zellschichten. Die Zellen bauen aber keine Gewebe auf, wie sie es bei »höher« entwickelten Tieren regelmäßig tun. Organe gibt es bei Schwämmen nicht, auch keine Muskeln und schon gar nicht Sinnesorgane. Vielmehr benehmen sich die Zellmassen großenteils wie Ansammlungen selbständiger Individuen. Die Nachbarn berühren sich allenfalls mit den entferntesten Fortsätzen, sind oft sogar ganz voneinander getrennt durch eine flüssige, gallertige oder feste Interzellularsubstanz. Die kann recht voluminös sein und wird von manchen Spezialisten als dritte Schicht bezeichnet.

Die Zellen der inneren Schicht, des sog. Gastrallagers, sind mit jeweils einer einzigen langen Geißel ausgerüstet. Um die Basis der Geißel kringelt sich ein Ring wie ein Stehkragen. Er wirkt als Reuse. Die Zellen heißen anschaulich »Kragengeißelzellen«. Alle sind nach innen, zum Hohlraum ausgerichtet und zusammen bilden sie eine Art langhaarigen Pelz. Die Geißeln werden aktiv bewegt, alle erstaunlicherweise gleichsinnig. Dadurch entsteht eine Strömung. Das Wasser wird durch eine größere Öffnung (oder mehrere) des Schwammes herausgewedelt; gleichzeitig saugt der entstehende Unterdruck frisches Wasser durch zahlreiche winzige Öffnungen, Poren, hinein. Auf dem Weg zwischen Poren und Ausstoßloch werden Kleinstlebewesen aus dem Wasser gefiltert. Sie dienen dem Tier als Nahrung. Der Lebensweise nach sind Schwämme also festsitzende Strudler und Filtrierer, Wie u.a. auch Muscheln, Seescheiden und Röhrenwürmer.

Körperteile auf Wanderschaft

An weiteren verblüffenden Erscheinungen bei diesen »primitiven« Tieren fehlt es nicht. Da sind z.B. die »Wanderzellen« der äußeren Schwammschicht, des sogenannten Dermallagers. Sie dokumentieren am nachdrücklichsten die einmalige Position der Schwämme als Bindeglieder zwischen Einzellern und Vielzellern: sie sind mobil und pilgern im ganzen Organismus umher. Dieses Phänomen ist aber nicht etwa nur nostalgisches Verhalten von Abkömmlingen nomadischer Einzeller. Vielmehr übernehmen die Kleinteile auf ihren Wanderungen wichtige Aufgaben. So leisten sie z.B. in Kuriertätigkeit das, wozu höher entwickelte Tiere Organsysteme mit Magen, Darm und Blutbahn benötigen: sie verteilen die vom Geißelwald und seinen Reusenkragen erbeuteten Nahrungspartikelchen auf alle Teile des Schwammes. Verdauen muß dann freilich jede Zelle selbst in ihrem Inneren, wie auch Einzeller es tun. Die Wege kreuz und quer durch den Schwamm werden erleichtert durch ein System von feinsten Kanälchen. Da hinein werden auch die unverdaulichen Nahrungsreste zurückgegeben und von Wanderzellen wegtransportiert. In deren Kompetenz fällt also auch die Müllabfuhr.

Was dem Schwamm Halt gibt und der Wissenschaft ein Kriterium

Berühren wir beim Tauchen einen Schwamm, so fällt uns zunächst eine recht derbe Konsistenz auf. Stupfen wir an einer Stelle kräftig, so können wir beobachten, wie sich langsam Poren und Ausstoßöffnungen am ganzen Schwamm schließen. Beide Beobachtungen werfen Fragen auf. Mit den bisher erwähnten Zelltypen wäre noch keine nennenswerte Festigkeit zu erlangen. Dafür bedarf es noch eines weiteren Bauteils: der Skelettnadel. Spezielle Zellen bilden winzige Elemente, die zwar kein zusammenhängendes Gerüst bilden, dem Tier aber dennoch zu solidem Halt verhelfen. Sie wirken wie die Stahlbewehrung im Beton. Nach dem Material, aus dem diese Hartteile gebildet werden – Kalk oder Kieselsäure – unterscheidet man Kalk- und Kieselschwämme. Viele der letzteren haben zusätzlich Fasern aus elastischem, jodhaltigem Gerüsteiweiß, Spongin. Die Modernsten vertrauen ganz auf dieses Material und haben die Erzeugung von brüchigen Hartskeletten aufgegeben. Dazu gehört der Badeschwamm, der sonst alles andere als geschmeidig wäre.

Die spröden oder elastischen Skelett-Teile sind jeweils von arttypischer, erblich festgelegter Gestalt und dienen deshalb den Wissenschaftlern als Bestimmungs- und Klassifikationsmerkmale. Daneben werden noch drei Konstruktionstypen unterschieden. Sie betreffen die Gestaltung des Kanalsystems, des inneren Hohlraums: es kann sich um eine glatte Höhle handeln, sie kann aber auch aus aufgereihten Ausbuchtungen bestehen, und schließlich können solche Geißelkammern bäumchenartig verzweigt sein. Die Vergrößerung der strudelnden Oberfläche von Typ zu Typ stellt natürlich einen Vorteil dar.

Primitiv oder genial?

Wanderzellen, Skelett-bildende Zellen, Fremdkörper beseitigende Freßzellen (Phagozyten), Kragengeißelzellen und Geschlechtszellen: sie alle werden nach Bedarf produziert aus einer einzigen Form jugendlicher Zellen, den »alles-könnenden« totipotenten amöboiden Urzellen (Archaeozyten).

Eine weitere Einmaligkeit im gesamten Tierreich: trennt man im Experiment auf mechanischem oder chemischem Wege alle Zellen gänzlich voneinander und gibt sie in einer Aufschwemmung wieder zusammen, so bildet sich erneut ein Schwamm mit allen Charakteristiken dieser Art. Das funktioniert auch, wenn die Zellen weiterer Individuen derselben Art noch dazugetan werden. Ferner: rückt man mehrere Exemplare einer Art dicht zusammen, so verwachsen sie miteinander. Das Ergebnis: ist es nun ein Individuum oder eine Kolonie? Die Grenzen menschlicher Begriffe und Klassifizierungen werden hier arg strapaziert.

Wer über Schwämme schreibt, dem fließen Formulierungen wie »Niedere Tiere« (= die offizielle Zuordnung), »primitive« Organisationsstufen und »einfachste« Baupläne unvermeidlich in die Feder. Solche Worte benutze ich stets nur mit größtem Vorbehalt und ausschließlich als Hinweis auf die Stellung im Stammbaum. Sie verführen zur Einstimmung auf Unterschätzung. Was sich in der seit Milliarden Jahren währenden (und immer noch erfinderischen) Evolution am längsten behauptet hat (derweil 99,9 % aller Arten wieder ausstarben), kann unmöglich mit dem Begriff »primitiv« treffend zu kennzeichnen sein. In der Natur ist es nicht anders als in der Technik: Von allen Typen, die eine angestrebte Funktion uneingeschränkt erfüllen, ist der Einfachsten der Vorzug zu geben. Einfachheit ist Bestandteil jeder genialen Erfindung. Die Funktion von Schwämmen ist zu leben und zu überleben. Das tun sie seit vielen hundert Millionen Jahren, und zwar großartig.

Allein die Formen: Schwämme können aussehen wie Krusten und Lappen, wie Kugeln und Halbkugeln, wie Knollen, Eier, Birnen und Kegel; aber auch wie Trichter, Becher und Vasen, wie Finger, Röhren und Schläuche, schließlich auch wie Sträucher, Büsche und Bäumchen. Ihre Größe variiert von wenigen Millimetern bis zu drei Metern, die Farben umfassen nahezu das ganze Spektrum. Es gibt Schwämme in allen Meeren, in warmen wie in kalten, und sie leben dicht unter der Oberfläche ebenso wie in großen Tiefen. In fast 9000 Metern Tiefe wurden Schwämme nachgewiesen. Sie brauchen kein Licht; im Gegenteil: die meisten scheuen es. Deshalb werden auch Höhlen und Überhänge von ihnen bevorzugt.

50 Jahre alte Exemplare sind offenbar keine Seltenheit. Feinde haben Schwämme kaum. Als Futter werden sie von den meisten Tieren verschmäht – einige Schnecken ausgenommen. Ihre Außenflächen sind nicht einmal als Siedlungsbasis begehrt, vermutlich weil sie Stoffe abscheiden, die ein Festsetzen verhindern. Im Innern der Schwämme allerdings sieht es anders aus. Raumparasiten, die ebenfalls vom Plankton leben, insbesondere Kleinkrebse, suchen mit Vorliebe Schutz und Nahrung in den Filterkammern. Den Schwämmen tut das nichts. Wie sie es fertigbringen, ohne echte Muskelfasern alle Poren und Ausstoßlöcher zu schließen, wenn wir sie irgendwo anstoßen, das freilich wissen wir trotz Elektronenmikroskop und chemischem Labor immer noch nicht. Ein zusammenhängendes Nervensystem, das entsprechende Informationen vermitteln könnte, existiert nicht. Einzelne Nervenzellen, die man erst in jüngster Zeit nachwies, vermögen das Rätsel der koordinierten Bewegungen nicht zu lösen.

Primitive Organismen niederster Stufe?

Oder vielleicht doch genial – und gar nicht so einfach? Mir ringen sie allemal Staunen und Bewunderung ab.

Worte reichen nicht aus, um die Vielfalt an Formen und Farben von Schwämmen zu beschreiben.

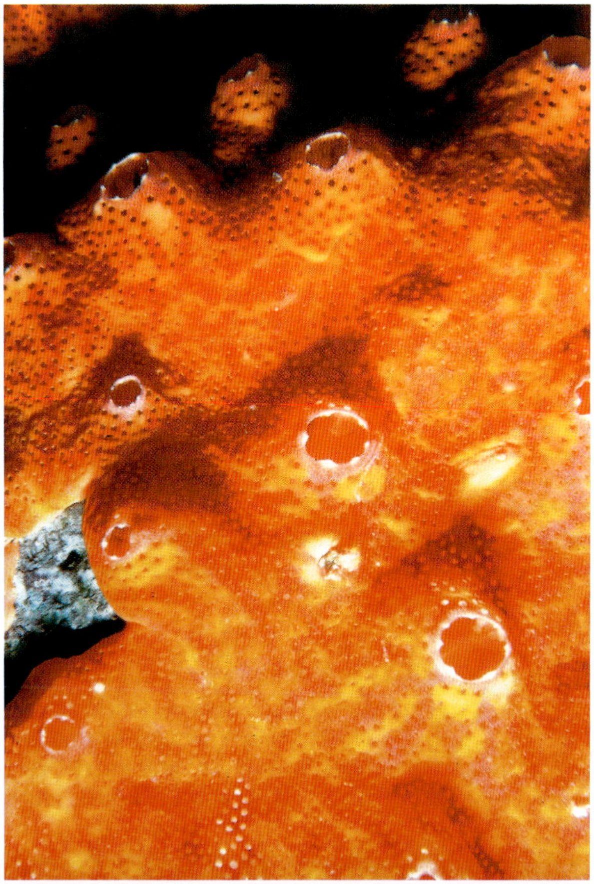

Schwämme sind Strudler. Viele kleine Einströmporen zwischen großen Ausstoßöffnungen verraten das. Wie die vielen arttypischen Formen sich programmieren, bleibt vorerst ihr Geheimnis. Schiffswracks ermöglichen der Wissenschaft, Wachstum und Alter der Tiere zu verfolgen, wie hier seit 1944 in der pazifischen Truk-Lagune (oben links). Flache, krustenförmig wachsende Schwämme können sich der Umgebung besonders gut anpassen, aber auch andere Organismen ersticken (unten rechts).

Borstenwürmer
Schönheiten unter häßlichem Namen

Die Begriffe »Würmer« und »Schönheit« sind scheinbar nicht mit einander vereinbar. Scheinbar. Nur selten ist indessen ein Vorurteil so leicht zu widerlegen. Wie jede Regel wird nämlich auch diese durch Ausnahmen bestätigt. Ohne Borstenwürmer zum Beispiel wäre der Meeresboden wesentlich ärmer an dem, was uns dort so fasziniert.

Sie sind Teil des Tierstammes der Glieder- oder Ringelwürmer. Freilich erscheinen dem Menschenauge nicht alle Vertreter dieser Gruppe als Kleinode. Man begeistert sich nicht für Regenwürmer oder schwärmt gar von Blutegeln. Beide sind ebenfalls Gliederwürmer, aber auch notorische Ekel-Erreger. Ganz anders eine Reihe ihrer Vettern, darunter an prominenter Stelle die Röhrenwürmer.

Würmer als Sieger auf Schönheitskonkurrenzen

Welcher fotografierende Taucher hat nicht schon seine Geduld auf diese Weise erproben können: Aus der Distanz leuchtet ein farbiges, zauberhaftes Büschel. Eine Blüte könnte nicht schöner sein. Obwohl wir uns – mit schußbereiter Kamera – so vorsichtig wie möglich nähern: ehe die angestrebte Position erreicht ist, verschwindet das bunte Schmuckstück so blitzartig, daß die Bewegung kaum zu sehen ist. Eine geringfügige Veränderung des Lichteinfalls, weniger als ein Schatten, hat genügt. Vielleicht störte auch das Atemgeräusch. Übrig bleibt der Stumpf einer mit dem Fels verschmolzenen Röhre. Wir warten, wagen kaum zu atmen. Wenn wir Glück haben, wird die Geduld belohnt: Langsam schiebt sich wie ein Pinsel das Gebilde aus dem Köcher und entfaltet erneut seine exotische Pracht. Nun bedienen wir den Auslöser. Aber wenn wir Pech haben, wird auf dem Foto nur die kahle Röhre zu sehen sein, weil die Geschwindigkeit von Elektronik und Mechanik der Apparatur noch übertroffen wurde von der Reaktion eines Wurmes. Wieder wird uns Staunen abverlangt, diesmal von der unglaublich hochleistungsfähigen Muskulatur eines Wurmes.

Die filigranen Tentakelkronen der Röhrenwürmer sind so reizvoll und – bei aller Mühsal des Ablichters – so fotogen, daß ihnen Spitzenbewertungen bei jedem der zahlreichen Wettbewerbe von Unterwasserbildern a priori sicher sind.

Über »Würmer«

Kaum ein Begriff in der Zoologie ist so wenig aussagekräftig wie der des Wurmes. Die biologische Systematik unterteilt das Tierreich in (je nach Auffassung der Autoren) 26 bis 29 Stämme. Berücksichtigt man nur die echten Vielzeller, so bleiben 20 Stämme. Nicht weniger als 13 davon führen in der deutschen Fassung ihres Namens das Wort »Würmer«. Aber ob Platt-, Kelch-, Rund- oder Schlauchwürmer, Schnur-, Eichel-, Rüssel-, Spritz-, Zungen-, Hufeisen-, Bast-, Pfeil-, Stern- oder Igel-Würmer: über den Verwandtschaftsgrad der Stämme und Klassen besagt die gemeinsame Teilbezeichnung nichts und verleitet folglich zu Irrtümern. Die meisten der soeben aufgelisteten Tier-Kategorien sind nicht miteinander verwandt. Was an Begriffsbestimmung von der volkstümlichen Sammelbezeichnung »Würmer« übrigbleibt, ist: lang gestreckte Tiere von niederer Organisationsstufe. Das trifft schließlich auch noch auf fliegende Tiere zu, die der Volksmund »Glühwürmchen« nennt, die aber Käfer sind. »Des WurmesAusseh'n ist verschieden« – so könnte man abgewandelt Wilhelm Busch zitieren; in seinem Vers ist die Länge das Maß der Unterscheidung.

Ringel- oder Gliederwürmer

Verwandtschaftlich fast ebenso weit entfernt von Spul- und Bandwürmern wie das Glühwürmchen sind auch die Wesen, denen dieses Kapitel gewidmet ist: Borstenwürmer, insbesondere aus der Klasse Vielborster (Polychaeten). Der Stamm Ringel- oder Gliederwürmer (Anneliden), dem sie, wie gesagt, zugehören, umfaßt eine sehr geschlossene Gruppe von nahezu 9000 bekannten Arten. Kriterium der Stammeszugehörigkeit ist der Bauplan ihrer Körper: sie sind aus ursprünglich ganz gleichförmigen, aneinandergereihten Gliedern, Segmenten, aufgebaut. Anatomische Einzelheiten dieses Struktur-Schemas machen es der Wissenschaft hier wesentlich leichter als in anderen Bereichen der Zoologie, Verwandtschaftsgrade und Abstammungslinien zu erkennen. So besteht heute kein Zweifel mehr, daß der riesige Stamm der Gliederfüßer (Arthropoden) – mit den Krebsen, den Spinnen und den Insekten, deren ungeheure Zahl von mehr als einer Million Arten allein vier Fünftel der Gesamtheit im Tierreich ausmacht – aus frühen Glieder-Würmern hervorgegangen ist. Die haben sich vor etwa 560 Millionen Jahren, im Kambrium, entwickelt. Das ist durch Fossilfunde belegt. Ein Feuerwurm oder ein Röhrenwurm sind deshalb im Meer von heute mit einem scheinbar so völlig anders gestalteten Krebs ganz beträchtlich näher verwandt, als etwa mit einem Schnur- oder einem Schlauchwurm. Wesentlich leichter erkennbar ist die Verwandtschaft schon zwischen einem Feuerwurm (s. Abb.) und einem Tausendfüßer. Eine behaarte Schmetterlingsraupe kann sogar noch ähnlicher aussehen. Alle diese Tiere wird wohl niemand für Würmer halten.

Der Entwicklungszusammenhänge wegen hat man mehrere Tierstämme zu einer Stamm-Gruppe »Gliedertiere« zusammengefaßt. Die Insekten bilden deren obersten Teil, die Gliederwürmer den untersten.

Bei einem einfachen Gliederwurm hebt sich nur der Kopf aus der Uniformität der Segmente heraus. Jedes der zahlreichen übrigen Glieder verfügt über gleiche äußere und innere Organe. Zum erstenmal in der Entwicklungsreihe taucht ein geschlossener Blutkreislauf auf, der die aneinandergereihten Ringe verbindet, desgleichen ein Nervennetz, das in zwei Strängen mit Querverbindungen wie eine Strickleiter den Organismus durchzieht.

Wanderer und Eremiten

Die wichtigste Klasse der Gliederwürmer ist die der Vielborster. Es gibt davon etwa 5300 Arten. Einst wurden sie von der Wissenschaft etwas willkürlich nach der Lebensweise der Tiere (statt nach ihrer Abstammung) eingeteilt in Freilebende und Festsitzende Vielborster (Errantia und Sedentaria). Es leuchtet ein, daß im Laufe von Jahrmillionen die meist räuberischen, lebende Beute greifenden Wanderer andere Organentwicklungen durchmachten als die festsitzenden Plankton-Strudler, obwohl mancher Ahn Nachkommen für beide Klassen lieferte. So entstanden hüben und drüben – verwandtschaftliche Verschränkung hin und her – Tiere von recht unterschiedlichem Aussehen. Spezialisierungen in der Lebensweise mündeten in Differenzierungen der Glieder. Besonders der aus mehreren Segmenten zusammengesetzte Kopf brachte es zu vielfältigen Formen.

Mehrzweck-Borsten

Typische Vertreter der freilebenden Polychaeten sind die Feuerwürmer und die Seemaus der europäischen Küsten. Wer als neugieriger, aber unerfahrener Taucher einmal einen Feuerwurm anfaßte, weiß, daß er einen treffenden Namen trägt. Die spröden Borsten dringen leicht in die Haut, brechen ab und erzeugen mit Hilfe von Gift ein unangenehmes Brennen und Entzündungen. Im Atlantik mit seinen Anhängen einschließlich Karibik gibt es wesentlich mehr Feuerwürmer als im Indopazifik. Den Rücken der breiten und kurzen Seemaus schmückt ein so dichtes Borstenkleid, daß ein Pelz vorgetäuscht wird.

Freilebende Vielborster können mehr als 400 Körpersegmente haben, Festsitzende gar 600. Jedes Segment ist an den Seiten mit einem Paar Stummelfüßchen (Parapodien) versehen. Daraus ragen viele spitze Borsten. Muskeln an der Basis der Borsten befähigen die Tiere in unterschiedlichem Ausmaß, die Stacheln zu bewegen. Das ist nicht nur nützlich für die Feindabwehr, die bei etlichen Arten noch durch Widerhaken wirksamer gestaltet wird. Das erwähnte Gift bestimmter Arten ist in hohlen Borsten gespeichert, die wie Kanülen funktionieren. Mit Hilfe der Borsten können sich die Tiere auch vorwärtsbewegen, sie benutzen sie wie Beine. Röhren bauenden Arten dienen sie als Grabschaufeln und Stemmwerkzeug, schwimmenden als Ruder. Entsprechend der Funktion können die Borstenformen variieren.

Übrigens gibt es unter den frei beweglichen Vielborstern auch solche, die sich tagsüber im Boden verstecken und nachts frei schwimmend ihre Nahrung suchen, sowie andere, die als kleine, durchsichtige Bestandteile des Planktons ihr ganzes Leben schwimmend verbringen. Auch echte Schmarotzer gibt es unter den Vielborstern.

Die Krönung durch Kronen

Die Formenvielfalt der Freilebenden Vielborster wird weit übertroffen von der der Festsitzenden. Nicht alle dieser Ordnung müssen lebenslänglich am selben Platz verweilen. Viele sind nur halbseßhaft, sie können ihren Standort wechseln, wenn die Lebensbedingungen es erfordern. Dazu gehören vor allem Tiere, die noch am ehesten von Wurmgestalt sind (s. Abb.). Viele davon leben in Sand oder Schlick, schaufeln eine U-förmige Röhre, die sie mit erhärtendem Schleim

Wer denkt bei solch filigraner Schönheit an Würmer?

Die Bezeichnung »Wurm« mag gelten beim Sandwurm.

Feuerwürmer – hier bei der Paarung – lassen Glieder, Stummelfüße und Borsten gut erkennen und erinnern an Raupen.

Mit gefiederten Tentakelkronen präsentieren Röhrenwürmer die schönen Organe. Der Rumpf bleibt im Boden, wie auch bei Polymnia, die mit klebrigen Fäden Beute fängt (rechts).

auskleiden und sorgen mit Bewegungen von Haut und Anhängen für einen Wasserstrom, der ihnen Sauerstoff und Nahrungspartikelchen liefert. Andere schlucken von dem weichen Boden und verdauen die darin enthaltenen organischen Teile.

Von denen mit den prächtigen Tentakelkränzen werden festere Kalkröhren konstruiert. Sie verwenden dazu winzige Fremdkörper und verkitten sie dauerhaft. Die meisten haben sogar einen Deckel und können ihre Wohnung verschließen. Viele machen ihre Burg fast uneinnehmbar mit scharfen Dornen am Eingang. Die einen – vor allem Sabellen – verstecken ihre Röhren in Felsspalten und Steinkorallen, andere – vornehmlich *Spirographis*-Arten – lassen sie ungeniert ins Wasser ragen, bis zu einen Meter weit.

Gekrönt in doppeltem Sinn wird der Stamm der Gliederwürmer zweifellos durch den so zerbrechlich wirkenden Kopfschmuck, die schon mehrfach erwähnten Tentakelkronen von Röhrenwürmern. Ihre zarte Schönheit hindert sie nicht, ausschließlich ganz profanen Zwecken zu dienen: der Atmung mit Hilfe fadenförmiger Kiemen, und vor allem der Ernährung. Bewegliche Wimpern (Cilien) filtern kleine Partikel aus dem Wasser und halten eine Art Transportband in der Mitte jeder »Feder« in Gang. In Schleim verpackt wird der Fang zur Mundöffnung geschoben. In den keilförmigen Förderrinnen einiger Arten wird er nach drei Größenklassen sortiert; das Größte wird achtlos verworfen, das Mittlere findet Verwendung beim ständigen Ausbau der Röhre, und nur das Kleinste dient als Futter. Aktives Filtrieren und Erzeugen eines Wasserstroms, das Strudeln, macht Röhrenwürmer unabhängig von Strömungen. Wir können sie deshalb – im Gegensatz etwa zu Fächerkorallen und Moostierchen – überall finden. Sie gedeihen auch in großen Tiefen und in kalten Gewässern, wo sogar besonders große Arten entstanden. Für den Röhrenwurm-Fan unter den Tauchern kann z.B. das Mittelmeer mit den großen Schraubensabellen *(Spirographis)* ergiebiger sein als ein tropisches Riff. In allen Farben kann der Kopfputz prangen, ob pinsel- oder büschelförmig, spiralig oder gar in Doppelspiralen, wie ein Trichter, ein Becher oder auch in Nierenform.

Und Aschenbrödel

Nicht alle Röhrenwürmer wurden – was das Aussehen betrifft – von der Natur so generös geziert. Da gibt es z.B. Gattungen, die haben statt einer bunten Krone einige lange, farblose und klebrige Fäden. Die sind beweglich, können ausgelegt und wieder eingezogen werden, allerdings nicht so blitzschnell wie die Kronen. Kleinstlebewesen können sich vom klebrigen Schleim nicht mehr lösen und werden beim Einfahren des Fangfadens am Mund abgestreift. Diese optisch anspruchslose Methode ernährt auch ihren Wurm. Der Körper des Tiers bleibt stets im Fels versteckt. Freilich kümmert sich der Erfindungsreichtum der Natur nicht um menschliche Ästhetik. Um so dankbarer können wir sein, daß uns perfekte Schönheit selbst dort noch begegnet, wo wir sie am wenigsten erwarten. Und nicht nur im Großen. Vor fast 2000 Jahren formulierte es schon Plinius: »Die Natur ... ist im Kleinsten am größten.«

Das wird uns allenthalben vor Augen geführt. Auch von »Würmern« im Meer.

Lebendes Fossil mit hochmoderner Technik
Der *Nautilus*

Am Saumriff einer kleinen Insel nahe Bali inspiziere ich eine Unterwasser-Höhle. Plötzlich bin ich wie elektrisiert und kenne nur noch ein Ziel: Ein Nautilus schwebt unter der Höhlendecke. Sollte es mir vergönnt sein ...? Mit wenigen Flossenschlägen bin ich dort – und unmittelbar darauf tief enttäuscht. In der Hand halte ich eine leere Perlboot-Schale. An der Seite ist ein Loch mit Bißspuren, vermutlich von einem Kraken.

Ehe man als Taucher zu hoffen wagt, einem lebenden *Nautilus* im Meer zu begegnen, sollte man sich als Glückspilz durch mehrere Lotteriehaupttreffer in Form gebracht haben. Diese Fähigkeit ist bekanntlich rar. So stammen denn auch fast alle Fotos lebender Perlboote (wie die Tiere auch genannt werden) von gefangenen Exemplaren, die entweder zufällig mit Fischernetzen emporgezogen wurden oder blind geködert mit Reusen in 100 Metern Tiefe. Die Bildlegenden lesen sich natürlich meist ganz anders. Unser Foto entstand im Basler Zoo. Solche Tiere leben gewöhnlich nicht mehr lange, denn sie halten den geringen Wasserdruck nahe der Oberfläche nur begrenzt aus. Ihr üblicher Lebensraum liegt tiefer.

Lebende Dokumente einer sehr fernen Vergangenheit

Tagsüber halten sie sich offenbar am liebsten in Tiefen um 300 bis 400 m auf, nachts steigen sie höher. An die Oberfläche aber kommen sie anscheinend nur unter abnormen Bedingungen, vor allem durch vertikale Strömungen nach schweren Stürmen. Schade, denn wir wüßten mehr über sie, wenn die Beobachtung leichter wäre. Sind doch die Nautiliden nicht nur die ältesten heute existierenden Kopffüßer, sondern auch die einzigen Überlebenden eines ganz besonders interessanten Abschnitts der Entwicklungsgeschichte vom Leben auf diese Erde. Erste Kopffüßer (Cephalopoden), die höchstentwickelte Klasse im Stamm der Weichtiere (Mollusken), sind bereits für die Zeit vor mehr als 500 Millionen Jahren nachgewiesen. Eine Gruppe von ihnen erfand das gekammerte Gehäuse. Damit machten Nautiliden und Ammoniten ganz ähnliche Entwicklungen durch. Ammoniten (auch Ammonshörner genannt) haben in einer 300 Millionen Jahre währenden Geschichte das Bild des Lebens im Meer zeitweise besonders stark mitgeprägt. Sie brachten es nicht nur zu einer außergewöhnlichen Arten- und Formenvielfalt, sondern haben offensichtlich auch in Riesenmengen die Meere bevölkert, während andere Tiere sich gerade erst anschickten, das Land zu erobern.

Lange Geschichte kurzgefaßt

Die Nautiliden entwickelten sich noch eher, nämlich schon im frühen Erdaltertum, im Kambrium, das die Zeitspanne vor 570 bis 490 Millionen Jahren umfaßt. Ihre Hochblüte mit Tausenden von Arten liegt ebenfalls weiter zurück als die der Ammoniten. Es bleibt eine lange Zeitspanne, in der beide Gruppen nebeneinander existierten und offenbar auch miteinander in ähnlichen Wassertiefen, wie geologische Sedimentschichten uns erzählen. Die festen Schalen dieser Tiere ermöglichten langsame Versteinerungen. Solche Fossilien sind für heutige Forschungen Informationsquellen von unschätzbarem Wert. Aus immer noch rätselhaften Gründen starben gegen Ende der Kreidezeit – vor etwa 65 Millionen Jahren – die Ammoniten samt und sonders aus. Das geschah, wie wir heute, wissen, nicht plötzlich, zog sich vielmehr über Millionen Jahre hin. Von den vielen Nautiliden überlebte eine einzige Gattung. Sechs Arten, die sich kaum voneinander unterscheiden, sind heute bekannt. Sie leben vor allem im westlichen Pazifik, zwischen den Philippinen und Hawaii; aber doch nicht ausschließlich in dieser Region (wie oft behauptet wird). Immer wieder einmal werden Exemplare im Indischen Ozean gefangen.

Im Erdaltertum – es ging vor etwa 225 Millionen Jahren ins Erdmittelalter über – entwickelten sich die eingerollten Gehäuse aus gestreckten Formen. Spätestens im frühen Erdmittelalter war die Form der heutigen Perlboote erreicht. Mit Fug und Recht kann man deshalb unseren *Nautilus* ein »lebendes Fossil« nennen. Im Laufe des jüngeren Erdmittelalters nahm die Artenzahl mehr und mehr ab und die ursprünglich weltweite Verbreitung engte sich ein.

Auf drei Fragen möchten die wissensdurstigen Forscher gern Antworten finden. Zunächst: Was machte die Nautiliden und die Ammoniten so erfolgreich, daß sie für Hunderte von

Seine Brüder, die Ammoniten, einstige Zeitgenossen, hat der Nautilus schon jetzt um 65 Millionen Jahre überlebt. Rechts ein Tier mit seiner Lieblingsspeise, einem Krebsbein. Becherauge, Kopfkappe und viele Fangarme sind erkennbar.

In einer indonesischen Riffhöhle schwebt eine leere Schale mit seitlichem Bißloch; wohl von einem Kraken (unten links).

Inmitten der aufgeschnittenen Schale wird der Sipho sichtbar, der von der großen Wohnkammer in die Gasräume führt (unten rechts).

Millionen Jahren zu den dominierenden Geschöpfen im Meer gehörten, länger als die weitaus meisten anderen Tiergruppen? Dann: Was mögen die Ursachen gewesen sein für den Niedergang einer solchen Vielzahl von Weichtierarten? Und schließlich: Was befähigte die Gattung *Nautilus*, ganz allein zu überleben?

Wo klare Erkenntnisse noch fehlen, beginnt die Wissenschaft zunächst mit Hypothesen. Daran fehlt es auch in diesem Fall nicht. Hier sei nur das skizziert, was zur Zeit am einleuchtendsten erscheint.

Vom Kriechtier zum U-Boot ...

Es scheint, daß die Kopffüßer über lange Zeit als schwimm-unfähige Bodenbewohner existierten, die sich mit Hilfe ihrer Arme fortbewegten. Feinde, die ihren Bestand entscheidend hätten bedrohen können, gab es offenbar noch nicht. Die Entwicklung blieb aber nicht stehen, und es traten immer leistungsfähigere Tiere auf den Plan, darunter auch solche, die mit den beschalten Kopffüßern am Boden fertig wurden; nicht zuletzt waren es Meeres-Reptilien. Unter diesem Selektionsdruck konnten auch von den Weichtieren nur die anpassungsfähigsten weiterbestehen. Ein wichtiger Fluchtweg vor Schalen-knackenden Räubern führte ins freie Wasser: Mit Hilfe zweier Neuerungen – vielleicht in zwei zeitlich getrennten Schritten – lernten Nautiliden und Ammoniten in parallelen Entwicklungen das Schwimmen.

Erfindung Nummer eins war das gekammerte Gehäuse. Nur im äußersten Abschnitt, der Wohnkammer, lebt das Tier. Durch alle anderen Kammern aber bis in die Mitte des spiraligen Hauses führt ein Schlauch mit besonderen Fähigkeiten, der Siphunculus. Durch ihn kann das Tier die hinteren Kammern nicht nur leerpumpen, sondern auch ein Gas abscheiden, das vornehmlich aus Stickstoff besteht. Damit bekommt das ganze Schalentier Auftrieb. Durch eine hochkomplizierte Physiologie sind Gas- und Flüssigkeitsmengen variierbar, so daß das Tier in weiten Bereichen die Tauchtiefen wechseln kann. Zwei Zahlen verdeutlichen, was die zarte Schale des Nautilus auszuhalten vermag: In den leeren Kammern herrscht ein Druck von unter einem bar, außen aber lasten z.B. in 400 m Tiefe 41 bar auf dem Gehäuse. Diese hydrostatische Stabilität funktioniert nach exakten physikalischen Untersuchungen bis in 600 Meter Tiefe. Anpassungen an große Druckdifferenzen brauchen aber auch beim Nautilus ihre Zeit. Deshalb sterben Perlboote, die mit Netzen rasch aus größeren Tiefen emporgezogen werden.

Das Prinzip der Tiefenwahl durch internen Gas-Druckwandel ist ähnlich wie beim U-Boot, diesem aber überlegen durch die Gas-Eigenproduktion. Auch die Schwimmblasen der Knochenfische halten einen Vergleich nicht aus, da ihnen eine druckfeste Wand fehlt; sie können nur Tiefendifferenzen in wesentlich engeren Grenzen erschließen. Die erwähnte Trommelsucht ist ein drastischer Beweis dafür.

... mit Düsenantrieb im Rückwärtsgang

Der zweite Meilenstein in der erfolgreichen Überlebensstrategie für einige war die Entwicklung eines trichterartigen Organs in der Körperhöhle, durch das Wasser mit kräftigem Druck ausgestoßen werden kann. Damit war der Düsenantrieb erfunden. Das Wasser wird nach vorn gestrahlt, die Tiere bewegen sich folglich im Rückstoß nach hinten.

Mit den stetigen »Modell-Verbesserungen« der räuberischen Feinde unserer Kopffüßer wurden deren Fluchtmöglichkeiten immer wichtiger. Mit anderen Worten: Schnelligkeit wurde zunehmend mitentscheidend fürs Überleben der Arten. Hier scheint nun einer der kritischen Punkte zu liegen, der erklären kann, daß so viele Wesen auf der Strecke blieben.

Physikalische Todesurteile

Der Rückstoß kann nämlich extrem stark sein – und trotzdem nutzlos dem Freßfeind gegenüber. Liegt die Auftriebskraft der gasgefüllten Kammern nämlich ungünstig zum Schwerpunkt des gesamten Organismus, dann versetzt der Düsenstrahl das spiralige Gebilde lediglich in eine rotierende Bewegung: Sehr viele Ammoniten scheinen es nur bis zu einer solchen Drehbewegung gebracht zu haben. Damit konnten sie den fortschrittlichen Räubern – Krebse, Rochen und Knochenfische – nicht entkommen, sie waren dem Tod durch Aussterben geweiht. Was wir heute als Fossilien dort finden, wo einst Meere sich ausbreiteten, sind – wie mein Fund in der Höhle bei Bali – vermutlich zumeist leergefressene Schalen, die durch Sedimentfüllungen zur langsamen Versteinerung kamen.

Einigen Nautiliden (oder nur einer einzigen Art?) war das Glück beschieden, mit einer günstigeren physikalischen Proportion zu flinken Horizontalbewegungen zu gelangen. Unser heutiger *Nautilus* kann im Ernstfall so schnell schwimmen wie ein Fisch, wenngleich er seine sehr weiten Wanderungen mit langsamem Tempo absolviert. Und er tut das – hochmodern! – mit einem Minimum an Energie. Darin ist er fast unschlagbar. Übrigens ist der Rückstoßtrichter beweglich, was die Tiere jederzeit zu Richtungsänderungen befähigt.

Schnelligkeit und ökonomischer Energiehaushalt dürften mitgeholfen haben, den Nautilus vor dem Schicksal der Ammoniten zu bewahren.

Fortpflanzungsstrategien von unterschiedlicher Effizienz

Fossilien erzählen von wenigstens 7500 ausgestorbenen Arten Ammoniten und von noch einmal 2500 Arten Nautiliden. Eine Theorie will den Einschlag eines riesigen Meteoriten verantwortlich machen für das Massen-Aussterben dieser Kopffüßer sowie von Land-Sauriern und Meeres-Reptilien, das gegen Ende der Kreidezeit (wie gesagt vor etwa 65 Millionen Jahren) sich so auffällig zuspitzte. Diese Hypothese verliert mehr und mehr an Wahrscheinlichkeit. Sicherlich sind wesentliche Änderungen der ökologischen Lebensbedingungen all dieser Tiere zum Ungünstigen anzunehmen. Die Wende muß aber nicht von außen gekommen sein. Viel wahrscheinlicher ist die (gar nicht so schnelle) Verdrängung der »Oldtimer« durch das Aufkommen von »neuen Modellen« mit Wettbewerbsvorteilen. Was unsere Kopffüßer mit gekammerten Gehäusen anbetrifft, so wird von Spezialisten heute u.a. folgende Deutung zur Diskussion gestellt: Junge Ammoniten waren maximal 1 mm groß und trieben mit dem Plankton, wo sie inzwischen durch die explosionsartige Ausbreitung von Planktonfressern am stärksten gefährdet waren. Der junge Nautilus ist demgegenüber bereits beim Schlüpfen 5 bis 25 mm groß und beginnt seine Nahrungssuche am Boden, wo seine Chancen in diesem Stadium größer sind.

Lange Vergangenheit – kurze Zukunft?

Wie immer auch das rätselhafte Durchhalten des Nautilus zustande kam – er lebt. Mit Vorliebe hält er sich an der meerzugewandten Seite von Korallenriffen auf, an tiefreichenden Steilhängen. Dort ernährt sich das nachtaktive, bis zu 27 cm große Tier vornehmlich von Krebsen, aber auch von Muscheln und kleinen Fischen.

Im Laufe eines Tages wurden beträchtliche Tiefenunterschiede gemessen, im Durchschnitt 330 m. Anders als seine Verwandten unter den Kopffüßern mit 8 oder 10 Armen hat der Nautilus deren viele: bis zu 90 können es sein, alle ohne Saugnäpfe. Sie dienen auch als Geschmacksorgane und Strömungsfühler, einige speziell zur Begattung. Die 4 obersten sind zu einer Kopfkappe verschmolzen. In Ruhestellung sind alle Arme in Scheiden zurückgezogen. Blitzschnell werden sie bei der Jagd den Opfern entgegengeschleudert. Eine zahnbesetzte Raspelzunge zerkleinert die Nahrung. Tintenbeutel haben die Perlboote nicht. Ihre großen, aber einfachen Becheraugen ohne Linsen sind nicht annähernd von der Leistungsfähigkeit der Kameraaugen ihrer Verwandten.

So hat sich der *Nautilus* glücklich durch eine halbe Milliarde von Jahren hindurchgerettet. Einige Entwicklungen seines Organismus würden ein müdes Lächeln der Natur über unsere modernen technischen Errungenschaften rechtfertigen. Sie haben dem *Nautilus* das lange Leben möglich gemacht. Aber technischer Fortschritt gibt noch keine Überlebensgarantie, wie wir uns im menschlichen Bereich bitter eingestehen müssen. Wenn es auch für den *Nautilus* nicht so aussieht, als ob noch eine Zukunft von ähnlicher Dimension wie seine Vergangenheit vor ihm läge, möchten wir diesem aparten Tier, das uns die Rückschau in ferne Urzeiten so lebhaft illustriert, doch wünschen, daß es wenigstens nicht der menschlichen Unvernunft zum Opfer fällt.

Abstammung und Verwandtschaft

Im Stamm der Weichtiere (zu dem auch Schnecken und Muscheln gehören) zweigte sich bereits vor fast einer halben Milliarde Jahren die Gruppe der Nautiloiden von den Ur-Kopffüßern ab. Die Entwicklung der Ammoniten oder Ammonshörner begann erst fast 100 Millionen Jahre danach. In parallelen Entwicklungen entstanden später in beiden Gruppen Tiere von z.T. außerordentlicher Ähnlichkeit. Obwohl mehr als 10 000 Arten nach den gleichen Bauprinzipien entstanden, konnten sich nur die wenigen Arten der Gattung *Nautilus* bis in die Gegenwart behaupten, während alle anderen schon vor langer Zeit ausstarben. Die heutigen nächsten Verwandten, vor allem Kalmare, Sepien und Kraken, starteten ihre Abspaltung vom Hauptstamm noch wesentlich später als die Ammoniten.

Kolonien von Seescheiden entstehen durch vegetative Knospung (oben links) während Einzeltiere aus Larven hervorgingen (oben rechts)..., sich aber auf ungeschlechtlichem Wege wieder Tochterindividuen zulegen können (unten rechts). Jedes Tier hat zwei Öffnungen.

Seescheiden
Die unscheinbaren Vorfahren der Wirbeltiere

Welche Wesen auf dieser Erde sind den Wirbeltieren – d.h. den Fischen, Lurchen, Kriechtieren, Vögeln und Säugetieren, zu denen auch wir Menschen gehören – am nächsten verwandt? Wer es nicht weiß, wird es kaum erraten mangels jeder äußeren Ähnlichkeit. Es sind die unscheinbaren Manteltiere. Ihre Hauptvertreter sind die kleinen, oft bunten Seescheiden, die uns beim Tauchen allenthalben begegnen. Wir gehören mit ihnen zusammen zu dem jüngsten und höchstentwickelten, dem 28. Stamm im Tierreich, nämlich dem der Chordatiere. Unsere wie ihre Entwicklung gehen auf den gleichen Bauplan zurück. Sie sind die heute noch lebenden Nachkommen der Lebewesen, die die Vorstufe zu unserer Wirbelsäule »erfanden«, die knorpelige Chorda dorsalis. Zudem können sie den Anspruch erheben, mehrere »Konstruktions«-Merkmale einmalig in der Natur aufzuweisen. Ihre kleinsten Vertreter, nur nach Millimetern zu messen, sind ebenso Mitglieder des Chorda-Tierstammes wie der 30 m lange Blauwal.

Zur Entwicklungsgeschichte

Stellen wir uns vor, wie ein Mensch im Mutterleib heranwächst. Bevor der noch sehr kleine Embryo seine Wirbelsäule zu entwickeln beginnt, erscheint eine Vorstufe davon: die Rückensaite oder Chorda dorsalis. Sie ist ungegliedert und elastisch. Später wird sie wieder verschwinden, die gegliederte Wirbelsäule tritt an ihre Stelle. Der gleiche Vorgang spielt sich bei allen Wirbeltieren ab. Die Keim-Entwicklung greift zurück auf frühere Stufen und geht dann darüber hinaus. Das ist einer der erstaunlichsten, aber typischen Vorgänge in der Natur: beim Werden des einzelnen Lebewesens wiederholt sie in groben Zügen, was in der Stammesentwicklung über viele Jahrmillionen vor sich ging. Der große Forscher Ernst Haeckel fand diese Regel und nannte sie »das biogenetische Grundgesetz«. Ein weiteres Beispiel dafür sind die Kiemenbögen und -spalten, die in der Entwicklung eines jeden Menschen ebenfalls vorübergehend angelegt sind und uns daran erinnern, daß unsere Vorfahren einst aus dem Meer kamen.

Unsere Seescheiden und ihre nächsten Verwandten, zu denen die Salpen gehören, sind die direkten Nachkommen der ersten Wesen, die eine Chorda dorsalis entwickelten und sind noch heute die einfachsten Vertreter unseres eigenen Stammes der Chordatiere. In der biologischen Wissenschaft sind sie damit als Eckpfeiler der Entwicklung höherer Lebewesen zu werten, diese simplen Geschöpfe mit der pikanten Verwandtschaftsbeziehung zu uns. Sie, die so mancher Taucher für Pflanzen hält; stehen uns weit näher als etwa Langusten oder Kraken. Die richtige verwandtschaftliche Einordnung wurde der Wissenschaft erst vor gut 100 Jahren möglich.

Bauplan und Lebensweise

Die erwachsene Seescheide ist ein nach Pflanzenart festsitzendes, bodenständiges Tier. Wurzelartige Ausläufer halten es am Boden fest, und während seines ein- bis mehrjährigen Lebens wechselt es seinen Standort nicht. Von außen sichtbar ist praktisch nur der Mantel mit seinen beiden Öffnungen, oben der Mund, seitlich die Ausströmöffnung. Leicht sichtbare Bewegungen des Tiers beschränken sich aufs Schließen dieser Öffnungen, wenn wir sie berühren. Die Form der Seescheide gleicht am ehesten einer eigenwillig getöpferten Kanne. Der Mantel besteht aus einer Substanz, Tunicin genannt, die einmalig im ganzen Tierreich ist: es handelt sich um eine Variante der Zellulose, die sonst nur bei Pflanzen vorkommt. Konsistenz, Dicke und Farbe des Mantels können stark variieren, von gallertig-weich und dünn bis lederig-knollig, knorpelig und dick, von glasig-durchsichtig bis mehrfarbig und leuchtend.

Der äußeren Erscheinung der Seescheiden ähneln viele kleine Schwämme sehr. Die Unterscheidung zwischen diesen Vertretern der untersten Stufe niederer Tiere und unseren Seescheiden an der Schwelle zu den Wirbeltieren wird leicht gemacht durch die zweite Öffnung der letzteren.

Unter dem Mantel verbirgt sich eine ganze Reihe innerer Organe. Den größten Raum nimmt ein Darm ein, der sowohl der Ernährung als auch der Atmung dient. Der obere Teil, der sog. Kiemendarm, filtert mit zahllosen gitterartigen Spalten die Planktonpartikel aus dem Wasser, die dann mit einem Schleimstrom in den Verdauungsdarm weitergeleitet werden. Auch die Sauerstoffaufnahme erfolgt im Kiemendarm, der übrigens ebenfalls bei allen Wirbeltieren – mindestens in frühen Entwicklungsstadien – vorkommt, auch beim Menschen. Wimperzellen kleiden ihn aus und wedeln einen ständigen Wasserstrom vom Mund zur Ausströmöffnung. Seescheiden leben also nach Art der sog. Strudler, der aktiven Pumper, wie u.a. auch Muscheln und Schwämme. Sie alle haben es nicht nötig, der Nahrung nachzujagen. Zwei getrennte Kreislaufsysteme versorgen den Seescheiden-Organismus mit Blut. Das bekommen sie aus einem Herzen, das wiederum einmalig ist im gesamten Tierreich: es bedient die beiden Kreisläufe abwechselnd, indem es in regelmäßigen Abständen (nach etwa 100 Schlägen) die Pumprichtung umkehrt. Zwischen den beiden Öffnungen der Seescheide befindet sich ein kleines Gehirn, das bei der Larve, die auch noch ein Auge besitzt, in ein röhrenförmiges Rückenmark übergeht. Schließlich verfügt noch jedes Tier sowohl über einen Eierstock als auch über einen Hoden, ist also ein Zwitter.

Lebensraum und Verbreitung

Seescheiden kommen nur im Meerwasser vor, dort allerdings auf der ganzen Welt. Sie gedeihen in kalten wie in tropischen Gewässern, im Flachen wie in großen Tiefen. Wir können ihnen im Wattenmeer ebenso begegnen wie auf Sandböden, in Seegras- oder Tangwiesen, auf Fels, Steinen oder Korallenblöcken, und im Riff nicht zuletzt – angesichts der Wohnungsnot – auf Muschelschalen, Schwämmen, Peitschenkorallen und dergleichen mehr.

Rund 2000 Arten treten zur Besiedlung all dieser Lebensräume und Plätze an, winzige von nur etlichen Millimetern Höhe bis zu 33 cm große. Auch in den Europa umgebenden Meeren kommt eine ganze Reihe von ihnen vor, durchsichtige ebenso wie grellfarbige, kleine wie größere, einzelne wie Kolonien.

Da Seescheiden für den nahrhaften Wasserstrom durch ihre Wimperbewegungen selbst sorgen, sind sie nicht auf Strömungen angewiesen. Im Gegensatz zu passiven Filtrierern, wie etwa Gorgonen, Federsternen oder Seefedern, können sie auf entsprechend exponierte Stellen verzichten. Sie gedeihen überall, denn Geschwebe gibt es überall. Einige Arten eignen sich übrigens auch fürs Aquarium.

Fortpflanzung und Entwicklungsphasen

Als Bindeglied zwischen niederen und höheren Tieren haben Seescheiden natürlich mit beiden Gruppen manches gemeinsam. Mit den niederen Tieren verbindet sie u.a. die Fähigkeit, sich auf zwei verschiedene Arten fortzupflanzen: geschlechtlich und ungeschlechtlich. Theoretisch könnten sich Seescheiden – mit Keimdrüsen beiderlei Geschlechts ausgestattet – stets selbst befruchten. Das geschieht aber nur selten, weil Samen- und Eizellen meist zu verschiedenen Zeiten reifen und ins Meer ausgestoßen werden. So wird Inzucht vermieden und für Auffrischung der Erbsubstanz gesorgt. Aus den befruchteten Eiern entwickeln sich rasch freischwimmende Larven als Partikel des Planktons. Nach sehr kurzer Zeit jedoch ist das Wanderleben schon wieder zu Ende, manchmal sind es nur Stunden. Während dieser Zeit nimmt die Kaulquappen-ähnliche Larve keine Nahrung auf. Dann setzt sie sich irgendwo am Boden fest, bildet einen Mantel und formt sich um zur erwachsenen Seescheide.

Dem aufmerksamen Leser wird nicht entgangen sein, daß von dem entwicklungsgeschichtlich so wichtigen wirbelsäulenähnlichen Stützorgan, das unserem Stamm den Namen gab, beim Bauplan nicht mehr die Rede war. In der Tat taucht diese Chorda dorsalis nur noch bei der Larve auf, und dort auch nur im hinteren Körperabschnitt. Während der Umwandlung geht sie mit dem Ruderschwanz wieder verloren. Sie wird – wie beim Menschen, der sie durch die Wirbelsäule ersetzt – nicht mehr gebraucht. Nur handelt es sich bei der Seescheide um einen echten stammesgeschichtlichen Rückschritt. Als die Nachfahren der ersten Manteltiere an Land gingen, wurde ein stabiler Stützapparat lebenswichtig. Bei den kleinen, unbeweglichen Seescheiden im tragenden Wasser war das nicht der Fall. Sie konnten darauf verzichten und sind trotzdem bis heute erfolgreich. Auch das Gehirn wird bei der Umwandlung der Larve kleiner, Rückenmark und Auge gehen verloren, zentralnervöse und Seh-Leistungen werden bei der simplen Lebensweise eines Strudlers eben kaum noch benötigt. Somit ist die Larve den Wirbeltieren weit ähnlicher als die erwachsene Seescheide.

Das Tier ist aber nicht auf die geschlechtliche Fortpflanzung mit der Metamorphose angewiesen. Es kann auch Nachkommen durch Knospung erzeugen. Das Wachstum einer Knospe kann von verschiedenen Körperteilen ausgehen, insbesondere von bodennahen Mantelpartien und von den wurzelähnlichen Haftausläufern. Wenn Larven vor Anker gehen, entstehen einzeln lebende Tiere, durch Knospung dagegen Gruppen verschiedener Größe, nicht selten auch Kolonien von beträchtlichem Umfang.

Geschlechtliche und ungeschlechtliche Fortpflanzung können sich im sog. Generationenwechsel mehr oder weniger regelmäßig ablösen oder – je nach Gunst der Umweltbedingungen – ergänzen.

Stellung im System der Tiere

Reich:	**Tiere** (28 Stämme)
Stamm:	**Chordatiere**
Unterstämme:	**Manteltiere** [außerdem: Schädellose (Lanzettfischchen) und Wirbeltiere (mit den Klassen Fische, Lurche, Kriechtiere, Vögel und Säugetiere)]
Klassen:	**Seescheiden** [außerdem: Geschwänzte Manteltiere und Salpen]

Spitzentechnik in mikroskopischer Dimension
Die Waffen der Nesseltiere

Der Mensch ist – zu Recht – stolz auf seine technischen Errungenschaften. Staunen und Stolz erreichen ihren Gipfel, wo höchste Leistungen mit winzigen Apparaten erzielt werden. Mikrocomputer und Mikroprozessoren, »Chips«, die elektronischen Alleskönner-Schaltungen, sind Beispiele dafür.

Allerdings muß diese Bewunderung menschlichen Könnens rasch schrumpfen, wenn wir in die Werkstatt der Natur blicken. Zu den Spitzenprodukten an Effektivität und raffinierter Konstruktion auf kleinstem Raum gehören die Waffen der Nesseltiere. Für das bloße Auge sind sie gar nicht sichtbar. Man braucht ein Mikroskop. Damit allerdings offenbaren sich Wunderwerke, die den Vergleich mit menschlicher Technik zur schieren Vermessenheit degradieren.

Am Anfang der Bekanntschaft steht der Ärger

Das erste Zusammentreffen mit Nesselzellen pflegt freilich nicht Staunen, sondern Ärger zu erregen. Zum Beispiel die unbeabsichtigte Berührung von Quallen im Meer. Für den Taucher gibt es noch manch weitere Möglichkeit, die winzigen Kapseln zu spüren. Etwa beim Kontakt mit Feuerkorallen und anderen Hydrozoen, oder beim Anfassen bestimmter Seeanemonen. Selbst bei äußerster Vorsicht kann man den Geschossen nicht immer aus dem Weg gehen. Machtlos ist, wer beim Ab- oder Auftauchen in einer bestimmten Wasserschicht von nadelstichartigen Schmerzen an allen unbedeckten Körperstellen tausendfach gepeinigt wird. Dabei ist nichts Verdächtiges zu sehen. Mikroskopisch kleine Quallen im Plankton, Hydromedusen, sind die Übeltäter.

Gemeinsames Merkmal von 10000 Arten: eine winzige Zelle

In der biologischen Systematik, die die Aufgliederung der Lebewesen nach natürlichen Verwandtschaftsverhältnissen und damit die Schaffung eines »Stammbaumes« zum Ziel hat, sind die Nesselzellen (Nematocysten) zu einem wichtigen Merkmal avanciert: einer der 28 Stämme des Tierreiches umfaßt alle Familien, die über Zellen mit Nesselkapseln verfügen. Auch der Name des Stammes orientiert sich daran: Nesseltiere oder Cnidarien (nach dem griechischen Wort für Nessel). Dazu zählen (siehe Kasten) nicht nur die Aktinien (Seeanemonen) und alle sechs- und achtstrahligen Korallen, sondern ebenfalls die sogenannten Echten Quallen und die Hydrozoen, zu denen auch die Feuerkorallen und die großen Staatsquallen gehören. Nesselzellen kommen also ebenso bei festsitzenden Tieren und Kolonien wie bei freischwimmenden vor. Aus etwa zehntausend Arten besteht dieser interessante Stamm. Nesseltiere haben nicht nur weltweit alle Meere erobert; einige Arten sind auch ins Süßwasser vorgedrungen. Es kann nicht überraschen, daß bei solcher Vielfalt verschiedener Lebewesen, die sich während Hunderten von Millionen Jahren different entwickelten, auch ihre Nesselzellen nicht von einheitlicher Struktur sind. Sie unterscheiden sich von Gruppe zu Gruppe. Zudem entstanden diverse Typen mit separaten Funktionen. Es gibt Tiere mit drei verschiedenen Arten von Nesselzellen, von denen jede auf eine besondere Aufgabe spezialisiert ist. Ja, sie können sogar über drei unterschiedliche Gifte verfügen. Sicher ist sicher!

Modernste Panzergeschosse – seit 500 Millionen Jahren

Wichtigster und häufigster Typ ist die Durchschlagskapsel. Von ihr wird die Beute der Nesseltiere – vornehmlich kleinste Krebse des Geschwebes – beschossen, gelähmt oder gar getötet. Man kann ahnen, wie schwierig sich die Erforschung eines Vorgangs gestaltet, der sich in wenigen tausendstel Sekunden abspielt und von Zellen ausgeht, die nur tausendstel Millimeter groß sind. Kein Wunder, daß noch manches Fragezeichen bleibt.

Zu den bestuntersuchten Nesseltieren gehören Vertreter der Ordnung Hydrinen. Der Beutefang funktioniert bei ihnen so: Die Nesselzelle besitzt einen Deckel mit einem ins Wasser ragenden Stift. Unter dem Deckel sitzt die Nesselkapsel. Sie beherbergt einen in vielen Windungen aufgewickelten, giftgefüllten Schlauch, dreißigmal so lang wie seine Herbergszelle. Er ist mit einem Ende angeheftet. Außerdem gibt es in Deckelnähe einige Stilette. Eine Berührung des Auslösestiftes läßt den Deckel aufspringen, die Stilette schießen vor und schlagen ein Loch in den Chitinpanzer des Krebses. Nun folgt – nach dem Prinzip panzerbrechen-

Gefährlich für Geschwebeorganismen: die Nesselgeschosse von Korallen, Hydrozoen und Aktinien.

der menschlicher Waffen – die entscheidende Ladung: der Schlauch dringt, sich umstülpend wie man einen Strumpf »auf links« zieht, durch die Öffnung in die Beute und entleert sein lähmendes Gift. Eine weitere Geschoßart sichert die Beute mittels reißfester Wickelfäden. Dauer der ganzen Attacke: drei tausendstel Sekunden! Dabei werden Panzer geknackt, die zehnmal so dick sind wie die Nesselzelle groß ist. Die Zellen mit Durchschlagskapseln sind keine Einzelkämpfer. Sie stehen in Batterien von Dutzenden beisammen und feuern Salven, so daß jedes Opfer von zahlreichen dieser Giftgranaten gespickt und durchlöchert wird. Ein Tentakel ist mit Tausenden, ein ganzes Tier mit Zigtausenden bewaffnet.

Was Wale und Nesseltiere gemeinsam haben

Mantas, Walhaie und Bartenwale ernähren sich, indem sie einfach mit offenem Maul durch planktonreiches Wasser schwimmen. Ihre Hauptnahrung sind ebenfalls kleine bis winzige

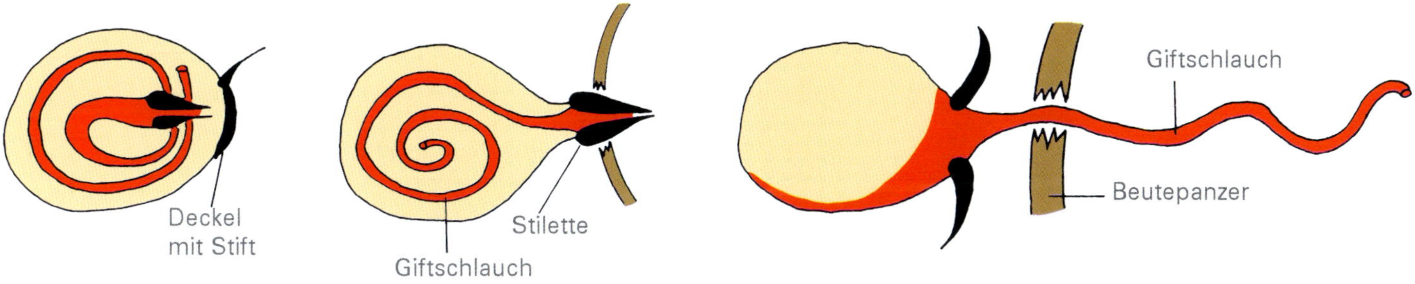

schwebende Krebse. Wieviel schwerer haben es da die Nesseltiere! Sie können nicht so simpel einsammeln, müssen vielmehr jedes einzelne Beutetierchen mit viel Aufwand erlegen. Natürlich gibt es bei diesem strapaziösen Kampf ums Dasein einen großen Bedarf an Munitions-Nachschub. Undifferenzierte Zellen entwickeln sich jeweils zu dem, was gerade gebraucht wird. Das sind am weitaus häufigsten neue Nesselzellen. Sie wandern durch den Körper der Cnidarien und gehen in Stellung, wo Lücken entstanden. Verschossene Kapseln sind ersetzt, ehe zwei Tage vergehen.

Für den Menschen: von wirkungslos bis tödlich

Beutefang ist die Hauptaufgabe der Nesselzellen. Berührt aber ein größeres Wesen, ein möglicher Freßfeind, das Tier, dann werden die Nesselkapseln zu Abwehrwaffen. Zum Glück für uns können bei weitem nicht alle Nesselgeschosse in die menschliche Haut eindringen und schmerzhafte Verbrennungen verursachen. Wo die Polypen sich in ein schützendes Gehäuse zurückziehen können, wie bei den Korallen, müssen die Abwehrwaffen nicht von besonderer Wirksamkeit sein. Durchschlagskraft und Giftstärke sind meist nicht höher als nötig, um die wichtigsten Beutetiere zu überwältigen. Ausnahmen bestätigen allerdings auch hier die Regel: das Gift bestimmter Würfelquallen reicht aus, um mehrere Menschen in wenigen Minuten zu töten.

Wehrhaft mit gestohlenen Waffen

Wir hätten es nicht mit der erfindungsreichen Natur zu tun, würde es nicht Feinde der Nesseltiere geben, denen die Geschosse gar nichts ausmachen. So lassen sich die erwähnten großen Planktonseiher selbstverständlich nicht von den Waffen kleiner Medusen beeindrucken. Nicht ganz wenige Schnecken, Riff-Fische und Seesterne, darunter die Dornenkrone, sind gar auf Polypennahrung spezialisiert. Das Erstaunlichste aber führen uns die gehäuselosen Fadenschnecken vor: aus noch unbekannten Gründen entladen sich die Nesselzellen nicht, wenn ihre Träger von diesen Schnecken verspeist werden. Sie wandern vielmehr unbeschadet durch deren Darm und Körper bis in die fadenförmigen Anhänge auf ihrem Rücken. Fische, die sich einmal den Mund verbrannten beim Versuch, solch bunte Beute anzubeißen, werden das nie wieder tun. Weniger rätselhaft ist das trickreiche Verhalten der Anemonen- oder Clowns-Fische. Sie können sich wohlig zwischen die schützenden Tentakel der Aktinien kuscheln, weil sie zuvor ihren ganzen Körper mit deren Oberflächenschleim »eingeseift« haben. Diese Schleimschicht – so nimmt man an – verhindert wohl auch, daß sich ständig verschiedene Tentakel desselben Tieres gegenseitig beschießen, sobald sie sich berühren. Eine andere Theorie hält eine Steuerung durch entladungshemmende Nervenzellen für möglich. Was immer auch zutrifft, Selbstmord ist im Tierreich unüblich. Das Wunderwerk Nesselkapsel kann als der höchstspezialisierte Apparat seiner Größenordnung im ganzen Tierreich angesehen werden. Das ist ein weiterer, besonders krasser Beleg dafür, wie schief wir liegen, wenn die entsprechenden Organismen offiziell unter der Bezeichnung »Niedere Tiere« klassiert sind und nur allzuoft mit dem Attribut »primitiv« versehen werden. Nur weil sie entwicklungsgeschichtlich früh in Erscheinung traten. Funktioniert das hochentwickelte Gehirn der vermeintlichen »Krone der Schöpfung« ebenso zuverlässig?

Wer verfügt über Nesselzellen?

Reich:	**Tiere**
Unterabteilung:	**Hohltiere** = Coelenteraten
Stämme:	**Nesseltiere** = Cnidarien (etwa 10 000 Arten) [außerdem: Nessellose Hohltiere = Rippenquallen (unter 100 Arten)]
Klassen:	**Hydrozoen** (etwa 2700 Arten) **Blumentiere** = Anthozoen (6- und 8-strahlige Korallentiere; gut 6500 Arten) **Echte Quallen** = Scyphozoen (etwa 200 Arten)

Bemerkenswerte Leistungen und Wechsebeziehungen Absonderliches aus ökologischen Nischen

8

Seit längerem ist das Wort »Ökologie« zwar in aller Munde, muß dabei aber für sehr unterschiedliche Sachverhalte herhalten. Zur Eindämmung der Verwirrung darf daran erinnert werden, daß der (übrigens bereits 1866 von Haeckel geprägte) Begriff für die Wissenschaft von den Beziehungen der Lebewesen zu ihrer Umwelt steht. Forschungsgegenstand dieses Zweiges der Biologie sind folglich die Anpassungen. Auch die Verhaltensforschung (Ethologie), deren Arbeitsgebiet die Reaktionsnormen der Tiere und des Menschen (Humanethologie) gegenüber der Umwelt sind, hat sich als wichtiger Bestandteil der Ökologie im Haeckelschen Sinne etabliert. Sie wurde begründet von Konrad Lorenz, dessen Schüler Irenäus Eibl-Eibesfeldt in Sonderheit menschliches Verhalten einbezieht.

Zum etwas verwaschenen Modebegriff ist auch die »ökologische Nische« aufgestiegen. Die Fachwelt versteht darunter nicht (mehr) ein räumlich definierbares Areal, sondern die jeweils typische Stellung einer Art oder eines Individuums innerhalb der Gesamtfaktoren seines Lebensraumes, also des Gefüges seines Ökosystems. Geographisch kann das von immensen Ausmaßen sein. Für Thunfische beispielsweise oder Bartenwale kann sich die »Nische« über die ganze Dimension zwischen zwei Kontinenten erstrecken, nämlich überall dorthin, wo ihren Lebensansprüchen gemäß Schwärme von Beutetieren zu finden sind.

Es kann nicht wundernehmen, daß die Verschachtelung unterschiedlicher ökologischer Nischen dort am dichtesten ist, wo gleichzeitig die äußeren Bedingungen von größter Vielfalt und die Zahl der Tierarten am höchsten ist (was sich natürlich gegenseitig bedingt): im Korallenriff. So haben sich dort denn auch – vergleichbar der Geschichte menschlicher Städte – die meisten »Berufe« entwickeln, die meisten Experten ausbilden können, aber auch die zahlreichsten dauerhaften Wechselbeziehungen, wenngleich von sehr unterschiedlichem Nutzen für die Beteiligten. Das reicht vom schweren Parasitismus über kostenlose Inanspruchnahme von Fremdleistungen und über Sklavenhaltung bis hin zu echten Gemeinschafts-Unternehmen zum Nutzen aller Partner, auch wenn sie ganz unterschiedlicher Herkunft sind. Daneben gibt es noch Eigenbrötler, die ausschließlich zum eigenen Vorteil spezielle Fähigkeiten entwickelt haben: Aber auch regelrechte Dienstleistungsbetriebe sind bereits entstanden, denen auch schon die Werbung nicht mehr fremd ist.

Von einigen ausgewählten Beispielen berichten die nächsten Abschnitte.

An eindrücklichen Beispielen für schier unglaubliche Vernetzungen zahlreicher Faktoren mit dem Ergebnis reibungsloser Funktionsgefüge fehlt es nicht in der Natur. Anemonenfische, Putzsymbiosen und andere Partnerschaften zählen ebenso dazu wie die kuriosen Einsiedlerkrebse.

Hausbesetzer im Tierreich
Einsiedlerkrebse

Macht man die Zahl zum Maßstab, so sind Insekten die mit großem Abstand erfolgreichste Tierklasse. Jedoch konnten sie nur das Land erobern und bis ins Süßwasser vordringen. Das Meer blieb ihnen – bis jetzt – versperrt. Dort haben ihre Verwandten, die Krebse (Klasse Crustaceen), ebenfalls aus dem Stamm der Gliederfüßer, sich ausgebreitet. Ihre Artenvielfalt nimmt sich freilich – wenn auch eine der höchsten mit »nur« 35000 geradezu lächerlich aus neben der der Insekten mit fast 800000 heute bekannten Spezies. Alle zählen sie zu den sogenannten »Niederen Tieren«. Man muß sich zuweilen daran erinnern, daß diese Bezeichnung vom Platz im Stammbaum herrührt, also etwas aussagen will über den Zeitpunkt des ersten Auftretens im Laufe der Milliarden Jahre währenden Entwicklungsgeschichte der belebten Natur. Denn wenn wir Leistungen und Lebensumstände so mancher dieser Tiere näher betrachten, können wir »Niederes« im Sinne von »primitiv« beim besten Willen nicht konstatieren. Zum Beispiel die Einsiedlerkrebse: Mit hochkomplizierten Anpassungsmechanismen stellen sie viele der so genannten höheren Wirbeltiere, die Spitzenklasse Säugetiere eingeschlossen, glatt in den Schatten. Wo im Tierreich gibt es schon so raffinierten »Werkzeug«-Gebrauch wie bei den Einsiedler-Krebsen? Und an symbiotischen Lebensgemeinschaften mit gänzlich anderen Tieren zeigen sie uns ebenfalls überaus Verblüffendes.

Wie aus einem Science-fiction-Film wirken die bunten Augen auf langen Stielen. Damit haben uns die Tiere wahrgenommen, lange bevor wir uns ihnen am Meeresboden nähern. Zunächst sehen wir nichts als ein unbewegtes Schneckenhaus. Erst wenn wir es aufnehmen und

Nur ein Athlet kann dieses kiloschwere Haus schleppen.

Einsiedlerkrebse können ohne Schneckenhäuser oder andere Schutzhüllen nicht mehr leben. Ihr Hinterleib büßte den natürlichen Chitinpanzer ein. Der notwendige Umgang mit fremdem Material gibt der Diskussion um den Begriff des Werkzeuggebrauchs Nahrung. Staunen und Bewunderung erheischt das präzise Ineinandergreifen von anatomischen Veränderungen, physiologischen Anpassungen und hormongesteuerten Verhaltensweisen. Um leere Schneckenhäuser entbrennen zuweilen heftige Kämpfe. Unser Foto zeigt, daß wenigstens einer der Kontrahenten auf dem Schlachtfeld Federn lassen mußte.

umdrehen; erkennen wir statt einer Schnecke eine Zange, die – perfekt passend – den Eingang verschließt. Es ist die größere von zwei stets ungleichen. Eine gehörige Portion Geduld ist nötig, um abzuwarten, bis unser Freund, ganz langsam und vorsichtig, Antennen und Stielaugen, Kopf, Zangen und schließlich Schreitbeine und Brust aus der schützenden Burg hervorschiebt und losmarschiert. Mehr bekommen wir nicht zu sehen, denn der dünnhäutige, lange Hinterleib hat permanenten Hausarrest.

Hausannexionen im Erbgut vorprogrammiert

Es wird wohl ewig eines der zahllosen Rätsel der Evolution bleiben, wie es zu dieser kuriosen, aber äußerst wirksamen Anpassung kam. Die Larve des Tieres treibt im Freiwasser, als Teil des Planktons. Erst mit der Metamorphose zum fertigen Krebs wird dieser ein schwimmunfähiger Bodenbewohner. Seine wichtigste Aufgabe ist dann die Suche nach einem kleinen, leeren Schneckenhaus, um darin den ungeschützten weichen Hinterleib zu verbergen. Er wäre ein Leckerbissen für viele Fische, jeden Tintenfisch und auch für manchen Krebs. Dieses Verfahren der Hausbesetzung wird dem Jungtier von keiner Mutter gezeigt. Es folgt seinem Instinkt. Wie kam diese Erbinformation zustande? Wir wissen es nicht. Und unser Staunen wächst noch, wenn wir sehen, daß viele der Einsiedlerkrebse (es gibt sie in allen Meeren mit etwa 600 Arten) einen spiraligen Hinterleib haben, zur gleichen Seite gedreht und genau geformt wie die bevorzugten Schneckenhäuser. Diesem ominösen Hinterleib fehlt nicht nur der starke Chitinpanzer, der das übrige Tier schützt; die zugehörigen Beine sind stark verkümmert und dienen gerade noch als Klammerfüßchen – mit Haftwarzen versehen zum Festhalten in der Schneckenspindel.

Einsiedlerkrebse sind also dazu verurteilt, ständig ihre Eremitenzelle mit sich herumzuschleppen. Das ist aber nicht ausschließlich ein Nachteil. Ein festes Haus bietet größeren Schutz als ein selbstgemachter Harnisch. Es erlaubt dem ewig hungrigen Einsiedlerkrebs, bedenkenlos auch am hellen Tage umherzustreifen. Er muß sich nicht bis zur Dunkelheit verbergen wie Hummer, Languste und fast jede Krabbe.

Zweimal jährlich Wohnungswechsel

Ein Problem bringt diese Aneignung herrenlosen Gutes freilich mit sich: der Krebs ist auf Wachstum programmiert, das beschlagnahmte Haus natürlich nicht. Von Zeit zu Zeit muß das Tier deshalb nach einem größeren Wohnwagen Ausschau halten. Bei vielen Arten ist das in etwa halbjährlichen Abständen der Fall. Zuvor wird die Nahrungsaufnahme eingestellt. Nun gibt es von den lebenstüchtigen Einsiedlerkrebsen zuweilen mehr als gerade ebensoviele geeignete leere Schneckenhäuser. Das bedeutet harte Konkurrenz, und nicht selten kämpfen zwei oder noch mehr Interessenten um ein Objekt. Manche büßen dabei einige Körperteile ein (s. Abb. Seite 167). So bitter, wie es den Anschein hat, ist das nicht, denn bei der nächsten Häutung wachsen verlorene Gliedmassen wieder nach.

Wohnungsangebot steuert Wuchs-Rhythmus

Eine weitere phantastische Anpassung wirft ebenfalls schier unbeantwortbare Fragen für die Evolutionsforschung auf. Einsiedlerkrebse wachsen nämlich nur im Zusammenhang mit dem Wohnungswechsel, dann aber in aller Geschwindigkeit. Im alten Gehäuse ist ja kein Platz dafür. Sobald aber ein größeres gefunden oder erkämpft wurde, vollziehen sich Häutung und Größenzunahme in einem raschen, kurzen Schub. Die speziellen Hormone, die den zeitlichen Ablauf steuern, fügen sich reibungslos in den Vorgang von Suchen und Finden einer passenden Wohnung. Mit geradezu akrobatischen Verrenkungen müssen die zahlreichen Gliedmaßen (bis zu 38) und die Augen samt Stielen aus den alten Röhren und Gelenken gezerrt werden. Das geschieht nachts oder in einem versteckten Winkel, denn der Krebs ist dabei schutzlos höchsten Gefahren ausgesetzt. Selbst die Scheren sind jetzt keine wirksamen Waffen mehr. Unmittelbar nach dem Abstreifen des alten Panzers folgt der Wachstumsvorgang, einer raschen Schwellung ähnlich. Und nun wird die neue Haut hart, die Ritterrüstung ist wieder komplett und das Nomadenleben kann mit einer größeren tragbaren Festung fortgesetzt werden.

Übrigens verfügen Einsiedlerkrebse über einen vorzüglichen Geruchssinn. Der sagt ihnen aus der Distanz, ob ein Schneckenhaus leer ist; er meldet auch, wenn eine Schnecke krank und dem Tode nahe ist. Dann wird angegriffen und nachgeholfen.

Es gibt auch Lebensgemeinschaften zwischen Einsiedlern und Schwämmen, die zum Teil giftig, immer aber für Räuber ungenießbar sind. Einige Korkschwämme können das Schneckenhaus langsam auflösen und sich dann dem Raumbedarf des Krebses, den sie umwachsen, anpassen. Damit ersparen sie ihm das unstete Leben der Wohnungswechselei.

Auf dem Dach eine Leibgarde

Man darf wohl die Symbiosen zwischen Einsiedlerkrebsen und Seeanemonen (Aktinien) zu den interessantesten im Tierreich zählen. Eine ganze Reihe verschiedener Lebensgemeinschaften gibt es da. Sie unterscheiden sich auch in der Intensität der Bindung. Immer aber ist es ein Bund zu beiderseitigem Nutzen, eine Symbiose: die Polypen der Aktinie schützen mit ihren Nesselgeschossen den Krebs vor Feinden.

Es wurde beobachtet, daß selbst ein ausgewachsener Krake plötzlich das Verlangen nach seiner Lieblingsspeise – Krebstiere – vergißt, wenn ihn die Anemone gebrannt hat. Diese profitiert durch ein verbessertes Nahrungsangebot. Die Eßmanieren des Einsiedlerkrebses sind die eines Wüstlings: die Fetzen fliegen. Und von diesen Fetzen wird ein gut Teil von den Tentakeln der Anemone eingefangen. Beide Tiere sind praktisch Allesfresser und vertilgen viel Aas. Der sonst recht bodenständigen Anemone kommen die Wanderungen in immer neue Jagdgründe zusätzlich zustatten.

Der Beginn solcher Partnerschaften ist nicht immer gleich. Es gibt Anemonen, die als Spezialisten ihre Einsiedlerkrebse regelrecht einfangen. Kommt einer in ihre Nähe, so wird sein Haus von den Tentakeln auf Tauglichkeit abgetastet, dann mit Klebekapseln und der Mundscheibe festgehalten, bis der Fuß sich auf dem Dach festgesaugt hat. Andere Anemonen müssen vom Krebs geduldig überredet werden mitzukommen. Aquarianer wissen, daß es fast unmöglich ist, eine Seeanemone umzu»pflanzen«. Sie wehrt sich mit allen Mitteln und will um keinen Preis auf Befehl Fuß fassen. Der kleine Krebs bringt's fertig, mit behutsamem Betasten, Klopfen und Streicheln. Es gibt ohne Zweifel eine gewisse Verständigung zwischen dem Krustentier und dem Blumentier, das nicht einmal differenzierte Sinnesorgane besitzt. Es läßt sich nach einer Stunde oder mehr ohne Gegenwehr vom Boden lösen und auf das Haus setzen.

Ehen von Bestand

Nicht alle, aber viele Einsiedlerkrebse fühlen sich gegenüber ihrer Beschützerin zu lebenslanger Treue verpflichtet. Folglich müssen sie sie beim Umzug in ein größeres Eigenheim erneut zum Ortswechsel bewegen, mit den bewährten Mitteln. Das kann zu anstrengender Arbeit von vielen Stunden ausarten, wenn die Leibwache nicht aus einem Einzelkämpfer besteht, sondern aus einer Phalanx von mehreren oder vielen kleinen bis winzigen (aber nicht weniger stark nesselnden) Blumentierchen, einem wahren Dachgarten.

Und dann gibt es da etwas noch Raffinierteres: Anemonen, die sich und dem Krebs die ewigen Tapetenwechsel ersparen. Sie scheiden an ihrem Fuß eine feste, hornartige Masse ab, die sich langsam über den Rand des Schneckenhauses schiebt und dem Krebs ermöglicht, zu wachsen, ohne ausziehen zu müssen. Es wird einfach angebaut. Stirbt der Krebs, kann auch die Anemone nicht weiterleben. Offenbar ist sie nicht fähig, sich allein zu ernähren. Ein vermeintlicher Schneckenhaus-Typ bei den Philippinen, von dem man die »zugehörige« Schnecke jahrzehntelang vergeblich suchte, wurde erst kürzlich als Produkt einer Anemone entlarvt.

Unklar ist bis heute, wie die Krebse es fertigbringen, von ihren Seeanemonen nicht genesselt zu werden. Schließlich haben sie trotz des Panzers empfindliche Stellen wie die Augen und die Antennen mit den Sinneshärchen für Riechen und Tasten. Eine Möglichkeit besteht im Einreiben mit dem Oberflächenschleim der Anemonententakel, der diese vor gegenseitiger Vergiftung schützt; ein Verfahren also, wie es auch die Anemonen- (oder Clown-)Fische anwenden. Weniger wahrscheinlich ist eine »innere« Immunisierung durch Fressen von Tentakeln mitsamt ihren Nesselzellen. Es ist aber auch nicht auszuschließen, daß einzelne Arten eine angeborene Unempfindlichkeit gegenüber bestimmten Giften besitzen.

Vermieter, Arbeitgeber, Eroberer

Das Hausdach ist nicht der einzige Platz, wo nützliche Zeitgenossen angesiedelt werden können. Viele Einsiedlerkrebse leisten sich einen Raumpfleger in Gestalt eines kleinen Borstenwurms. Auch er lebt von Nahrungsbrocken des Krebses und hat dafür peinliche Sauberkeit in der Behausung zu schaffen.

Es wundert nicht, daß die Ausbreitung so cleverer Geschöpfe, wie es unsere Freunde sind, noch in vollem Gange ist. Etliche von ihnen haben bereits das Meer verlassen und leben in Ufernähe an Land. Mancher begnügt sich dort mangels Schneckenhäusern mit einem Stück Bambusrohr. Zu den Freßfeinden gesellt sich hier noch die Sonne. Dagegen wurden bereits Mittel entwickelt, wie Verkriechen in Erdlöchern, »Trockenschlaf« und periodische Bäder in der Brandung. Anstelle der Kiemen übernimmt bei den Land-Einsiedlerkrebsen bereits der Hinterleib den wesentlichen Teil der Atmung. Es entwickelt sich so etwas wie eine Lunge. Während die meisten Meeres-Einsiedler zwischen 2 und 10 cm groß sind, kann ihr größter Verwandter an Land, der Palmendieb *(Birgus latro)*, 30 cm erreichen.

Vorerst brauchen diese Tiere noch das Meer zur Entwicklung ihrer Larven. Aber wer weiß wohin die Evolution führt? Wie interessant wäre ein Blick in die Zukunft, sagen wir: um 100 Millionen Jahre voraus! Für Überraschungen könnte wohl jetzt schon garantiert werden.

Stellung im System der Tiere

Stamm:	**Gliederfüßer** = Arthropoden (¾ aller Tierarten mit mehr als einer Million Arten in 6 Klassen)
Klassen:	**Krebstiere** = Crustaceen (etwa 35000 Arten in 10 Unterklassen) [außerdem: Insekten (bisher 800000 bekannte Arten); Spinnentiere (etwa 30000 Arten)]
Unterklasse:	**Höhere Krebse** = Malacostraca (etwa 18000 Arten in 10 Ordnungen)
Ordnung:	**Zehnfußkrebse** = Decapoden (etwa 8500 Arten in 5 Unterordnungen)
Unterordnungen:	**Mittelkrebse** = Anomura (etwa 1500 Arten in 11 Familien) [außerdem: Ritterkrebse, Garnelen, Panzerkrebse, Krabben]
Familien:	**Meeres-Einsiedlerkrebse** = Paguriden **Land-Einsiedlerkrebse** = Coenobitiden (zusammen etwa 600 Arten in vielen Gattungen)

Anemonenfische
Untermieter in der Räuberhöhle

Sie gehören allenthalben zur Zierde anspruchsvoll gestalteter Meeres-Aquarien, die »Clownfische«. Als Beispiel für symbiotische Partnerschaften fehlen sie in keinem Bericht über Korallenriffe. Für den Taucher aber sind sie mehr: sie gehören zu den wenigen Tieren, zu denen eine unmittelbare Wechselbeziehung herzustellen ist – wenn auch nicht unbedingt zu ihrem Vergnügen.

Das kann etwa so aussehen: Über der Seeanemone, dem blumenhaft schönen, aber räuberisch-gefährlichen Nesseltier, schweben zwei von den kleinen Burschen, ihre wachen Augen aufmerksam auf dich gerichtet. In Farbe und Musterung sind sie gleich, in der Größe aber unterschiedlich. Ganz langsam näherst du dich. Im gleichen Tempo, zögernd, ziehen sich die Tierchen zurück, schließlich bis zwischen die Tentakel ihrer »Wohn«-Anemone. Du kommst noch etwas dichter heran – und plötzlich schießt das größere Fischchen wie ein Blitz auf deine Maske zu. Ehe deine Reflexe eine Reaktion zustande bringen, hat der Fisch schon kehrtgemacht, zurück zu seiner Aktinie. Nun kannst du – statt dich vertreiben zu lassen – ein beliebig langes Spielchen beginnen. Der zweite, kleinere Fisch, das Männchen, macht nun – etwas zaghafter – auch mit. Im Gegensatz zu ihren nahen Verwandten, den Sergeantenfischen *(Abudefduf)* berühren die tapferen Bürschchen nicht den großen Eindringling, der ihr Wohnrevier zu bedrohen scheint, vielleicht auch ein darin verstecktes Gelege. Immer bleibt es bei Scheinangriffen. Aber aufgegeben wird nicht.

Wechselseitige Abhängigkeit?

Vor allem Flucht in die Ferne ist nicht im Verhaltensrepertoire der Anemonenfische. Wohin sollten sich die Wehrlosen auch wenden? Gegen hungrige Räuber – Schnapper, Zackenbarsche, Eidechsenfische, Muränen – haben sie kein Mittel. Die nächsten brauchbaren Anemonen sind zu weit; vor allem aber würden sie dort von Artgenossen ebenso empfangen wie der Taucher hier von ihnen. Nein, sie sind auf Gedeih und Verderb mit ihrer angestammten Aktinie – man nennt diese Ordnung sechsstrahliger Korallen auch Seeanemonen oder Seerosen – verbunden. Nur die mit Nesselgeschossen gespickten langen Tentakel bieten den Clownfischen sicheren Schutz. Der erste Versuch eines jungen Raubfisches, nach einem von ihnen in der Anemone zu schnappen, wird auch sein letzter sein; lebenslang wird er einen Bogen um solche Aktinien machen. Drum fühlen sich die Bewohner so sicher inmitten des Gewoges.

Die Anemonenfische sind also Nutznießer der waffenstrotzenden Hohltiere, ja sie können ohne sie nicht existieren. Lange glaubte man an einen einseitigen Nutzen. Aber nur eine unversehrte Aktinie kann auf die Dauer Schutz bieten. Es fehlt indessen nicht an kleinen Fischen, die ohne Schaden an den Tentakeln knabbern können und das auch gern tun. Vor allem sind es Falter- und Kaiserfisch-Arten. Die Anemonenfische handeln also keineswegs aus purer Angriffslust, sondern in ihrem ureigensten Interesse, wenn sie mutig alle potentiellen Freßfeinde der Aktinie vertreiben. Das gelingt ihnen hervorragend und sie sind gewohnt, daß die Bedrohten ihre Annäherungsversuche abbrechen. Fahren wir mit Handschuh-geschützten Fingern zwischen die Tentakel, so können wir völlig verdutzte Tiere nervös und ängstlich hin und her huschen sehen: ihr Weltbild hat einen Knacks erlitten.

Anemonen können auch ohne Clownfische ihr Dasein fristen. Im gesamten Indischen Ozean und im westlichen Pazifik ist das aber relativ selten, und die mit Fischen besetzten Exemplare sind dort durchweg die stattlicheren. Es zieht also zweifellos auch die Aktinie einen Nutzen aus der Vermietung der Zwischenräume ihrer Tentakel. Wir können in der Wechselbeziehung eine zum beiderseitigen Nutzen, eine echte Symbiose, sehen, auch wenn nur eine Seite in völliger Abhängigkeit lebt.

Überschätzte Clowns

Von Aquarianern sind immer wieder weitergehende Dienstleistungen der Fische gegenüber der Aktinie behauptet worden: ihr würden z.B. Futterbrocken von den mobilen Untermietern zur zentralen Mundöffnung gebracht. Verhaltensforscher sehen darin eine Fehlinterpretation. Anemonenfische sind Planktonfresser, die sich in natürlicher Umgebung kaum je an größere Brocken heranmachen. Im Aquarium aber werden ihnen unnormal große Futterstücke angeboten. (Das gleiche gilt natürlich auch für Versuche im Meer, wie sie Cousteau durchführte.) Die Tiere versuchen, in Sicherheit zu bringen, was sie nicht sofort verzehren können. Sicherheit aber bietet nur das Innere ihrer Aktinie. Durch Zufall kann diese dabei auch zu einem Stückchen Beute kommen. So wird man wohl ihre munteren Genossen einer Legende entkleiden müssen.

Die kleine Gruppe der Privilegierten

Wer sind die Bevorzugten, die sich ungestraft dort bewegen dürfen, wo andere ängstlich fernbleiben oder verspeist werden? Das Gros der Mannschaft wird von der Gattung *Amphiprion* aus der Familie der liebenswerten Riffbarsche (Pomacentriden, siehe Kapitel 6) gestellt. Nach neuesten Untersuchungen umfaßt diese Gattung 25 Arten. Sie unterscheiden sich in Farben und Mustern voneinander, aber kaum in der Form. Auch die Größe – bis maximal 13 cm – kann selten zur Bestimmung dienen, da sie stark variiert. Umfärbungen in verschiedenen Lebensphasen und viele Varietäten haben die Klassifikation lange erschwert. Es gibt Leibwächter, die auf bestimmte Partner eingeschworen sind: *Amphiprion*-Arten, die sich nur mit einer bestimmten Anemonen-Art zusammenschließen und, falls ihr Gastgeber verschwindet, auch dann zugrunde gehen, wenn genügend von anderen Arten zur Verfügung stehen. Als 26. Typ kommt der Samtanemonenfisch *(Premnas biaculeatus)* – die einzige Art einer gesonderten Gattung von Riffbarschen – zum Kreis derer, die ganz von Aktinien abhängig sind. Für den Nichtspezialisten sieht *Premnas* aus wie ein *Amphiprion*. So mancher dieser Gilde hat ein recht begrenztes Verbreitungsgebiet, z.B. nur um wenige Inseln oder gar nur eine. Am weitesten verbreitet ist Clark's Anemonenfisch: vom Persischen Golf bis zu den Marianen im Pazifik. Die Entstehung dieser stammesgeschichtlich noch jungen Fischgruppe wird im Indo-Australischen Archipel vermutet. Die Arten konnten (bis jetzt) weder den Atlantik (mit Karibik) erobern, noch den östlichen Pazifik. In diesen Regionen müssen die Anemonen – die es in allen Meeren gibt – ohne Bodyguards aus der Klasse der Fische auskommen. Viele Krebstiere machen sich das zunutze. Ostwärts von Tahiti und bei Hawaii sind keine Anemonenfische anzutreffen, im Roten Meer lebt eine einzige Art, der Zwei- oder Spitzbinden-Anemonenfisch *(A. bicinctus)*. Aber was nicht ist, kann noch werden.

Schon sind Nachahmer da

Die Erfindung des unbeschadeten Wohnens innerhalb der Räuberhöhle machte Schule. Fische mit grundsätzlich anderer Lebensweise beginnen offenbar, den Amphiprien ihre Tricks abzuschauen. Ein Dutzend Arten mögen es sein, die meisten ebenfalls aus der Familie der gelehrigen Riffbarsche; aber auch Meergrundeln scheinen dazu fähig. Es sind (vorläufig) nur Jungtiere, die sich zwischen die Tentakel begeben. Möglicherweise haben hier einige Arten begonnen, einen Austausch ihrer Lebensräume zu vollziehen: vom Felsspalt im Riff zur Anemone. Ein Preußenfisch *(Dascyllus trimaculatus)* ist offensichtlich der Meisterschüler. Seine Jungen tummeln sich schon ganz selbstverständlich in den Aktinien und werden auch bereits von den Clownfischen toleriert. Die erwachsenen Dreipunkt-Preußenfische jedoch hausen, wie der Rest ihrer Gattung, in den Steinkorallen. Ich würde viel dafür geben, könnte ich diese Situation (und so manche andere) nach – sagen wir – einigen tausend Jahren nochmals auf ihren Entwicklungsstand hin überprüfen.

Die Zauberformel: chemische Irreführung

Wenn man weiß, daß von einer stattlichen Aktinie kleine Fische gelähmt, vielleicht sogar tödlich genesselt, jedenfalls aber verspeist werden können (auch wenn sie nicht die typische Nahrung sind), so stellt sich die Frage um so nachdrücklicher, wie es die Anemonenfische fertigbringen, diesem Schicksal zu entgehen. Dieses besonders interessante und komplexe Phänomen hat natürlich die Meeresbiologen schon früh beschäftigt. Dennoch dauerte es lange, bis man unter den diskutierten Versionen die richtige bestätigen konnte. Das ist noch nicht lange her. Das Ergebnis: Die Tiere haben weder eine angeborene, noch eine erworbene Immunität gegen die Nesselgifte der Hohltiere. Ihr Trick: sie stehlen ganz einfach. Nesselzellen feuern los (wie ich es beschrieben habe in Kapitel 7), wenn ihr »Auslöser« berührt wird. Sie müssen indessen davor geschützt werden, gegen Teile des eigenen Organismus loszuschießen. In Strömung und Dünung sind ständige gegenseitige Berührungen der langen Tentakel unvermeidlich. Sie dürfen nicht genesselt, also wie Beute und Nahrung behandelt werden. Solch selbstmörderisches Geschehen wird durch einen Schleim von spezifischer chemischer Zusammensetzung verhindert; damit ist die gesamte Oberfläche aller nesseltragenden Körperteile der Aktinie überzogen. Diesen Schleim klauen die listigen Kobolde, indem sie sich selbst damit einreiben. Ganz vorsichtig beginnen sie, mit einer Stelle ihrer Haut die Tentakel zu berühren. Dann geht es immer weiter, bis der ganze Körper einen Überzug aus Aktinienschleim hat. Nun kann nichts mehr passieren, der Betrug ist perfekt. Die Nesselkapseln reagieren bei Berührung wie auf ein Zusammentreffen mit den eigenen Nachbartentakeln, nämlich gar nicht. Laufend muß die Schleimschicht ergänzt werden. Das führt zu einem Verhalten der Fische, das wie zärtliches Entlangstreichen aussieht und auch entsprechend missdeutet wurde. Bei Cousteau (1971) können wir noch nachlesen, daß solches »Tentakelstreicheln« als mögliches Entgelt für die Schonung angesehen wurde. Inzwischen erlaubten chemische Befunde, den vermenschlichenden Aspekt aus der Betrachtungsweise zu streichen. Daß mit den gewonnenen Erkenntnissen jedoch noch nicht alles über das Schutzphänomen aufgedeckt ist, zeigten Untersuchungen an Clownfischen, die man getrennt von ihren Aktinien in Plexiglas-»Käfigen« hielt. Konnten sie ihre Anemone sehen, blieben die Schleim-»Kleider« lange erhalten; im anderen Fall verschwanden sie rasch. Die Tiere steuern folglich eine aktive Komponente zum schützenden Vorgang bei. Ging sie bereits in die Erbinformation ein? Noch sind die Forscher nicht arbeitslos.

Nur Adoptivkinder?

Zurück zu unseren Beobachtungen beim Tauchgang. Wenn durch die Scheinattacken des dominierenden Weibchens und des stets kleineren Männchens nicht nur die Aktinie geschützt wird, sondern auch einige Jungfische verschiedener Größe, die sich vorsichtshalber etwas im Hintergrund halten, so liegt nichts näher als die Annahme, es handele sich um eine Familie von gleichem Fleisch und Blut. Hier ist aber ein großes Fragezeichen angebracht. Zur Laichzeit werden die befruchteten Eier zwar nicht ins Freiwasser entlassen, sondern nahe der Anemone am Boden festgeheftet. Die Larven jedoch steigen, wenn sie schlüpfen, auf und werden als Bestandteil des Planktons mit Strömung und Dünung fortgetragen. Erst nach weiteren Wochen suchen sie am Boden nach einer geeigneten Wahlheimat und wandeln sich zu fertigen Jungfischen. Angesichts der sehr begrenzten Mobilität erwachsener Tiere konnte die Ausbreitung der Anemonenfische nur durch solche Larvenverschleppungen gefördert werden. Weite Strecken scheinen aber auch auf diesem Wege nicht überwunden zu werden; denn sonst wären viele Arten weiter verbreitet. Dennoch ist wohl höchst unwahrscheinlich, daß es die eigenen

7 verschiedene, z.T. wenig verbreitete (endemische) Anemonenfische, darunter ein Preußenfisch. Auf einem Bild 3 Arten im Schutz derselben Aktinie.

Kinder sind, was die beiden munteren kleinen Kerlchen mit ihrem drohenden Gehabe und den deutlich hörbaren schnalzenden Lauten vor uns zu schützen trachten. Wenden wir uns ab und lassen die Wohngemeinschaft wieder friedlich nach Plankton-Partikeln schnappen.

Von den geradezu aufregenden, fast unglaublichen Mechanismen, nach denen bei Anemonenfischen Männchen oder Weibchen entstehen, immer genau den sozialen Bedürfnissen entsprechend, wurde im Rahmen eines gesonderten Kapitels über Geschlechtsumwandlungen bei Fischen berichtet (siehe Kapitel 4).

Riesen und Winzlinge im Bund fürs Leben
Mördermuscheln und ihre Partner

Symbiosen – Gemeinschaften von verschiedenen Lebewesen zum beiderseitigen Nutzen – wirken immer wieder fesselnd und lassen uns um so mehr staunen, je ungleicher die Partner sind. Und wenn sie auf raffinierteste Weise voneinander abhängen, reicht unser Vorstellungsvermögen nicht aus, um die Entstehung solcher Verknüpfungen zu begreifen. Zum Beispiel der zwischen der Riesenmuschel Tridacna – meist »Mördermuschel« genannt – und einer mikroskopisch kleinen Pflanze.

Was wir an Muscheln schön finden, ist schnell gesagt. Es sind die Schalen etlicher Arten, und einige können unseren Gaumen erfreuen. Dazu kommt noch, daß Muscheln als Produzenten von Perlen und Perlmutt Zulieferer der Schmuckindustrie werden. Der Taucher bekommt zuweilen farbige Mäntel zu sehen, ehe sich die Schalen vor ihm schließen. Ansonsten können wir nicht viel mit Muscheln anfangen. Nur selten auch sieht der Unterwasser-Fotograf in ihnen ein lohnendes Objekt.

Eine Ausnahme ist da die Riesen- oder Mördermuschel (Gattung *Tridacna*). Man kennt sie, denn sie imponiert durch ihre Größe. Der Taucher klopft mal vorsichtig von der Seite an, um zu sehen, wie sie sich schließt, hält im übrigen aber respektvolle Distanz von ihren Schalenrändern. Denn man weiß von Gruselgeschichten eingefangener und ertrunkener Menschen. Das ist der zweite Grund, warum man sie kennt.

Daß sie aber – ganz abgesehen von Größe, Gewicht und Gefährlichkeit – ein recht ungewöhnliches Tier mit einmaligen Merkmalen ist; sieht man ihr nicht an.

Kaltes Wasser behagt ihr nicht

Die Riesenmuschel hat sich im Indopazifik entwickelt und benötigt warmes Wasser. Damit ist ihr Fehlen im Atlantik (einschließlich Karibik) zu erklären, denn sie hat den Wanderweg über die Kaltwasserzonen im Süden oder Norden nicht geschafft. Selbst die Gewässer um die Hawaii-Inseln sind ihr nicht warm genug. Mauritius, wo wir sie schon fanden, ist zwar dem Äquator nicht näher, bietet aber gleichmäßigere Bedingungen aufgrund der Meeresströmungen. Am häufigsten treffen wir sie im westlichen tropischen Pazifik an, bis zu den Philippinen, Neuguinea und dem Großen Barriere-Riff. Im ganzen übrigen Warmgürtel des Indopazifik macht sie sich rarer und im Roten Meer ist sie schon recht selten.

Eine Perle zum Kugelstoßen

Tiere von einem Meter Größe sind keine Seltenheit, einzelne können 1,5 m erreichen. Es versteht sich, daß diese in die Schwergewichtsklasse gehören. Mehr als 5 Zentner Schalengewicht sind verbürgt. Ein langes Leben ist notwendig, um soviel zu produzieren. Die Meeresbiologie ist noch zu jung, um über hinreichende Kontrolldaten zu verfügen. Es kann aber als sicher gelten, daß Mördermuscheln viele Jahrzehnte leben. Vielleicht ist die Lebensspanne der des Menschen vergleichbar.

Alle Muscheln haben die Fähigkeit, eingedrungene Fremdkörper mit einem Perlmuttüberzug zu isolieren, also Perlen zu erzeugen. Viele werden nur nicht alt genug, um etwas Ansehnliches fertigzubringen. Die Riesenmuschel hat sehr viel Zeit. Kein Wunder also, daß die größte je entdeckte Perle von einer *Tridacna gigas* stammt: sieben Kilogramm schwer. Das ist nicht das Gewicht von Schmuck für Damen, sondern einer Leichtathletik-Kugel für Männer. Den Fund machte man vor einem halben Jahrhundert bei den Philippinen. Zum Vergleich: Japanische Zuchtperlen werden nicht größer als 9,5 mm, andere, auch die seltenen schwarzen maximal 16 bis 17 mm.

Wenn man keinen Kopf hat, macht man's mit dem Mantelsaum

Die meisten »normalen« Muscheln haben bestimmte Merkmale gemeinsam. Dazu gehört außer den zwei Schalen mit ihren kräftigen Schließmuskeln eine – wenn auch dürftige – Beweglichkeit, von der allerdings wenig Gebrauch gemacht wird. Nur eine kleine Minderheit der etwa 20000 Muschelarten stellt eine feste, kalkige Verbindung zu einer harten Unterlage her. Den sogenannten Mantel, der auch die beiden Kalkschalen produziert, haben alle Muscheln, ebenso einen Apparat, der gleichzeitig sowohl als Kiemen Atemfunktion hat, wie auch die Aufgabe, die winzigen Nahrungspartikel aus dem Geschwebe zu filtern und dem Magen zuzuleiten. Denn alle Muscheln sind sogenannte Strudler, die sich von Plankton ernähren. Sie verfügen auch über ein Herz und einen Blutkreislauf, ein Nervengeflecht, eine Leber, Magen und Darm, nierenähnliche Ausscheidungsorgane und Geschlechtsdrüsen, erstaunlicherweise aber nicht über einen Kopf. Ihre Sinnesorgane und -zellen mußten deshalb anders plaziert werden. Den Hauptteil übernimmt der Mantelsaum, gewissermaßen ein Teil der Rückenhaut des Tieres. Er ist der Umwelt am nächsten und deshalb prädestiniert zum Träger der Sinne, unter denen das Sehen der wichtigste ist. Eine ganze Anzahl primitiver, aber erstaunlich leistungsfähiger Augen versteckt sich zwischen Tupfen eines farbigen Musters. Dieser Lichtsinn ist es, der den Befehl zum Zusammenklappen der Schalen gibt, wenn wir über oder neben dem Tier erscheinen und einen Schatten erzeugen.

Verdrehte Verhältnisse

Die Mördermuschel folgt nicht in allem dem typischen Bauplan »normaler« Muscheln. Sie ist nicht beweglich im Sinne der Ortsveränderung, statt dessen aber in der Lage, sich in den Fels einzugraben. Die Tiere tun das in sehr unterschiedlichem Umfang. Ist die Grundlage ein lebender, wachsender Korallenblock, so können die Muschelränder schließlich in einer Ebene mit den Korallen liegen. Als ortsgebundene Tiere können sie sich nicht durch Begattung vermehren, wie es viele andere Muscheln tun.

Die Eingeweide innerhalb des Mantels sind – im Vergleich zu anderen Muscheln – um 180° gedreht: der Fuß mit dem Lagesinn, sonst nahe der Öffnung bei den Schalenrändern, liegt beim Schloß, Herz und Blutgefäße dagegen liegen nicht in der Tiefe, sondern nahe der Oberfläche, die dem Licht zugekehrt wird. Das hat seinen guten Grund.

Die Muschel, die sich Pflanzenkulturen hält

Die Riesenmuschel lebt nämlich mit einem extrem ungleichen Partner in Gemeinschaft: einer mikroskopisch kleinen Pflanze, einer einzelligen Alge (Zooxanthelle). In Unmengen wird dieser Winzling in Ausbuchtungen der Blutgefäße der Muschel gezüchtet. Diese »Plantagen« werden mit lebenswichtigen Nährstoffen versorgt. Dafür verspeist die Muschel laufend einen Teil der »Ernte«. Vielleicht ist diese zweite Nahrungsquelle – neben dem Verzehr von Plankton – die solide Grundlage für das Riesenwachstum. Die Einzeller haben die Wimpern, die zur Fortbewegung in ihrer Familie sonst üblich sind, eingebüßt und könnten ohne ihre »Farmer« gar nicht mehr leben.

Unterwasser-Laser

Zum Wachstum brauchen die Algen wie alle Pflanzen Sonnenlicht. Das wird ihnen präsentiert, indem die Muschel die Schalen spreizt und den gut durchbluteten Mantel der Wasseroberfläche entgegenhält. Nicht genug damit: das Tier besitzt auch noch ein glasiges Organ von knorpeliger Konsistenz, das offenbar zur Bündelung von Sonnenstrahlen im Dienste der Algenkulturen fähig ist. Damit scheint die Mördermuschel den Laser erfunden zu haben.

Es versteht sich, daß bei diesen Lebensbedingungen größere Wassertiefen als Lebensraum wegen Lichtmangels nicht in Frage kommen.

Eine Mörderin?

Ist der diskriminierende Name des imponierenden Tieres gerechtfertigt, oder ist er den zahlreichen unangebrachten Dämonisierungen von friedfertigen Tieren zuzurechnen? Hans Hass hat mit seinem bekannten Versuch gezeigt, daß ein Bein aus Gips nicht ohne schwere Beschädigung aus den geschlossenen Muschelschalen befreit werden kann. In der einschlägigen Literatur

Durch die Einströmöffnung sieht man das Organ mit Doppelfunktion: Kiemen und Nahrungsfilter (unten links). An der Unterseite verbindet ein scharnierartiges Schloß die Schalen der Mördermuschel (oben rechts). Bei eingezogenem Mantel sieht man Querlamellen, deren Zahl mit dem Alter wächst (unten rechts). Selbst unter Geschwistern können Farbe und Muster stark variieren.

werden seit Jahrzehnten zwei Todesfälle weitergereicht, Wanderer auf der Riffplatte bei Ebbe, die – unachtsam – in eine Mördermuschel traten, durch den Schließreflex festgehalten wurden und sich nicht befreien konnten, bis sie bei Flut ertranken. (Wird ein Pferd Mörder genannt, wenn sein Reiter abstürzt und sich das Genick bricht?). Die weise Empfehlung von »festem Schuhwerk« für Riffwanderer, in so manchem Opus zu lesen, ist nicht sehr hilfreich. Weit sicherer ist ein Messer, mit dem der einzige Schließmuskel zwischen den Schalen durchschnitten werden kann. Ein Taucher sieht besser, auf was er sich zubewegt, hat außerdem Flossen an den Füßen und müßte sich schon überaus ungeschickt verhalten, um durch eine Mördermuschel gefährdet zu werden. Es ist denn auch bis heute kein solcher Fall bekannt.

Stellung im System der Tiere

Stamm:	**Weichtiere** = Mollusken (etwa 125 000 Arten in 8 Klassen)
Klassen:	**Muscheln** = Bivalvia (20 000 Arten in über 80 Familien) [außerdem: Schnecken (weit über 100 000 Arten) und Kopffüsser = Tinten»fische« (etwa 730 Arten)]
Familien:	**Riesen-** oder **Zackenmuscheln** = Tridacnidae
Arten:	**Riesen-** oder **Mördermuschel** = *Tridacna gigas* und *Tridacna squamosa* (bis 1,5 m) [außerdem: Grabende Riesenmuschel = *Tridacna crocea* (10 cm); Pferdehuf-Muschel = *Hippopus maculatus* (25 cm)]

Eine Mördermuschel hält die Ankerkette
Unverhoffte Ankerhilfe

Rasselnd saust die schwere Ankerkette unseres Schiffes abwärts. Bald darauf springen wir von Deck der »Auriga Bay« in die warmen Fluten am tropischen Großen Barriere-Riff. Nach bewährter Gewohnheit tauche ich zunächst zum Anker, sowohl um mir die Orientierung für die Rückkehr zu erleichtern, wie auch zur Überprüfung der Lage des Ankers, denn es ist bekanntlich gar nicht so erheiternd, wenn man am Ende eines Tauchgangs, womöglich mit den letzten Litern Luft, am Ausgangspunkt vergeblich nach dem Schiff Ausschau hält. Weil es abgedriftet ist wegen schlechter Lage des Ankers. Man schätzt sich dann glücklich, wenn die Besatzung eine solche Panne bald bemerkt. Sonst gibt es eine ärgerliche Einlage.

Heute aber liegt der Anker gut, 19 Meter tief hinter einem stabilen Korallenblock. Für mich jedenfalls liegt er gut genug. Nicht aber offenbar für ein Prachtexemplar von einer Mördermuschel, weit über einen Meter groß und etliche Zentner schwer: sie hält die Ankerkette fest zwischen ihren Schalen.

Es ist der extrem unwahrscheinliche Zufall eingetreten, daß die Kette, nachdem der Anker Grund gefunden hatte, zwischen die Schalen einer Riesenmuschel geriet, dazu noch einer besonders großen. Das Ganze ging wohl zu schnell für sie. Sonst hätte sie rechtzeitig dicht gemacht.

Mir schießt die Frage durch den Kopf: was wird nach dem Tauchen beim Ankerlichten? Kette und Anker sind überaus schwer und können nur per Motorwinde gehoben werden. Deren Kraft mag vielleicht auch noch für die gewaltige Muschel reichen, sie aus ihrer Verankerung im Riff reißen und mit hochziehen. Und dann? Die Muschel wird vermutlich nicht loslassen. Sie gehorcht einem Reflex; der verhindert, daß etwas Feindliches ins verletzliche Innere eindringt. Aber ein Reflex kann sich irren, was in diesem Fall tödlich sein könnte. Würde man das Tier am Schiffsbug mit Gewalt von der Kette losschlagen – das würde wohl seinen Tod einleiten. Der Sturz in die Tiefe würde durch das hohe spezifische Gewicht der Schalen so beschleunigt, daß ein Zerbrechen wahrscheinlich ist. Hinzu kommt, daß das Tier dann vermutlich auf der Seite läge, an einem neuen Platz, ohne feste Verbindung mit dem Boden. Schalenränder, die noch lückenlos schließen könnten, wären dann geradezu ein Wunder.

Also bleibt nur der Versuch, jetzt hier unten die Kette aus dem »Griff« zu lösen. Gemeinsam mit meiner Frau gehe ich an die Arbeit. Vergeblich. Das Tier ist stärker als wir. Es ist nicht einmal zum Wackeln zu bringen. Erst nachdem wir mehrere weitere Taucher zu Hilfe holten, gelang es unseren vereinten Kräften, die schwere Kette Stück für Stück der Klammer zu entwinden.

Wahrscheinlich haben wir einem jahrzehntealten Geschöpf das Leben gerettet. Gleichzeitig bekamen wir eine leise Ahnung von der immensen Kraft, mit der auch Lebendes – zum Beispiel menschliche Gliedmaßen – festgehalten würde. Ohne Durchschneidung des Schließmuskels (die Mördermuschel hat im Gegensatz zu ihren meisten Verwandten nur einen) wäre dann keine Rettung möglich.

Von Wohnungsbau und Textil-Produkten
Spitzenpositionen der Spezialisierung

Nur wenige Funktionen machen die absolut notwendige Grundausstattung zum Überleben von Individuen und Arten aus. Die drei wichtigsten sind Nahrungserwerb, Feindvermeidung und Fortpflanzung. Sehr viele Arten im Tierreich sind darin mit relativ simplen Mechanismen bis heute hinlänglich erfolgreich. Daneben aber gibt es eine Reihe von Avantgardisten, die uns mit ganz erstaunlichem Spezialistentum die Trends der Fortentwicklung aufzeigen. Nur einige augenfällige Beispiele mögen das illustrieren.

Einst bestand auch die Menschheit – wie heute noch die weitaus meisten Tierarten – aus Gruppen, Grüppchen und Einzelindividuen, die in allem allein auf sich selbst gestellt waren. Erst spät und allmählich erfand und entwickelte der Mensch die Arbeitsteilung mit den enormen Erleichterungen der Lebensbewältigung, bis hin zur heutigen differenzierten und hochspezialisierten Gesellschaft, die wir »pluralistisch« nennen. Ganz Ähnliches können wir im Tierreich beobachten, wenngleich auf anderen Ebenen, jedoch im Prinzip nicht anders. Beginnen wir mit einem einfachen Handwerker – oder besser: Mundwerker.

Mundwerker

Nämlich dem sogenannten Brunnenbauer. Der Populärname seiner (richtiger: ihrer, denn es gibt mehrere) Familie lautet »Kieferfische«, der wissenschaftliche »Opisthognathiden«, was man – etwas frei – mit »Großmäuler« übersetzen kann. Zwei Dinge heben diese Fische aus dem Niveau der meisten anderen Familien ihrer Ordnung »Barschartige« heraus. Das eine: Sie bauen sich eine Wohnung. Es ist zwar noch nichts Ungewöhnliches, wenn Fische im Sandboden Zuflucht suchen, sich zum Schlafen oder bei Gefahr eingraben oder dort auf Beute lauern, wie z.B. Plattfische, Sandaale, die meisten Rochen und einige Schleimfische. Andere verbringen ihr ganzes Leben an einem Fleck im Sand wie die Röhrenaale (s. Kapitel 10).

Die Brunnenbauer haben das Wohnen im Boden jedoch kultiviert. Ihnen genügt nicht – wie den genannten Kollegen – ein simples Umschlossensein von Sand, in den es sich immer wieder aufs neue einzubuddeln gilt. Sie bauen sich vielmehr regelrechte Einzimmerwohnungen mit engem, dem Körper angepaßtem Eingang und einer Erweiterung zur gemütlichen Stube darunter. Das Ganze wird ständig sauber und ordentlich gehalten. Vor allem aber werden Haustür und Entree mit Bruchstückchen von Muschelschalen und anderen kleinen Hartteilen säuberlich ausgekleidet. Diese Fliesenleger-Arbeit geschieht mit dem Mund. Aus mehreren Gründen ist allerdings die Bezeichnung »Maul« hier angebrachter; für den kleinen Fisch von höchstens 10 cm Länge ist es ungewöhnlich groß, obgleich damit nichts weiter gefangen wird als winzige Krebse aus dem Geschwebe und anderes Zooplankton. Dazu pflegen die hübschen Kleinen mehr oder weniger senkrecht über ihrem Mauerwerk im Wasser zu stehen, mit lebendig bewegten Augen zu spähen und gelegentlich zu schnappen. Macht einer Pause, so sieht man nur den Kopf des beschaulich aus dem Brunnenrand lugenden Tiers. Man wird an einen Rentner im Fenster zur Straße erinnert.

Ein Maul voller Nachkommen

Für einen anderen Zweck allerdings ist die Größe der Mäuler in der Sippe der Kieferfische dringend vonnöten. Sie dienen nämlich als Brutkästen. Die ganze Familie ist geschlossen Mitglied im Club der bemerkenswerten sog. Maulbrüter. Gebalzt wird im freien Wasser. Erfolglosigkeit ist kaum zu befürchten, denn man lebt in Kolonien und die potentiellen Partner wohnen nur einen bis wenige Meter entfernt. Nach der Verlobung wird in den Brunnen der Männchen abgelaicht. Ein Elternteil – meist das Männchen – beschützt dann den Laichklumpen durch Aufbewahrung im Maul, auch wenn das dann nicht mehr ganz geschlossen werden kann. Dieses Verhalten entspricht – wie schon jede Art von Brutpflege überhaupt – einer relativ hohen Organisationsstufe. Es vergrößert die Überlebenschancen der jungen Nachkommenschaft beträchtlich gegenüber der Methode des Ablaichens im Freiwasser; und es erlaubt den Maulbrütern eine starke Einschränkung der Produktion von Geschlechtszellen.

Wenn Fische spinnen

Wir sind mit dem Schiff unterwegs weit draußen vor der ostindonesischen Insel Flores und tauchen an einem Riff, in dessen Nähe vielleicht noch nie ein Schiff war. Umso erstaunter bin ich, als ich am Grund eine helle, intakte Plastiktüte zu sehen meine. Stumm in mich hineinschimpfend über die Unbekümmertheit von Umweltsündern, selbst in den abgelegensten und ärmsten Weltregionen, nähere ich mich dem Gebilde und greife danach. Sofort ist es nicht mehr intakt, sondern zerfetzt. Mit Erstaunen betrachte ich die Teile. Sie bestehen aus einem superdünnen, durchsichtigen Gewebe, das bei Berührung sofort zerreißt. Ich begreife, um was es sich handelt, und erst nun – leider – mache ich ein Foto. Vor mir liegt das nicht mehr benötigte Nachthemd eines stattlichen Papageifisches. Er produziert jeden Abend ein neues. Tägliche Wegwerfware also auch im Tierreich. Ein rasches Recycling ist allerdings schon dadurch gewährleistet, daß es sich um organische Substanz handelt, die gefressen werden kann. Wohl deshalb bleibt ihr Anblick eine Rarität.

Zu dieser Art der Textil-Produktion sind keineswegs alle Papageifische befähigt, wohl aber noch etliche andere Arten aus ihrer nahen Verwandtschaft, nämlich aus der Familie Lippfische (im engeren Sinne). Es ist also dieselbe Sippschaft, die auch beim Thema Geschlechtsumwandlung schon mit so aufregenden Befunden ihr Super-Spezialistentum unter Beweis stellten (s. Kapitel 4). Wieder sind außer den Papageifischen die *Thalassoma*-Arten mit von der Partie, aber auch der Putzerlippfisch, von dem noch zu berichten sein wird.

Wie kommt nun eine solche Hülle – man mag sie auch Schlafsack nennen – zustande? Sie besteht aus Schleim, ist ein wenig klebrig, mehrschichtig und von lockerem Zuschnitt, also dem Körper nicht eng anliegend. Der Schleim stammt aus speziellen Drüsen nahe den Kiemen, wo denn auch die Hülle zu wachsen beginnt. Das fertige Gewebe wird durch den Wasserstrom aus den Kiemen am Körper entlang befördert. In spätestens einer Stunde ist das Ganze fertig. Vorn und hinten bleibt es offen, so daß Atemwasser durchströmen kann. Über die Funktion – so es denn überhaupt eine gibt – können wir vorerst nur Vermutungen anstellen, weil beweiskräftige Untersuchungsergebnisse noch ausstehen. Eine Sichtschutzwirkung ist schon wegen der ausschließlich nächtlichen Verwendung indiskutabel; viele Schlafsäcke (aber nicht alle) wären dazu auch zu dünn und durchsichtig. Am ehesten leuchtet noch die Theorie ein, daß die Schleimhülle nützlich wirkt als Behinderung der geruchlichen Ortung durch Freßfeinde. Die Nase ist z.B. den Muränen, denen Lippfische am häufigsten zum Opfer fallen, das wirksamste Spürorgan.

Es versteht sich, daß man als Taucher nur des nachts solchermaßen verhüllte Schläfer zu sehen bekommen kann. Sie liegen da wie in tiefer Narkose und nie habe ich eine Reaktion auf unsere grellen Lampen- und Blitzlichter bemerkt, solange keine Berührung erfolgte. Am Morgen aber läßt die innere Uhr die Tiere erwachen und sich aus der Hülle herauswinden. Das soll bis zu eine halbe Stunde in Anspruch nehmen können.

Übrigens sind es nicht die Polypen der Korallen, von denen sich die wunderlichen Papageifische ernähren, wie so oft behauptet wird. Sie sind nämlich Vegetarier. Deshalb sieht (und hört) man sie auch mit den kraftvollen Zahnplatten (fast) nur an totem Korallengestein knabbern. Sie haben es nämlich auf den Algenbewuchs abgesehen. Weil sie dabei stets viel Kalkstein zermalmen und schwimmend wieder ausscheiden, geht auf sie die Produktion eines beträchtlichen Anteils des feinkörnigen Sandes unserer Badestrände und am Grund der Schelfmeere zurück. Die kleinen Verwandten aus der Lippfischfamilie dagegen sind Fleischfresser.

Vorteilhaftes Miteinander

Wen wundert's, daß die Könner vieles können. Der wohlbekannte Putzerlippfisch wurde oben schon als einer der Web-Künstler erwähnt. Er verblüfft ja außer mit dieser komplizierten Konstruktion noch mit der hochqualifizierten Lebensgrundlage, die er sich mit Hilfe zwischenartlicher Beziehungen geschaffen hat. Eine nähere Beschreibung wird noch folgen.

Zunächst aber sei die Aufmerksamkeit des Lesers auf die Tatsache gelenkt, daß sich vermutlich schon lange vor dieser Fisch-Fisch-Partnerschaft ähnliche und noch erstaunlichere Formen friedlichen Zusammenwirkens etablierten zwischen Tieren, die sogar ganz unterschiedlichen Stämmen angehören. Allen voran sind hier verschiedene Krebstiere zu nennen, die es verstanden, solche trickreichen Vorteile im Kampf ums Dasein zu »erfinden«. Wie haben sich diese kleinen Krabben und Garnelen nur die Erlaubnis verschafft, sich ganz unbekümmert zwischen tödlichen Waffen bewegen zu dürfen, ohne deren Wirkung auszulösen und verspeist zu werden? Davon im nächsten Abschnitt.

Brunnenbauer gehören zu den Hochspezialisierten im Ökosystem Riff. Im Wasser »stehend« wird Plankton gefangen. Von bauchwärts noch deutlicher zu sehen: das große, zur Brutaufnahme dehnbare Maul, Brustflossen als Balancierstangen und wachsame Augen.

Papageifisch im »Nachthemd« aus Schleim ..., das am Morgen zur Wegwerfware wird (rechts).

Einfallsreich im Umgang mit Zeitgenossen
Krebse, die Gesellschaft suchen

Konkurrenzdruck und Feind-Beute-Verhältnis sind allgegenwärtige Beziehungen zwischen Individuen und Arten. Einer Anzahl von Spezialisten bleibt es vorbehalten, sehr besondere Formen des Zusammenlebens mit Organismen gänzlich anderer Herkunft zu pflegen. Da gibt es unterschiedliche Grade der Bindung; sie kann bis zur völligen Abhängigkeit vom ungleichen Partner reichen. Neben echten Symbiosen und reinem Parasitismus gibt es noch weitere Formen von Lebensgemeinschaften. Die Wissenschaft teilt all diese sogenannten Biozönosen nach der Verteilung des jeweiligen Nutzens ein.

An einigen Beispielen lernten wir Tiere kennen, die auf sich allein gestellt – zu bemerkenswerten Leistungen fähig sind. Die Einsiedlerkrebse – sie sind in einem eigenen Kapitel beschrieben – haben es noch ein Stück weitergebracht. Ihr Gebrauch von Fremdmaterial – dem Werkzeuggebrauch schon recht ähnlich – macht sie gänzlich abhängig von bestimmten Schnecken. Denen fügen sie aber keinen Schaden zu, da sie nur leere Häuser verwenden. Lebende Schnecken werden nur angegriffen, wenn ihr natürlicher Tod unmittelbar bevorsteht:

Anemonen als Fluchtburgen ...

Zu ebenso einseitigem Vorteil können statt toter Relikte lebende Organismen dienen. Die Anemonenfische – auch ihnen ist ein gesondertes Kapitel gewidmet – liefern ein klassisches Beispiel dafür. Aber nicht nur diese hochorganisierten Wirbeltiere waren fähig, sich auf solch raffinierte Weise ein Patronat zu verschaffen. Einige Krabben und Garnelen haben ebenfalls die schützenden Nesseltiere zu ihren Schirmherren gemacht. Die Aktinien profitieren davon nicht. Der Biologe nennt diese Art von Partnerschaft Kommensalismus. Die solcherart spezialisierten Krebstiere werden im Gegensatz zu anderem Getier vergleichbarer Größe, ja auch aus der nahen Verwandtschaft – nicht von dem Blumentier genesselt und verspeist. Dieser erstaunliche Effekt wird von den kleinen Krabblern mit dem gleichen listigen Verfahren erreicht, das auch die Anemonenfische anwenden: sie seifen sich langsam und vorsichtig mit dem Schleim der Aktinien-Tentakel ein. Das geschieht mit den Zangen und ist nach jeder Häutung zu wiederholen. So werden die Tierchen von der Aktinie nicht mehr als Beute erkannt, vielmehr wie benachbarte Tentakel des eigenen Organismus behandelt, nämlich friedlich. Zu dieser ebenso raffinierten wie nützlichen Bindung an eine Schutzmacht ist eine ganze Anzahl von Krabben und Garnelen aus verschiedenen Familien und Gattungen fähig.

Es ist zu vermuten, daß den stammesgeschichtlich wesentlich älteren Krebstieren das Patentrecht für diese »Erfindung« zukommt, während die Anemonenfische vom Plagiat leben. Für diese Annahme spricht auch, daß man von einer *Periclemenes*-Art glaubt, daß sie den Trick mit der Schleimschicht nicht benötige, die Immunität gegenüber dem Nesselgift also bereits angeboren sei.

Ein weiteres Beispiel für Kommensalismus habe ich im Zusammenhang mit den Schirmquallen beschrieben: Junge Stachelmakrelen durchstreifen im Schutz der großen Nesseltiere die Weiten der Ozeane. Auch die Lotsenfische sind hier zu nennen, auf die der Hai nicht angewiesen ist – entgegen früheren Annahmen. Seepocken heften sich nicht nur Schiffswänden an, sondern auch den Panzern von Seeschildkröten und der Haut von Walen. Noch manch andere Tierart erschleicht sich kostenlose Lebenshilfe durch Stärkere.

... und Anemonen als lebende, feurige Boxhandschuhe

Einem ganz besonders kessen, fast unglaublichen Trick verdankt ein anderes Krebstier seinen Namen: die Boxerkrabbe (Gattung *Lybia*). Sie begibt sich nicht untertänig in die Obhut von Anemonen – sie greift sich einfach welche und benutzt sie als lebende »Feuer«-Waffen. Die Krabbe ist nur zentimetergroß. Mit den Zangen ergreift sie entsprechend kleine Aktinien, nachdem sie sie vorsichtig vom Untergrund gelöst hat. Fühlt sich die Krabbe bedroht, reckt sie dem potentiellen Feind ihre zweifache Abwehr entgegen. Mit Vorliebe tut sie das abwechselnd links und rechts: die Doublette des Boxers.

Hier sind wir dem im Tierreich recht seltenen Werkzeuggebrauch zumindest schon nahe. Zwar setzt der Verhaltensforscher dafür eine Einsicht in die Zusammenhänge voraus, die unserer Krabbe als »niederem« Tier von den meisten nicht zuerkannt wird. Aber was wissen wir schon über die Unterschiede an »Einsicht« zwischen der Krabbe (die oft genug auch ohne Aktinien angetroffen wird) und etwa dem Darwinfink, der mit einem Kaktus-Stachel Insekten aus ihren Verstecken holt; oder einem australischen Laubenvogel mit seinem Verzierungsdrang? Diesen Vögeln wird Werkzeuggebrauch attestiert. Mit zu scharf gezogenen künstlichen Grenzen könnten wir fließende Übergänge in der Natur vielleicht vergewaltigen.

Begrenzte Einsicht in die Einsicht

Gleiches wäre auch anzumerken zur Tendenz größerer Einsiedler-Krebse (s. dort), sich Anemonen aufs Gehäuse zu setzen.

In beiden Fällen kann auch ein gewisser Vorteil bei den ungefragt benutzten Nesseltieren angenommen werden: während der Wanderungen der Krebse kann ihnen ein Mehr an Nahrungspartikeln beschert werden, nicht nur durch die Bewegungen im planktonhaltigen Wasser, sondern auch durch aufgewirbelte Bröckchen bei den Mahlzeiten der Krebse. Damit rücken solche Wechselbeziehungen zwischen sehr artfremden Tieren schon in die Nähe von Symbiosen.

Ein ungleiches Gespann

Rotes Meer. Ich liege auf dem Sandgrund in 14 Metern Tiefe. Ganz langsam, fast Zentimeter für Zentimeter bin ich im wahrsten Sinn des Wortes hierhergerobbt. Wenn schon die Luftblasen meiner Atmung und das dazugehörige Geräusch unvermeidlich sind, so will ich wenigstens die scheuen Tiere nicht mit ungraziösen menschlichen Unterwasserbewegungen für viele Minuten vertreiben. Einige Fehlversuche habe ich hinter mir. Aber diesmal klappt's. In Ruhe kann ich eines der possierlichsten Schaustückchen betrachten, die der Meeresgrund dem Taucher zu bieten hat: Szenen aus der Wohngemeinschaft von einem kleinen Fisch mit einer noch kleineren Garnele. Es handelt sich um eine Grundel (in meinem Fall aus der Gattung *Amblyeleotris*) und den Pistolen- oder Knall-Krebs *Alpheus*. Folgendes Schauspiel bietet sich dem Betrachter: Ein kleiner Fisch steht – ganz ähnlich wie der Brunnenbauer – schräg im Wasser. Nur seine Schwanzflosse bleibt verborgen in einem unregelmäßig geformten Loch im Sandboden. Ab und zu schnappt er nach einem winzigen Happen, der im Geschwebe vorübertreibt. In unregelmäßigen Abständen – durchschnittlich vielleicht einmal in der Minute – geht außerdem eine leichte, schlängelnde Bewegung durch den Fischleib. Kurz darauf erscheint neben ihm eine Ladung Sand, die über den Rand der unbefestigten Öffnung geschoben wird. Je nach Glück sieht man mehr oder weniger viel von dem Bulldozer, der diese Arbeit verrichtet. Die beiden Scheren der kleinen Garnele waren nach vorn gestreckt und zu einer Baggerschaufel zusammengelegt. Zuweilen sind weitere Körperteile des Krebstierchens zu sehen, ehe es wieder in der Tiefe verschwindet.

Man spürt, daß es sich hier um gleichberechtigte Teilhaber eines gemeinsamen Unternehmens handelt. Zwei Fragen kommen unvermeidlich auf: Worin liegt der Nutzen beider Seiten? Und: Warum braucht die Garnele so lange, bis sie wieder erscheint? Frage eins wurde durch anatomische Untersuchungen geklärt: Die Garnele ist mit ihren unpigmentierten Augen nahezu blind. Eine eigenständige Existenz wäre ihr kaum möglich, die ganze Art würde sehr bald ein Opfer des Daseinskampfes werden. Die Grundel dagegen hat gute Augen und kann den Erbauer und Hausmeister eines Fluchtloches in einer Person gut gebrauchen. So wurde sie von Felsspalten unabhängig und konnte auch Sandflächen besiedeln.

Wandernde Wohnung im Sand

Die Wohnhöhlen dieser Partner sind nicht befestigt. Ständig rutscht irgendwo Sand nach und verändert die Form des Raumes. Das macht aber keineswegs nur Arbeit für den kleinen Roboter. Es ernährt auch den Raumpfleger. Der lebt nämlich von der Mikrofauna, die im sogenannten Sandlückensystem reichlich existiert. Erst wenn der fleißige Arbeiter eine Portion Sand nach Eßbarem durchsucht hat, schafft er sie aus der Wohnung. Nachtschicht allerdings gibt es nicht. Die Öffnung stürzt ein und bleibt verschlosssen bis der Morgen graut. Das erhöht die Sicherheit. Der neue Tag bringt einen neuen Aus- und Eingang, der oft ein ganzes Stück vom gestrigen entfernt sein kann.

Die verschiedenen Partnergarnelen ähneln sich, ob im indo-australischen Archipel (links) oder in der Karibik (rechts).

Bei ihrer Anemone fühlt sich die Spinnenkrabbe auch vor dem Taucher sicher.

Unerwünschte Partnerschaft

Um das Spektrum abzurunden sei noch kurz von einem zwar anhänglichen, aber unfreundlichen Krebstier berichtet, einem Parasiten, der nur an sich denkt und seinen Wirtstieren Schaden bringt, ja kleinen sogar den Untergang bescheren kann. Es ist die sogenannte Fischassel (*Flabellifera* sp.). Dieser Krebs entstammt einer Gruppe, die sich auch im Süßwasser und sogar an Land ausbreiten konnte. Jedermann kennt die Keller- und Mauerasseln. Die nahe verwandte Fischassel hat sich, als größter Außenparasit (bis zu 3 cm), auf die Haut von Fischen spezialisiert. Dort bohrt sie sich mit scharfem Mundwerkzeug fest und ernährt sich als Parasit aus der Wunde des Wirtes.

Dem karibischen Juwelenbarsch auf unserem Foto *(Epinephelus adscensionis)* war es offenbar innerhalb von zwei Tagen nach diesem Schnappschuß gelungen, den Quälgeist abzustreifen. Beim Anemonenfisch von den Seychellen *(Amphiprion akallopisos)* ließ sich dagegen die Assel nicht einmal von der nesselnden Aktinie stören; nach zwei Wochen behauptete sie ihren Platz immer noch.

Bereit zum Kampf: Boxerkrabbe mit kräftig nesselnden Aktinien (oben). Grundel und Garnele – Partner auf Gedeih und Verderb (Mitte links). Lästiger, vielleicht gar tödlicher Parasit: die Fischassel (unten links und rechts).

Die Putzsymbiosen
Dienstleistungen und Gaunereien

Eines der fesselndsten Beispiele zwischenartlicher Beziehungen zum Nutzen aller Beteiligten liefern uns die verschiedenen Barbierstuben der Korallenmeere. Vor wenigen Jahrzehnten noch hätte wohl kaum jemand solch diffizile Verflechtungen den Fischen zugetraut, von den »Niederen Tieren« ganz zu schweigen; die aber mischen kräftig mit bei den Gewerbetreibenden. Und wo das Geschäft blüht, sind Neider und Betrüger auch nicht weit.

Von mancherlei Verknüpfungen zwischen Tieren ganz unterschiedlicher Herkunft war in den vorangehenden Berichten die Rede. Viele Beziehungen kann man auf die simple Formel bringen: Benutzung eines Anderen zum eigenen Vorteil. Erst bei der symbiotischen Ehe zwischen Grundel und Knallkrebs war eine echte partnerschaftliche Verständigung evident. Noch wesentlich verzweigter sind die Kommunikationssignale in dem interessanten Putzergewerbe.

Ein vorbildlicher Beobachter ...

Das Wissen um die Putzsymbiosen und um weitere damit verknüpfte, hochinteressante meeresbiologische Fakten nahm seinen Anfang mit einem ganz bestimmten Tauchgang eines jungen Zoologen und angehenden Verhaltensforschers. Er hockte mit seinem Tauchgerät – wie er es selbst sehr anschaulich beschrieb – auf einem Korallenblock in der Karibik und beobachtete das bunte Treiben um sich her. Er traute seinen Augen nicht, als er einen großen Zackenbarsch herannahen sah, der dann »stehen blieb, das Maul aufsperrte, die Kiemendeckel weit abspreizte und wie von einer Starre befallen duldete, daß ein kleiner Fisch an seinem Körper herumpickte, auch im Maul und an den Kiemen. Deutlich sah er kleine Hautparasiten vor diesem Saubermann flüchten. Als der Große das Maul kurz schloß und wieder öffnete, war das offenbar das Signal für den Kleinen, seine Tätigkeit zu beenden. Der Zackenbarsch entschwand und ein anderer Fisch kam herbei. Die Prozedur begann aufs neue.

... leitet eine Ära der maritimen Verhaltensforschung ein

Der Taucher hatte die Putzsymbiose im Korallenriff entdeckt. Es war der inzwischen als Human-Ethologe und Autor weithin bekannte Irenäus Eibl-Eibesfeldt. Hans Hass hatte ihn – wie auch namhafte andere Wissenschaftler, darunter den Ichthyologen Wolfgang Klausewitz – zur Teilnahme an den Forschungsreisen der »Xarifa« gewonnen. Sein Chef, der spätere Nobelpreisträger Konrad Lorenz, gab ihn dafür frei. Die Xarifa-Expeditionen wurden zur Quelle sehr zahlreicher neuer Erkenntnisse der noch jungen Wissenschaft Meeresbiologie. Ein beachtlicher Teil davon geht auf die außerordentliche Beobachtungs- und Deutungsgabe von Eibl-Eibesfeldt zurück. Die geschilderte Entdeckung veröffentlichte er 1955. Eine Lawine von Beobachtungen und Publikationen geriet ins Rollen und gab der maritimen Verhaltensforschung Impulse, die auch heute noch an Intensität zunehmen. Obschon es nun viele wachsame Augen gab, blieb es Eibl, dem die Meeresbiologie noch so manches zu verdanken hat, vorbehalten, nicht nur das superprofessionelle Pendant zu den putzenden Fischen der Karibik, den Putzer-Lippfisch des Indo-Pazifik, eingehend zu beschreiben (der allerdings im Aquarium schon 1940 in Amsterdam De Beaufort aufgefallen war), sondern auch seinen raffinierten Nachahmer zu entdecken. Die Rehabilitierung der Schiffshalter geht ebenfalls auf ihn zurück: sie sind nicht nur trittbrettfahrende Nutznießer, sondern auch säubernde Helfer.

Mit der raschen Entwicklung des Gerätetauchens war bald herausgefunden, daß Putzstationen in gesunden Riffen recht zahlreich sind, aber auch, daß es Konkurrenzbetriebe gibt und daß die Unternehmen in den einzelnen Regionen der Weltmeere unterschiedlich geführt werden.

Verhaltensbeobachtung für Jedermann

Werfen wir zunächst einen Blick auf den klassischen Full-Job-Putzer, den Lippfisch *Labroides dimidiatus*, die »Meerschwalbe«, der schon erwähnt wurde im Zusammenhang mit den Schlafsackproduzenten. Er lebt – im Gegensatz zu manchen Konkurrenten – ausschließlich von seinem Beruf und ist besonders weit verbreitet: vom westlichen Indischen- bis zum mittleren Stillen Ozean.

Auch wer es längst kennt, verharrt immer wieder bei einem Tauchgang, um das Schauspiel zu genießen. Erst müssen die Tiere, von den lärmenden Ungetümen, als die wir ihnen wohl erscheinen, aufgeschreckt, wieder zur Ruhe kommen. Dann bietet sich ein Anblick, für den man längst nicht mehr tauchen und reisen muß; jedes gepflegte Schauaquarium mit Riff-Fischen bietet es dem Betrachter. Ein etwa 10 cm langer Fisch, bläulichweiß mit schwarzem Längsband, beginnt einen Tanz vor irgendeinem größeren Fisch und lädt ihn damit ein, sein Kunde zu werden. Der so Angesprochene ist entweder uninteressiert und schwimmt weiter, oder er antwortet in seiner Sprache; die variiert von Art zu Art. Am häufigsten wird als Zeichen der Bereitschaft eine bestimmte Stellung im freien Wasser eingenommen, z.B. mit dem Kopf schräg nach oben. Sodann werden die Kiemendeckel abgespreizt und, sobald sich der Putzer dem Kopf nähert, das Maul aufgesperrt. Geselligkeit ist unter Putzerlippfischen häufig: viele arbeiten als Paare, manche in kleinen Haremsverbänden. Nie werden Mitglieder der Zunft von ihren Kunden verschluckt, obwohl sie nach Größe für viele durchaus in die Reihe typischer Beutetiere passen würden. Zur Deutung des Anbiederungs-Rituals zitiere ich Eibl-Eibesfeldt: Der Tanz »... entstand aus dem Widerstreit von Impulsen, an den Wirt heranzuschwimmen und vor ihm zu fliehen. Die Bewegung des Hinschwimmens und jene des Abwärtsflüchtens zu den schützenden Korallen verschmolzen hier zu einer tanzähnlichen rhythmischen Bewegung – dem ›Wippschwimmen‹, wie ich es benannte.« Einzelheiten dazu wurden durch Versuche belegt.

Der zwiespältige Fortschritt ist auch im Meer nicht aufzuhalten

In den vorangegangenen Kapiteln drängte sich mir schon mehrfach der Vergleich mit menschlichen Wirtschafts- und Sozialentwicklungen auf. Dienstleistungen als vollberufliche Tätigkeiten sind etwas modernes im Vergleich zu frühen Selbstversorgungsgrüppchen. Das ist im Meer offenbar nicht anders. Beim Betrachten einer Putzerstation dürften wir Zeugen einer hochmodernen Entwicklung sein. Es gibt Hinweise, die das Alter solcher Einrichtungen auf wenige Millionen Jahre begrenzen. Im Evolutionsmaßstab ist das die Dauer einiger Lidschläge. Ich komme darauf zurück. Zwei Zahlen aus der Wirtschaft: Um 1900 betrug in Industrieländern der Prozentsatz von Beschäftigten in Dienstleistungsberufen rund 20; heute ist es weit mehr als die Hälfte aller Berufstätigen, während die Nahrungsbeschaffenden und übrigen Warenproduzierenden in die Minderzahl geraten sind. Im Ökosystem Korallenriff bahnt sich – wenn auch auf einem anderen Niveau – ganz ähnliches an. Wir können gewissermaßen einen nostalgischen Blick in eine sehr ferne Vergangenheit auch unseres Lebens tun. Wieder und wieder: wäre es nicht interessant, zu erfahren, wohin die Sozialstrukturen im Meer sich in weiteren Millionen von Jahren entwickelt haben werden? Die noch junge Gattung *Labroides* hat bereits fünf Arten hervorgebracht – alle sind sie der Putzerzunft verpflichtet. Andere Lippfische sind neben der Meerschwalbe in das Gewerbe eingedrungen und tun es noch, teils bereits als Vollbeschäftigte, teils wie in einer Schnupperlehre. Im Roten Meer ist der kleine *Larabicus quadrilineatus* schon auf der Höhe des Erfolges und Mitglieder der oben, im Zusammenhang mit dem Geschlechtswandel, ausführlich erwähnten Gattung *Thalassoma* wollen auch ein Stück vom Kuchen.

Der Hauptmann von Köpenick im Meer

Den Vogel aber schießt ein Fisch ganz anderer Herkunft ab. Es ist der Säbelzahn-Schleimfisch *Aspidontus taeniatus*. Hier ist es – in welcher Zeitspanne? – einem Räuber gelungen, fast genau das Aussehen der Meerschwalbe zu erlangen. In zeitlicher Parallelität dazu – so darf man vermuten – hat der Gauner gelernt, vom Berufserfolg des Putzers nassauernd zu profitieren. Er nähert sich putzwilligen Opfern, indem er den Wipptanz von *Labroides* imitiert – eine seiner Familie ansonsten ganz fremde Bewegungsform. Ist er dem Opfer nahe genug, schießt er vor und reißt mit seinem messerscharfen Gebiß ein Stück aus der Haut des Überlisteten.

Von Uniformen war bereits die Rede im Kapitel über die Funktion von Farben und Mustern. Die wahre Geschichte des Hauptmanns von Köpenick ist der amüsanteste, gleichzeitig aber auch traurigste Beweis dafür, wie leicht sich Menschen durch Kleidung, bestimmtes Auftreten und andere Äußerlichkeiten beeindrucken lassen und dadurch auch Gefahr laufen, Opfer gezielten Scheins zu werden. Die Kriminalgeschichte strotzt von Beispielen. Ein wenig tröstet uns der Schleimfisch: Im Tierreich geht es auch nicht anders zu. Ein unverbildetes Instinktgefüge ist noch kein sicherer Schutz vor routinierten professionellen Betrügern. Wenn es schon Fische nicht können – woran unterscheiden wir den Strolch von seinem Vorbild? Sieht man einen Riff-Fisch wütend (vor Schmerz) und im Schnellgang einen kleinen Gestreiften verjagen, darf man annehmen, daß es ein säbelzähniger war. Zuvor, bei der tänzerischen Anbiederung, bedarf es schon eines sehr geschulten Auges für die richtige Diagnose. Die auffälligste Differenz ist die

Selbst das Maul der Muräne schreckt nicht. Putzerlippfische leben gern paarweise (links) ... oder in kleinen Haremsgruppen (rechts).

Beim tückischen Imitator des Putzers ist der Mund nicht vorn, sondern unterständig.

Position des Mundes. Beim *Aspidontus* ist er unterständig, beim Lippfisch ganz vorn.

Bisher ist der Säbelzahnschleimfisch der einzige, der den Putzern ins Mundwerk pfuscht, jedoch schon in mehreren, jeweils farblich speziell angepaßten Rassen. Es wäre indessen seltsam, wenn es dabei bliebe. Eines Tages wird es wohl Nach-Nachahmer geben. Würde allerdings die Populationsdichte solcher Betrüger überhandnehmen, so würde das ganze, auf gegenseitigem Vertrauen basierende Putzer-Gewerbe in Konkurs gehen; es würde zu einer sogenannten Abdressur kommen.

Torschluß-Probleme

In den Kapiteln über Falter- und Kaiserfische sowie über Anemonenfische habe ich einige Probleme und Deutungsversuche zu den auffälligen Unterschieden von Verbreitungsgrenzen erörtert. Bei den rund 50 bekannten putzenden Fischarten bleiben noch einige Fragen mehr offen für gegenwärtige Spekulationen und zukünftige Forschungen. In den atlantisch-karibischen Riffzonen ist keiner der Beteiligten so monoman auf seinen Beruf fixiert, wie die Meerschwalbe im Indo-Pazifik (wo sie ausschließlich vorkommt). Dafür gibt es aber im Atlantik noch mehr Arten, die mitmischen, sei es als Fast-Vollprofis, als Teilzeitbeschäftigte, als Angelernte oder als Schwarzarbeiter, nicht selten auch als Jugendliche, die sich die Zeit vertreiben und das Spiel

Der Imperator inmitten Tanz- und Putzgarnelen, eine bei der Arbeit an der Afterflosse.

Winzige karibische Putzgrundeln locken mit Leuchtfarben (links). Die Garnele darf der Muräne nicht nur auf der Nase tanzen, sondern auch bei ihr wohnen (rechts).

später aufgeben. Eine noch ungeklärte Frage wird durch die Tatsache aufgeworfen, daß bestimmte putzende Fische in der Karibik, insbesondere Grundeln, eine nicht unbeträchtliche Ähnlichkeit mit den *Labroides*-Arten haben, obwohl sie aus ganz anderen Familien stammen. Das geht bei der Neongrundel *(Gobiosoma oceanops)* soweit, daß in Aquarien mit gemischter Besetzung aus den beiden großen Meergebieten sowohl die Meerschwalbe wie auch die

Neongrundel sofort durch Fische von der jeweils anderen Halbkugel akzeptiert werden. Eibl-Eibesfeldt zieht folgende Hypothese als Erklärungsversuch heran: Als die mittelamerikanische Landbrücke noch nicht angehoben war und die Ozeane dort eine offene Verbindung hatten (wie die Geologen heute annehmen: bis zum Pliozän vor höchstens 5 Millionen Jahren), könnte es den Putzerlippfisch auch in der Karibik gegeben haben. Später sei er dann aus ungeklärten Gründen ausgestorben, während das genetische Programm seiner Kunden erhalten blieb. Damit bekamen diejenigen anderen Fische eine Chance, die optisch dem Putzerlippfisch am nächsten kamen.

Das ist durchaus möglich. Ich möchte dem aber eine andere Theorie entgegenstellen, ausgehend von der Tatsache nämlich, daß die Meerschwalbe (ebenso wie die Anemonenfische und die Rotfeuerfische) nicht nur in der Karibik fehlt, sondern auch im ganzen, riesigen östlichen Teil des Pazifik, selbst in großen und alten Riffgebieten. Dort sah ich in verschiedenen Regionen Falter- und Kaiserfische, auch erwachsene Exemplare, putzend amtieren. Außerdem kann man dort beobachten, wie Haie zu unfreiwilligen Putzern werden: Stachelmakrelen, Schnapper und wohl auch noch andere flitzen von hinten an den Hai heran und reiben sich an seiner rauhen Haut. (Wie wichtig die Putzleistungen insgesamt inzwischen für die Lebensgemeinschaften am Riff geworden sind, hat Limbaugh mit einem Versuch gezeigt: Nachdem er alle Putzer eines Riffabschnittes der Bahamas weggefangen hatte, wanderten nach und nach die meisten Fische aus. Bei den Verbliebenen sah er nach zwei Wochen schwerwiegende Hautschäden, die erst wieder zurückgingen, als neue Jung-Putzer zugewandert waren). Die Ausbreitung des Putzerlippfisches – vermutlich ausgehend von der superfruchtbaren, artenproduzierenden Region um den indo-australischen Archipel – war und ist (noch?) nicht weit genug nach Osten vorgedrungen und konnte folglich auch nicht die Karibik erreichen. Wenn aber etliche seiner Kunden in westlicheren Gebieten schneller waren in ihrer Ausbreitung nach Osten, so importierten sie die erblich verankerte Akzeptanz des wippenden gestreiften Wesens noch rechtzeitig vom Pazifik her in die Karibik, ehe die Barriere geschlossen wurde. Danach bestand dann eine Nachfrage ohne den alten Anbieter; aber neue, sofern sie ähnlich genug aussahen, konnten die Marktlücke schließen. Meine Hypothese stützt sich also nicht auf die Annahme eines Aussterbens, sondern auf Tempodifferenzen in der Ausbreitung verschiedener Fische.

Die Konkurrenz vom anderen Stamm

Eine weitere interessante Frage ist ebenfalls noch offen: Wer verfiel eigentlich zuerst auf den Trick, eine solide Ernährungsbasis zu schaffen, indem man sich gleichzeitig bei vielen Zeitgenossen beliebt, ja unentbehrlich macht? Da gibt es nämlich noch die putzenden Garnelen. Elf Arten dieser berufstätigen Zehnfußkrebse kennt man inzwischen. Vermutlich werden noch weitere entdeckt. Es unterstreicht ihre Geschäftstüchtigkeit, daß es bei ihnen im Gegensatz zu den putzenden Fischen auch Nachtdienst gibt.

Eine Antwort auf die obige Frage wird uns wohl auf ewig versagt bleiben. Denn wie sollten wir Licht in die vermutlich lange Vorgeschichte der heutigen Putz-Symbiosen bringen? Indessen kann auch das Gedankenspiel mit Hypothesen, die weder beweisbar noch widerlegbar erscheinen, über das Vergnügen hinaus zur Kenntnisbereicherung beitragen.

So wage ich die Vermutung zu äußern, daß es die Krebse waren, die den Putzer-Beruf erfunden haben. Zwei Argumente haben sie auf ihrer Seite. Zum einen ist der Stamm der Krustentiere älter als der der Wirbeltiere und wir wissen, daß unter den Krebsen besonders viele zu sehr pfiffigen Lebenshilfen und Verbindungen fähig waren. Zum anderen sind die meisten der putzenden Garnelen zu wesentlich ausgedehnterer Verbreitung fähig gewesen als die Putzerfische. Ja, mindestens eine Art, die Scherengarnele *Stenopus hispidus*, gehört zu den extrem wenigen Riff-Tieren, die sowohl den ganzen Indo-Pazifik wie auch den westlichen Atlantik erobern konnten, ohne sich stammesgeschichtlich aufzuspalten. Das zeugt von außerordentlicher Beständigkeit über sehr lange Zeiträume. Gäbe es einen Ahnentafel-Wettbewerb der putzenden Organismen – ich würde auf diese Garnele als Sieger tippen.

Systematik am Beispiel Stachelhäuter
Ein Tierstamm stellt sich vor

9

Was berechtigt eigentlich den Zoologen, einen zarten, filigranen Federstern, der sich vom Planktonfiltern ernährt, und eine plumpe und dickwandige, überaus schwerfällige Seewalze, die Bodenmasse in sich hineinfrißt, als Geschwister zu bezeichnen? Diese Frage muß an den Systematiker gerichtet werden. Dessen Aufgabe ist es, eine geordnete Darstellung der Gesamtheit aller Organismen zu schaffen, orientiert an ihren verwandtschaftlichen Beziehungen, die wiederum ermittelt werden mit Hilfe aller zugänglichen Daten. Soweit wir von ausgestorbenen Formen durch Fossilienfunde Kenntnis haben, sind sie wichtige Mitlieferanten von Informationen, wenngleich sie nach wohlbegründeten Schätzungen nur einen sehr kleinen Bruchteil dessen ausmachen, was einst gewesen ist. Die Systematik präsentiert uns heute das Tierreich in 28 Stämmen (je nach Forschern und ihren Schulen kann die Zahl geringfügig variieren; ich gebe hier der Zahl 28 den Vorzug). Was sind die Kriterien, nach denen diese Aufteilung entstand und die Stammbäume im wahrsten Sinn des Wortes gezeichnet werden konnten (und noch weiter können)? Da es sich im wesentlichen um die Erforschung zurückliegender Vorgänge handelt, wird verständlich, daß die Ausgangspunkte – um im Bild zu bleiben – die obersten Blätter an den äußersten Zweigen sein müssen, nämlich die zur Zeit lebenden Organismen. Von dort wird der Baum rückwärts rekonstruiert, über die Zweige und Äste bis zum Stamm. (In der biologischen Systematik heißen die wichtigsten Stufen – ebenfalls rückwärts: Art – Gattung – Familie – Ordnung – Klasse – Stamm – Tierreich).

Mehrere Methoden sind notwendig, um das schwierige Unterfangen des Zuordnens zu bewältigen. Bei den »Blättern« scheinen die Dinge noch recht einfach zu liegen; sie entsprechen den Arten. Der biologische Artbegriff (Biospecies) ist wenigstens für alles, was über die geschlechtliche Fortpflanzungsmethode verfügt, eindeutig definiert: er umfaßt jeweils die Populationen, die sich durch Kreuzung miteinander fortpflanzen können, mit anderen aber nicht. Eingeschlossen sind dabei alle Rassen, auch wenn ihre Merkmale noch so sehr voneinander abzuweichen. Wesentlich schwieriger wird es, wo sich die Reproduktion ausschließlich ungeschlechtlich oder parthenogenetisch vollzieht. Dort sucht man bei den infrage kommenden Individuen und ihren Nachkommen die Übereinstimmung in allen wesentlichen Merkmalen (zu denen auch die artspezifische ökologische Nische gehört), ehe von einer Art gesprochen wird (Morphospecies-Begriff). Selbstverständlich ist man bei ausgestorbenen, versteinerten Arten ebenfalls auf den Merkmalsvergleich beschränkt. Das gilt natürlich auch für heutige Organismen, soweit keine Kreuzung möglich ist, also zwischen den Arten. Die moderne Forschung verfügt aber inzwischen über Methoden, die weit präzisere Daten liefern, als was durch anatomische, physiologische und verhaltenstypische Vergleiche zum jeweiligen Verwandtschaftsgrad verschiedener Arten herausgefunden werden kann. Biochemie, Genetik, Molekularbiologie einschließlich Molekulargenetik sind nur einige Stichworte zu diesem großen Forschungskreis, auf den hier nicht näher eingegangen werden kann.

Man sieht: Bei der Suche nach Verwandtschaften ist man sofort tief in der Evolutionslehre, mit der die Systematik aufs engste verflochten ist. (Es mutet heute archaisch an, wenn zur Kennzeichnung unseres Wissens über die globale Stammes-

Stachelhäutern ist ihre Stammeszugehörigkeit nicht immer sogleich anzusehen.

geschichte immer noch die Wendung Evolutions-»Theorie« zu vernehmen ist; dieses Stadium ist seit langem überwunden, wenngleich innerhalb der gesicherten Lehre auch weiterhin Theorien zu Einzelfragen als selbstverständlicher Bestandteil der Forschung aufgestellt und geprüft werden müssen.)

Zurück zu unseren Stachelhäutern. Auch schon bevor die Erkenntnisse der richtungweisenden Forschungen von Wallace, Darwin und vielen Nachfolgern verfügbar waren, pflegte man Gruppen von Lebewesen nach gemeinsamen auffälligen Merkmalen einzuteilen. Eine Klassifizierung aus jener Zeit umfaßte die »Dickhäuter«: Elefant, Tapir, Nashorn, Flußpferd und Schwein. Es wäre eine grobe Unterschätzung der für die Systematik zuständigen Wissenschaftler, wollte man im Stamm der Stachelhäuter eine Gruppierung aus ähnlich oberflächlicher Sicht vermuten. In den nächsten Abschnitten wird – unter anderem – davon erzählt, was alles diese so unterschiedlichen Tiere an Gemeinsamkeiten und Besonderheiten aufweisen und was dazu berechtigt, sie als einen Clan, einen Stamm zu betrachten.

Mit zartem Gefieder als Fangapparat
Die Haar- oder Federsterne

Sie sind die zierlichsten unter den Stachelhäutern und sie haben kein stachliges Aussehen. Ihr farbiges Filigranwerk ist so dekorativ, daß sie Schmuckstücke in jedem Seewasser-Aquarium wären. Nur – leider – lassen sie sich dort so gut wie nicht halten. Es geht uns wie mit so vielen Schönheiten: wir müssen schon ins Meer, um sie bewundern zu können. Dort allerdings fehlen sie fast nirgendwo, die Haar- oder Federsterne (Comatuliden).

Sie zählen zu jenen Tieren, die es uns schwer machen, sie nicht für Pflanzen zu halten. Einige ihrer Stammesverwandten, die Seeigel und die Seewalzen oder -gurken, scheinen sie ganz verleugnen zu wollen. Selbst Seesterne und Schlangensterne, obwohl nach dem gleichen Grundplan gebaut, sind nicht leicht als ihre Vettern zu erkennen. Lediglich die stets festgewachsenen Seelilien können eine gewisse Ähnlichkeit zeigen mit den Federsternen, die als erwachsene Tiere immer frei beweglich sind.

Kalt oder warm, flach oder tief, Fels oder Schlick: Federsterne meistern alles

Sie haben die Weltmeere erobert mit Ausnahme der Westküste Amerikas und des benachbarten Ost-Pazifik. Zwar zeigen die sehr unterschiedlichen Populationsdichten, daß Federsternen die warmen Küstengewässer besonders gut behagen; aber es gibt sie auch um beide Erdpole. Man hat schon Arten aus 1300 Metern Tiefe heraufgeholt und möglicherweise leben andere noch wesentlich tiefer. Viele aber lieben flacheres Wasser – zum Glück für den Taucher. Aber zum Pech für den Schnorchler: Sehr dicht unter der Oberfläche wird er vergeblich nach ihnen suchen, denn sie meiden zu starkes Licht.

Stachelhäuter gibt es seit mehr als 600 Millionen Jahren. Die an Stielen festsitzenden Seelilien, die mit den beweglichen Haarsternen eine Klasse bilden, haben offenbar ihre besten Zeiten hinter sich; aus Fossilien sind uns allein 5000 Arten bekannt, während nur etwa 70 bis in unsere Zeit überlebt haben. Die Haarsterne dagegen traten erst vor gut 150 Millionen Jahren, in der Jurazeit, auf den Plan und entwickelten seitdem viele Arten. Heute leben deren rund 550. Nur etwa jede siebente davon ist im Atlantischen Ozean mit seinen Anhangsgebilden heimisch, alle übrigen bevölkern den Indo-Pazifik. Im Süßwasser gibt es keine Stachelhäuter.

Unterschiede zwischen den vielen Arten, die in 14 Familien zusammengefaßt werden, betreffen vornehmlich Form und Farbe der Armglieder und ihrer Fiederchen. 35 Zentimeter Armlänge erreicht die größte Art, bis 17 Zentimeter messen die 10 Arme des häufigsten Mittelmeer-Haarsterns *Antedon mediterranea*, der einer besonders kinderreichen Familie entstammt: 130 Arten!

Förderbänder für die Nahrung

Im Gegensatz zu den Tieren der vier übrigen Klassen von Stachelhäutern sind unsere Schmuckstücke keine Weidegänger. Sie wandern nicht über das Riff, um sich vom Algenbewuchs, von Korallenpolypen oder von anderen nahrhaften Dingen unter ihrem Körper zu ernähren, Sie erklettern vielmehr einen günstigen Platz, meist erhöht und in einer leichten bis mittelstarken Strömung, bleiben dort für einige Zeit und leben von dem, was das Schicksal ihren Fiederchen zuträgt. Man zählt sie zu den sogenannten Strudlern; das ist aber nur sehr bedingt richtig. Denn sie erzeugen meist keinen Wasserstrom durch eigene Bewegungen, um Plankton und herabsinkendes Geschwemmsel daraus zu filtern, wie es Schwämme, Seescheiden und Muscheln tun. Vielmehr recken sie einfach ihre haarfein gefiederten Armkronen quer in die Strömung. Nur wenn diese versiegt, schlagen die Tiere aktiv mit den Armen. An schleimigen Absonderungen bleiben Kleinstlebewesen kleben. Die werden dann durch zahllose Wimperchen in Richtung Rumpf transportiert. Dort gibt es eine weitere Besonderheit: Federsterne (und Seelilien) haben als einzige Stachelhäuter die Mundöffnung an der Oberseite des Körpers. Von den beutefangenden Fiederchen bis zum Mund verlaufen in der Mitte jedes der federähnlichen Arme Rinnen. Sie dienen als Transportbänder, auf denen kontinuierlich ein Schleimstrom mit organischen Partikeln langsam dem Mund zufließt. Dort treffen sich 5 solcher Nahrungsrinnen, die übrigens auch durch Hautläppchen verschlossen werden können und manchmal von Skelettstückchen versteift sind. Das Ganze ergibt einen umfangreichen Nahrungsfangapparat von der Form eines zierlich aufgegliederten Bäumchens. Um den Mund stehen 5 Tentakel, Mundfühler, die als Qualitätskontrolleure alles auf Brauchbarkeit prüfen, ehe es passieren darf.

Fünf mal X

Bäumchenartig verzweigt bis in die letzten Spitzen ist auch das Nervensystem. Federsterne besitzen zwar kein Gehirn, aber immerhin einen Vorläufer in Form einer kapselförmigen Nervenmasse, von der fünf ansehnliche Stränge ausgehen. Der 5-strahlige Bauplan ist im Kapitel über die Seeigel beschrieben. Er gilt für alle Stachelhäuter. Auch die raffinierte hydraulische Pumpvorrichtung (Ambulacralsystem, s. Seeigel) ist allen Klassen des Stammes – und nur diesem – eigen. Die beiden verzweigten Strukturen regulieren gemeinsam die Bewegungsabläufe des Organismus. Zu bewegen gilt es in erster Linie fünf Arme oder ein Vielfaches davon. Manche Arten sind konstant mit 5, 10, 20 usw. Armen ausgerüstet, bei anderen, vor allem vielarmigen, gibt es Variationen. Nur selten wird der 5er-Rhythmus durchbrochen als Folge einer Fehlbildung oder Mutation. Es gibt Haarsterne mit 200 Armen. Immer gehen sie aus einer Aufzweigung der zentralen fünf hervor.

Getriebe mit Seitwärtsgang- und Abhebschaltung

Außerdem gibt es Cirren, eine Art krallenhafter Füßchen an der Unterseite. Es kann in jede Richtung gegangen werden, vorwärts, rückwärts, seitwärts; auch karussellhaftes Drehen ist möglich. Der Fortbewegung dienen aber nicht in erster Linie die Cirren. Sie besorgen vornehmlich das Festklammern am Futter- oder Ruheort. Auf dem Weg zum »Arbeitsplatz« und zurück zum Versteck – mehr ist ja meist nicht notwendig – wird vornehmlich auf den Armen gelaufen. Sie werden dazu nach außen herabgebogen bis auf den Boden und heben den Körper an. Durch Zug einiger Arme und Schub der »Antipoden« wird eine Richtung eingeschlagen. Jeder Arm ist fähig, diese Richtung zu bestimmen, alle anderen gehorchen. Einige Arten allerdings haben wenige Arme von Überlänge, die stets vorn marschieren. Diese Tiere haben die Richtungsvielfalt der Fortbewegung eingebüßt und müssen sich ggf. vor der Flucht drehen: Als Stundenleistung wurden schon 40 Meter gemessen. Kurzfristig kann gemächliches Kriechen in regelrechtes Laufen übergehen, wobei die Arme steiler gestellt werden. Aus diesem Renntempo können viele Arten sogar zum Schwimmen über kurze Strecken umschalten, mit graziös schlagenden Federarmen, immer 5 im gleichen Rhythmus. Federn zum Fliegen!

Auf die freie Beweglichkeit müssen Federsterne nur für eine Lebensspanne in der Jugend verzichten. Die freischwimmende Primärlarve wird zur gestielten Sekundärlarve, die am Boden festsitzt. Damit wird die nahe Verwandtschaft zu den Seelilien erkennbar. Dann aber löst sich das Tier mit der Entwicklung zur wanderfähigen Reifeform.

Friedliches Leben mangels Schmackhaftigkeit

Im Kampf ums Dasein zählen die Federsterne zu den Privilegierten. Futter gibt es immer und ohne Jagd. Die Gefahr, gefressen zu werden, ist relativ gering. Besonderen Nährwert haben die Tiere mit ihrem kleinen Rumpf gewiß nicht. Offenbar sind sie aber auch nicht schmackhaft. Es vergreift sich nämlich kaum jemand an ihnen. Möglicherweise ist ihr Schleim ein wenig giftig. Einen Saugfisch gibt es, der sich den Sternen anheftet und die Fiederchen verspeist. Eine kleine Schnecke bohrt sich durchs Skelett und frißt die Eingeweide. Sonst leben Haarsterne ohne Freßfeinde und können – so schätzt man – bis zu 20 Jahre alt werden. Wohl aber gibt es eine Reihe kleiner Mitesser und Schmarotzer, die den Büschel für sich arbeiten lassen. Dazu zählen einige Polypentierchen, Ringel- und Borstenwürmer, Asseln, Garnelen und andere Krebstiere. Nachttauchgänge bieten gegenüber dem Tag größere Chancen, Federsterne in Fangstellung zu sehen. Wo sie dichte Populationen bilden, kann das ein prächtiger Anblick sein von einfarbigen und gemusterten Federbüschen in schwarz, weiß, gelb, grün, orange, rot, violett oder braun. Nachts geschieht es aber auch leichter, daß man nach dem Tauchgang Teile der verletzlichen Arme eines Haarsterns fest am Tauchanzug klebend entdeckt. Man hat ein buntes Versatzstück der Kulisse Meeresgrund zerstört. Dann erinnert man sich: sie zählen zu den Stachelhäutern.

Federsterne sind weder Weidegänger noch Räuber wie fast alle übrigen Stachelhäuter. Mit verschränkten Fiederarmen filtern sie Kleinlebewesen aus bewegtem Wasser. Dazu werden exponierte Plätze bevorzugt erwandert. In Ruhestellung bleiben die Arme eingerollt (unten rechts).

Stellung im System der Tiere

Stamm:	**Stachelhäuter** = Echinodermata (etwa 6000 Arten in 5 Klassen)
Klassen:	**Seelilien und Haarsterne** = Crinoidea (etwa 620 Arten in 4 Ordnungen und 19 Familien) [außerdem: Seewalzen (-gurken), Seeigel, Seesterne und Schlangensterne]
Ordnungen:	**Haar- oder Federsterne** = Comatuliden (etwa 550 Arten in 14 Familien) [außerdem: Zirrentragende Seelilien, Zirrenlose Seelilien, Cyrtocriniden mit zusammen etwa 70 Arten]

Symmetrie auf verschlungenen Pfaden
Die Seewalzen oder Seegurken

Spektakulär wirken sie wahrlich nicht, diese Merkwürdigsten aus dem Stamm der Stachelhäuter. Wenn wir die Natur zu verstehen suchen, ist indessen nicht nur interessant, was farbenprächtig und quirlig unsere Blicke einfängt. Über die wenig beweglichen Seewalzen gibt es einiges zu vermerken, was den Rahmen des Alltäglichen sprengt.

Diese Stachelhäuter ohne Stacheln bilden eine Tiergruppe, die sich ein wenig sperrig der Beschreibung entgegenstellt. (Sie werden oft als Seegurken bezeichnet, obwohl dieser Name für nur eine Familie, Cucumaria, innerhalb der Klasse reserviert bleiben sollte).

Aschenbrödel des Clans

Den meisten von ihnen sieht man nicht an, daß sie die nächsten Verwandten von Seeigeln und Seesternen sind. Noch weniger ähneln sie den restlichen Klassen ihres Stammes, den Feder- und den Schlangensternen. Jedenfalls dem Augenschein nach. Aber der Schein kann bekanntlich trügen. Es kommt – hier haben wir ein Beispiel dafür – in manchen Dingen auf die »inneren Werte« an: die Eingeweide verraten, daß die Seewalzen von den Fachleuten mit Recht zu den Stachelhäutern gezählt werden, auch wenn die meisten von ihnen nicht einmal Andeutungen von Hautstacheln aufzuweisen haben.

Im Gesichtsfeld der Freunde des Meeres tauchen die Seewalzen – Holothurien ist ihre wissenschaftliche Bezeichnung – nur ganz am Rande auf, wiederum im Gegensatz zu ihren Verwandten, zu denen man durchaus eine Beziehung hat. Von Feindseligkeit ist sie bei den Seeigeln geprägt wegen ihrer Wehrhaftigkeit, oder gar von Roheit, wenn sie zur Fütterung von Fischen bei lebendigem Leibe zerschnitten werden. Mit den Seesternen verbindet manchen Meeresbesucher ein törichter Sammeldrang, wenn er die hübschen Tiere mitnimmt an Land (wo er sie am Ende doch fortwirft, weil sie stinken und unansehnlich werden). Federsterne beleben wo immer sie sich präsentieren die benthische Szenerie. Die Seewalzen hingegen erregen weder als Schönheiten noch als Gefahrenquelle unsere Aufmerksamkeit. Allein die Nahrungsmittelindustrie fernöstlicher Länder nimmt sich ihrer an, des Profits wegen, den Trepang verspricht.

Symmetrie auf krummen Wegen

Vornehmlich durch zwei sehr spezielle Merkmale im Bauplan weisen sich Tiergruppen als zum Stamm der Stachelhäuter gehörig aus. Das eine ist das Wassergefäß- oder Ambulacral-System, das allen fünf Klassen des Stammes eigen ist und sonst im ganzen Tierreich nicht vorkommt. Dieses hydraulische Pumpwerk mit zahlreichen praktischen Ventilen, meist auch in Verbindung mit leistungsfähigen Saugfüßchen, wird im Kapitel über Seeigel beschrieben. Es kann verschiedenen Funktionen dienen, allen voran der Bewegung und dem Haften.

Das zweite Stammesmerkmal ist durch die Symmetrie des Körperbaus aller Stachelhäuter gegeben. Im Gedanken an einen typischen Seestern leuchtet jedermann sofort ein, daß man das Organisations-Muster »fünfstrahlig radiärsymmetrisch« nennt. Auch diesem Prinzip gehorchen sämtliche Stachelhäuter aller fünf Klassen. Man sieht es nur nicht überall gleich gut. Einen Seeigel z.B. muß man sich schon von unten anschauen, um sofort die Aufteilung in fünf Segmente zu erkennen.

Diese Art von Gestaltmuster ist jedoch nicht so alt wie der Stamm der Stachelhäuter, den wir über 600 Millionen Jahre zurückverfolgen können. Lange Zeit waren auch diese Tiere nach dem zweiseitig-symmetrischen Schema gebaut, das sich in der Evolution als das »fortschrittlichere« aus der primären radiär-symmetrischen Organisation bei frühen Vielzellern entwickelt hatte. Die zweiseitige Symmetrie hat sich denn auch bis heute als erfolgreich erwiesen, wie Wirbeltiere und Menschen dokumentieren. Nicht nur von Fossilien her ist uns bekannt, daß die Stachelhäuter zunächst auch dieser Entwicklung folgten; ein zweiter Beleg dafür sind die Baupläne ihrer Larvenstadien: sie sind zweiseitig symmetrisch. Erst mit der Metamorphose zum erwachsenen Tier kommt die Fünfstrahligkeit hervor. Das entspricht dem sog. »biogenetischen Grundgesetz«, wonach die Individualentwicklung in verkürzter und rascher Weise die wichtigsten Formveränderungen der Stammesentwicklung wiederholt. Zwar wird diese Theorie, von Haeckel 1866 zum »Gesetz« erhoben, heute nur mehr in eingeschränktem Umfang als gültig angesehen; den daran anknüpfenden Forschungen verdanken wir jedoch zahlreiche wesentliche Erkenntnisse über die Entwicklung des Lebens.

Die 5 als Markenzeichen

Bei der Rückkehr zur Radiärsymmetrie war es die Zahl 5, die den Stachelhäutern ihre persönliche Note gab. Auch viele andere Tiere, meist festsitzende und halbseßhafte, nämlich die vom Stamm Hohltiere, entwickelten radiärsymmetrische Baupläne, wie man annimmt als Folge ihrer Lebensweise. Es kam jedoch zu anderen Aufgliederungsziffern als 5. Beispiele sind die Steinkorallen mit 6, die Weich- und Hornkorallen mit 8 Strahlen oder dem Mehrfachen davon.

Fünfstrahligkeit ist den Seewalzen, die so häufig wie ein Brotlaib geformt sind, wirklich nicht auf den ersten Blick anzusehen. Der zweite bringt es aber, wenn man weiß, worauf man zu achten hat. Da ist einmal der Kranz von 5 bis 30 einziehbaren Tentakeln, die je nach Ernährungsweise schaufelförmig, fächerhaft gefiedert oder fingerartig und fast immer klebrig sind. Ihre Zahl ist stets durch 5 teilbar. Zum anderen erkennt man bei genauem Hinsehen außen auf der Haut der Holothurien 5 Doppelreihen von häutigen Fortsätzen, sog. Meridiane oder Radiärkanäle, die in gleichen Abständen voneinander vom Mund bis zum After ziehen. Sie sind an das erwähnte Wassergefäßsystem angeschlossen, also flüssigkeitsgefüllt. Die oberen kann man oft an aufgereihten warzigen Hautverdickungen erkennen, die unteren an kleinen, mit Saugnäpfen versehenen Füßchen. Auf 3 solcher Fußreihen pflegen die etwas abgeflachten Holothurien zu laufen.

Auch das Nervensystem ist fünfgeteilt und sogar in doppelter Ausfertigung vorhanden, eines für Fangarme und Füßchen, ein zweites für die Rumpfmuskulatur. Jeder Radius verfügt über seinen eigenen, unabhängigen Teil. Ein Gehirn existiert nicht.

Schließlich gehorcht noch das verkümmerte Skelett dem Fünfer-Rhythmus: Der Schlund ist von einem Ring aus meist 10 Kalkplatten umgeben. Hier setzen die wichtigen Längsmuskeln an.

Fortschritt durch Rückgriff

Fortschritt – so glauben wir aus der Erfahrung ableiten zu können, besteht in Weiterentwicklung, vorwärts selbstverständlich. In der Natur ist aber keine Regel von starrer Gültigkeit; auch diese nicht, obwohl die Evolution das Urmodell pausenlosen Fortschritts ist, und zwar im buchstäblichen Sinn des Wortes: schrittweise. Immer wieder nämlich hat die stammesgeschichtliche Entwicklung Gebrauch gemacht von zwei Möglichkeiten des Abweichens von der permanenten Vorwärtsentwicklung.

Die eine, recht häufige, ist das Beharren auf erfolgreichen Organisationsstufen. Den Anpassungsidealen in ihren Ökosystemen kamen z.B. offensichtlich die Korallen, der Nautilus, viele Quallen und manch andere Tiere so nahe, daß sie sich über Hunderte von Jahrmillionen gegenüber wesentlichen Veränderungen ihrer Baupläne (die gewiß »in der Retorte« bereitgestellt wurden) durchsetzten bis heute. Schwankungen von Populationsdichten kamen durch Konkurrenzdruck zwar vor, zum Überleben solcher Arten reichte ihre Anpassung aber aus.

Erfolge auf dem zweiten Weg ohne »Fortschritt« sind wesentlich seltener zu registrieren: nicht nur Stillstand, sondern sogar Rückentwicklung also »Rückschritt«. Vermutlich waren es z.T. neue Anforderungen, denen alte, verlassene, aber in den Genen noch nicht vergessene Strukturen besser gerecht werden konnten als die »modernsten Modelle«. Die Seescheiden sind ein Beispiel für diesen Weg von Versuch-Irrtum-Rückkehr: sie waren die ersten von den heute noch lebenden Tieren, die die Vorläuferin unserer Wirbelsäule besaßen, die Chorda dorsalis. Sie gaben sie wieder auf. Heute besitzen nur noch ihre Larven vorübergehend diese Chorda.

Bei den Stachelhäutern sind es gleich zwei Gruppen, die einen Rückschritt, und zwar denselben, vollzogen, nämlich von der radiären zur zweiseitigen Symmetrie: die irregulären Seeigel (die wir viel seltener zu Gesicht bekommen als die »typischen« regulären) und die Seewalzen. Beider Lebensweise ist sicherlich dafür verantwortlich. Im Gegensatz zu den Weidegängern (wie den regulären Seeigeln), den Räubern (wie den meisten Seesternen) und den Geschwebe-Filtrierern (wie Haar- oder Federsterne) sind die meisten Holothurien ebenso wie die irregulären Seeigel Substratfresser, d.h. sie fressen sich durch den Sand oder Schlick ähnlich wie unsere Regenwürmer durch den Gartenboden. Organische Substanzen werden verdaut, der (weit überwiegende) Rest wird wieder ausgeschieden. Bei dieser Ernährungsweise wäre eine radiäre Architektur, mit den Körperöffnungen unten in der Mitte, nicht zweckmäßig. Die Erbsubstanz »erinnerte sich« der praktischeren zweiseitigen Symmetrie mit einem Vorn und einem Hinten, einem Rechts und einem Links. Die inneren Organe taten diesen Schritt rückwärts gemeinsam mit der äußeren Form. Sie sind – wie gesagt mit Ausnahme von Wassergefäß- und Nervensystem nicht fünffach angelegt, sondern nur ein- oder zweimal.

Ein Neuerwerb: die Wasserlunge

Ein Teil der Holothurien, nämlich die dickhäutigen unter ihnen, besitzt ein Organ zur Sauerstoffaufnahme, mit dem sie den übrigen Stachelhäutern voraus sind. Es heißt Wasserlunge und existiert in doppelter Ausfertigung, nämlich mit einem rechten und einem linken »Flügel«. Den übrigen Stachelhäutern dient (neben der Haut) das Ambulacral-Gefäßsystem zur Atmung, oder sie haben zusätzliche Kiemenbüschel. Die Neukonstruktion der dickhäutigen Seewalzen ist einmalig im Tierreich und besteht aus feinverästelten Schlauchgebilden. Sie werden vom Enddarm aus rhythmisch mit frischem Wasser voll- und wieder leergepumpt.

Die dünnhäutigen, meist langgestreckten Formen konnten auf dieses Instrument verzichten. Ihnen reicht der Gasaustausch durch die gesamte Hautoberfläche aus.

Ein Teil dieser, Würmern oder Schlangen in Form und Bewegung gleichenden Geschwister der trägen, plumpen Walzen konnte schließlich weitere Merkmale der 5-Strahligkeit mitsamt ihrem Zubehör entbehren. Die Radiärkanäle und ihre Saugfüßchen verschwanden ganz. Eine der 3 Ordnungen der Klasse Seewalzen heißt deshalb »Fußlose«, Apoda. Sie bewegen sich mit klebriger Haut schlängelnd-kriechend oder leben ortsgebunden im Boden, etliche sogar als Dauerschwimmer.

Mit diesen Varianten der Entwicklung, teils vorwärts, zum großen Teil aber auch rückwärts orientiert, haben die Seewalzen nicht nur gigantische Zeiträume durchlebt, sondern sich sogar unter die Weltmeister der Verbreitung einreihen können.

Etwa 1100 Arten sind heute bekannt. Man wird aber noch sehr viele Neuentdeckungen zu erwarten haben. Die Holothurien machten sich nämlich nicht nur dort breit, wo die Lebensbedingungen allgemein günstig sind und wo entsprechend auch leichter zu forschen ist. Vielmehr sind die merkwürdigen Stachelhäuter in den kältesten, polnahen Gewässern ebenso zu Hause wie am Korallenriff. Süßwasser freilich ertragen sie nicht; in salzarmen Meeren wie der Ostsee behaupten sich nur wenige Arten. Demgegenüber wächst ihre Überlegenheit mit zunehmender Tiefe.

Nutznießer lebensfeindlicher Tiefen

Vor wenigen Jahrzehnten noch glaubte man, am Boden der Tiefsee könne sich wegen des hohen Druckes, der Kälte und der ewigen Nacht fast kein Leben erhalten. Die ozeanographischen Expeditionen des 20. Jahrhunderts führten zur Revision dieser Auffassung. Als Jacques Picard am 20. Januar 1960 mit der Tauchkabine »Trieste« an einer der tiefsten Stellen aller Ozeane landete, 10916 Meter unter der Oberfläche des Pazifik, sah er vor dem Bullauge nicht nur eine Crevette, sondern auch einen Plattfisch, der aussah wie eine Seezunge.

Alles Lebendige, was über dem Abgrund der Tiefsee abstirbt, sinkt abwärts, vom planktonischen Einzeller bis zum Großfisch oder Wal. Was nicht auf dem Weg in die Tiefe anderen als Nahrung dient, reichert schließlich den Grund mit organischem Belag an. Seit Expeditionsschiffe systematisch mit Schleppzügen Bodenproben aus großen Tiefen fördern, weiß man, daß dieser Schlick als Lebensgrundlage dient für Unmengen von Bakterien, für niedere Tiere, vor allem Fadenwürmer, aber auch Krebstiere und sogar Fische. Rechnet man indessen nach Biomasse, also nach Gewicht oder Volumen, so gebührt den Seewalzen dort die absolute Vorherrschaft. Zwei Meßzahlen: In 4000 m Tiefe machen Holothurien etwa die Hälfte der Masse aller Organismen am und im Boden aus, in 8500 m Tiefe sogar 90 %. Diese unscheinbaren Tiere sind also grandiose Verwerter organischer Abfallprodukte.

Geschmacksache

Wohl werden die Seewalzen von einigen Schmarotzern geplagt, darunter auch ein schlanker sog. Eingeweidefisch, der die Wasserlungen des Stachelhäuters als Schutzburg mißbraucht und dessen Junge sich von den Keimdrüsen des Wirtes ernähren. Aber damit werden die urtümlichen Organismen fertig: fühlen sie sich über Gebühr gestört, stoßen sie ihren Darm samt Anhangsgebilden und Parasiten aus und lassen »ganz einfach« im Laufe von Wochen oder Monaten neue Eingeweide wachsen. Zu den Darmanhängen gehören bei manchen Arten auch merkwürdige, äußerst klebrige weiße Schläuche, Cuvier'sche Organe genannt. Auch sie können herausgeschleudert werden; es ist aber noch umstritten, ob das wirklich ein Verteidigungsverhalten ist. Hunderte von Holothurien haben mir, wenn ich sie drückte, diesen Gefallen nicht getan.

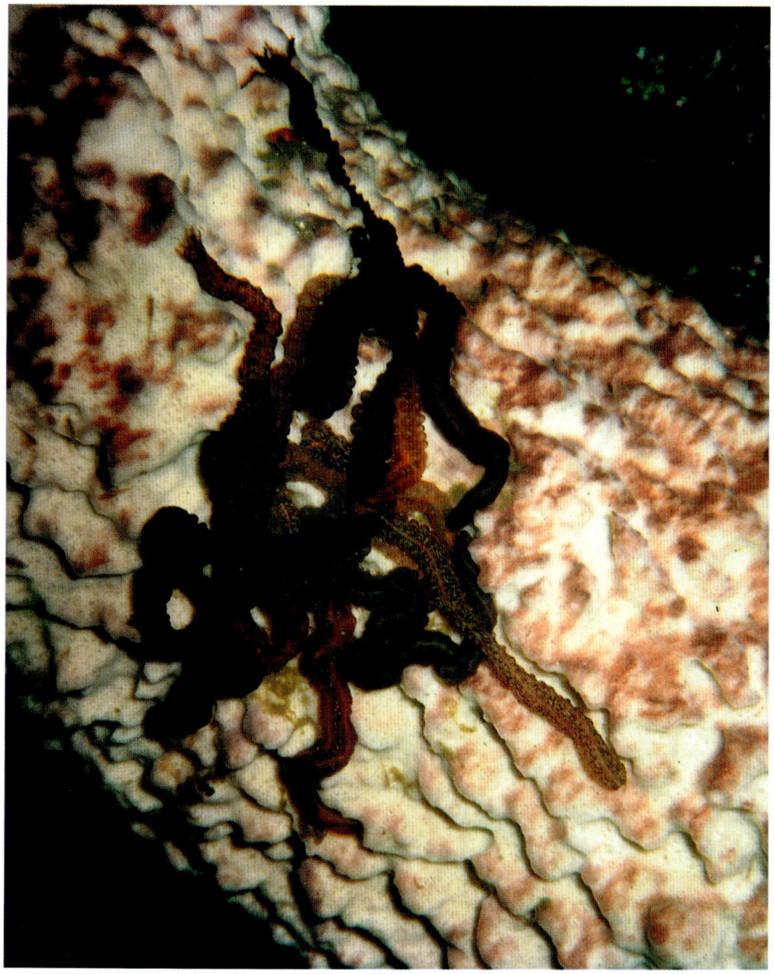

Unterschiedliche Formen und Lebensweisen von Seegurken, eine aufgerichtet zum Planktonfang, ein Knäuel im gemeinsamen Geschlechtsakt. Ungeklärt ist die Funktion der klebrigen weißen Fäden (Cuvier'sches Organ, Mitte rechts).

Echte Freßfeinde scheint es für die Seewalzen insgesamt nicht zu geben. Mit dem relativ schwachen Gift etlicher Arten ist dies allein kaum erklärbar. Näher liegt da schon die Vermutung, daß der Geschmack niemandem behagt.

Ein Ausblick?

Nur der Mensch scheint da eine Ausnahme zu machen. In Ostasien sind nicht nur Holothurien-Suppen beliebt; auf Samoa ißt man ihr Fleisch, Trepang genannt, auch roh, auf den Philippinen gern geröstet. Wer weiß, ob nicht die Seewalzen eines fernen Tages, wenn die wachsende Weltbevölkerung zur Ausschau nach neuen Nahrungsquellen zwingt, an die Seite unserer Mastschweine rücken. Ein guter Teil ist genießbar und mit 50 bis 60 % Eiweißgehalt von hohem Nährwert.

Die Vision zukünftiger »Seegurken-Farmen« ist insofern nicht allzu phantastisch, als wenigstens 30 Arten Brutpflege betreiben. Die befruchteten Eier wachsen in der Leibeshöhle heran oder auf der Körperoberfläche des Elterntieres, bei manchen in besonderen Brutmulden. Immer wieder sah ich auch zahlreiche kleine weiße Jungtiere in unmittelbarer Nähe dunkler Erwachsener auf demselben großen Schwamm.

Solche Verhaltensweisen könnten eine Nutzung durch den Menschen erleichtern. Von westlichen Gaumen soll Trepang allerdings – wie man hört – nicht gerade als Delikatesse empfunden werden. Ob Hunger dereinst die Geschmacksbarrieren von Völkern außerhalb Ostasiens zu überwinden vermag?

Der Seestern mit dem schlechten Ruf
Die Dornenkrone

Vier Gerätetaucher springen von Bord ihres Bootes. Jeder von ihnen ist mit einer Giftspritze bewaffnet. Wenn sie nach einer Stunde zurückkehren, wird jeder von ihnen etwa 150 Stachelseesternen, den sog. Dornenkronen, eine tödliche Dosis Formaldehyd unter die harte Haut injiziert haben. Warum? Die Natur hatte den Menschen mit einem Ereignis überrascht, das ihm fremd war – und er glaubte eingreifen zu müssen. Sinnvoller Naturschutz? Oder eines der vielen Mißverständnisse gegenüber biologischen Vorgängen?

Die skizzierte Szene gehörte Anfang der 70er Jahre zum Alltag an verschiedenen tropischen Korallenriffen.

Der Stachelseestern *(Acanthaster planci)* ist einer der größten seiner Verwandtschaft. Nicht selten mißt er 60 cm oder noch mehr. Wie alle Mitglieder der Familie Acanthasteridae (= »Stachelsterne«) begnügt er sich nicht mit 5 Armen, sondern hat deren 9 bis 26, besonders häufig 16. Auf der ganzen Oberseite trägt er harte Stacheln, bis zu 7 oder 8 cm lang. Das Tier ernährt sich fast nur von Steinkorallen-Polypen; am liebsten sind ihm Geweihkorallen.

Die Art war seit langem bekannt als ein Seestern, der – wie viele andere auch – in lockerer Verteilung und vernünftiger Zahl tropische Riffe im indo-pazifischen Raum besiedelt.

Bevölkerungsexplosion im Meer

Vom Jahre 1960 an aber gab es erste Alarme. Innerhalb weniger Jahre wurde an verschiedenen Stellen des weiten Indo-Pazifik ein Massenauftreten der Dornenkrone beobachtet. Bald lagen besorgniserregende Berichte vor vom Großen Barriere-Riff in Australien, von Neu-Guinea, Borneo, Malaysia und den Philippinen, von Guam, Truk und einer Reihe weiterer Inselgruppen im Pazifik zwischen Palau und Tahiti. Vom Roten Meer kamen 1963 die ersten Klagen. Madagaskar und die ostafrikanischen Saumriffe blieben ebensowenig verschont wie die Seychellen und die Malediven. Die Plage war nicht überall von gleichem Ausmaß. Vielerorts fürchtete man ernsthaft um die Existenz der Riffe. Die Stachelhäuter überfielen die Korallen in solcher Zahl, daß beträchtliche Riffabschnitte buchstäblich totgefressen wurden. Von Guam hieß es, daß nach 3 Jahren ein Riff auf 38 km »zu 90 % zerstört« sei. Australische Meldungen berichteten von zahlreichen Dornenkronen-Ansammlungen, verteilt über 480 km des nördlichen Barriere-Riffs, was ein Viertel des größten Riffs der Welt bedeutet.

Angstvolle Blicke in die Zukunft

Verständlich, daß die Besorgnis wuchs. Fachleute verschiedener Provenienz und alle, deren Existenz in irgendeiner Weise von den Riffen vor ihren Küsten abhängt, übertrafen sich gegenseitig in der Schilderung trüber Zukunftsaussichten, geprägt nach diesem Muster: Die Stachelseesterne bringen alle Korallenpolypen um; damit geht auch die Lebensgrundlage für die Fische und anderen Tiere des Riffs verloren, somit natürlich auch die der Fischer. Die leblosen Kalkskelette werden alsbald, wie man weiß, von Algen überzogen. Diese, so meinte man, verhindern eine Neubesiedlung des Felsens mit Korallen. Aber damit nicht genug: Die toten Riffe – so prophezeite man – werden den sturmgepeitschten Wellen nicht standhalten, werden zusammenbrechen und die Küsten schutzlos den Naturgewalten preisgeben. Damit werde das Ende für viele Städte, Dörfer und Häfen, zur Zeit noch an riffgeschützten Lagunen gelegen, kommen. Ganze Küstenstriche würden Meter für Meter der Brandung zum Opfer fallen. Ja, flache Inseln würden ohne ihre Atolle mitsamt den Siedlungen überflutet und hinweggespült. Allzu rasch schien sich Cousteaus düstere Prognose zu bewahrheiten, daß unseren Enkeln der Anblick von Korallenriffen nicht mehr vergönnt sei. Und das alles nur durch eine bis dahin wenig beachtete Seestern-Art!

Ein Seestern beschäftigt Ministerien

Angesichts solcher Bedrohungen, die sich nicht auf Naturschönheiten beschränkten, sondern auch wirtschaftliche und soziale Probleme befürchten ließen, erwachten mehrere Behörden schon nach einigen Jahren. Die Regierung des australischen Bundesstaates Queensland, zuständig für das Große Barriere-Riff, installierte ein Sonderkomitee, und das US-Innenministerium, dem die Verwaltung der Treuhandgebiete in Mikronesien obliegt, stattete 1969 eine Expedition von mehr als 60 Wissenschaftlern und Tauchern, unter der Leitung eines ozeanographischen Instituts, aus.

Man begann mit dem, was am einfachsten erschien: der Tötung von Seesternen. Auf dem falschesten Weg waren bereits übereifrige Taucher aktiv: mit dem Messer Stachelseesterne zu zerschneiden, in der Annahme, sie damit zu töten. Das Gegenteil ist der Fall: Aus jedem Stück eines verstümmelten Tieres wird – dank der ungeheuren Regenerationsfähigkeit – ein komplettes »neues« Individuum. Diese Methode beschleunigte also noch die Vermehrung. Wissenschaftler ließen sich wirksamere Verfahren einfallen, z.B. das Einspritzen von Formalin oder Kupfersulfat, Giftstoffe, die auch für andere Meeresbewohner schädlich sind. Mit Ammoniumhydroxid wollte man diese unerwünschte Nebenwirkung vermeiden. Auf Guam glaubten die Amerikaner damals, mit dieser Methode das ganze Problem unter Kontrolle zu bekommen. Ärmere Staaten konnten sich solchen materiellen Aufwand allerdings nicht leisten. Sogar das simple Einsammeln der Tiere, um sie an Land zu vergraben, blieb in den meisten Regionen eine Illusion. Mit anderen Worten: Wirksame Aktivitäten waren die Ausnahme. An den meisten Riffen geschah nichts.

Die Suche nach Schuldigen

Auf die Frage nach der Ursache für das Drama hatte man bald eine Antwort. Der Mensch, so verlautete vom fünften Kontinent, sei schuld. Mit seiner Sammelleidenschaft habe er zu viele der großen Tritonshorn-Schnecken den Riffen entzogen, eines Freßfeindes der Dornenkrone. Sofort wurde die Schnecke unter strengen Schutz gestellt. Das war von allen Maßnahmen der beste Schritt – wenn auch kaum wirksam im Hinblick auf die Dornenkrone. Denn es zeigte sich bald, daß ein Tritonshorn pro Woche gerade zwei Sterne verzehren kann, während sich in ihrem Revier Hunderte oder gar Tausende der Räuber tummelten. Außerdem waren viele Riffe befallen, wo niemals Schnecken gesammelt worden waren. Die Ursachentheorie konnte also nicht stimmen. So war auch den Versuchen, Tritonshorn-Schnecken zu züchten, um sie später im Riff auszusetzen, verständlicherweise kein Erfolg beschieden. Das gleiche Schicksal erlitten Pläne mit der kleinen Harlekingarnele, von der deutsche Forscher herausgefunden hatten, daß sie – in Aquarienversuchen – ebenfalls fähig ist, die Dornenkrone zu überwältigen. Aber leider tut sie das nur in höchster Hungersnot, weil sie andere Nahrung vorzieht.

Es gab eine weitere Theorie, die schon etwas plausibler klang: die Meeresverschmutzung werde von den Dornenkronen besser toleriert als von anderen Tieren, besonders als von vielen Planktonfressern, so daß weniger von den freischwebenden Larven der Sterne gefressen

Die große Tritonshornschnecke kann zwar einzelne der Dornenkronen überwältigen, nicht aber große Massen vernichten.

werden. In der Tat scheinen Stachelhäuter relativ unempfindlich gegen Abwässer. So kann man in den schmutzigsten Hafenbecken oft besonders viele Seeigel antreffen. Aber wieder gilt: Massenhafte Stachelseesterne gab es auch an vielen Riffen in paradiesisch reinem Wasser, weitab von allen Verschmutzungszonen.

Ratlosigkeit ließ den Eifer der Ursachen-Suche langsam ebenso abebben wie die Vernichtungskampagnen. Mehr und mehr wurden die Riffe wieder sich selbst überlassen.

Und heute?

Was ist aus der so dramatisch klingenden akuten Gefahr für die schönen und nützlichen Naturparadiese geworden? Verlaufs-Beobachtungen aus Regionen, wo nennenswerte Gegenmaßnahmen gar nicht erfolgt waren, machten ein Lehrstück aus der Story. Im Roten Meer zum Beispiel fand eine englische Forschergruppe 1970 noch umfangreiche Massenansammlungen von Dornenkronen; 1971 konnte bereits ein starker Rückgang registriert werden, und 1972 waren sie verschwunden. Drücker- und Kugelfische hatten sich übrigens an der Beseitigung beteiligt. Nach etwa einem Jahrzehnt hat sich praktisch überall der Spuk von selbst verflüchtigt.

Inzwischen haben uns durch Bohrungen gewonnene Fossilfunde gelehrt, daß es auch in früheren Zeiten bereits kurzfristige Bevölkerungsexplosionen von Dornenkronen gab. Starke Populationsschwankungen ähnlichen Ausmaßes sind in der Natur nichts Ungewöhnliches, auch nicht im Meer. Von bestimmten Muscheln kennt man sie beispielsweise aus der Ostsee. Glücklicherweise sieht aber die Zukunft nie so schwarz aus, wie sie von den Sensationsmachern in Medien und von hysterisch reagierenden Anwohnern gemalt wird. Und zwar aus einem einfachen Grund. Tiere, die sich so exzessiv vermehren, fressen sich buchstäblich in kurzer Zeit um ihre eigene Lebensgrundlage. Am Ende steht der Hungertod für viele. So geschah es denn auch allerorten mit der Dornenkrone. Die Riffe fielen nicht zusammen unter dem Ansturm der Wogen, sondern verfestigten sich mit Hilfe der Kalkalgen und wurden von neuen Korallenpolypen besiedelt. Die Fische blieben, und die Fischerdörfer mitsamt ihren Inseln auch. An vielen der betroffenen Riffe konnten wir uns selbst davon überzeugen, daß die verbliebenen Schäden nirgendwo den Prophezeiungen entsprechen.

Fazit

Noch immer haben wir keine Ahnung von den Ursachen der vorübergehenden Dornenkronen-Vermehrung. Aber gelernt haben wir trotzdem. Wir wissen nämlich inzwischen ziemlich sicher, daß es sich um einen natürlichen Vorgang gehandelt hat, der deshalb auch den Selbstregulations-Mechanismen der belebten Welt unterlag und nicht des Eingreifens durch den Menschen bedurfte. Die gutgemeinte Hilfe kann sogar schädlich sein. Ist es doch immerhin denkbar, daß es vielen langsam wachsenden Steinkorallen nützt, wenn von Zeit zu Zeit die schnell gedeihenden Geweihkorallen durch Feinde wie die Dornenkrone zurückgebunden werden. Wer heute noch zur Vernichtung der Dornenkrone aufruft, hinkt hinter seiner Zeit her. Wo wir von Schäden genau wissen, daß sie der Mensch verursacht hat, können Korrekturen nicht schnell genug in Angriff genommen werden. Überall sonst aber, wo unser Naturverständnis auf Rätsel stößt, sollten wir unsere Finger aus dem Spiel lassen. Sinnvolle Therapie setzt klare Diagnose voraus. Aus gutem Willen voreilig getroffene Maßnahmen haben schon so manches Desaster eingeleitet.

Leider folgt beim *Homo sapiens* nur allzuoft dem Erkennen keineswegs das folgerichtige Handeln. Aus verschiedenen tropischen Küstenregionen mit vorgelagerten Korallenriffen sind bis heute immer wieder Katastrophen-Meldungen – wenn auch von bescheideneren Größenordnungen – zu hören, verbunden mit der Forderung nach helfenden Eingriffen. Aber glücklicherweise haben die Fachleute dazugelernt und ermutigen die Behörden nicht mehr zu unsinnigen Maßnahmen.

Die Abwehrwaffen der Dornenkrone sind giftig, zum Angriff stülpt sie ihren Magen über Korallenpolypen und verdaut sie an Ort und Stelle.

Seeigel
Unser Feind Nummer zwei im Meer

Als Gegner des Menschen im Wasser, vor allem des tauchenden, nehmen weder die Haie noch die Technik oder die Unbill des Ozeans den vordersten Platz ein. Diesen Rang besetzt der Mensch meist selbst, jedenfalls sofern es um ernsthafte Zwischenfälle geht. Manchmal ist Angst die Ursache, wenn sie in Panik umschlägt. Meist aber ist Selbstüberschätzung im Spiel. Macht man jedoch die kleineren Ärgernisse zum Maßstab feindseliger Beziehungen, so sind die Seeigel aussichtsreiche Anwärter auf Platz zwei. Wer hat nicht schon auf unangenehme Weise Bekanntschaft mit ihrer Wehrhaftigkeit gemacht? Selbstverständlich geschah das aus mangelnder Umsicht unsererseits. Das sollte uns nicht zum Rufmord verleiten. Freiwillig berühren wir Seeigel nur mit dem Messer, um Lippfischen eine Mahlzeit zu servieren. Aber Seeigel können nicht nur stechen, sondern auch interessant, schön und sogar fotogen sein. Was nicht nur für tropische Formen gilt, sondern auch für farbenprächtige aus dem Mittelmeer.

Von der zoologischen Systematik werden die fast 900 bekannten Arten der Klasse Seeigel (Echinoidea) in zwei Unterklassen geteilt, die sich anatomisch unterscheiden. Die sog. »Irregulären Seeigel« (Irregularia) sind nicht radiärsymmetrisch gebaut. Sie leben eingegraben in Sand oder Schlamm. Lange Stacheln wären dort nur hinderlich. Ihre Hautanhänge gleichen eher kurzhaarigen weichen Bürsten oder Pinseln. Dem Taucher – der sie selten zu sehen bekommt – werden sie nicht lästig oder gefährlich. Deshalb wollen wir sie – zu denen u.a. der Herzseeigel und die Sanddollars gehören – hier ausklammern und uns auf die sog. »Regulären Seeigel« beschränken.

Kein Kopf, kein Vorn, kein Hinten

Es muß nicht erläutert werden, daß Seeigel zu den Stachelhäutern zählen. Daß sie damit ganz nahe Verwandte der verschiedenen Seesterne und der Seewalzen sind, liegt schon weniger klar auf der Hand. Es haben aber alle diese Klassen bestimmte Konstruktionsmerkmale gemeinsam. So sind sie sämtlich, fünfstrahlig organisiert. Nur bei den Seesternen ist das offensichtlich. Unsere Regulären Seeigel dagegen sehen aus wie ein Ball mit zwei Löchern, der unten eingedellt ist. Nur das Kalkskelett (das ebenso aussieht) läßt noch den 5er-Rhythmus erkennen. Der Sanddollar hat in der Mitte gar die Abbildung eines Seesterns (Abb.).

Die Regulären Seeigel besitzen keinen Kopf, kein Zentral-Nervensystem und keine Sinnesorgane. Es gibt bei ihnen weder vorn noch hinten. Sie können sich deshalb auch mit jeder Körperstelle voran fortbewegen. Oben und unten allerdings gibt es: Unten ist ein größeres Loch im Skelett für den Mund, oben ein kleineres für den After.

Seeigel fressen – besonders wenn sie hungrig sind – alles, was sie bewältigen können. Im wesentlichen aber sind sie Weidegänger, sie nagen den Algenbewuchs von Fels und anderen Unterlagen. Dazu dient ein Kauapparat mit 5 beweglichen Zähnen, die wie Greifer eines Baggers wirken. Das Ganze wird bereits seit dem Altertum – für uns nicht leicht verständlich – »Laterne des Aristoteles« genannt. Viele Seeigel können mit diesem Werkzeug tiefe Löcher in den Fels graben, sogar in Granit. In deren Schutz verbringen die (meist nachtaktiven) Tiere den Tag.

Das Waffenarsenal

Am Skelett (Abb.) sieht man in Reihen – immer 5 oder ein Mehrfaches davon – kleine halbkugelige Erhebungen: Gelenke für die Stacheln, die den Seeigel zum lebenden Nadelkissen machen. Jeder Taucher weiß, wie munter der Lanzenwald durch Muskeln in unsere Richtung bewegt wird, sobald wir dem Tier nahekommen. Dabei haben Seeigel weder Augen noch andere Sinnesorgane, wohl aber zahlreiche einzelne Zellen zur Wahrnehmung von Licht oder von chemischen und mechanischen Reizen. An vielen der hohlen, bis zu 40 cm langen Nadeln gibt es Widerhaken. Daher brechen die Spitzen in der Haut ab, wenn wir sie uns in die Finger oder das Bein rammen. Manche enthalten noch Gift in den Spitzen und erhöhen damit den Schmerz. Das alles schafft langanhaltende Erinnerungen an den Tauchgang sowie einen erhöhten Respekt vor den kleinen Festungen.

Schauen wir uns einen Seeigel näher an, so entdecken wir zwischen den Stacheln noch zwei weitere gestielte Systeme. Das eine besteht aus zahlreichen Zangen, die mit je drei Backen zugreifen. War ein unerwünschtes Wesen geschickt genug, die spitzen Stacheln zu umgehen, so erwartet ihn ein Wall von bis zu 2000 solcher Beißzangen. Viele davon verfügen zusätzlich über Giftdrüsen, für manche Tiere lebensgefährliche Folterwerkzeuge. Die tropischen *Toxopneustes*-Arten, Verwandte des Violetten Seeigels aus dem Mittelmeer, sollen sogar dem Menschen gefährlich werden können.

Sanitäter im Bereitschaftsdienst

Viele Zangen werden, nachdem sie zugepackt haben, ausgerissen. Der Schaden ist nur temporär: ebenso wie bei abgebrochenen Stacheln sorgt eine hohe Regenerationsfähigkeit für baldigen Ersatz. Dazu kommt eine sehr wirksame Notdienst-Einrichtung: ständig wandern im Körper bestimmte Zellen frei umher, die bei einer Verletzung sofort zur Schadensstelle eilen und den Defekt schließen, indem sie sich untereinander verkleben.

Die Zangen werden aber auch zum Putzen eingesetzt. Der oben liegende After sorgt für Arbeit.

Atmen mit den Füßen – und eine hydraulische Klettermaschine

Ein Teil der Stacheln dient ebenfalls einem friedlichen Zweck: auf den kürzeren der Unterseite wird gelaufen. Die erzielten Geschwindigkeiten reichen bis zu 35 mm/sec. = 2,1 m/min. = 126 m/Std. Wenn wir sehen, wo überall Seeigel zu finden sind, ist klar, daß nicht die Stacheln allein sie dorthin getragen haben können. Da muß noch was zum Klettern sein. Und auch das finden wir zwischen den Stacheln, als drittes Anhangssystem. Es sind die Saugfüßchen. Sie sind an ein Pumpwerk angehängt, über das im ganzen Tierreich ausschließlich die Stachelhäuter verfügen: das sog. Ambulacralsystem. In einem raffinierten, geschlossenen Wasser-Gefäßsystem können durch Pumpen und Ventile lokale Druckveränderungen geschaffen und so Bewegungen einzelner Teile ausgelöst werden. Die Saugfüßchen stehen durch Löcher im Skelett mit dem Pumpwerk in Verbindung und können nach Bedarf ausgedehnt oder zusammengezogen werden. Das befähigt viele Seeigel, an senkrechten Wänden ebenso wie unter Überhängen zu klettern und zu verweilen.

Und auch diese dritte Art von Hautanhängen hat einem weiteren Ziel zu dienen: der Atmung. Als Teile des ausgedehnten Gefäßnetzes sind sie beste Garanten für den Sauerstofftransport.

Tarnung? Lichtschutz? Oder sinnlose Reflexhandlung?

Manche Seeigel haben die Angewohnheit, Algen oder Gegenstände wie Schalenstücke von Muscheln, Korallenbruchstücke oder ähnliches auf ihrem Rücken mit den Saugfüßchen festzuhalten. Ein weitverbreiteter Erklärungsversuch geht davon aus, daß diese Tiere offenbar zu starkes Sonnenlicht scheuen. Andere Autoren sprechen von Tarnung, von der Vortäuschung toter, uninteressanter Substanz. Neuerdings aber neigt man zu der Ansicht, daß Füßchen und Stacheln mit demselben Reflex, der sie zur Fortbewegung veranlaßt, ein mobiles Stück Untergrund weiterschieben – von Saugnapf zu Saugnapf.

Auf wessen Speisekarte?

Die Ritter des Meeresbodens tun gut daran, sich so massiv zu bewaffnen. Denn ganz offensichtlich schmeckt ihr Inneres sehr vielen Tieren gut. Welche intelligenten Anstrengungen Drückerfische unternehmen, um vom weichhäutigen Mundfeld her den Seeigel zu überwältigen, konnte man in Dokumentarfilmen von H. W. Fricke u.a. sehen. Fast jeder Taucher weiß, daß nahezu alle Fische des Reviers herbeieilen, wenn ein chemischer Geschmacksstoff verrät, daß ein Seeigel geopfert wurde. Für den Artgenossen aber ist es ein Warnzeichen: er macht sich davon. Als beliebte Speise gelten Seeigel auch bei Krebsen und Langusten sowie – in der Gezeitenzone – bei Vögeln, insbesondere Möwen. Und nicht zuletzt sind die Feinschmecker mancher Küstenvölker, auch am Mittelmeer hinter ihnen her: die jeweils 5 Keimdrüsen gelten ihnen als Leckerbissen.

Alt und bewährt

Dennoch bieten die Stacheln genügend Anreiz für kleine Tiere, insbesondere Kardinalfischchen, Garnelen und kleine Tintenfische, die wandernden Festungen als Aufenthaltsort zu wählen. Und das mit Recht. Denn was sich seit mehr als 600 Millionen Jahren im Meer bewährt hat, was z.T. in beträchtlicher Siedlungsdichte bis hinab in über 7000 m Tiefe wohnt, was alle Meere erobert hat, sogar die salzarme Ostsee, ist offensichtlich hervorragend angepaßt.

Des Tauchers Feind? Ein bißchen mehr Wachsamkeit und die schmerzhaften Blessuren lassen sich (fast ganz) vermeiden. Gewiß wird der Seeigel dann nicht gleich zum Freund Nr. 2.

Mit dem fünfzähnigen Mundwerkzeug werden Algen vom Grund abgeweidet.

Lanzenseeigel sind die ältesten Vertreter der Klasse.

Am Skelett sieht man durch die Mundöffnung den After an der Oberseite sowie je 10 Reihen Stachelgelenke und Saugfüßchenporen (links). Dem Sanddollar sieht man nur in der Mitte die Seesternverwandtschaft an.

Zwischen den Hauptstacheln schaffen kürzere Nebenstacheln eine zusätzliche Abwehr.

Aber zu des Tauchers Freuden kann er durchaus beitragen, wenn wir ihm etwas mehr Aufmerksamkeit schenken. Mit aller Vorsicht. Und nicht nur mit dem Messer.

Stellung im System der Tiere

Stamm:	**Stachelhäuter** = Echinodermata (etwa 6000 Arten in 5 Klassen)
Klassen:	**Seeigel** = Echinoidea (fast 900 Arten) [außerdem: Seewalzen oder Seegurken, Seelilien und Haarsterne, Seesterne, Schlangensterne]
Unterklassen:	**Reguläre Seeigel** = Regularia [außerdem: Irreguläre Seeigel = Irregularia]

Fortpflanzung durch Selbstverstümmelung
Emanzipierte Seesterne

Wer erst einmal zum heimlichen Liebhaber der Meeresfauna geworden ist, wird Mühe haben, sich vorzustellen, daß es für einen Naturfreund etwas Aufregenderes – und Anregenderes – geben könne als die Betrachtung eines von Leben überquellenden Korallenriffs. Da tauchen Fragen auf, es gibt Antworten, die jedoch sogleich ein Mehrfaches an neuen Fragen gebären.

Je tiefer wir mit stets wachsender Neugier in die unzählbaren und chaotisch-zufällig erscheinenden, gleichwohl ehernen Gesetzen folgenden Zusammenhänge eindringen, um so weiter entfernt von einseitig klaren Urteilen finden wir uns wieder.

Weder Gartenidylle noch pure Brutalität

Die Wirklichkeit entspricht weder der grausigen Dramatik von Schillers »Taucher« noch dem idyllischen Blumenfrieden der Marie-Luise Kaschnitz oder der wohligen Selbstgenügsamkeit von Goethes Fischlein auf dem Grund. Jedenfalls kann keines der Bilder einem Alleinvertretungsanspruch gerecht werden. Das Lebensgefüge hat wesentlich mehr Facetten. Was die Natur hervorbringt, sprengt die Vorstellungsgrenzen unserer Phantasie. Nebeneinander, ja ineinander verflochten gibt es Lust und Triebbefriedigung, Grausamkeit und schlichten Alltag, Hektik und friedliche Ruhe. Neben Einfühlbarem sehen wir oft Unverständliches. Aber wenn wir unverdrossen weiterfragen, werden wir zuweilen mit einer erstaunlichen Antwort belohnt. Ein kleines Beispiel dazu.

Wohl jeder aufmerksame Taucher sah schon Seesterne, denen ein Arm ganz oder teilweise fehlte. Es drängt sich dann die Annahme auf, daß ein Freßfeind für diese Amputation verantwortlich war. Das mag richtig sein, wenngleich zu fragen bleibt, ob es viele Hungerleider gibt, die auf solch spröde Bissen versessen sind. Sicher dagegen ist, daß die rätselvolle Natur auch eine ganz andere Erklärung für solche Verstümmelungen bereithält.

Nachkommenschaft ist Glücksache

Bei einem Tauchgang auf den Malediven sah und fotografierte ich einen kleinen Seestern der Familie Linckiidae mit nur 4 Armen. Der fehlende 5. war aber nicht verschwunden, sondern lag unversehrt nahebei auf demselben Korallenblock: Falls ein hungriger Räuber ihn abgebissen hatte – warum verspeiste er ihn nicht? Mir fiel ein, daß man gelegentlich winzige Seesterne mit einem überdimensional großen Arm sehen kann, einem Kometen vergleichbar. Sollte da ein Zusammenhang bestehen? Zu Hause las ich nach – und siehe da, ich war auf eine biologische Merkwürdigkeit gestoßen. Die Seesterne fast aller (nahezu 2000) Arten sind getrenntgeschlechtig, es gibt also männliche und weibliche Tiere. Sie pflanzen sich durch Abgabe der Geschlechtszellen ins Wasser fort. Das passiert nur zu einer bestimmten Jahreszeit. Mit dem nötigen Glück finden einige Eizellen mit Samenzellen eines an anderer Stelle lebenden männlichen Sterns zusammen, es kommt zur Befruchtung, die geschlechtliche Fortpflanzung kommt in Gang. Bei geringer Besiedlungsdichte muß allerdings das Glück schon beträchtlich sein. Jetzt kommen die Wochen der größten Gefahr im Leben eines Seesterns: die heranwachsenden winzigen Larven schweben im Plankton, das unzähligen Tieren als Nahrungsquelle dient. Übrigens sahen es biologische Forscher vor einem Jahrhundert als Glücksfall an, daß die Keimlinge der Stachelhäuter sich frei im Wasser entwickeln. Das schaffte gute Bedingungen für Aquarium und Labor. So verdanken wir den Seesternen und Seeigeln die grundlegenden Kenntnisse über die Anfangsstadien der Entwicklung von Tier und Mensch. Die erwachsenen Stachelhäuter dagegen blieben fast bis heute Stiefkinder der Wissenschaft. Nach einigen Wochen des Larvenstadiums folgt das Leben am Boden für den fertigen Seestern, bei dem es weder vorn noch hinten gibt, weder rechts noch links, sondern nur oben und unten.

Seit langem bekannt ist auch die erstaunliche Regenerationsfähigkeit dieser Tiere. Was vom Regenwurm jeder kennt, gilt auch für sie: werden sie, zerteilt, so entsteht aus den Bruchstücken jeweils ein neues komplettes Tier. Das ist möglich, weil die Zellen noch nicht so »spezialisiert« sind auf Bildung eines bestimmten Organs, wie es bei höheren Tieren und beim Menschen der Fall ist. Alle Zellen verfügen noch über die genetische Information für den Bauplan vom ganzen Körper.

Selbstamputation – wozu?

Bekannt ist auch die Fähigkeit vieler Seesterne, einzelne Arme abzuwerfen, wenn sie dort angegriffen werden: Der Arm wird dem Feind überlassen, der verstümmelte Organismus flieht und bildet den verlorenen Arm langsam neu.

Und nun kommt das Besondere: etliche Arten aus der Ordnung Randplatten-Seesterne und besonders aus der Familie der Linckiidae (ein deutscher Name ist mir nicht bekannt) haben die Möglichkeit entwickelt, das Abschnüren eines Arms auch ohne jede äußere Einwirkung zu vollziehen und auf diese Weise eine Tochter zu produzieren. Damit erweiterten die Tiere einen Verteidigungsmechanismus in die Dimension der Fortpflanzung. Das ist für die Arterhaltung besonders dort nützlich, wo in großen Räumen nur wenige Exemplare der Art leben und die Chance der Befruchtung von Eizellen deshalb sehr gering ist: Es wird durch die ungeschlechtliche Fortpflanzung ein unsicherer, komplizierter und auf verschwenderische Massenproduktion von Geschlechtszellen angewiesener Vorgang gewissermaßen auf simpelste Weise umgangen und kurzgeschlossen. Das ist ein großer Vorteil für die dazu fähigen Arten: Das Neue, der »geniale Einfall«, besteht lediglich in der Fähigkeit, sich »freiwillig« für befristete Zeit zu verstümmeln. Tiere einer uralten Klasse, die wir primitiv zu nennen pflegen, demonstrieren wieder einmal die Vielfalt ihrer Möglichkeiten. Während viele der »höheren« Wirbeltiere aussterben, sind nicht wenige Seestern-Arten im Vormarsch. Es gibt welche in beiden Polregionen und in Tiefen bis zu 7600 Metern. Ihre Zeit ist noch lange nicht vorüber. Muß man nicht sogar eine besondere Fortschrittlichkeit darin sehen, wenn solche »niederen« Tiere es fertigbringen, der an sich schon beneidenswerten Fähigkeit zu so weitgehender Regeneration noch eine zweite wichtige Funktion zuzuweisen, nämlich die des Klonens?

Was löst das masochistische Opfer aus?

Ein möglicher Nachteil der ungeschlechtlichen Fortpflanzung ist freilich auch nicht auszuschließen: auf diese Weise kann nur identisches Erbgut weitergegeben werden. Durch Mutationen entstandene schädliche Veränderungen sind so nicht auszumerzen. Aber dazu bleibt ja »nebenher« die überkommene geschlechtliche Fortpflanzung mit dem Austausch des Erbgutes von zwei Tieren, von denen jedes nur die Hälfte beisteuert.

Einmal aufmerksam geworden, sah ich die verschiedenen Stadien dieses Vorgangs immer wieder, auch in ganz verschiedenen Tauchregionen. Die sogenannte Kometenform, die man nicht gar so selten findet, ist nicht ein junger Seestern mit einem zu groß geratenen Arm, sondern ein alter Arm mit 4 jungen Sprossen und einem neuen Rumpf. Amputations-Stümpfe an erwachsenen Tieren sind sogar ziemlich oft zu finden. Und mit etwas Glück sieht man vielleicht eine Abschnürung, die gerade im Gange ist.

Vor einem großen Fragezeichen stehen wir allerdings, wenn wir ergründen möchten, wie denn das Signal zu einer solchen masochistischen Selbstbeschädigung zustande kommt. Ist ein *Linckia*-Stern vielleicht fähig, wahrzunehmen, daß über längere Zeit weit und breit kein Geschlechtspartner vorhanden ist? Gibt es im Hormonhaushalt einen Stau und schließlich eine Kippschwingung zur Entladung durch einen ganz anderen Trieb?

Hier präsentiert uns jedenfalls das Experimentier-Labor der Evolution ein Ergebnis, das für die extremsten unter unseren Feministinnen ein Märchentraum bleibt: eine Variante der Möglichkeiten totaler und definitiver Emanzipation; geschlechtliche Wesen unabhängig von Partnern, ohne auf Kinder verzichten zu müssen, freilich um den Preis des Verzichts auf Erbgut-Auffrischung.

Die Seesterne der Gattung Linckia setzen ihre enorme Regenerationsfähigkeit zur Vermehrung durch Selbstamputationen ein. Unten rechts ein Stern und sein frisch abgeschnürter Arm. Ein anderer (oben rechts) hat schon mehrere solcher Prozeduren hinter sich. Rumpf und 4 Extremitäten sprießen neu aus dem abgestoßenen Arm. So entsteht eine Kometenform (unten links).

Der Auslesedruck treibt Blüten
Aus den Versuchslabors der Evolution

10

Betrachtet man die derzeitigen Endprodukte von Stammesentwicklungen und verfolgt dazu – rückwärts – ihre Geschichte, so kann man an die Welt der Legenden und Märchen erinnert werden – an die drei Prinzen von Serendip zum Beispiel oder auch an Hans im Glück: Ob einer seinen Weg ganz von den Zufällen leiten läßt, ohne die Richtung nach eigener Zielsetzung mitzubestimmen, und dennoch an sein Wunschziel gelangt, oder ob einer bei jedem Angebot sofort bereit ist zum Tausch seines Besitzes und am Ende nichts mehr hat und darüber glücklich ist: wer will sagen, ob – und wenn ja: wieweit – dabei eine unsichtbar lenkende Hand im Spiel war?

Was die Forschung zutage fördert, ist zuweilen so skurril, daß einem der Gedanke an eine schöpferisch-sprudelnde, nicht selten dazu humorvolle Phantasie näher liegt als die Annahme reinen Mutations-Zufalls. Hier Stellung zu beziehen ist indes nicht Sache der Forschung. Sie kann niemanden davon entbinden, mit sich selbst auszumachen, ob sie oder er an ein finalistisches Prinzip glauben will, an ein Geschehen nach höherem Plan, an die primäre Ausrichtung auf ein Ziel, oder ob sie oder er das Selektionsprinzip oder den Zufall als alleiniges Grundgesetz gelten lassen will. Die Naturwissenschaften sind nach ihrer Definition wie nach ihren Methoden a priori nicht in der Lage, die entsprechenden philosophisch-religiösen Antworten zu suchen oder gar ihre Kenntnis zu behaupten. Teleologische Wendungen sind darum in naturwissenschaftlich orientierten Darstellungen fehl am Platz. Das muß keineswegs heißen, daß finalistisch-teleologisches Nachdenken über die Natur nicht statthaft sei. Nichts spricht gegen unbegrenzte Diskussionen. Es muß nur stets die scharfe Trennlinie erkennbar bleiben zwischen Hypothesen, Theorien und Glaubensbekundungen einerseits und den Ergebnissen naturwissenschaftlicher Forschung andererseits. Beide Seiten sind prinzipiell außerstande, sich gegenseitig zu widerlegen.

Die im Folgenden herausgestellten Beispiele sind in mancher Hinsicht von besonderem Kuriositätsgrad. Da haben sich in der experimentellen Mutations-Abteilung des Unternehmens Evolution Dinge entwickelt, die uns teils – vorerst noch – nur ein Lächeln abringen können und wie Kult wirken, zum Beispiel die Nasenflügel eines Raubfisches, die wir kaum ernster nehmen können als das überspannte Hutgebilde einer affektierten Dame aus der Komödie. Wir müssen aber einräumen, daß diese zum Teil geradezu grotesken Kreationen immerhin lebenstüchtig sind, auch wenn wir nicht wissen, ob das von langer Dauer sein wird. Eine Parallelität zu den Auswüchsen unserer Kleidungs-Mode drängt sich auf. Wie unangemessen die Frage »wozu« sein und an der Wirklichkeit vorbeisuchen kann, habe ich bereits angetönt, zumal im Zusammenhang mit Farben und Mustern. Des weiteren müssen wir bewundernd eingestehen, daß solch extreme Varianten, wie wir sie hier vorstellen, sich auf ganz unerwartete Weise neue Lebensgrundlagen erschließen: Fische, die sich von ihrer Familie absondern und das Schwimmen aufgeben, teils auch das Raubverhalten, dafür aber von neuen Räumen Besitz ergreifen oder mit Hilfe besserer Tarnung und listiger Lockmethoden in behaglicher Bewegungsarmut ihre Ernährung sichern. Die nächsten Verwandten siedeln sich tief unten gar in der Vorstellung zwischen Vampir und Dracula an. Bemerkenswert ist auch der Verzicht auf wesentliche innere Skelett-Teile zugunsten doppelstrategischer Abwehrwaffen. Das alles sind Spielarten der Gestalt- und Verhaltenstechniken, die gewiß erstaunen lassen, hie und da auch ein Lächeln rechtfertigen; daneben aber geben sie auch Anlaß zum Nachdenken über verschiedene Kategorien der Evolution.

Schnepfenmesserfische
Ein Leben im Kopfstand

Wer es nicht von einem großen Schauaquarium im Zoo kennt, traut seinen Augen kaum, wenn er es zum erstenmal im Meer sieht: da bewegt sich eine größere Gruppe von schlanken Gebilden, sämtlich senkrecht gestellt, balletthaft durchs Wasser über den Korallengarten der Riffplatte. Dann bleiben sie plötzlich alle stehen, wie auf ein Kommando. Für einen Augenblick rührt sich nichts mehr. Dann treibt das Ganze wieder langsam seitlich weiter. Vorsichtig pirsche ich mich an, um ein Foto zu erhaschen. Bis auf einige Meter Abstand gelingt das, dann ist die Fluchtdistanz offensichtlich unterschritten. Wie zentral gesteuert kippen alle Mitglieder des Verbandes im gleichen Bruchteil einer Sekunde in die Waagerechte und schießen davon.

Nun erst ist klar erkennbar, daß es sich um kleine Fische handelt. Die temporeiche Flucht geht nicht weit. Nach etwa zehn Metern hält die Gesellschaft wieder ruckartig an, und alles geht – mit militärischer Exaktheit – in die Senkrechte. Was bei der Flucht vorn war, kommt dabei nach unten – die Tiere gehen in den Kopfstand!

... Schwänzchen in die Höh

Es sind Schnepfenmesserfische (Centriscidae), nahe verwandt den Trompetenfischen und Vettern von Seenadeln und Seepferdchen. Die Vertikale ist ihre Lebensgrundhaltung: Man soll sie gelegentlich auch mit dem Kopf nach oben sehen können; das scheint aber recht selten, und ist uns noch nicht begegnet. Kopf unten, Schwanz oben – so scheinen sie sich am wohlsten zu fühlen. Die Horizontale ist offensichtlich für den Notfall reserviert, für die Flucht. So kommt man schneller voran. Die Tiere pflegen in kleineren oder mittelgroßen Schulen zu leben und immer nehmen alle die gleiche Haltung ein. Auch senkrecht im Wasser können sie sich erstaunlich wendig und flink bewegen.

Schnäbel wie Schnepfen, Bäuche wie Messer

Die Schnepfenmesserfische haben unter den zoologischen Systematikern zu ausgiebigen Diskussionen Anlaß gegeben. Die meisten Forscher zählen sie zur Ordnung der Stichlingsfische (Gasterosteiformes) und zur Unterordnung Trompetenfische (Aulostomoidei). Zu den nächstverwandten Familien zählen damit die »Trompetenfische im engeren Sinne«. Und in der Tat sind – trotz starker Größendifferenz – Ähnlichkeiten unverkennbar. Gemein ist beiden neben der gestreckten, schlanken und platten Gestalt insbesondere die lange, dünn und röhrenförmig ausgezogene Schnauze mit dem kleinen Mund. Die Ursache davon ist, daß Ober- und Unterkiefer zusammengewachsen und nach vorn verlängert sind. Ähnliche Verhältnisse kennen wir von Seepferdchen und Seenadeln, die einer weiteren Unterordnung der Stichlingsfische angehören. Den Erfinder der häufigsten deutschen Bezeichnung muß das Maul unserer Vertikal-Akrobaten an die Schnäbel von Schnepfen erinnert haben. Der zweite Teil des Namens ist weniger kühn, die Bauchkante ist tatsächlich scharf wie ein Messer. Eine Gattung erhielt deshalb gar den deutschen Namen »Rasiermesserfische«.

Auch ohne Zähne gut gerüstet

Diese ungewöhnliche Waffe ist Teil eines Hautskeletts. Etliche Knochenplatten sind so miteinander verzahnt, daß ein regelrechter Panzer entstand, ähnlich wie bei den Seepferdchen. Am Bauch schließen sich diese Platten zu jenem Messer zusammen, das Feinden als wirksame Abwehr entgegengehalten wird. So kann sich ein Räuber plötzlich hundert dichtgedrängt aufrecht nebeneinanderstehenden, scharfen, drohenden Messern gegenübersehen. Im Zweifel wird er seinen Appetit bezähmen.

Mit diesen merkwürdigen Erfindungen der Natur ist das Arsenal zur Überlebenssicherung noch nicht erschöpft. Es kommt noch ein Stachel am Körperende hinzu, der so lang ist, daß er die zum Bauch hin umgebogene Schwanzflosse überragt. Kommt ein Feind von oben, so starrt ihm ein Wald spitzer Lanzen entgegen. Bei einigen Arten sind die Stacheln beweglich, bei anderen starr.

Zähne allerdings hat der Schnepfenmesserfisch nicht. Wozu auch – kann er doch die zusammengewachsenen Kiefer nicht gegeneinander bewegen. Er ernährt sich durch ruckartiges

Einsaugen von Wasser durch das Röhrenmaul, das also wie eine Pipette funktioniert. Dabei werden Kleinlebewesen des Geschwebes aufgenommen.

Ein Fisch ohne Gräten

Und um die Merkwürdigkeiten noch weiter zu vermehren: unser Fisch hat weder Rippen noch Gräten. Schädel, Wirbelsäule und Hautpanzer genügen ihm als Halteapparat.

Schnepfenmesserfische sind an den Küsten und um die Inseln warmer Meere weit verbreitet: vom Roten Meer und der Küste Ostafrikas über den ganzen Indischen Ozean und den westlichen Pazifik, zumindest bis Hawaii. Dennoch muß der Taucher Glück haben, um den kuriosen Geschöpfen zu begegnen, denn sie sind nicht häufig. Im gesamten Atlantik einschließlich Anhangsgebilden (Mittelmeer, Karibik, Golf von Mexiko) gibt es sie nicht. Die Größe erwachsener Tiere der verschiedenen Arten (es sind mindestens 5 in 2 Gattungen) reicht von etwa 13 bis 30 Zentimetern. Einige von ihnen wirken ein wenig durchscheinend.

Was wir über Schnepfenmesserfische wissen, stammt zumeist aus Beobachtungen von Aquarientieren. An Freiwasserforschungen bleibt noch manches zu tun. Es heißt, daß Höhlen zu den Lieblingsplätzen von Schnepfenmesserfischen gehören und daß sie sich – ähnlich wie Kardinalfische – oft zwischen langen Stacheln von Diadem-Seeigeln aufhalten, und zwar senkrecht gestellt, womit Schutz und Tarnung gleichzeitig erreicht sind. Jedoch braucht der Taucher – wie gesagt – schon ein wenig Glück, um die wundersamen Tierchen überhaupt zu Gesicht zu bekommen.

Stellung im System der Tiere

Ordnung:	**Stichlingsfische** = Gasterosteiformes
Unterordnungen:	**Trompetenfische** = Aulostomoidei [außerdem: Seenadeln und ihre Verwandten, Stichlinge]
Familien:	**Schnepfenmesserfische** = Centriscidae [außerdem: Trompetenfische im engeren Sinne, Flötenmünder, Schnepfenfische; Röhrenmünder, Seenadeln und Seepferdchen]

Die Nase als Experimentierfeld der Natur
Nasenmuränen

Den Muränen schreibt man generell ein gutes Geruchsvermögen zu, von dem sie bei ihren nächtlichen Beutezügen profitieren. Die Natur scheint bei ihnen eine Art Nasenkult zu zelebrieren. Bei einigen der etwa 120 Arten geht das so weit, daß man versucht ist, das Ergebnis lächerlich zu finden. Aber sehenswert.

Wer mehr als einen ängstlich-distanzierten Blick auf die zu Unrecht verrufenen Muränen wagt, sieht nicht nur, daß sie mit zwei Paar Nasenlöchern ausgestattet sind, sondern auch, daß die vorderen davon durch Röhrchen-förmige Verlängerungen »geschmückt« werden. Eine der 12 Gattungen, nämlich die der Nasenmuränen *(Rhinomuraena)*, wurde nochmals bevorzugt behandelt und mit einem weiteren Sonderzubehör beschenkt: mit blattförmigen Fortsätzen dieser Röhrchen. Wie Radar-Schirme halten die Tiere die beiden Ornamente aus heller Haut vor sich hin.

Ob diese Instrumente nur eine Laune der Natur sind, eine optische Bereicherung unter den Natur-Skurrilitäten, oder ob ihnen eine funktionelle Bedeutung zukommt, bleibt noch zu erforschen. Denkbar wäre immerhin, daß sie das Aufspüren von Beute erleichtern, indem sie einfach mehr Wasser in die Nasenlöcher lenken oder indem sie, mit Riechnerven versehen, die Fläche für Geruchsempfindungen vergrößern. Schließlich dienen übergroße Ohrmuscheln auch nicht nur dem Gelächter Dritter, sondern sammeln mehr Schallwellen, als es kleine Ohren tun.

Wasserballett im Kopfstand. Über dem Riff schwimmend richten die Schnepfenmesserfische ihre Waffen nach oben und zur Seite: den Schwanzstachel und den messerscharfen Bauch. Nach unten sichern die Augen. Ob das die Entwicklung zur ungewöhnlichen Haltung erklärt?

Nur eine Laune der Natur? Oder funktionsverbessernde Accessoires? Außer den Nasenflügeln verzieren noch Barteln den Kopf der Nasen- oder Geistermuräne. Die schwarze Variante ist sehr selten.

Aus einer Ordnung mit über 400 Arten von Raubfischen stammen die Röhrenaale. Sie haben sich von fast allen Gewohnheiten ihrer Verwandtschaft losgesagt: Das Schwimmen gaben sie auf zugunsten stetiger Wohnsitze im Sand. Sie jagen keine Beute, sondern verschlucken, was ihnen die Strömung an Kleinlebewesen zutreibt. Ihnen fehlt nicht nur jede Aggressivität, sie können sich nicht einmal verteidigen, nur noch verstecken. Deshalb sind sie überaus scheu. Röhrenaale stehen in einer Reihe mit anderen Fischen, die sich auf erstaunliche Weisen in Körperbau und Verhalten von ihren Sippen wegentwickelten.

Über Nasenmuränen bleibt auch sonst noch manches in Erfahrung zu bringen. Zwar weiß man von ihnen schon seit 1908. Aber als schon mancher von uns mit Preßluft tauchte, mußte nach London, Cambridge oder Leiden pilgern, wer eine Nasenmuräne leibhaftig sehen wollte – in Spiritus im Museum! Dann aber proftierte, wie in so manchem Fall, das naturkundliche Wissen durch Liebhabereien von Amateuren. Diesmal waren es gleich zwei Hobbys, die auch lehrreich und nützlich sein können: das Tauchen und die Meeres-Aquaristik. Für der letzteren Anhänger kann eine Nasenmuräne, die sich wie andere Muränen gut halten läßt, zum Star im Becken werden. Das hatten die professionellen Fisch-Fänger in Ostasien bald spitz, die Tiere tauchten bei uns im Handel auf. Dann und wann hat auch ein Taucher das Glück einer Begegnung mit ihnen.

Bis heute sind zwei Arten der Gattung (die gelegentlich auch »Geister«-, »Hasen«- oder »Blattnasen«-Muränen genannt werden) bekannt: die besonders attraktive Blaue Nasenmuräne *(Rhinomuraena ambonensis)* mit der gelben Rückenflosse, und die unauffällige, aber sehr seltene Schwarze Nasenmuräne *(Rhinomuraena quaesita)*. Beide wurden zuerst bei den östlichsten indonesischen Inseln, im westlichen Pazifik, im Ostchinesischen Meer und schließlich bei den Philippinen gefunden. Unsere Aufnahmen zeigen indessen, daß die Beschreibung der Verbreitung einer ganz wesentlichen Korrektur bedarf. Das gilt für beide Arten. Wir fanden sie nicht nur bei den Philippinen, sondern auch – ebenso wie andere – im westlichsten Teil des Indischen Ozeans, nämlich vor der Küste Kenias.

Ein Leben aufrecht im Sand
Die Röhrenaale

Sie dürften wohl die scheuesten aller Fische sein, die Röhrenaale. Jedenfalls sind sie die einzigen, die fast wie Pflanzen an einem Ort verharren. Sie leben teils in, teils über Sandflächen, nicht einmal tief somit zumeist in Küsten- oder Inselnähe. Trotzdem hatte sie bis 1923 noch niemand gesehen. Obwohl in Kolonien lebend, sind sie weder in Fischernetzen noch an der Angel oder in Mägen von gefangenen Räubern aufgetaucht. Wenn das nicht optimale Anpassung an ihren Biotop bedeutet! Es mußten erst die freibeweglichen Gerätetaucher kommen, um den interessanten Tieren näher auf die Schuppen zu rücken.

Heute ist ein gutes Dutzend verschiedener Arten und Unterarten von Röhrenaalen bekannt. Nicht weniger als vier davon wurden von Irenäus Eibl-Eibesfeldt und Hans Hass während ihrer Forschungsreisen entdeckt und beschrieben, zum Teil auch nach ihnen und nach dem Forschungsschiff »Xarifa« benannt. Inzwischen stehen solche Tiere auf dem Wunschzettel des verwöhnten Rifftauchers. Aber: wie auch sonst im Leben wird nicht jedem jeder Wunsch erfüllt.

Sinnvoll gewordene Vogel-Strauß-Politik

Wer das Glück hat, ein Feld mit Röhrenaalen zu sehen, dem wird ein ebenso merkwürdiges wie faszinierendes Schauspiel zuteil. Von weitem wirkt das Ganze wie ein Stück Sandwüste mit spärlich verteilten, aber kräftigen Halmen, die sich in Zeitlupe im Winde wiegen. Beim ersten Anblick mag es einem ergehen wie den genannten Forschern: man glaubt, Algen oder Würmer vor sich zu haben. Dann nähert man sich bis auf etliche Meter, und siehe da: die vordersten »Halme« ziehen sich langsam in den Boden zurück, die entfernteren beginnen damit etwas später. So geht das Versteckspiel weiter, während man über dem Feld schwimmt. Es ergibt sich eine Abstufung der »Halm«-Länge, die man sozusagen vor sich herschieben kann. Als absolut unmöglich erweist sich, schwimmend nah genug zu kommen, um Einzelheiten der Körper gut erkennen zu können. Der Meeresboden verschluckt sie vorher. Also hinlegen und ruhig verhalten. Das nützt etwas, jedoch kehren die Fische angesichts des lärmend atmenden Ungetüms nicht zu normalem Verhalten zurück. Es bleibt eine Begegnung auf Distanz. Erst nach Minuten blinzeln – ganz zaghaft – einige aus dem zweiten Glied wieder ein wenig über den Rand ihrer Wohnröhre. Im ersten Glied rührt sich nichts. Die Tiere in größerer Entfernung dagegen fühlen sich offenbar nicht bedroht, schemenhaft sieht man sie, wie elastische Krummstäbe oder Spazierstöcke geformt, sich vor und zurück beugen. Wer sich für Details interessiert, zum Beispiel für Form und Farbe von Augen und Mäulchen oder für die Musterung der Haut, muß bis zur Heimkehr warten. Dann kann er mehr sehen – vorausgesetzt, er hat erfolgreich fotografiert. Das aber ist nicht leicht.

Aus der Art geschlagen

Beim Stichwort »Aale« denken wir – wenn wir von geräucherter Delikatesse und Suppenspezialität aus Hamburg absehen – mit Recht an gewandte Räuber, schnell und gefährlich. Der Conger unserer Breiten, die verschiedenen Muränen, die Schlangenaale – auf sie alle trifft diese Kennzeichnung zu. Sie bewegen sich frei, der Flußaal begibt sich gar auf ungeheuer weite Wanderungen über Tausende von Kilometern. Nur eine Gruppe schlägt aus der Art, und das gleich gründlich: die Familie der Röhrenaale (Heterocongridae). Erste »Normabweichung«: statt jagend umherzuschwimmen, bleiben sie bis zum Lebensende in ihrer Röhre, als seien sie festgewachsen. Dieser Verzicht auf Bewegung mutet wie ein Rückschritt an. Sie leben so, wie es sonst nur wirbellose Tiere tun, zum Beispiel Röhrenwürmer und viele andere. Abweichung Nummer zwei macht sie nicht weniger zur Rarität unter den Fischen: sie bauen ihre Wohnung selbst. Grundeln stellen dafür eine Garnele an, viele andere Fische suchen sich ein bereits vorhandenes Loch, einen Spalt oder eine Höhle. Unsere Röhrenaale bohren sich mit rhythmischen Stoßbewegungen rückwärts, den spitzen, harten Schwanz wie einen Pfriem voran, senkrecht in den Sand. Aus Hautdrüsen sondern sie einen Schleim ab, der wie ein Schnellkleber erhärtet. So entsteht eine feste Röhrenwand. Die dritte Absonderlichkeit betrifft die Nahrung: Röhrenaale leben – im Gegensatz zu allen Verwandten – vom Plankton. Deshalb haben sie nur dort eine Lebensgrundlage, wo ständig oder fast ständig eine zumindest leichte Strömung herrscht. Aus dem vorbeitreibenden Geschwebe schnappen sie sich die größten Bröckchen – für uns gerade sichtbar – heraus: Das ist die Ursache für die wiegenden, aber ungleichmäßigen Bewegungen, die für ein Feld mit Röhrenaalen so charakteristisch sind. Schließlich unterscheidet sie auch die Scheu von ihren Verwandten. Sie ist gar nicht aaltypisch, für die Röhrenaale aber eine notwendige Anpassung an die Lebensform in deckungslosen Sandflächen, denen all die Verstecke eines Riffes fehlen. Nur äußerste Vorsicht kann ihr Leben schützen, zumal sie, wie man aus wissenschaftlichen Versuchen gelernt hat, ein Leckerbissen zu sein scheinen für allerlei Räuber. Sie kamen herbeigeeilt, wenn die Forscher einen Röhrenaal gefangen hatten. Das aber machte jeweils große Mühe. Warum soll es auch dem Menschen besser gehen als Stachelmakrelen, Zackenbarschen und Lippfischen? Man kann nachlesen bei Hass, Cousteau und Eibl-Eibesfeldt, wieviel vergebliche Versuche unternommen wurden. Am Ende mußte doch ein Betäubungsmittel her. R. von Hentig gelang der Trick mit einer Schlinge.

Taucher als Forscher

Die weitaus meisten Fische wurden lange vor unserem Jahrhundert entdeckt und beschrieben, sehr viele schon im Altertum. Ein Tier muß schon so »heimlich« leben wie der Röhrenaal, um solange unbekannt zu bleiben. 1923 wurde er erstmals (durch Pellegrin) beobachtet und erbeutet in ganz seichtem Wasser des Golfs von Kalifornien (Mexiko). Der nächste Fund folgte erst 1930 bei den Philippinen, ebenfalls im Flachwasser. Mit sachkundigen Gerätetauchern wurde es dann anders, besonders nachdem 1957 Hans Hass seine Expeditionen mit der »Xarifa« in den Indischen Ozean gelenkt hatte.

Die verschiedenen Arten und Unterarten von Röhrenaalen scheinen sich in Körperbau und Lebensweise nicht wesentlich voneinander zu unterscheiden. Sie sind in den warmen Zonen beider großen Ozeane zu Hause. Ihr Lebensraum reicht von wenigen Metern unter der Niedrigwassermarke (aber nicht in der Brandungszone) bis zu Tiefen von mindestens 50 Metern. Wir sahen sie sowohl auf Sandflächen in Lagunen mit stetiger Wasserbewegung durch die Gezeiten wie auch außerhalb von Außenriffen an Stellen, wo das Wasser selten ruhig ist. Ihre Kolonien können wenige Dutzend, aber auch bis zu 5000 Exemplare umfassen. Die Tiere sind etwa fingerdick und werden nach den meisten Messungen 30 bis 50 Zentimeter lang; einige Schätzungen sprechen von fast einem Meter. Bis zu zwei Drittel des Körpers ragen aus der Röhre hervor, wenn sie fressen. Für die Nacht ziehen sie sich zurück. Das tun sie auch am Tage, wenn die Strömung einmal ausbleibt. Die Distanz zum Nachbarn ist oft weniger als 20 cm, manchmal mehr als einen halben Meter. Fällt Sand in die senkrechte, etwa 50 cm tiefe Röhre, so kann er durch schlängelnde Bewegungen der durchgehenden Rückenflosse wieder hochgewirbelt werden. Mit der aufstellbaren Rückenflosse hält sich der Fisch auch in der Röhre fest. Für den betrachtenden Taucher sind die verschiedenen Arten fast nur nach Färbung und Muster der Haut zu unterscheiden. In der Regel leben die Tiere in Kolonien von nur einer Art. Wir sahen jedoch eine mittelgroße Kolonie, in der zwei verschiedene Arten gänzlich vermischt zusammenleben (siehe Foto). Unseres Wissens ist das die erste derartige Beobachtung.

Wirklich lebenslang im Sand?

Ein paar nicht ganz unwichtige Dinge konnten bisher noch nicht erforscht werden. Der Mechanismus der Abgabe von Ei- und Samen-Zellen gehört dazu. Bei den meisten Knochenfischen gibt es keine direkte Begattung, keine innere Befruchtung. Vielmehr entläßt das Weibchen seine Eier irgendwo ins Wasser, während das Männchen darüber den Samen ergießt. Dazu müßten Röhrenaale ihre Wohnungen verlassen, was eine extreme Gefährdung bedeuten würde. Entsprechende Beobachtungen liegen meines Wissens bisher nicht vor. Es wurde auch schon spekuliert, daß Männlein und Weiblein sich tief im Sand zueinander bohren. Ein weiteres Fragezeichen entsteht dadurch, daß bisher noch nie Jungtiere von Röhrenaalen gesehen (oder erkannt) wurden. Leben sie auch im Sand? Oder treiben Larven und Jungfische zunächst planktonisch im Freiwasser, um sich erst als ausgewachsene Tiere häuslich niederzulassen?

Eines Tages werden wir die Antworten auf diese Fragen kennen, und Taucher werden sie gefunden haben. Hier lockt eine der zahllosen Herausforderungen, vor die die Kombination von Meeresbiologie und Gerätetauchen stellt.

Stellung im System der Tiere

Klasse:	**Knochenfische** (über 24000 Arten in 36 Ordnungen)
Ordnungen:	**Aalartige** = Anguilliformes (weit über 400 Arten in 23 Familien)
Familien:	**Röhrenaale** = Heterocongridae (etwa 12 Arten) [außerdem: Echte Aale, Muränen, Meeraale, Schlangenaale]
Arten:	***Gorgasia maculata*** ***Taenioconger klausewitzi*** (1983 erst bei den Galapagos-Inseln entdeckt von Eibl-Eibesfeldt und Köster) ***Nystactichthys halis***

Flossen zum Laufen – Kiemen als Antriebsdüsen
Angler- oder Fühlerfische

Im Vorbeitauchen schießt es mir durch den Kopf, daß da am Boden etwas war, das ich nicht erkannt habe. Ein Schwamm schien es nicht zu sein. Was aber sonst? Also zurückschwimmen. Bei näherer Betrachtung und vorsichtigem Betasten mit dem Schnorchel erweist sich das Ding als halbweiche Masse, mit lappigen Anhängen und Fransen, ohne rechte Form. Es braucht einige Zeit bis zur Identifizierung der zwei kleinen Äugelchen und des schmalen Spalts vom geschlossenen, riesigen Maul. Nur weil einem nichts besseres einfällt, denkt man an einen Fisch. Aber warum schwimmt er nicht weg, trotz unserer Belästigung? Also reizen wir ihn noch ein bißchen mehr: Da macht das Ganze plötzlich eine Art Sprung, einen Hopser, ziemlich flott. Wüßte man nicht, daß es im Meer keine Frösche und Kröten gibt – man würde daran zuerst denken.

Vexierbild: nur wer nicht rasch aufgibt, bemerkt am Riffhang auch einen Anglerfisch, der sich der Umgebung, in Sonderheit den Schwämmen, perfekt anpaßt. Zwingt man ihn zur Bewegung, wird seine Identität deutlicher.

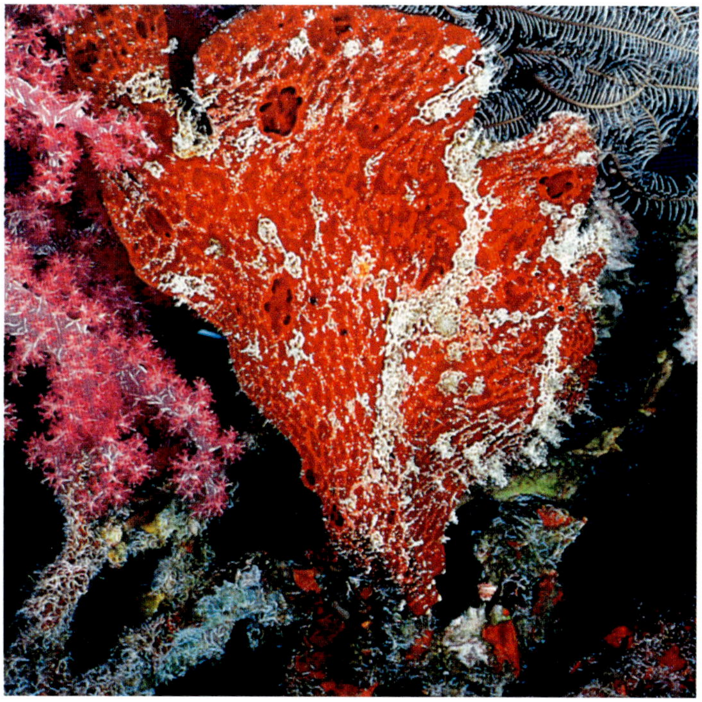

Bis in kleinste Details wird der optische Eindruck eines Fisches aufgelöst. Die sog. Augenflecke wirken wie Austrittsöffnungen von Schwämmen.

Genau das taten offenbar auch lange vor uns schon viele Kenner der Meeresfauna. Denn die nicht-wissenschaftlichen Bezeichnungen solcher Fische reichen in diversen Sprachen von »Kröten« und »Frosch«-Fisch bis zu »Angelnder Frosch«.

Babylonisches

Den Fachleuten ist das allerdings gar nicht recht. Sie streben das in der Tat Zweckmäßigste an: möglichst nur Übersetzungen der wissenschaftlichen Namen als Populärbenennungen zu verwenden. Unter »Kröten«- und »Frosch«-Fischen versteht der Zoologe aber Tiere einer ganz anderen Ordnung, nämlich die »Batrachoidiformen« – »Froschförmigen«. Die wir hier besprechen und abbilden, sind jedoch die Fühler- oder Anglerfische, Antennarioiden, aus der Ordnung Armflosser. Man Wird indessen weder den Küstenvölkern, noch den Fischern oder den Tauchern abgewöhnen können, sie »Krötenfische« zu nennen. Warum auch?

Wirklich noch Fisch?

Die Armflosser haben sich allesamt ziemlich weit vom fischtypischsten Verhalten entfernt: sie schwimmen so gut wie nicht mehr. Ihre Bauchflossen sind zu beinartigen, die Brustflossen zu armähnlichen Gebilden umgeformt; mit Gelenken wie unsere Ellbogen. Auf allen vieren können sie tatsächlich am Boden umherkrabbeln. Das tun sie aber offensichtlich ungern und nicht öfter als nötig, um einen günstigen Platz für den Beutefang zu erreichen. Dort verharren sie dann in der Regel viele Stunden und warten auf nahrhafte Passanten. Selten fühlen sie sich gezwungen, die Flucht zu ergreifen. Die Art, wie sie das tun, kann man keineswegs Schwimmen nennen. Vielmehr verwenden sie einen eigenen Strahlantrieb: das Atemwasser wird vom Riesenmaul durch eine große Kiemenhöhle in eine kleine, nach hinten gerichtete Austrittsöffnung gepreßt. Ein besonders kräftiger Schluck erzeugt mit hohem Druck einen starken Wasserstrahl, der das Tier – nach dem Rückstoß-Prinzip – ruckartig nach vorn treibt. Große Sprünge sind damit nicht zu machen, aber erstaunlich schnell geht's doch. »Meerkröte« als Name würde jedermann einleuchten. Aber selbstverständlich ist an der Zugehörigkeit zu den Fischen, sozusagen am wissenschaftlichen Stammbaum, nicht zu rütteln.

Körperform und Lebensform: wer prägt wen?

Zweifellos gehören Anglerfische zu den Wesen im Meer, die am häufigsten übersehen werden, auch von argusäugigen Räubern und wachsamen Beutetieren. Dabei sind sie weder farblos blaß, noch ziehen sie sich in den Boden oder den hintersten Winkel zurück. Tarnung ist einer der wichtigsten Mitgestalter der Vielfalt in der Natur, ein Faktor, der das Überleben von Arten wesentlich erleichtert oder gar erst ermöglicht. Mit den Fühlerfischen ist dem Selektionsgeschehen ein Meisterstück gelungen, ein Extrem. Der Effekt ihrer Täuschung ist nicht das Sich-weg-Tarnen, sondern das Nicht-Erkanntwerden als Räuber. Der Gestalt mangelt es – auf den ersten Blick – an Regelmäßigkeit. Körperanhänge und Falten lassen die Figur zerfetzt wirken, und die Konturen zerfließen. Umgewandelte Schuppen können wie kleine Hydroid-Bäumchen die Haut übersäen und einen bewachsenen Stein vortäuschen. Warzenähnliche Buckel tragen oft ein übriges zur Unregelmäßigkeit, zum Unkenntlichmachen bei. Farben und Muster sind bei den meisten Arten nicht nur von großer individueller Bandbreite; sie sind auch zur Anpassung an die Umgebung fähig. Das geht zwar nicht blitzschnell, dafür aber perfekt. Das Spektrum vieler reicht von Gelb über Rot bis Braun. Wir sahen aber auch einen tiefschwarzen Anglerfisch mit winzigen weißen Punkten und Strichen bei den Malediven.

Haben nun bizarre Körperform, Färbung und Musterung die Lebensweise diktiert? Oder wurde umgekehrt der Körper immer perfekter dem Lebensraum angepaßt? Die Antwort kann nur lauten: das eine ist ohne das andere nicht denkbar. Evolution ist ständige Anpassung in kleinen Schritten, und zwar in beiden Richtungen. Wer weiß, wie die Anglerfische aussehen werden, die sich unseren späten Nachfahren präsentieren?

Erfolgsrezept: Trick 17 und Geduld

Rund 40 Arten Anglerfische gibt es, in Größen zwischen 10 und 35 Zentimetern. Sie leben in allen warmen, zum Teil auch in gemäßigten Meeren. Ihr Name geht auf eine Absonderlichkeit zurück, die nicht (mehr?) bei allen voll ausgebildet ist: eine eingebaute Angel mit Köder, die zur Grundausrüstung gehört. Der erste Strahl der Rückenflosse ist isoliert rutenhaft ausgezogen, beweglich, und trägt einen Hautlappen an seinem Ende. Das genügt zur Irreführung soviel vorwitziger und hungriger Tiere, daß es seinen Besitzer gut ernährt. Der liegt ruhig an seinem Platz zwischen Pflanzen oder Korallen und wartet auf die Unvorsichtigen. Ist ihm einer nahe genug – etwa näher als 10 cm –, so wird er mit einem gewaltigen Schluck eingesogen. Die Beute darf genau so groß sein wie der dehnbare Räuber. Dieser muß übrigens nicht am Boden sitzen. Einige Mitglieder der Sippe leben – wie der bekannte Sargassofisch – im treibenden Tang an der Oberfläche. Die Enden ihrer Brustflossen klammern sich wie Hände im Algengewirr fest und verhindern den Absturz in die Tiefen des Meeres. Dem gleichen Zweck dient auch die Fähigkeit, Luft zu schlucken. Mit den Meeresströmungen – beim Sargassofisch *(Histrio histrio)* z.B. mit dem Golfstrom – können solche Tiere zu Weltreisenden werden. Entsprechend groß ist ihre Verbreitung.

Bei den weniger reisefreudigen tropischen Arten, die im Riff leben, befindet sich anstelle der Angel nur (noch?) ein Auswuchs ohne Köder. Erfolgreich sind die Tiere trotzdem. Wie glänzend der Lebensstil dieser Gruppe funktioniert, läßt sich schon daran erkennen, daß Fühlerfische über keinerlei Gift verfügen, im Gegensatz etwa zu den Steinfischen und anderen Scorpaeniden, die auf ihre tödlichen Injektionsnadeln vertrauen können. Auch sind die Anglerfische keineswegs ungenießbar. Besonders durabel scheinen sie aber zu sein, denn man fand schon öfter im Magen gefangener großer Barsche Anglerfische, die noch lebten. Übrigens erscheint aus der näheren Verwandtschaft einer, der gewichtige Atlantische Seeteufel *(Lophius piscatorius)*, als wertvoller Speisefisch auch auf unseren Fischmärkten, als »Lotte« oder »Forellenstör«. Er nützt uns auch mit seiner Bauchspeicheldrüse als Insulin-Lieferant für Zuckerkranke.

Monströse Verwandtschaft

Die Trickkiste der Anglerfischartigen enthält noch weit mehr Absonderliches. Wären die Sippenmitglieder bewußt an der Entwicklung beteiligt, müßte man sie schlitzohrig bis durchtrieben nennen. Unter den Seefledermäusen, die ihre grotesken Körper wie Planierraupen über den Meeresgrund schieben, gibt es welche mit einem Leuchtorgan an der Angel. Solche »Laternenköder« werden zur Regel bei den Tiefseeanglern, die mit rund 120 Arten zwischen 300 und 4000 Metern Tiefe in der Dunkelheit freischwimmend leben. Die noch nicht ergründete Lichtenergie wird vermutlich von Leuchtbakterien geliefert. Einige wiederum haben zusätzlich einen leuchtenden Vollbart von mehreren Zentimetern Länge. Das lockt Leckerbissen ebenso an wie Geschlechtspartner.

Die möglicherweise langwierige Suche nach letzterem wird einigen Tiefseeanglerfischen erspart durch einen hochspezialisierten sogenannten Sexualdimorphismus: die Männchen sind nicht nur zwergenhaft klein im Vergleich zu den weiblichen Tieren; sie heften sich auch bei ihnen an, verwachsen mit ihnen und leben als Schmarotzer ohne eigenen Nahrungserwerb. Es entsteht eine Verbindung der Blutkreisläufe beider, und aus dem Blut der gefräßigen Partnerin bezieht das Männchen seine Nährstoffe. Eine Angel ist – weil überflüssig – bei ihnen nicht mehr vorhanden und Zähne wie Darm sind verkümmert. Die Miniatur dient allein noch der Fortpflanzung.

Als Taucher werden wir kaum Gelegenheit haben, solchen gespenstischen Duos aus dem Gruselkabinett zu begegnen. Sie bleiben Gelegenheitsfänge von Fischern und Gegenstand der aufwendigen Tiefseeforschung; die uns noch manches höchst Erstaunliche vom grenzenlosen Variantenspiel der Natur präsentieren wird.

Stellung im System der Tiere

Klasse:	**Knochenfische** (36 Ordnungen)
Ordnung:	**Armflosser oder Anglerfischartige** = Lophiiformes (etwa 225 bekannte Arten)
Unterordnungen:	**Angler- oder Fühlerfische** = Antennarioiden (etwa 40 Arten in 4 Familien)
	Tiefseeangler = Ceratioiden (etwa 120 Arten in 10 Familien)
	Seeteufel = Liphioiden

11 *Kaum zu glauben, aber verwandt* Von den Weichtieren und ihren Zaubereien

Wer würde als Nicht-Spezialist die richtige Antwort wissen auf die Frage, welcher der 28 Tierstämme nach dem der Gliederfüßer (mit den unglaublich zahlreichen Insekten sowie den Spinnen, den Krebsen und einigen anderen Klassen) wohl die zweitmeisten Arten hervorgebracht hat? Wenn so manchen die Antwort erstaunt, so liegt das nicht zuletzt an der Verschwiegenheit des Lebensraumes Meer. Mit rund 130 000 Arten sind die Weichtiere, die Mollusken, den restlichen 26 Stämmen weit, sehr weit voraus. Nur ein geringer Teil begegnet uns auf dem Festland, als Schnecken, mehr schon im Süßwasser; die überwältigende Mehrheit aber bewohnt die Ozeane. Von einigen Klassen dieses Stammes – wie Käferschnecken, Wurmschnecken, Napfschalern, Grab- und Schildfüßern soll hier nicht weiter die Rede sein. Vollständigkeit ist Sache von Lehr- und Handbüchern. Wenige Beispiele reichen aus, um deutlich zu machen, was dem bemerkenswerten Stamm der Weichtiere sein Gepräge gibt. Einem Exponenten der drei großen Klassen – Schnecken, Muscheln und Kopfüßer – wurde bereits in Kapitel 8 ein Kranz geflochten. Die riesigen Mördermuscheln lassen schon aufblitzen, welche Vorliebe für Zaubereien ihrem Stamm eigen ist. Die Formel, nach der ein Riese ganze Armeen winziger Organismen brav für sich schaffen läßt und einen Teil davon auch noch verspeist, die Formel liegt schon in verdächtiger Nähe zum Märchen-Schnittmuster. Weiter geht es mit der magischen Fähigkeit unscheinbarer Austern, simple Sandkörner zu Schmuck umzuformen, zu mattglänzenden Perlen, die selbst von modernster Technik nicht in ähnlicher Qualität zu kopieren sind. Nehmen sich des weiteren nicht Schwert- und Feuerschlucker recht dürftig aus verglichen mit Nacktschnecken, die reihenweise die scharfen Abwehrwaffen fremder Verteidigungssysteme verschlucken, ohne daß die Geschosse losgehen, so als seien die Kanoniere hypnotisiert? Im Schneckenkörper aber erwachen sie wieder, werden wie Überläufer »umgedreht« und bilden eine kampfbereite Söldnertruppe. Und: Wozu die Knochenfische eine kompliziert funktionierende Schwimmblase entwickelt haben, das fabrizieren Sepien noch weit leistungsfähiger und raffinierter aus knochenähnlicher Kalksubstanz – Zauberer in Sachen Schwebetechnik und Tieftauchen.

Zurück zu den Nacktschnecken, die als Meisterdiebe auch Farben stehlen. Sie stellen uns vor eine weitere Fragenkette, zu der übergestülpte Scheinerklärungen an der Tagesordnung sind: grelle Farben – Signalwirkung – Giftwarnung – und die Wahrheit? Fast regelmäßig wird da ein Problem allzu großzügig abgehandelt. Wie sollen Organismen jeglicher Art dazu kommen, von Freßfeinden verschont zu werden, wenn sie mit Plakatfarben angeblich signalisieren, daß sie über Gift, vielleicht sogar über tödliches, verfügen? Auch das Lernen aus Erfahrung findet mit dem Tod ein Ende. Wird dem Räuber aber nur z.B. langsam übel trotz Wohlgeschmacks der Beute, so muß man dem Tier schon die Einsicht in den Zusammenhang zwischen Mahlzeit und Krankheit unterstellen, wenn man einen erlernten Verzicht für die Zukunft postuliert. Das kann nicht überzeugen. Anders steht es mit dem Lernen, wenn die Beute schlecht schmeckt. Um das zu signalisieren, braucht sie aber keine grellen Farben. Sinnvoll dagegen sind die ohne Zweifel dort, wo es um unmittelbare Schmerz-Erfahrungen für den Angreifer geht. Die Feuerfische sind ein klassisches Beispiel dafür.

Die breitgefächerte Kreativität des Weichtier-Stammes gibt uns besonders krasse Beispiele dafür, wieweit sich die Geschwister aus einem Hause mit der Zeit auseinan-

derleben können. Das betrifft gleichermaßen die Kategorien Lebensraum, Lebensweise, Körperbau und Organisations-Höhe.

Nur die Grundzüge des Bauplans bleiben noch als Basis der Gemeinsamkeit und beweisen die Verwandtschaft. Neben den Muscheln – die noch nicht einmal Köpfe haben – und den Schnecken gibt es da das Intelligenteste, was das Meer vorzuzeigen hat, wenn wir einmal von den wenigen Säugetieren absehen, die nach einer Sippen-Vergangenheit an Land wieder zurückkehrten ins Meer. Unter den Kopffüßern finden wir – vor allem mit Kraken und Sepien – wohl die einzigen sogenannten »Niederen Tiere«, zu denen wir gelegentlich eine spürbare wechselseitige Beziehung erlangen können.

Da mag uns etwas von der erwartungsgespannten Wärme durchrieseln, die ein gegenseitiges Interesse von zwei ganz verschiedenen Wesen als Zeitgenossen innerhalb derselben Schöpfung auslösen kann. Mich nimmt wunder, daß die Kraken mit ihrer Intelligenz und Lernfähigkeit, ihrer Neugier- und Kontaktfreude noch nicht für den Zirkus entdeckt worden sind. Neben Sympathie und Bewunderung beschleicht uns vielleicht auch ein wenig Neid, wenn wir erfahren, daß Sepien auch dann noch ihre Hautfärbung samt Musterung präzis dem Untergrund anpassen können, wenn ihnen die Augen verbunden sind, wenn sie nur noch mit den zehn Armen die Umgebung ertasten können. Wenn das nicht Zauberei ist!

Für den Liebhaber kleiner Kostbarkeiten
Meeres-Nacktschnecken

Sie gehören zum Prächtigsten, was die Meere uns an Farben, Mustern und Formen zu präsentieren haben, wenngleich sie zu mehr als 95 % aus Wasser bestehen. Sie zählen ferner zu jenen Augenweiden, an denen das Mittelmeer die tropischen Korallenriffe nicht nur erreicht, sondern noch übertrifft. Man muß jedoch Taucher sein, um die Schönheit der gehäuselosen Nacktschnecken genießen und bewundern zu können. Denn außerhalb ihres Lebensraums schwindet der Zauber rasch dahin. Sie lassen sich nicht fürs Museum konservieren, und in Aquarien sind sie, als hochempfindliche Nahrungsspezialisten, nicht zu halten.

Das ist einer der Gründe für ganz beträchtliche Wissenslücken, die im Kapitel Nacktschnecken von den Zoologen noch zu füllen bleiben. Andere Schneckengruppen sind der Beobachtung und systematischen Erfassung wesentlich zugänglicher und daher gründlicher studiert. Seit vielen Jahrhunderten förderten ungezählte Konchylien-Sammler Einblicke in die Welt jener Weichtiere, die mit einem dauerhaften, einteiligen Gehäuse ausgestattet sind (und unverständlicherweise immer noch in einzelnen »Fach«-Büchern als »Muscheln« geführt werden, als hätten sie zwei Schalen). Die Weinbergschnecke *(Helix pomatia)* ist selbst dem Natur-Banausen – sofern Gourmet – wohlbekannt. Etwa ein Zehntel aller Schnecken lebt ohne Schalen. Von den Land-(= Lungen-)Nacktschnecken kennt jedermann die Große Rote Wegschnecke *(Arion rufus)*, und die Kleine Graue Salatschnecke *(Deroceras agreste)* wird zum Ärgernis im Gemüsebeet – und damit zum Forschungsobjekt, nämlich in der Schädlingsbekämpfung.

Tauchen als Teil der Forschung

Für marine Nacktschnecken dagegen erwachte das Interesse erst vor wenig mehr als 100 Jahren und es blieb rein wissenschaftlich. Trotz ihrer Farbenpracht wirken die Tiere nicht als Blickfänger, denn sie sind klein, und viele von ihnen leben versteckt, z.B. unter Felsblöcken, oder gut getarnt an ihren Nahrungsplätzen. Sie zu beobachten ist immer wieder ein fesselndes Erlebnis. So bemerkte ich nichts von meiner einzigen, fast hautnahen Begegnung mit einem offenbar riesigen Fuchshai, weil ich mich mit der Filmkamera einer hundertmal kleineren Nacktschnecke zugewandt hatte. Nach dem Auftauchen sprachen mir die Kameraden ihr Mitleid aus. Aber ich hatte in einer schönen Szene die eleganten, langsamen Bewegungen eines kleinen Juwels eingefangen.

In Sachen Meeres-Nacktschnecken ist die Zoologie ganz besonders auf Taucher angewiesen. Die wissenschaftliche Bearbeitung von Funden solcher Tiere muß heute sofort, d.h. in unmittelbarem Anschluß an den Fang, also nahebei, erfolgen. Wieviel es noch zu tun gibt, geht schon daraus hervor, daß noch Jahr für Jahr viele neue Arten entdeckt werden.

Ein Name macht noch keine Kiemen

Der gebräuchliche deutsche Name der Ordnung, »Nacktschnecken«, scheint einzuleuchten: Schalentiere ohne Schalen. Wenn wir uns aber vor Augen führen, daß es sich um eine vereinfachte Übersetzung der wissenschaftlichen Bezeichnung »Nudibranchia« = »Nacktkiemer« handelt, so beginnt die Verwirrung. Ein großer Teil der hierher gehörigen Schnecken hat nämlich gar keine Kiemen mehr. Das kam so: Die Stammeltern aller heutigen Schnecken lebten bereits im Meer vor über 300 Millionen Jahren, ausgestattet mit einer Schale und 10 Kiemen, nämlich 5 Paaren. Während der nachfolgenden Entwicklung von über 100 000 Arten dieser erfolgreichsten Weichtierklasse Schnecken glückten neben vielen anderen Umwandlungen vor allem Experimente mit den Atmungsorganen. Eine Gruppe eroberte das Land und ersetzte die Kiemen durch Lungen. Bei den im Wasser verbliebenen wurde die Zahl der Kiemen mehr und mehr reduziert, zunächst bis auf ein Paar. Heute trägt man in Wasserschnecken-Kreisen allenfalls noch eine einzige, entsprechend leistungsfähige Kieme. Ein Teil der Arten, und zwar die moderneren Formen, kommen sogar ganz ohne Kiemen aus. Deren Vorfahren hatten nämlich das Bilden von Schalen immer mehr eingeschränkt und es schließlich ganz aufgegeben. Die Körperoberfläche war nun voll den Wasserbewegungen ausgesetzt. Dadurch gewann die Hautatmung an Bedeutung, die Kiemen verfielen der Rückbildung. Reine Hautatmung ist aber nur bei sehr schlanken und relativ kleinen Körpern ausreichend. Arten, die im Laufe der Zeit größer wurden, lösten das Sauerstoffproblem auf zweierlei Weise: die einen bildeten Hautanhänge verschiedenster Formen auf dem Rücken; damit wird die Oberfläche (= Atemfläche) beträchtlich vergrößert. Diese zottigen Gebilde werden oft als Kiemen bezeichnet, ohne es exakt zu sein. Alle Fadenschnecken gehören hierher. Wir könnten diese Tiere also paradoxerweise »kiemenlose Nacktkiemer« nennen.

Andere, nämlich die Sternschnecken, erfanden noch einmal die Kiemen: um den After bildeten sich neue Wasseratmungs-Organe, sog. Ersatz- oder Sekundärkiemen.

Wer gehört zum Clan?

Aus der Ordnung der Nacktschnecken sind bis heute nahezu 5000 Arten bekannt. Mit vielen weiteren Entdeckungen ist, wie gesagt, zu rechnen. Sie leben in allen Meeren, bevorzugen aber warme und gemäßigte Gewässer. Allein im nördlichen Mittelmeer wurden bisher 127 Arten identifiziert. Was des Tauchers Auge erfreut, ist zumeist einige Zentimeter lang, für den Fotografen Objekte des Nahbereichs. Viele sind noch wesentlich kleiner. Die größten Arten bringen es bis auf 30 oder 35 cm, z.B. die berühmte »Spanish Dancer« *(Hexabranchus marginatus)*.

Nicht alle Schnecken ohne Gehäuse gehören aber zur Ordnung Nacktschnecken. Die wunderschönen, ebenfalls kiemenlosen Samtschnecken *(Elysia)* z.B. sind aus einer anderen Sippe. Die bekannten Seehasen aus der Ordnung Breitfußschnecken, die bei Erregung ein dunkles Sekret ausspritzen können wie Kraken, wirken nackt, besitzen aber im Innern noch einen Rest von Schale. Bis auf eine einzige Art leben alle Nacktkiemer im Meer, und zwar – wiederum bis auf eine, freischwimmende – am Boden oder seßhaft auf Schwimmendem. Einige Arten sind fähig, mit flügelschlagartigen Bewegungen des Saumes ihrer sog. Fußlappen (Parapodien) kurze Strecken schwimmend zu überwinden. Die Seehasen formen ihre Fußlappen zu einem Rohr und wenden durch rhythmische Verengungen das Rückstoßprinzip an.

In vier Unterordnungen werden die Nacktkiemer eingeteilt. Die bereits erwähnten Stern- und Fadenschnecken sind die bekanntesten. Aus ihnen rekrutieren sich die meisten, die wir zu Gesicht bekommen.

Was sie so essen und wie

Als grobe Faustregel mag gelten: was wir auf Schwämmen finden, sind Sternschnecken, was an Nesseltieren nagt, gehört zu den Fadenschnecken. Als Nahrungslieferanten dienen ferner Seescheiden und Moostierchenkolonien. Auch auf Seegras und Tang, sogar auf treibenden Algen im offenen Meer und auf den berüchtigten Staatsquallen sind Nacktschnecken anzutreffen. Es gibt maximale Nahrungsspezialisten, z.B. Arten, die ausschließlich vom Laich anderer Schnecken leben (und deshalb lange Hungerzeiten überstehen müssen).

Die Mannigfaltigkeit der Ernährungsweisen wird durch ein praktisches Organ ermöglicht, das fast alle Nacktschnecken besitzen: eine Raspelzunge, die – in zahlreichen Varianten – vieles kann. Sie ist eine stammestypische Errungenschaft der Weichtiere. Wie fast immer in der Natur gibt es auch hier die Ausnahme: eine Gruppe von zungenlosen Saugern unter den Sternschnecken, die ihren engen Schlund vorstülpen können und so die Flächen abweiden. Von vielen Arten sind indes die Ernährungsgewohnheiten noch nicht bekannt.

Eigene und geliehene Farben

Die Schwierigkeiten der Klassifikation von Nacktschnecken gehen nicht zuletzt auf ihre Musterungen und Farben zurück. Sie scheinen die Arten klar zu charakterisieren, gaben damit aber zu vielen Irrtümern Anlaß. Denn zum einen sind – wie bei zahlreichen anderen Tieren auch – Umfärbungen in verschiedenen Lebensphasen nicht selten. So können z.B. drei ganz unterschiedlich aussehende Exemplare von derselben Art sein, nur nicht gleich alt. Daneben gibt es auch beträchtliche individuelle Varianten bei sonst gleichen Tieren, besonders in den Mustern. Schließlich werden die Farben noch von einem speziellen Faktor beeinflußt: viele Nacktschnekken haben durchscheinende Gewebe, so daß die Färbung der aufgenommenen Nahrung von außen sichtbar wird. So kann man im Fütterungsversuch dieselbe Schnecke z.B. einmal rot und einmal grün werden lassen. Zur Bestimmung der ursprünglichen Körperfarbe sind deshalb nur Hungertiere – nach 3 bis 4 Fastentagen – tauglich.

Zwittertum – nur für Extremfälle

Fast alle Nacktschnecken verfügen über Fortpflanzungsorgane beiderlei Geschlechts, sind also Zwitter. In aller Regel befruchten sich die Tiere dennoch nicht selbst, sondern gegenseitig –

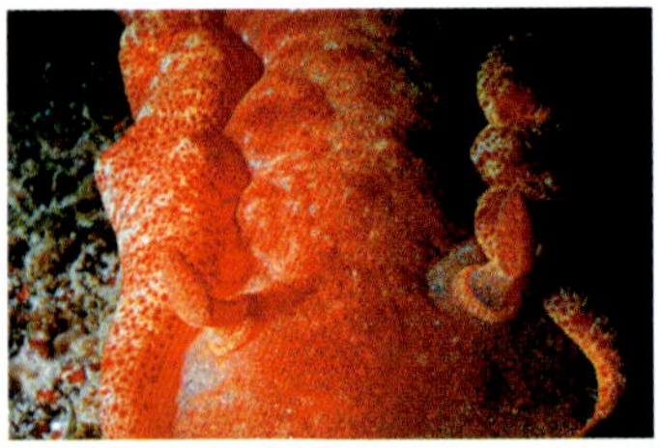

Bizarres, aber nützliches Beiwerk von Nacktschnecken: Fühler zum Riechen (oben links), Sekundärkiemen und Warzen als Atemhilfen. Die Nesselzellen von Hydrozoen-Zweigen sind keine Gefahr, sondern nützliche Diebesbeute (rechts).

sofern mit den Riechfühlern ein Partner aufzuspüren ist. Zuweilen führen die Lockstoffe ganze Gruppen zusammen.

Die befruchteten Eier werden zu freischwimmenden Larven. Aber auch hier gibt es wieder die Ausnahme, nämlich einige Fadenschnecken, deren Nachkommen das Larvenstadium überspringen und ohne Metamorphose gleich zu fertigen Jungtieren heranwachsen.

Warum werden sie nicht gefressen?

Man sollte meinen, solch auffällige, langsame und weiche Tiere seien leichte Beute für allerlei Räuber. Seltsamerweise haben sie aber praktisch keine Feinde. Warum? Für eine klare Antwort fehlen der Wissenschaft auch auf diese Frage noch viele Fakten. Oft ist zu hören, oder gar zu lesen, sie könnten sich nur mit Gift erlauben, so bunt und nackt zu sein. Das ist nicht richtig. Giftig sind die Nacktschnecken nämlich allesamt offenbar nicht. Viele Arten scheiden aber aus Hautdrüsen einen zähen Schleim aus, der anscheinend widerlich schmeckt und den potentiellen Freßfeinden den Appetit verdirbt. Der hohe Säuregrad mag dabei eine wesentliche Rolle spielen (pH-Wert oft um 1). Die Gruppe der Sternschnecken verfügt noch über eine andere Abwehr: viele kleine, spitze Dolche aus Kalk, Spikulae, in der Haut. Das macht sie als Speise ebenfalls unattraktiv.

Verteidigung mit gestohlenen Waffen

Die Methode vieler, vor allem der Fadenschnecken – in europäischen Gewässern sind es allein um 100 Arten – kann uns vollends nur staunen lassen. Diese Tiere sind als Nahrungsspezialisten ganz auf Nesseltiere ausgerichtet. Ohne selbst von den Nesselzellen (die wir in einem gesonderten Kapitel beschrieben haben) verbrannt zu werden, fressen sie die Polypen von Hydrozoen, Anemonen und anderen Korallen oder auch Quallen. Die Nesselzellen bleiben dabei intakt, und es stellen sich sofort zwei Fragen: warum schießen sie nicht los, sobald die Schnecke sie berührt? Und wie ist es möglich, daß sie friedlich bleiben auf dem Weg durch Mund, Schlund, Magen und Darm? Die Antworten sind nicht bekannt. Man diskutiert verschiedene Möglichkeiten. Eine wäre die Methode der Anemonenfische (wie sie im entsprechenden Kapitel beschrieben wurde): sich vorsichtig »einseifen« mit dem Schleim der Nesseltiere. Der eigene, dicke Schleim der Schnecken kommt als Hemmfaktor für die Nesselzellen noch eher in Frage. Ein Teil der verschluckten Kapseln wird dann im Magen-Darm-Kanal verdaut.

Was mit dem Rest geschieht, ist eine echte Kriminalstory der Natur. Reihenweise wandern geladene und entsicherte Schußwaffen, die sonst nur einer leichten Berührung bedürfen, um

Sexualduftstoffe locken Partner zusammen, zuweilen ganze Trupps. Fadenschnecken legen ihre Eier in schlanken Schnüren ab (Mitte), Sternschnecken in breiten Bändern (unten rechts).

loszugehen, durch den ganzen Verdauungstrakt und von dort in spezielle Taschen der Rückenanhänge. Da verhalten sie sich so, als hätten sie immer dorthin gehört und als ob die Schnecke ein Nesseltier wäre: sie schießen los, wenn das Tier angegriffen wird. Und wieder endet die erhoffte Mahlzeit eines Räubers bereits beim ersten Bissen. Die »Unmoral« solch dreister Verwendung fremden Eigentums kommt sogar in der wissenschaftlichen Bezeichnung zum Ausdruck: Cleptocniden = gestohlene Nesselzellen.

Da zu so gesetzwidriger Bewaffnung befähigte Schnecken sich ausschließlich von Nesseltieren ernähren, kommt es oft zur Überfüllung der Nesseltaschen, die dann wie Enddärme nach außen entleert werden können. Ein Pechvogel, wem die Ladung entgegentreibt.

Stellung im System der Tiere

Stamm:	**Weichtiere** = Mollusken
Klasse:	**Schnecken** = Gastropoden (etwa 103000 Arten) [außerdem: Muscheln, Kopffüßer, u.a.]
Ordnung:	**Nacktkiemer** = Nudibranchier (nahezu 5000 Arten in 48 Familien und 4 Unterordnungen, darunter Stern- und Fadenschnecken)

Die Sepien
Niedere Tiere mit hoher Intelligenz

Unser Tauchgang bei den Similan Islands in Thailändischen Gewässern führt uns um eine Felsnase. Wie stets an solchen Stellen hoffen wir auf eine ungewöhnliche Begegnung hinter der Ecke. Und prompt tritt sie ein: Eine Sepie kommt direkt auf uns zu. Offensichtlich ist sie verblüfft, hält inne und verfärbt sich erst einmal. Ich lichte sie ab. Zweimal. Erneute Verfärbung. Marita – die mit den Tieren sprechen kann – hat sich inzwischen auf den Weg gemacht: behutsam im Bogen auf die andere Seite des Tieres. Dann geht alles nach Wunsch. Die Sepie flieht nicht! Neugier triumphiert über Furcht vor dem, was sie vermutlich noch nicht kennt. Sie sieht Maritas Hand immer näher kommen und läßt sich schließlich streicheln wie ein Hund. Da ist nicht einmal mehr ein Farbwechsel als Signal ängstlicher Erregung. Der Abkömmling von Schnecken und Muscheln ist intelligent genug, die freundschaftliche Absicht der großen, geräuschvoll Blasen produzierenden Wesen zu erspüren.

Immer und überall ist die Natur für Überraschungen gut. Mitten zwischen dem, was uns »typisch« und alltäglich erscheint, läßt sie das Außergewöhnliche entstehen, die Ausnahme.

Ein Höhepunkt in der Entwicklung tierischen Lebens

Wer zu den glücklichen Menschen zählt, die das Staunen nicht verlernen, wird die interessanten Kopffüßer einer näheren Betrachtung wert finden. Muscheln und Schnecken scheinen der wissenschaftlichen Klassifikation als »Niedere Tiere« voll und ganz zu entsprechen. Nichts hebt sie auf ein besonderes, »höheres« Niveau intelligenten Verhaltens. In ihren Reihen aber, im gleichen Stamm der Weichtiere, hat sich auch die frappante Entwicklung der Kopffüßer vollzogen, trotz naher Verwandtschaft völlig anders gearteter Kreaturen. Die Sepien, darunter der gemeine Tintenfisch *(Sepia officinalis)*, gehören dazu.

Die Bezeichnung »Tintenfische« für Kopffüßer mit Tintendrüsen ist zwar ebenso unkorrekt wie »Walfische« für die Meeressäuger, aber üblich. Darum bleiben wir dabei. Die zoologische Bezeichnung »Tintenschnecken« paßt schon wesentlich eher ins System. Von Muscheln, Schnecken und den übrigen Weichtierklassen unterscheiden sich die Tintenfische durch etliche Merkmale, die sie zu einem gänzlich anderen Leben befähigen:

Die meisten Muscheln sitzen fest, nur wenige Schnecken können sich außer kriechend auch schwimmend fortbewegen. Die Tintenfische sind schnelle Schwimmer, verfügen über ein hochorganisiertes Nervensystem und besonders leistungsfähige Augen, um nur die wichtigsten Vorteile zu nennen. Das zoologische System, der Stammbaum der Tiere, zeigt Verwandtschaftsgrade auf. Sie werden ermittelt anhand körperlicher Merkmale. Die Sepien (und andere Kopffüßer) sind eklatante Belege dafür, daß sich partielle Entwicklungen nicht immer um die ererbten Maßstäbe der Verwandtschaft kümmern. Die Entstehung verbesserter Nervensysteme und Sinnesleistungen werden zur Voraussetzung gehobener »geistiger« Fähigkeiten. Die Tintenfische haben so mit Hilfe von Evolutionssprüngen im gesamtpsychischen Niveau die nächsten Verwandten weit, weit hinter sich gelassen. Der Taucher kann von der »Intelligenz« (es gibt mehrere, unterschiedlich definierte Intelligenz-Begriffe) der Tintenfische einen Hauch spüren, wenn er mit etwas Geschick eine persönliche Beziehung zu einer Sepia oder einem Kraken anknüpft. Unsere Fotos zeigen ein Beispiel. Nicht wenige Säugetiere, von der höchstentwickelten Tierklasse also, sind von geringerer Verhaltensflexibilität, Kommunikations- und Lernfähigkeit, mithin, »dümmer« (was freilich nichts über ihre Einpassung in die Umwelt aussagt, solange diese ungestört bleibt).

Schnelle Schnecken bringen Intelligenz in die Verwandtschaft

Von den etwa 80 Arten der Sepia-Familie leben mehrere auch in den Europa umgebenden Meeren (mit Ausnahme der Ostsee, deren Salzgehalt zu gering ist). Am bekanntesten ist der Gemeine Tintenfisch *(Sepia officinalis)*. Ganz ähnliche Varianten, bis zu 65 cm groß mit Armen, sind rund um die Welt heimisch. Wir verzichten darauf, feine Unterschiede und klangvolle Namen aufzulisten. Alle sind ausgesprochene Räuber, leben meist als Einzelgänger und ernähren sich vornehmlich von Fischen, Krebsen und Muscheln. Hauptjagdzeit ist die Nacht, während sie den Tag gern verborgen im Sand verbringen. Mit undulierenden Flossensaumbewegungen pirschen sie sich langsam an Beutetiere.

Räuberische Weltbürger

Für den schnellen Spurt und zur Flucht können sie das Tempo schlagartig erhöhen: Nach dem Rückstoß-Prinzip wird Atemwasser mit hohem Druck durch einen Trichter gepreßt. Das funktioniert vorwärts wie rückwärts. Selber sind sie gern gesehene Speise für verschiedene Wale, Rochen, Haie, den Seehecht und den Meeraal, aber auch für Pinguine, Sturmvögel, Robben und – nicht zuletzt – für den Menschen.

Die Arme der Kopffüßer sitzen – daher der Name der Klasse – ebenso am Kopf wie gegenüber der Rumpf als Eingeweidesack. Es gibt acht- und zehnarmige Tintenfische. Unsere Sepien gehören (im Gegensatz zu den Kraken) zu den letzteren. Wer sich auf's Zählen verlegt, sollte sich aber nicht beirren lassen: Meist sind nur 8 zu sehen, alle mit Saugnäpfen über die ganze Länge versehen. Die restlichen 2 sind Spezialisten: Fangarme, besonders lang, dehnbar und in Taschen unter den Augen aufgerollt, bis sie gebraucht werden. Dann schießen sie blitzschnell hervor und packen die Beute mit Saugnäpfen, die nur an den verdickten Enden sitzen. Ein harter Hornschnabel, geformt wie ein um 180° verdrehter Papageischnabel, wird auch mit dicken Krebspanzern fertig. Die Opfer haben kaum zu leiden, denn ein lähmendes Gift macht es kurz. Dann beginnt die Raspelzunge ihr Werk. Für den Menschen kann das Gift, Cephalotoxin, unangenehm werden, aber nicht lebensgefährlich.

Viele Fische und manche andere Tiere sind zu Änderungen ihrer Hautfarbe fähig. Aber nur bei den Tintenschnecken erfolgen sie blitzartig. Ihr Patentverfahren gibt es nirgendwo sonst im Tierreich. Unter einer dünnen und durchsichtigen Oberhaut liegen farbstoffhaltige Zellen. Jede davon ist durch eine Anzahl Muskeln verformbar. Das resultierende Spiel mit vielen Farben kann vom Tier auf einzelne Regionen beschränkt werden. Es dient sowohl der Anpassung an den Untergrund, also der Tarnung, wie auch dem Ausdruck von Stimmungen, die im Paarungsspiel besondere Signalwirkung erlangen. Das Ganze wird nicht auf dem Blutweg durch Hormone gesteuert, sondern durch Nervenimpulse. Das ermöglicht die schlagartige Befehlsausführung.

Das Geheimnis des raschen Farbwechsels

Jeder, dessen Großmutter die Einsamkeit mit einem Kanarienvogel bekämpft, kennt dessen Gerät zum Schnabelwetzen und zur Kalkversorgung: den Schulp einer Sepie. Er ist das letzte, unter der Haut verschwundene Überbleibsel eines rückgebildeten Gehäuses, wie es die verwandten Schnecken und Muscheln zum Schutz heute noch besitzen. Hier aber hat der einzige harte Körperteil eine ganz andere Funktion übernommen: Er dient der Anpassung an den

Ein statisches Wunderwerk als Tarierweste

Die Kopffüßer ließen mit gewaltigem Evolutionstempo Schnekken und Muscheln weit hinter sich.

In der Mitte des Körpers der Kopf mit den leistungsstarken Augen, rechts die Arme, links der Eingeweidesack.

Kommunikation zwischen Sepia und Mensch im Meer: Überraschende Begegnung (rechts) ... anhalten, erregte Verfärbung (Mitte links) ... erneuter, angstvoller Farbwandel (Mitte rechts) ... aber die Neugier siegt (unten links) ... eine neue, freundschaftliche Erfahrung (unten rechts).

Umgebungsdruck und damit dem Tarieren. Was dem Fisch die Schwimmblase, ist der Sepie ihr Schulp – nur daß dieser wesentlich mehr Spielraum läßt. Sepien tauchen bis zu Tiefen von 100 m. Ihr Schulp würde aber – so ergaben Experimente – bis zu 250 m dem Druck standhalten, dank dem Material und vor allem der raffinierten Konstruktion: mäandernde Lamellen teilen im Schulp kleine Gaskammern voneinander ab, auch dies eine einmalige Entwicklung. Gemäß dem Umgebungsdruck sondert das Tier entweder Körperflüssigkeit oder Gas in die Hohlräume ab. In dem festen Kalkorgan kann das Gas – vornehmlich Stickstoff – nicht komprimiert werden.

Zweimal »erfunden«

Zuweilen kommen zwei Forscher unabhängig mit ganz verschiedenen Methoden zur gleichen Entdeckung oder Erfindung. Das kommt auch in der Natur vor und man spricht dann von »Konvergenz« (vgl. den Bericht über Delphine). Ein klassisches Beispiel sind die sog. Kamera-Augen der Kopffüßer einerseits und der Säugetiere sowie des Menschen andererseits. Die Baupläne beider ähneln sich außerordentlich stark und die Sehleistungen sind etwa gleich gut. Dabei gingen die Entwicklungen über Wege, die kaum weiter voneinander entfernt sein könnten. Und: Schon rund 350 Millionen Jahre bevor es Säugetiere gab hatten Kopffüßer solch perfekte Sinnesorgane. Ihre Augen sind farbtüchtig und fähig, sich auf beliebige Entfernungen einzustellen durch Verschieben der kugeligen Linse – ganz wie bei Fotoobjektiven. Auch haben sie wie wir ein Pupillenspiel.

Und noch etwas Einmaliges: Tintenschnecken können offenbar mit ihren Saugnäpfen »sehen«. In Experimenten passen sehunfähige Tiere ihre Hautfarbe der lediglich ertasteten Unterlage an.

Und noch ein Patent

Schließlich ist da noch die Tinte, ein mehrfach nützlicher Stoff. Die Sepie spritzt sie, wenn sie sich bedroht fühlt, aus einem Beutel durch den erwähnten Trichter. Die Farbe verteilt sich schnell im Wasser und schafft eine Sichtschutz-Wand, hinter der sich besser fliehen läßt; anders als beim Kraken, der mit Wolken von etwa der Form des eigenen Körpers seine Verfolger foppt. Die Tinte schützt aber nicht nur vor den Blicken, sondern auch vor der Nase des Freßfeindes. Der Geruch von Conger, Muräne und anderen Nachträubern wird vorübergehend empfindlich gestört. Schließlich dient der Farbstoff auch noch Tuschzeichnern und Aquarellmalern.

So viele Tricks brauchen ein Steuerzentrum

Die mannigfaltigen Verhaltensmöglichkeiten der Sepien, zu denen sie ihr komplizierter Organismus befähigt, sind nicht mehr durch einige Reflexe zu koordinieren wie bei den simplen Verwandten. Unsere Tintenfische haben ein erstaunlich hochentwickeltes Gehirn, geschützt in einer knorpeligen Kapsel. Es ist die Grundlage für teilweise ganz verblüffende Gedächtnis-, Lern- und Dressurleistungen solcher Tiere, für einsichtiges Handeln und sogar einen bedingten Werkzeuggebrauch. Nicht zuletzt ist es auch die Basis für die Kommunikationsfähigkeit, die es einer Sepie möglich macht, vielleicht eines Tages (oder eher eines Nachts) mit einem Taucher in echten Kontakt zu kommen.

Stellung im System der Tiere

Stamm:	**Weichtiere** = Mollusken (etwa 128000 Arten)
Klassen:	**Kopffüßer** = Cephalopoden (etwa 730 Arten) [außerdem: Schnecken (etwa 105000 Arten), Muscheln (etwa 20000 Arten)
Ordnungen:	**Zehnarmige Tintenschnecken** = Decabrachia (4 Familien) [außerdem: Achtarmige Tintenschnecken, Tiefseevampire]
Familie:	**Sepiiden** (etwa 80 Arten)

Kauri- und andere Porzellanschnecken
Ein Stück Kulturgeschichte aus dem Meer

Von einem fliegenden Souvenirverkäufer erstehen wir – nach gebührendem Handel – in unserem Ferienland eine Kette von kleinen Porzellanschnecken-Gehäusen. Der bescheidene Schmuck verrät nichts über die Schrittmacherrolle, die den glänzenden Schalen schon lange vor unserer Zeitrechnung in der menschlichen Kulturentwicklung zukam. Auch sieht man ihnen nicht an, daß noch im neunzehnten Jahrhundert gegen eine Anzahl davon so mancher Mensch wie eine Ware den Besitzer wechseln mußte.

Wie kamen die toten Überreste kleiner Meerestiere zu einer so unverhältnismäßig großen und anhaltenden Bedeutung in weiten Teilen der Erde, Europa eingeschlossen, und auch weitab vom Meer?

Vorab eine klärende Bemerkung. Immer wieder begegnet man der Bezeichnung Kauri-»Muschel«, selbst in Büchern mit wissenschaftlichem Anspruch für Sammler. »Schnecke« muß es heißen. Abgesehen von vielen anderen Unterscheidungsmerkmalen zwischen den beiden Weichtierklassen macht eine anatomische Besonderheit die Erkennung leicht: Muscheln haben stets zwei Schalen, Schnecken dagegen entweder eine oder keine.

Geld als Entwicklungsschritt

Was wir Kultur nennen und was den Menschen über alle anderen Säugetiere heraushebt, entspricht einem durch etliche Meilensteine markierten Weg. Entdeckungen und Erfindungen von epochemachender Bedeutung sind an wenigen Händen aufzuzählen. Das Erlernen des Umgangs mit dem Feuer gehört dazu, die Erfindungen des Rades und des Pfluges, die Entwicklung von Pflanzenkulturen und Bewässerungsanlagen, das Züchten von Haustieren und einiges mehr. Als die mühselige Selbstversorgung von jedermann langsam abgelöst wurde durch spezialisierte Leistungen von Einzelnen oder Gruppen, war die Stunde des Tauschhandels gekommen. Auch der war noch recht umständlich. Fraglos war das Gewünschte oft erst nach mehrfachem Handwechsel von Waren zu erlangen. Bis die Idee des Geldes geboren wurde: Handliche Gegenstände wurden zu Tauschmitteln für Waren aller Art. Sie konnten aus praktisch brauchbaren Materialien sein, oder aus solchen von (damals) geringem Nutzwert. Auch Gold und Silber waren bis dahin nur für Kunst- und Kultgegenstände sowie für Schmuck verwendet worden: Die Zahlungsmittel durften nicht beliebig zu beschaffen, zu erzeugen oder nachzumachen sein. Außerdem war ihre allgemeine Anerkennung als Rechnungseinheit in der Region vonnöten. So entstand ein Hilfsmittel, das in einer arbeitsteiligen Gesellschaft bald unentbehrlich wurde.

In den meisten Hochkulturen begannen Münzen aus verschiedenen Metallen oder Legierungen ihren Siegeszug. In zahlreichen Weltgegenden galten aber ganz andere Währungseinheiten. Die Bewohner der mikronesischen Insel Yap z.B. meißelten Steine von einer anderen, weit entfernten Insel in angemessene Formen. Ihr Wert bemaß sich nach der Größe. Die reichte vom Münzenmaß bis zu 5 Tonnen schweren Stücken, wie riesige Mühlsteine. Ganze Dörfer konnten mit einem solchen Geldstück erworben werden. Das war zwar nicht handlich, dafür aber ziemlich diebessicher und geeignet als Statussymbol. Inzwischen hat auch auf Yap der Dollar das Steinrad überrollt. Dessen Geldwert ist aber noch nicht ganz dahin: als Touristenattraktion läßt es sich in Papiergeld ummünzen.

Das Meer als Münzstätte

Angesichts der zahlreichen Küstenvöker kann es nicht überraschen, daß auch Materialien aus dem Meer zu Währungsehren kamen. Auf den Salomon-Inseln wurden z.B. Delphinzähne zu Geld, auf den Karolinen waren es Perlen. Doppelt nützlich konnten Dinge von objektivem Wert sein. Mit Stockfisch konnte man noch im neunzehnten Jahrhundert in der kanadischen Provinz Neufundland bezahlen, man konnte ihn aber auch selbst essen. Gleiches gilt vom Salz, das früher allgemeine Kaufkraft in großen Teilen Afrikas besaß; in einigen ist das sogar heute noch der Fall.

Niemand weiß mehr, wo man auf die Idee kam, die Schalen von Kauri-Schnecken zum

Kaurischnecken zeigen ihre Mäntel tags selten oder nur teilweise (unten rechts), nachts sind sie voll in Aktion (oben links). Die karibische Flamingozunge ist auf Hornkorallen spezialisiert (oben rechts und unten links).

Wertmaßstab für Käufliches zu machen. Sicher ist, daß sie bereits 1500 Jahre v. Chr. in Süd- und Südost-Asien in Umlauf waren und noch heute in einigen abgelegenen Weltgegenden neben Münzen akzeptiert werden. In der langen Zeit dazwischen breitete sich die Schneckenwährung ebenso nach China und Japan aus wie in die arabischen Länder, nach Europa, Afrika, und schließlich auch Amerika, vermutlich mit den spanischen Schiffen des Kolumbus, als »indische« Valuta.

Die Geld-Produzenten

Wo und wie leben die Tiere, die zu Lieferanten von Zahlungsmitteln aus dem Meer wurden? Mehrere Arten aus der Familie Porzellanschnecken (Cypraeidae) wurden und werden als Münzen verwendet, vor allem die rein weiße Geld-Kaurischnecke *(Monetaria moneta)* und die Ring-Kaurischnecke *(Monetaria annulus)* mit einer orangefarbenen, runden Zeichnung. Der wissenschaftliche Gattungsname wurde funktionsgerecht den »Moneten« gewidmet. Beide »Währungs«-Schnecken sind klein: 2 bis 2,5 Zentimeter.

Einige der gezähnten Schlitzöffnungen sind sichtbar.

Zu den Porzellanschnecken zählt man – je nach persönlicher Meinung zu strittigen Fragen der Systematik – bis zu 170 Arten. Sie verteilen sich auf alle Meere der Welt, allerdings mit deutlicher Bevorzugung des Indo-Pazifik. Aber auch das Mittelmeer kann einige Arten aufweisen.

Die größeren Gehäuse – bis zu 25 cm Länge sind beschrieben – waren als Taschengeld weniger geeignet, wohl aber für Schmuck und Amulette und, besonders in jüngster Zeit, als Sammelobjekte. Wer kennt nicht die schönen Landkarten-, Tiger- und Panther-Kauris *(Cypraea tigris* bzw. *pantherina)*, die Größen bis zu 10 cm erreichen. Deren Gattungsname bezieht sich auf die Insel Cypern, wo im Altertum die Schalen von Pantherschnecken der Liebesgöttin Aphrodite geweiht wurden – »Concha venera«. Sie sollten vor Unfruchtbarkeit und Geschlechtskrankheiten schützen.

Fast alle Porzellanschnecken sind räuberische, überwiegend nachtaktive Weichtiere, die sich vornehmlich von Schwämmen, Hydrozoen oder Korallenpolypen (vor allem von Horn- und Lederkorallen) ernähren. Die südeuropäische Porzellanschale *(Pedicularia sicula)* liebt besonders die begehrte Edelkoralle und paßt sich ihr sogar mit den Umrissen an. Die Mittelländische Spelzenschnecke *(Simnia spelta)* ziert ihren Mantel mit den Farbstoffen der gefressenen Hornkorallen und gelangt so zu einer hervorragenden Tarnfarbe. Verschiedenen Porzellanschnecken dienen auch Algen, kleine Krebse und sonstiges Kleingetier, Aas oder gar andere Schnecken als Nahrung. Neben Allesverwertern gibt es nicht nur einige Vegetarier und viele ausschließliche Fleischfresser, sondern sogar ausgesprochene Nahrungsspezialisten, die z.B. nur die Polypen bestimmter Gorgonen fressen und deren Nesselgeschosse nicht im geringsten fürchten. Die karibische »Flamingozunge« ist ein Beispiel dafür.

Im Gegensatz zu Muscheln haben Schnecken einen Kopf. Mit einer Raspelzunge (Radula) zerkleinern sie ihre Beute. Porzellanschnecken verfügen nicht, wie viele andere Schnecken, über eine Tür, mit der sie bei Gefahr hinter sich das Haus verriegeln könnten. Statt dessen ist die schmale Spaltöffnung an der Unterseite des Gehäuses gezähnt und erschwert es so allen Feinden – meist sind es Krebse und Tintenfische, seltener Kugel-, Igel- oder Drückerfische – einzudringen.

Ein Haus, das wachsen kann

Im Meer kann man tagsüber kaum je von unseren Schnecken etwas anderes sehen, als die eiförmigen Schalen, wie sie nicht nur jeder Sammler kennt. Um das zugehörige Tier – wenigstens teilweise – zu Gesicht zu bekommen, sind Nachttauchgänge erforderlich. Hat man dann das seltene Glück, so wird man eine Kauri beim erstenmal vielleicht nicht sofort erkennen. Von dem glänzenden Gehäuse ist nämlich bei einem Tier, das auf Nahrungssuche unterwegs ist, nur wenig oder gar nichts erkennbar. Der sogenannte Mantel, bestehend aus zwei dünnen Hautlappen, schiebt sich vom Fuß her durch den Schlitz rechts und links aufwärts über das Haus und bedeckt es ganz oder teilweise. Eine Anzahl tentakelartiger Auswüchse lassen ihn skurril aussehen. Das Ganze kann durchaus einen gewissen Tarneffekt haben. Viel wichtiger aber ist eine andere Funktion der Mantelhaut: In feinen Drüsen produziert sie das »Porzellan« und trägt es in immer neuen, ganz dünnen Schichten außen der Schale auf. Gleichzeitig wird die Gehäusewand innen – solange das Tier wächst – in ebenso feinen Schichten aufgelöst. Auf diese elegante Weise wächst das Haus mit dem Tier und die Schnecke muß sich nicht der Mühe unterziehen und den Gefahren aussetzen, die etwa eine Häutung mit sich bringt, wie bei Krustentieren, oder die Suche nach einer neuen, größeren Unterkunft wie beim Einsiedlerkrebs. Als nützliche Zugabe bringt die Methode noch den Vorteil, daß das Haus stets sauber und glatt bleibt: Röhrenwürmer, Bohrmuscheln und andere lästige Wandbeschädiger haben ebensowenig Chancen wie Algen. Deren Stunde kommt erst nach dem Tod der Schnecke. Dann ist es allerdings nach wenigen Wochen mit dem Glanz vorüber.

Porzellan heißt »Schweinchen«

Die Vermutung, Porzellanschnecken seien nach unserem Geschirr-Material benannt, ist ebenso naheliegend wie falsch. Das Umgekehrte trifft zu. Unsere Schnecken hatten auch früher bei den Mittelmeervölkern, denen sie ja seit dem Altertum bestens bekannt waren, Namen. In Italien diente das Schwein einer plastischen und zutreffenden Benennung. »Porcellone« heißt das Schwein, »porcellino« das Ferkel. Danach taufte man die Schnecken »porceletta« oder »porcellana«. Als dann im Jahre 1295 Marco Polo von seiner Weltreise nach Venedig zurückkehrte und das in Europa unbekannte Porzellan aus China mitbrachte, führte die augenfällige Ähnlichkeit der Materialien zur Übertragung des Namens: Die Neuheit wurde »Porzellan« getauft. Das schien um so berechtigter, als man glaubte, daß die zerbrechliche Substanz aus zerstampften Schnecken-Schalen gefertigt werde.

Der Name »Kauri« (vielfach auch »Caori« geschrieben) stammt aus der Hindustan-Sprache von Nord-Indien.

Ständige Malerarbeiten

Die Baustoffe für den Kalk, den der Mantel bildet, sind überreichlich im Meerwasser vorhanden. Es fällt den Meeresschnecken deshalb nicht schwer, sich mit dickeren Schalen zu umgeben als ihre Verwandten an Land. Je massiver, um so besser der Schutz, während das Gewicht im Wasser praktisch keine Rolle spielt. Ganz junge Porzellanschnecken lassen noch Spiralwindungen erkennen. Dann hört das Wendeln auf, die äußerste Windung wird nur noch bauchiger und verdeckt die Spindel mit dem Nabel.

Der Mantel ist übrigens auch für den Anstrich des Hauses verantwortlich. Die Farben läßt man von den Beutetieren herstellen und nimmt sie mit der Nahrung auf. Durch winzige Drüsen am Mantelrand werden die Flecke dann in die frisch gebildete Kalkschicht eingelagert. Durch ganz spezielle Wechsel von Anstrich und Unterbrechung entsteht das arttypische Muster. (So gescheit sich diese »Erklärung« ausnimmt, so groß bleiben das Rätsel und das Wunder, wieso ihr genetisches Programm eine »simple« Schnecke nur dieses arttypische Muster und nichts anderes machen läßt).

Bargeld zuhauf

Wenn auch ein festes Schneckenhaus gegenüber natürlichen Feinden nützt, so erwies es sich gegenüber dem Besitzstreben des Menschen als schädlich. Umso erstaunlicher ist die Zähigkeit, mit der die Münzkauris überlebt haben: Ihre Schalen-Währung galt in wesentlich größeren Regionen rund um den Erdball und auch erheblich länger als irgendein anderes primitives Geld. Weder die Kakaobohnen in Mexiko und Mittelamerika, noch der in Kalebassen gefüllte Mais, nicht die Gerste der Babylonier oder der Reis in Japan, auch nicht das lebensnotwendige Salz in Afrika oder die Pelze in Rußland und Kanada: all das konnte nicht solche Bedeutung als Zahlungsmittel erlangen wie die kleinen, bescheidenen und nutzlosen Schneckenhäuser. Ständige beflissene Suche nach den unschuldigen Tierchen war die selbstverständliche Folge. In den

Gegenden reichlichen Vorkommens im Meer – z.B. um die heutigen Staaten Thailand, Bangladesch und die Malediven – waren die Schalen natürlich weniger wert, als tief im Innern der Kontinente. Welche ungeheuren Mengen gesammelt wurden, mögen einige Zahlen andeuten: Eine junge Sklavin war in Ostafrika für 50 000 Stück zu haben, Ehefrauen konnten noch vor 100 Jahren bis zu 100 000 kosten. Im kolonialen Britisch Indien soll der Bau einer Villa mit 15 Millionen Schneckenhäusern bezahlt worden sein. Auch europäische Kaufleute übernahmen in ihren Kolonien die ungewohnte Währung. Bewaffnete Spezialschiffe wurden für den Transport zwischen Ursprungsland und Bestimmungsort eingesetzt. Ganze Heere von Sklaven wurden gegen Kauris erworben und weiterverkauft.

Keine Verschnaufpause für die bedrängten Tiere?

Erst im neunzehnten Jahrhundert, insbesondere als die Sklaverei verschwand, wurde das Schneckenhaus als Zahlungsmittel unmodern. Seine kultischen Funktionen, auch als Amulett, spielen heute ebenfalls kaum noch eine Rolle. Aber siehe da – eine neue Marktchance tat sich für den altbewährten Gegenstand auf: das Geschäft mit den Souvenirs und mit den Sammlern. Immer noch wachsende Touristenzahlen bedrohen aufs neue die Porzellanschnecken. Sammler gefährden insbesondere die größeren Arten, Tiger-Kauris und ähnliche, die für Regale oder Schubladen sterben müssen. In Australien gibt es gar eine eigene Zeitschrift für Porzellanschnecken-Sammler. Schon gehen Küstenbewohner mit Brechstangen in die Korallenriffe, denn der Wert schöner Exemplare steigt. Die Nachfrage regelt den Fang. Wieder werden Schneckenhäuser zu Geld. Uns heutige Menschen aber trifft ein wesentlich härterer Vorwurf, als er gegen unsere Ahnen berechtigt wäre. Denn wir sollten eigentlich dazugelernt haben.

12 *Den Regionalgesetzen der Hochsee unterworfen*
Heimatlose Wanderer

Zum bildlichen Vergleich sei eine Anleihe aus den Rechtsbegriffen bemüht: Den Paragraphen der Bundesgesetze einer Förderation haben sich alle ohne Ausnahme zu beugen. (Es war schon von den vergleichbaren fundamentalen Naturgesetzen für das Leben im Meer die Rede.) Daneben aber gibt es auch regionale Rechtsnormen, deren Gültigkeitsraum begrenzt ist. Das muß jedoch der Strenge, mit der ihnen Geltung verschafft wird, keinen Abbruch tun. Im Meer ist das nicht anders. Über die allgemein verbindlichen Regeln für das Leben im Salzwasser hinaus gilt es in jedem der Ökosysteme noch speziellen Anforderungen zu genügen, sonst wird die Arterhaltung nicht bewilligt. In den unermeßlichen Räumen der hohen See (Pelagial genannt) haben es die frei schwimmenden Organismen des Nekton, die dort neben dem Plankton beheimatet sind, mit Bedingungen zu tun, die sich zum Teil entscheidend abheben von denen des Benthos. Ein ganz wichtiger Faktor: In der offenen See gibt es keine Verstecke. Küstengewässer, Lagunen und alle Riffe bieten mit Sand, Schlick, Spalten, Höhlen und anderen Substraten viele Möglichkeiten zum Verstecken, Vergraben, Tarnen, Flüchten in die Deckung. Es konnten sich dafür gut angepaßte Formen, Funktionen, Farben, Muster und Verhaltensweisen ausbilden, wie ich es im Zusammenhang mit Sandböden, Felsen und Riffen beschrieben habe.

Die Andersartigkeit der Anpassungszwänge, denen pelagisch lebende Organismen unterworfen sind, sollen bildhaft skizziert werden durch eine weitere Projektion auf menschliches Tun. (Das möge bitte nicht mißverstanden werden als anthropomorphe oder finalistische Darstellung.)

Zu den Gesetzen des ökologischen Raumes gibt es Ausführungsbestimmungen. Die werden in die Praxis umgesetzt durch Weisungen an die Konstuktionsabteilung des Unternehmens Evolution.

Darin heißt es unter anderem:

- *Entwürfe von Modellen, die Verstecke benötigen, sind nicht weiter zu verfolgen.*
- *Formen, die Geschwindigkeitserhöhungen versprechen, sind bevorzugt zu bearbeiten.*
- *Zu fördern sind Farbkleider in grau und silbergrau, und zwar mit hellerer Unterseite und dunklerer oben; auffällige Farben sind zu vermeiden.*
- *Tendenzen zu sozialen Massen-Zusammenschlüssen sind förderungswürdig; für Individualisten-Modelle sind Größe, Kraft und/oder Schnelligkeit in besonderem Ausmaß vorzusehen.*
- *Für schwächere Typen ist die Pflege wirksamer Abwehrwaffen anzuraten, z.B. Nesselbatterien. Unauffällig sein bis zur Durchsichtigkeit ist empfehlenswert; auch geschmackliche Ungenießbarkeit kann erprobt werden.*
- *Spezielle Entwicklungen der Fluchttechnik, etwa durch zeitweiliges Fliegen über dem Wasser, sind zukunftsträchtig.*
- *Für Produkte ohne hinreichende Ausprägung der obigen Merkmale bleibt der Versuch aussichtsreich, Bündnisse mit besonders starken Fremden zu vermitteln.*

Die vom Entwicklungs-Departement des Konzerns abgelieferten Produkte entsprachen keineswegs immer den geforderten Kriterien. Viele Modelle gingen gar nicht erst in die Serie oder überstanden die Zulassungsprüfungen nicht, andere waren Flops

und verschwanden bald wieder vom Markt. Was übrig blieb, war und ist konkurrenzfähig, zumindest für einen rentablen Zeitraum.

Angesichts der aufgeführten Vorgaben kann es nicht mehr wundernehmen, daß das Marktsegment Freiwasser von Produkten dominiert wird, die sich sehr oft recht ähnlich sehen, auch wenn sie den Labors ganz verschiedener Designer entstammen. An Breite der Angebots-Fülle sind sie das direkte Gegenstück zur Prachtfülle auf dem Markt Korallenriff.

Vom allegorisch mißbrauchten Wirtschaftsgeschehen zurück zur Meeresbiologie. Nennen wir das Kind beim Namen: Konvergenz heißt der Schlüsselbegriff der schon mehrfach kurz zitiert wurde. Er bezeichnet Ähnlichkeiten von Erscheinungen ganz verschiedener Herkunft, und zwar infolge gleicher Funktion. Konvergente Entwicklungen können Organe und Gestalten von stammesgeschichtlich weit auseinanderliegenden Tieren erfahren, wenn sie den gleichen Aufgaben zu dienen haben. Diesen Anpassungsvorgängen unterliegen gleichermaßen Formen, Farben, Muster, Bewegungen, Verhaltensweisen, kurz: Die besonderen Anforderungen einer speziellen Lebensweise können in vielen Bereichen gestaltend mitwirken. In unserem Fall heißt das: Die geringe Strukturierung des Lebensraumes Hochsee läßt relativ wenigen Merkmalen optimale Chancen. Trotz großer Gesamt-Biomasse geht es deshalb wesentlich uniformer zu als etwa auf und in Schelfmeerböden und Riffen. Und damit nur ja keine Regel ohne Ausnahme bleibt, tanzen auch hier Einzelne aus der Reihe. Die Hammerhaie sind ein Beispiel dafür.

Zeugen vom Wandel in Formen und Verhalten
Die seltsamen Hammerhaie

»Here they are!« ruft der kalifornische Verhaltensforscher aus dem Beiboot weitab, »heere they aaare!!« Endlich haben wir sie aufgespürt, die Hammerhaie mit den grotesk verbreiterten Köpfen. Hier in der Cortez-See rotten sie sich auch noch regelmäßig zu Schwärmen von Hunderten zusammen – ganz gegen alle Hai-Manier. Warum? Sind biologische Vorteile damit verbunden? Was wissen wir über diese merkwürdigen Tiere?

Wir hasten übers Deck, können nicht schnell genug mit Flossen, Maske, Schnorchel und Fotogerät ins Wasser kommen. Schließlich ist es geschafft.

Kurze Show von 150 Haien

Der Anblick ist überwältigend: Unter uns ziehen majestätisch etwa 150 dieser rätselhaften Geschöpfe ihre Bahn. Alle sind annähernd gleichgroß, ausgewachsen, um dreieinhalb Meter lang. Sie zeigen nicht das charakteristische Schwimmverhalten einer sogenannten Schule, sind also nicht ständig streng gleichgerichtet wie z.B. Sardinen oder Makrelen, die wie auf Kommando alle im Bruchteil einer Sekunde die Richtung ändern; vielmehr geht es hier ein wenig durcheinander. Einzelne kreuzen im Zickzack, wenngleich kein Tier von der generellen Richtung abweicht. Kommt eines dem Nachbarn zu nahe, löst es damit Drohgebärden aus: zunächst horizontale Kopfbewegungen, eine Art »Nein!« Bleibt das ohne Wirkung folgt ein kurzer Scheinangriff und der Zudringliche flieht. Von uns jedoch nehmen die Fische keine erkennbare Notiz.

Nach allzu kurzer Zeit ist der Spuk vorüber. Selbst im gemächlichen Spargang sind uns die Haie davongezogen. Wir müssen versuchen, ihnen anderswo erneut aufzulauern. Bis dahin kann sich der Schwarm auch aufteilen in Untergruppen von beliebiger Größe. Aber auch 15 oder 20 dieser unheimlich wirkenden Tiere sind noch reichlich imposant genug für eine Begegnung.

Verhaltensforschung im offenen Meer

Wir – meine Frau und ich – sind, einer Einladung folgend, mit einer Forschungsgruppe der University of California und der Scripps Institution of Oceanography sowie mit dem UW-Filmer Dr. Ted Rulison auf Hammerhai-Pirsch-Kreuzfahrt hier im östlichsten Teil des Pazifischen Ozeans.

Seit eh und je sind Haie dankbare Objekte für Geschäftemacher mit dem Horror und für Möchte-gern-Heroen. Da wird viel erzählt, geschrieben, behauptet, gesponnen. Die nüchterne Bilanz über gesichertes Wissen nimmt sich dagegen kläglich aus. Die Forschung steht erst ganz am Anfang. Entsprechend waren die Fragestellungen unserer Equipe auch eher fundamentaler Art. Vor allem für die Zusammenrottung der Tiere möchte man gern eine Erklärung finden.

Die Jüngsten in der Verwandtschaft

Man könnte vermuten, Hammerhaie seien Relikte aus frühesten Epochen, die nur das Aussterben vergaßen. Das trifft nicht zu. Im Gegenteil. Haie (Ordnung Selachii) gibt es zwar bereits seit mehr als 300 Millionen Jahren. In dieser Zeit hat die Evolution rund 350 Arten dieser erfolgreichen Jäger hervorgebracht. Die Hammerhaie (Familie Sphyrnidae) aber gehören zu den jüngsten Entwicklungen. Sie traten »erst« vor etwa 25 Millionen Jahren auf den Plan, sind also ganz moderne Modelle. (Zum Vergleich: Was wir »Menschen« nennen, existiert nicht länger als 3 Millionen Jahre). Bis jetzt bildeten sich 12 verschiedene Arten von Hammerhaien heraus, mit Größen (der erwachsenen Tiere) von 0,90 bis 5,50 Meter. Ihre nächsten Verwandten sind die Blauhaie, von denen sie sich fast nur durch die Kopfform unterscheiden. Hammerhaie tummeln sich in allen Meeren, mit Vorliebe aber in warmen Gewässern. Die Hochsee wird von den meisten bevorzugt, nicht selten aber inspizieren sie flache Schelfmeere, geraten in die Nähe von Küsten und geben uns damit eine Chance zur Begegnung. Im Mittelmeer wurden bisher drei Arten gesehen.

Das Markenzeichen

Der Kopf macht Hammerhaie unverwechselbar. Wie es zu dieser merkwürdigen Abwandlung kam, wissen wir nicht. Angesichts der ebenfalls erfolgreichen Lebensweise etwa der Blauhaie ist ein starker Selektionsdruck als Ursache ganz unwahrscheinlich. Die Annahme einer rein

Seit dem Altertum liefern Haie unablässig aktuelle Themen. Vieles wurde erforscht. Die Zahl der verbleibenden Fragezeichen ist dennoch Legion, und Hammerhaie steuern besonders viele bei, vom skurrilen Körperbau bis zur seltsamen Zusammenrottung. Außen am Kopf lokalisierte Augen und Nasenlöcher garantieren Sehen und Riechen in Stereoqualität. Form und Bogenzahl der Stirn sind jeweils typisch für die 12 Arten.

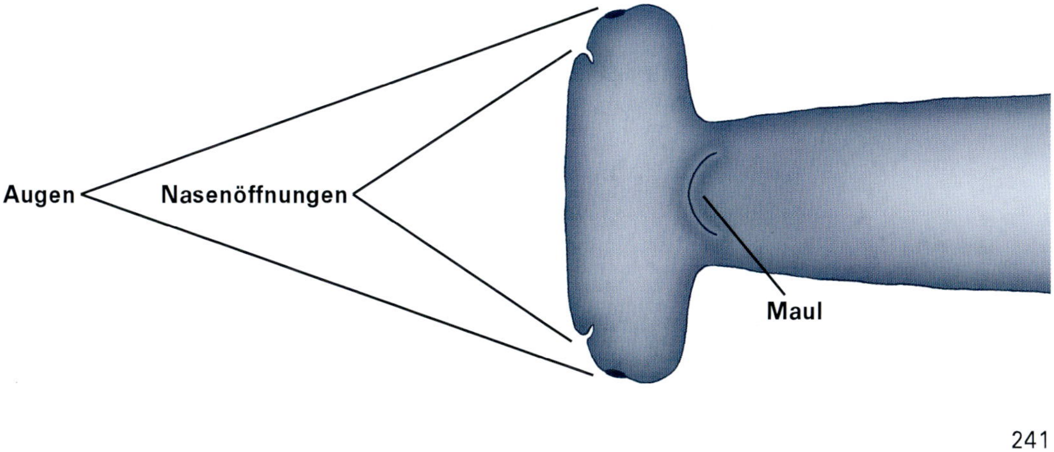

Kopf eines Hammerhais (schematisch), von unten gesehen. Erleichtertes »Entfernungsriechen und -sehen« ist der Ortung von Beute dienlich.

zufälligen Erbänderung (Mutation), zunächst ohne große Bedeutung im Konkurrenzkampf des Lebens, liegt nahe. Dennoch sind zwei (kleine?) Vorteile unverkennbar. Räumliches, dreidimensionales Sehen ist bekanntlich nur möglich mit Hilfe von (mindestens) zwei Augen, die einen gewissen Abstand voneinander haben. Wächst dieser Abstand, z.B. um einen halben Meter wie bei einem großen Hammerhai, so wird die Einschätzung der Entfernung und der Bewegungsrichtung von Objekten, etwa von Beute, präziser, zumal Hammerhaie über eine spezielle Muskulatur verfügen, die den Kopf besonders beweglich macht. Aber es sind nicht nur die Augen auseinandergerückt; auch die Nasenlöcher befinden sich nahe der Außenseite des Hammerkopfes. Da Haie mit ihrem unvorstellbar leistungsfähigen Riechvermögen oftmals Beute wahrnehmen, ehe sie zu sehen ist, mag dieses verbesserte »Stereo«-Riechen zur Ortung ihrer Opfer den Hammerhaien vielleicht noch viel dienlicher sein als der Vorteil für die Augen.

Das Rätsel der Schwarmbildung

Verhaltensforscher interpretieren die funktionelle Bedeutung von Fisch-Schwärmen (wie auch von Herden bei Landtieren) so: Räubern wird es schwer bis unmöglich gemacht, ein einzelnes Beutetier in dem Getümmel aufs Korn zu nehmen und zu verfolgen. Anstatt zu fliehen bildet der Schwarm um jeden Eindringling blitzschnell einen Hohlraum (wie wir es auch als Taucher inmitten von Sardinen-, Barrakuda- oder Stachelmakrelen-Schulen erleben können). Die Fische umgehen so ein Leben, das nur aus permanenter Flucht bestehen würde. Der nächstwichtige Vorteil von Zusammenrottungen: besserer Schutz der Jungtiere vor Freßfeinden. Hinter vielen Großen kann man sich besser verstecken, als nur hinter der Mutter.

Für unsere Hammerhaie können diese beiden Argumente keine Geltung haben. Sie sind Räuber der Spitzenklasse, in der Nahrungspyramide ganz oben angesiedelt. Da sie keinen Feind zu fürchten haben, brauchen sie auch nicht den Schutz durch Schwarmbildung. Und den Jungen kann das Verhalten der Elterntiere schon deshalb nicht gelten, weil sie gar nicht miteinander leben. Hammerhaie sind lebendgebärend (vivipar oder ovovivipar). Bereits im Mutterleib schlüpfen die Kleinen aus dem Ei, als fertige, zur Selbstversorgung befähigte Räuber. Sie werden von der Mutter im Flachwasser geboren, bis zu mehrere Dutzend auf einmal, und dort allein gelassen. Mit dem Wachstum wagen sie sich schrittweise in tiefere Gewässer vor. So sieht man stets Gruppen von etwa gleichgroßen Tieren. Erst nach mehreren Jahren wandern sie ins freie Meer ab.

Wozu könnte der Zusammenschluß von Hammerhaien sonst noch nützen? Gemeinsame Beutejagd wäre eine Möglichkeit. Schwärme von Beutefischen könnten an der Wasseroberfläche umzingelt und an der Flucht gehindert werden. Man hat aber bisher dergleichen niemals beobachtet. Vielleicht jagen die Tiere nur des nachts. Eine weitere Hypothese liegt nahe: daß Paarungsbereitschaft die Haie zusammenführen mag. Regelmäßig sind in den Ansammlungen viele Weibchen mit wenigen Männchen erkennbar. Nie aber konnte bisher ein Mensch Zeuge von Liebesspiel und Kopulation sein, die übrigens mit recht robustem Vorgehen der Männchen verbunden sein müssen: geschlechtsreife Weibchen weisen oft alte und frische Biß- und Schürfwunden in der Umgebung der ersten Rückenflosse auf. Nicht umsonst haben die weiblichen Tiere eine wesentlich dickere Haut!

Schließlich kann man sich noch Vorteile von einer gemeinsamen Navigation bei Wanderungen vorstellen, Hammerhaie machen offenbar – wenigstens zeitweise – große Wanderungen. Sie verfügen, wie andere Haie auch, über Elektrorezeptoren im Kopf, und zwar mit der höchsten Empfindlichkeit für elektrische Felder im ganzen Tierreich. Damit können sie sowohl Beute orten wie auch zueinander Kontakt halten, ohne sich zu sehen. Sie sind auch imstande, sich ähnlich wie Tauben nach dem elektromagnetischen Erdfeld zu orientieren. Die Erfahrung Einzelner mag beim Auffinden ferner Ziele – z.B. der Cortez-See, in der sie sich nur einige Monate aufhalten – für einen ganzen Schwarm von Vorteil sein.

Die Haie der Zukunft?

Neben diesen Hypothesen, denen die Forschung Erörterungen und Untersuchungen widmet, sollte man aber auch noch an die Möglichkeit denken, daß Mutationen, die ja dem Zufall und nicht einem Plan folgen, auch zu Verhaltensmustern führen können, die zunächst weder nützlich noch schädlich, sondern ganz einfach belanglos sind. Nicht alle Erscheinungen der stammesgeschichtlichen Entwicklung müssen eine Funktion, einen »Sinn« haben. In kleinen Grüppchen und einzeln lebende Hammerhaie sind offenbar nicht weniger lebenstüchtig. Das schließt nicht aus, daß die Schwarmbildung im Laufe der Zeit zur Grundlage werden könnte von Wettbewerbsvorteilen. Vielleicht sind wir Zeugen des Beginns einer sozialen Lebensweise von Tieren, bei denen eine solche Entwicklung nicht recht in unsere Klischee-Vorstellungen passen will. Es wäre hochinteressant, zu erfahren, ob in einer fernen Zukunft die Hammerhaie ihre Brüder, die Blauhaie, und vielleicht auch andere Familienmitglieder verdrängt haben werden.

Ein Wort noch zur Aggressivität gegenüber Menschen. Wo immer über Haie berichtet wird, führt man Hammerhaie unter den gefährlichsten auf. Warum? Sorgfältige Recherchen liefern keine Antwort darauf. Bei wissenschaftlichen Stellen, die alle gesicherten Hai-Angriffe registrieren, fragt man vergeblich nach. Im Rahmen des kalifornischen Forschungsprogramms über Hammerhaie gab es noch keine einzige Attacke, lediglich ein paar vorsorgliche Drohgebärden. Aber ein »Monstrum« darf wohl den Konsumenten nicht ohne verteufelnde Legenden präsentiert werden ...

Stellung im System der Tiere

Klasse:	**Knorpelfische** (rund 700 Arten)
Ordnungen:	**Haie** = Selachii (etwa 350 Arten in über 20 Familien) [außerdem: Rochen, Seedrachen = Chimären]
Familien:	**Hammerhaie** = Sphyrnidae (12 Arten)

Schirmquallen und ihre Trittbrettfahrer
Hochsee-Nomaden ohne Ziel – aber mit Anhang

Als feindselige Untertanen Poseidons müssen sie dem Badenden gelten, geschaffen zur Belästigung der aufdringlichen Menschen – die Quallen. Sie irritieren zuweilen auch den aus der Tiefe zurückkehrenden Taucher: Pausenlose Nadelstiche können die Befürchtung wecken, er verspüre die ersten Symptome einer Taucherkrankheit infolge ungenügender Dekompression. Zum Glück sind es aber nur die allerkleinsten Medusen im Plankton, für das bloße Auge unsichtbar. Ihr Gegenstück in der Verwandtschaft sind die großen Schirm- oder Scheibenquallen. Manchmal werden sie zu Hunderten hilflos von Sturm und Strömungen an einen Strand gespült und zum Bild von Zerfall und Vergänglichkeit. Auf hoher See kann man zuweilen die Einzelgänger vom Schiff aus sehen. In der Perspektive des Tauchers aber werden sie zu zauberhaften Gebilden, milchig weiß oder gar pastellfarbig. Man muß vom Glück überrascht werden, um ihnen so nahe zu kommen, daß man ihre Schönheit bewundern kann – oder man muß vom Pech verfolgt sein, wenn es eine der lebensgefährlichen Seewespen aus der Ordnung der Würfelquallen ist und man ihr zu nahe kommt.

Der Lebensraum dieser sog. Echten Quallen (Scyphozoen) ist nicht die Küstennähe, sondern die hohe See. Deshalb bleiben Begegnungen für den Taucher leider ziemlich seltene Zufälle. Beschert ein solcher Zufall den Anblick einer daherziehenden Wurzelmundqualle mit ihrem Gefolge von kleinen Fischen, mag man an jenen Staatspräsidenten denken, der sich auf weite Wanderung begab und von einer Schar »kleiner Leute« begleitet wurde – man erinnert sich. Der Große duldet gnädig die Kleinen, obwohl sie vielleicht auch schmarotzen.

Alles für den Magen

Zusammen mit so andersartigen Geschöpfen wie den Blumentieren (Korallen und Anemonen) und den Hydrozoen bilden die Schirm- oder Echten Quallen eine Klasse des Stammes Nesseltiere (Cnidaria). Unterhalb dieser Hohltiere stehen in der Entwicklungsreihe der sog. Niederen Tiere fast nur noch die Schwämme. Schon vor 600 bis 700 Millionen Jahren haben Quallen ihre Spuren im damaligen Sediment des Meeresgrundes und jetzigen Felsgestein Mitteleuropas hinterlassen. Heute leben von den Echten Quallen nur noch etwa 200 Arten. In der Tat sind diese

Ungleiche auf Fernreise durchs Meer: Junge Bastardmakrelen haben sich dem Schutz einer großen Wurzelmundqualle anvertraut.
Junge Bastardmakrelen können ihre Jugend mit großen Quallen auf hoher See verbringen.

»primitiven« Tiere mit Ausnahme ihrer Nesselzellen recht einfach konstruiert. Zu 95 bis 98 % bestehen sie aus Wasser. Alles gruppiert sich um einen Hohlraum, der sowohl Verdauungs- wie Ausscheidungsorgan ist. An seinem unteren Ende befindet sich die einzige Körperöffnung. Der glockenförmige Schirm dient der Fortbewegung nach dem Rückstoßprinzip. Rhythmische Kontraktionen einer kräftigen Muskelschicht befähigen die Tiere zu ihrer zuweilen geradezu balletthaften Eleganz. Wir sahen einen Schirm vom Wurzelmundtyp unbeirrt seine Schwimmbewegungen weiterführen, nachdem ihm ein experimentierwütiger Tauchkamerad alle Eingeweide amputiert hatte. Am Glockenrand hängen mehr oder weniger lange, nesselbewehrte Fäden, die dem Beutefang dienen, aber auch zur Abwehr eingesetzt werden können. In den Falten der rüschenartigen Schirmränder verstecken sich primitive Augen, Gleichgewichts- und sogar Riechorgane sowie ein Nervenring. Über weitere differenzierte Organe verfügt diese Tierklasse indes noch nicht. Der Magen hängt unter der Glockenmitte und ist bei den verschiedenen Quallen von recht variablem Aussehen. Am auffälligsten ist er bei den imposanten Wurzelmundquallen. Sie leben nicht – wie die meisten ihrer Verwandten – von kleinen Fischen, schwimmenden Krebsen, Schnecken, Würmern und anderen Quallen. Als sog. Strudler sind sie die Friedfertigen unter den Räubern und ernähren sich vom Plankton. Eine größere Mundöffnung benötigen sie dazu nicht, statt dessen ist das ganze blumenkohlähnliche Gedärm mit kleinen Poren übersät. Feine Wimpern wedeln die Nahrungspartikel – höchstens 6 Millimeter groß – dort hinein.

Solche Quallen gehören zu den stattlichsten Repräsentanten des Ökosystems Plankton. Den Dachschaden dürfte eine Krabbe als blinder Passagier verursacht haben aus Hunger (links). Im Rand des gemusterten Schirms sind Zellverbände zu verschiedenen Sinnesleistungen fähig (rechts).

Weitaus die meisten Schirmquallen driften als einsame Räuber im freien Wasser aller Meere. Der Durchmesser des Schirms kann einen Meter erreichen und sogar überschreiten. Die größten kommen in arktischen Bereichen vor, wo sie wie Wale vom Krill leben. In den europäischen Gewässern begegnen uns am häufigsten Vertreter der Ordnung Fahnenquallen (Semaestomae): Kompaß- *(Chrysaora hysoscella)*, Ohren- *(Aurelia aurita)*, Haar- *(Cyanea capillata)* und Leuchtquallen *(Pelagia noctiluca)*. Auch die sehr schmerzhaft nesselnden Würfelquallen (Cubomedusae) mit ihrer vierkantigen Grundform und den Nesselfäden an den vier Ecken fehlen bei uns nicht ganz. Zum Glück aber suchten sich die todbringenden Formen dieser Ordnung, die Seewespen *(Chironex fleckeri* und *Chiropsalmus quadrigatus)* ferne Lebensräume, vornehmlich im warmen Westpazifik. Sie sind für den Wassersportler mindestens so gefährlich, wie alle Haie zusammen. Allein unter Australiern fordern sie jährlich mehr Menschenleben als es die Haie tun. Für Quallen können sie ganz ungewöhnlich schnell schwimmen. Als ich mich der Abgebildeten näherte, ging sie mit Tempo aus der Senkrechten in die Horizontale und ich mußte die Flossen emsig bewegen, um mitzukommen. Mir war es auch ein Beweis für unerwartet gute Sinnesorgane.

Gefährlicher als Haie: Seewespen, die gefürchtetsten Würfelquallen. Jährlich fordern sie Menschenleben.

Der Hofstaat

Es sind nicht nur Fische, die wie Hausbesetzer große Quallen zu ihrer vorübergehenden Wohnstatt ernennen. Als wir eine Wurzelmundqualle in näheren Augenschein nahmen, fanden wir zu unserer Überraschung oben in der Glocke eine stattliche Krabbe. Uns als vermeintlichen Feind wahrnehmen und sich fallen lassen war eins, zurück zum Bodenpersonal, wohin die Krabbe gehört. Das Ende einer Seefahrt. Wie kam der Fußgänger wohl in den Schwimmer der offenen Meere? Eine Frage nicht leichter als, »wie kommt Kuhmist auf's Dach?« Ich kann nur eine Erklärung anbieten: geraten Schirmquallen in allzu unruhige See, lassen sie sich gern zu Boden sinken, um dort das Ärgste abzuwarten. Eine solche Gelegenheit mag die Krabbe genutzt haben. Aber warum wohl? An der Stelle, wo wir sie gefunden hatten, war im Quallenschirm ein durchgehendes, unregelmäßiges Loch (siehe Abb.). Die Vermutung liegt nahe, daß sich die Krabbe vom Quallengewebe schmecken ließ.

Von den Fischen wird angenommen, daß sie Schutz und Unterschlupf suchen. Beides finden sie zweifellos bei stark nesselnden Quallen, wenn es ihnen gelingt, selbst von tödlichen Geschossen verschont zu bleiben. Das ist der Fall, jedoch ist noch ungeklärt, wie die Fische das erreichen. Es erscheint unmöglich, daß sie den nesselnden Tentakeln ständig ausweichen können. Vielleicht »cremen« sie sich – analog den Clownfischen in den Anemonen – mit dem schützenden Schleim der Qualle ein, der verhindert, daß die Tentakel der Qualle sich gegenseitig nesseln. Vielleicht sind auch bestimmte Fische durch eine körpereigene Substanz immun gegen das Tentakelgift. Immerhin wurde wiederholt beobachtet, daß plötzlich einer aus dem Schwarm von der Qualle wenig gastlich behandelt – nämlich verspeist wurde, während die Artgenossen sich unbekümmert weiter zwischen den Tentakeln bewegten. Verständlicher ist das Verschlingen fremder Fische, die sich vom »Stammpersonal« anlocken ließen und zwischen die todbringenden Waffen gerieten.

Es sind regelmäßig Jungtiere von Hochseefischen, die sich den Quallen anschließen: Dorschfische und besonders oft Arten von Stachelmakrelen, z.B. Bastardmakrelen (Gattung *Trachurus*). So manche davon werden wir schon als »Ölsardinen« gegessen haben. (Der Hirten- oder Quallenfisch – *Nomeus gronovii* – wird nur in der Portugiesischen Galeere angetroffen, die nicht zu den Echten- oder Schirmquallen zählt, sondern zu den Staatsquallen, koloniebildenden kleineren Tieren einer Klasse auf niederer Entwicklungsstufe.) Die Wohngemeinschaften unserer Schirmquallen benutzen übrigens jede Gelegenheit, ein größeres Haus zu übernehmen: treffen mehrere Quallen zusammen, sammeln sich sofort alle Fische beim größten Exemplar. Die Jungfische bleiben nur bis zu einer gewissen Größe dort. Mit etwa 6 bis 10 cm Länge verlassen sie – gemeinsam im Schwarm – ihre Behausung und ziehen als Nomaden ohne festen Wohnsitz durch die Meere.

Mit dem Schutz vor Freßfeinden durch nesselnde Tentakel ist es nicht mehr weit her bei den schönen Wurzelmundquallen. Als Strudler, die keine Raubwaffen benötigen, haben sie nur schwach nesselnde Tentakel. Der Nutzen fürs Gefolge reduziert sich fast aufs Versteck. Vielleicht mag die weithin sichtbare Qualle auch als Orientierungshilfe für ausschwärmende Mitglieder der Schule dienen. Man hat aber auch schon beobachtet, wie Gäste an den Fangfäden des Wirts knabberten. Es ist denkbar, daß sie auf diese Weise etwas für ihre Immunität tun. Auch die geschlechtszellenbildenden Körperteile scheinen als nahrhafte Kost beliebt zu sein. Wie weit das der Qualle schadet, ist unbekannt. Das Schwergewicht der Vorteile von der Partnerschaft liegt jedenfalls eindeutig bei den Fischen, für die auch als Kommensalen = »Mitesser«, wie sie ein Fachausdruck nennt, bei der Mahlzeit einiges abfällt.

Die Beliebtheit großer Quallen als schützendes Transportmittel über einen gefährdeten Lebensabschnitt endet nicht bei den Fischen. Von Krebslarven, die als freischwebender Planktonanteil leben, ist bekannt, daß sie sich ebenfalls als blinde Passagiere einnisten können. Für die Art schaut dabei nebenher der Vorteil größerer Verbreitungsmöglichkeiten heraus.

Wie pflanzt sich sowas fort?

Diese Frage stellt sich wohl mancher beim Anblick exotischer Kreationen der Natur. Und fast ebenso oft muß die Antwort einen komplizierten Vorgang beschreiben. Die weitaus meisten Quallen sind nur eine von zwei Erscheinungsformen im sogenannten Generationswechsel (Metagenese). Den freischwimmenden Tieren der Medusengeneration kommt der geschlechtliche Part zu. Sie haben keine speziell strukturierten, abgegrenzten Geschlechtsorgane. Die Geschlechtszellen entstehen in der äußeren oder inneren Schicht des Magenschlauches oder in der Glockenunterseite und werden durch die einzige Öffnung ins Wasser entlassen. Die Chance, daß sich Samen- und Eizellen treffen und vereinigen können, ist nicht gar so unendlich gering, weil sich zur Zeit ihrer Reife oft viele Tiere an einer Stelle des Meeres versammeln. Wie sich die Einzelgänger zusammenfinden, blieb bis heute dem menschlichen Wissen verborgen. Aus der befruchteten Eizelle wird eine winzige Larve im Plankton, die sich bald am Boden festsetzt und zum becherförmigen Scypho-Polypen heranwächst. Dieses Tier der ungeschlechtlichen Generation beginnt nach einigen Monaten, sich in etlichen Etagen quer einzuschnüren und gleichförmige Scheiben zu bilden. Ist dieser Prozeß (Strobilation), eine Eigenart ausschließlich der Schirmquallen, abgeschlossen, entläßt der Polyp die Scheiben einzeln von oben nach unten als Jungquallen – ähnlich wie wir als Kinder Schachtelhalme zerteilten.

Es müßten nicht Produkte der Natur sein, gäbe es nicht Ausnahmen von diesem Schema. Bei den Würfelquallen wandelt sich der ganze Polyp in eine einzige Meduse um. Einige Arten haben es fertiggebracht, das Polypenstadium zu überschlagen, also nur freischwimmende Nachkommen zu zeugen. Der Vorteil: Meeresboden wird nicht mehr benötigt und die Art kann sich leichter verbreiten. Die Leuchtqualle *(Pelagia noctiluca)*, die auch im Mittelmeer vorkommt, gehört dazu. (Wir verstehen übrigens weder den chemischen Vorgang des Leuchtens, noch seine Funktion). Umgekehrt macht es unsere heimische Süßwasserhydra: sie kennt kein Medusenstadium mehr, hat dafür aber auch am Boden die Möglichkeit geschlechtlicher Fortpflanzung. Und schließlich gibt es in europäischen Gewässern eine Fahnenqualle, nämlich die Kompaßqualle, die einen Geschlechtswechsel von männlich über zwitterig zu weiblich durchmacht und sich in einem gewissen Zeitraum selbst befruchten kann.

Das Waffenarsenal

Es dürften wohl die Nesselkapseln sein, die in erster Linie den Schirmquallen und ihren nesselnden Verwandten ein so enorm langes Überleben möglich machten. Als Angriffs- und Verteidigungswaffen zugleich beschränken sich die Gift verschießenden Zellen nicht auf die Fangarme allein. Auch den übrigen Körper können sie mit einem mehr oder weniger dichten Netz überziehen. Die Mundarme der Wurzelmundquallen besitzen regelmäßig Tentakel mit solchen Abwehrorganen. Die Natur hat sich auch nicht mit nur einem Typ dieser Zellen begnügt, es gibt gleich drei verschiedene, die sich funktionell raffiniert ergänzen und bei demselben Tier verschiedene Gifte verspritzen. Es sind die kompliziertesten aller hochspezialisierten Zellen in der gesamten Natur – ausgerechnet bei so »primitiven« Tieren. Geradezu technische Wunderwerke im Allerkleinsten.

Sehr unterschiedlich ist die Nesselwirkung verschiedener Schirmquallen beim Menschen. Seewespen halten in ihren langen »Regenwürmern« eine tödliche Dosis für drei Menschen bereit, fähig, sie in ein bis drei Minuten ins Jenseits zu befördern: In Australien muß man deswegen zeitweise lange Strände sperren. Andere Schirmquallen vermögen uns »nur« Verbrennungen zuzufügen. Die Geschosse der schönen Wurzelmundquallen schließlich, der Friedfertigen unter den Räubern, können unsere Haut nicht durchschlagen, so daß wir uns ihnen getrost beliebig nähern dürfen. Die Betrachtung lohnt sich.

Die Stachelmakrelen
Schnelle Truppen in Metallic-Uniformen

Die meisten aus ihrer Familie sind als unermüdlich wandernde Hochsee-Jäger nur auf Stippvisite an der Küste oder am Riff. Es ist also – anders als bei den reviertreuen Tieren – eigentlich immer ein Zufall, wenn wir als Taucher in der relativ kurzen Zeit, die wir uns im Element der Fische aufhalten, Stachelmakrelen begegnen. Zwei Charaktereigenschaften dieser Fische machen ein solches Rencontre jedoch zum »häufigen Zufall«: sie sind neugierig und wenig scheu. Das Leben in Ufernähe scheint sie sehr zu interessieren, wenn sie erst einmal dort sind. Die Verfolgung von Beutefischen, die sich da zu retten suchen, führt sie relativ oft in unsere Nähe. Vermutlich werden sie auch vom Atemgeräusch der Taucher angezogen. Zuweilen begleiten uns einige Exemplare während eines ganzen Tauchgangs mit geringer Distanz.

So dicht gedrängt kann sich eine Stachelmakrelen-Schule schier endlos ausdehnen.

Fehlbenennung

Der deutsche Name dieser Fischfamilie ist irreführend. Stachelmakrelen gehören nicht zur Familie der Makrelen, ja nicht einmal zur großen Unterordnung der Makrelenartigen. Vielmehr zählen sie zur Unterordnung Barschfische. (Echte) Makrelen dagegen sind vor allem die verschiedenen Thunfischgattungen. Diese Sprachverwirrung hat natürlich ihre Geschichte, nämlich in einer späten wissenschaftlichen Umgruppierung. Moderne »Vaterschaftsuntersuchungen« erlauben präzisere Klassifizierungen als früher. Die alte Populär-Benennung pflegt in solchen Fällen allerdings (als ohnehin unausrottbar) weitergeführt zu werden. Es ist deshalb ausnahmsweise nicht bedauerlich, daß sich mehr und mehr auch in unserem Sprachraum die englische Bezeichnung »Jacks« für Stachelmakrelen durchzusetzen beginnt. Das geht um so rascher, als diese Fische zu den beliebtesten Opfern von Hochsee-Sportanglern zählen. Der wissenschaftliche Familienname: Carangiden.

Metallic-Färbung auch hier nicht ohne Chemie

Die äußere Erscheinung läßt schon wichtige Gemeinsamkeiten der weit über 100 Familienmitglieder erkennen. In Form und Farbe gibt es keine sehr großen Abweichungen vom Grundmuster, mehr oder weniger Spindel- oder Torpedoform haben alle. Sie sind seitlich etwas abgeflacht, damit höher als breit, zuweilen ausgesprochen hochrückig. Die Schwanzflosse ist entweder deutlich gegabelt oder sichelförmig gerundet. Der Schwanzstiel ist schmal.

Auch in der Färbung der vielen Arten herrscht mehr Einheitlichkeit als Vielfalt. Zwar kann man zahlreiche Farbmischungen und -abstufungen, besonders auf den Rückenpartien, registrieren, rot allerdings ausgenommen. Das hat aber seine bescheidenen Grenzen und grellbunte Stachelmakrelen gibt es nicht. Metallisches Schimmern aber ist bei den dezenten Tönungen obligatorisch. Das hat eine chemische Ursache, ganz ähnlich wie beim Autolack. In der Haut – die übrigens nicht bei allen Stachelmakrelen Schuppen trägt – wird Guanin gespeichert. Die Kristalle dieser Substanz reflektieren das Licht auf besondere Weise. (Guanin läßt übrigens auch die

Goldmakrelen sind – wie viele »Jacks« – begehrte Speisefische (unten rechts). Wenngleich Stachelmakrelen vornehmlich durch große Schulen imponieren (linke Seite), treibt offenbar die Neugier kleine Gruppen oder Einzeltiere in Riffnähe. Zumal Caranx melampygus (oben rechts) ist dort oft zu sehen. Einige Arten haben besonders in der Jugend – stark verlängerte Rücken- und Brustflossen (oben links).

Augen von Nachttieren im Schein unseres Lichtes aufleuchten.) Silbertöne sind bei weitem vorherrschend, die Unterseite von Stachelmakrelen ist nur selten anders. Als Variationen sieht man blaugraue bis grünliche Rückenfärbungen. Imponierend sind die Gold-Versionen, wie sie besonders die nahe verwandten Goldmakrelen (Familie Coryphaeniden) präsentieren.

Im Gegensatz zum zweiten ist der erste Teil des Namens der Familie gerechtfertigt: alle Mitglieder besitzen Stacheln, und zwar zwei vor der Afterflosse. Alle verfügen auch über Schwimmblasen (die bei den echten Makrelen fehlen). Kleine konische, z.T. sogar samtweiche Zähne in mehreren Reihen beweisen, daß Raubfische nicht immer mit einem imposanten Gebiß ausgestattet sein müssen (was ja auch für Zackenbarsche gilt). Statt dessen sind ihre Mäuler stark dehnbar. Beute wird unzerteilt verschluckt, die Zähne haben nur ein Entkommen zu verhindern. Eine weitere Besonderheit springt bei vielen Arten ins Auge: entlang der Seitenlinie, besonders im hinteren Teil, gibt es kleine knöcherne Erhabenheiten.

Nur scheinbar dümmlich

Häufigster Lebensraum von Stachelmakrelen ist die offene See in Warmwasser-Regionen. Die vielfach sehr weiten Wanderzüge können aber von Mexiko bis zur Arktis und von Amerika bis in kalte japanische Gewässer führen. Die meisten leben in Schwärmen, die sehr groß sein können. Schon Captain Cook sah und beschrieb große Schulen auf hoher See. Wie kompakt solche Ansammlungen sein können, erfuhren wir im Ost-Pazifik, als ein riesiger Schwarm über uns dahinzog: unser Unternehmen wurde, zur Mittagszeit bei wolkenlosem Himmel, fast zum Nacht-Tauchgang. Harpunierer wissen zu berichten, daß die Tiere selbst durch wiederholten Gebrauch der tödlichen Waffe nicht zu Richtungsänderungen zu veranlassen sind. Deshalb hat man sie schon für dumm, lernunfähig erklärt. Erfahrene Fischer behaupten jedoch, daß solche Schwärme einem Leittier folgen und sich davon nicht abbringen lassen. Als sehr »gescheit« erweist sich sogar ihr Jagdverhalten. Eine Schule Stachelmakrelen kann über weite Strecken einem Schwarm von Beutefischen, vor allem Sardinen und anderen Heringsartigen, »friedlich« folgen, bis diese schließlich gar nicht mehr beunruhigt wirken. Dann aber, wie auf Kommando, schießen die schnellen Räuber vor, umzingeln die Beutefische, ziehen den Kreis immer enger und verschlingen alle, die auszubrechen versuchen. Von oben gesehen ist das die Szenerie, die sich uns zuweilen vom Schiff aus darbietet: weit weg von der Küste ein rundliches Areal »kochenden« Wassers, das panische Beutefische nach oben zu verlassen suchen. Von weitem sind solche Dramen oft an Vögeln in den nächsthöheren Etagen zu erkennen: Seeschwalben oder Möwen dicht über dem Wasser und auf diese wiederum stoßen von oben die diebischen Fregattvögel herab.

Es mag aber auch sein, daß die Rolle der Beute den Stachelmakrelen selbst zufällt, gejagt von Haien oder großen Thunfischen. Nicht selten werden Stachelmakrelen-Schwärme von wachsamen Haien ringsum begleitet, für die jedes Schwächezeichen zum Angriffssignal wird. Es kommt vor, daß Stachelmakrelen flüchtend auf trockengefallene Riffplatten springen. Andererseits sah ich bei den Truk-Inseln im Pazifik, wie ein Trupp der Art *Caranx sexfasciatus* einen einzelnen Grauhai attackierte und vertrieb, leider weg von meiner Kamera, vielleicht auch ermutigt durch dieses lärmende Wesen, das den Hai anblitzte und nicht vor ihm floh.

Besuche von Stachelmakrelen im Flachwasser der Küsten werden auch dadurch gefördert, daß Beutefische dort Rettung vor ihren Verfolgern suchen. Die Neugier unserer Räuber wird von polynesischen Fischern auch akustisch genutzt: mit seltsamen Kehllauten sind die Tiere regelmäßig anzulocken. Verwundete erzeugen ein besonderes Geräusch, das Haie von weit herbeieilen läßt.

Wandern mit Reiseleitung

Stachelmakrelen pflegen sich in den oberen Wasserschichten aufzuhalten. Einige Arten wandern bis ins Süßwasser, die Flüsse hinauf, kehren aber zum Ablaichen stets ins Meer zurück.

Die Brut lebt zunächst im relativ sicheren Flachwasser und nähert sich mit dem Wachstum langsam dem offenen Ozean. Kleine Jungfische (bis zu 6 cm Größe) einiger Arten, besonders von Bastardmakrelen, gehen mit großen Schirmquallen auf Wanderschaft, genießen einen gewissen Schutz und ernähren sich gleichzeitig von den produktiven Eierstöcken dieser Globetrotter. Zuverlässigen Reiseleitern folgen auch die bekannten und legendenverklärten Lotsen- oder Pilotfische *(Naucrates ductor)*, ebenfalls Angehörige der Familie. Sie können länger als eineinhalb Meter werden. Zuweilen schließen sich einige Stachelmakrelen einem einzelnen Barrakuda an oder auch einer ganzen Schule.

Schmackhaft schließt tödlich nicht aus

Fast alle Stachelmakrelen sind begehrte Speisefische, was ihren Wert für Angler noch erhöht. Um so ärgerlicher ist, daß sie gelegentlich zu schweren Vergiftungen Anlaß geben können. Die Übeltäter sind Exemplare, die sich länger an Riffen aufhalten und viele vegetarisch lebende Fische verspeisen. Dabei kann sich das Ciguatera-Gift, das diese Fische via Blaualgen im Körper haben, in den Stachelmakrelen noch in wesentlich höheren Konzentrationen anreichern. Es wird durch Kochen nicht zerstört. Polynesische Statistiken weisen immerhin 7 % Todesfälle bei solchen Erkrankungen nach. Da ist die japanische Art, zu dem erwünschten Fleisch zu gelangen, sicherer (wenn auch weniger appetitanregend): Man fängt halbwüchsige Tiere und mästet sie in Netzkäfigen mit Abfällen oder minderwertigen Futterfischen bis zur Pfannenreife.

Per Anhalter durchs Leben
Die Schiffshalter

Aristoteles, der großartige Naturkundler unter den Philosophen (4. Jahrhundert v. Chr.), war nicht nur über die Zahl der Spinnenbeine im Irrtum, als er meinte, es seien 6. Er schrieb auch einem ungewöhnlichen Fisch ein wenig zuviel Fähigkeiten zu: dem Schiffshalter. Er sei in der Lage, Schiffe in ihrer Fahrt zu behindern. Der römische Feldherr Marc Antonius habe gar – so berichtet der Historiker Plinius allen Ernstes – im Jahre 31 v. Chr. die Seeschlacht bei Aktium nur verloren, weil sein Schiff zum entscheidenden Zeitpunkt durch einen Schiffshalter manövrierunfähig gemacht worden sei. So muß ein wehrloser Fisch als Entschuldigung für militärisches Versagen herhalten.

Was kann er wirklich, dieser seltsame Kerl, der nicht gern allein ist und dem der Taucher im Mittelmeer und besonders in tropischen Gewässern gelegentlich begegnet?

Eine Flosse erfand den Nulltarif

In der Regel sind es Großfische wie Haie, Mantas und Adlerrochen oder auch Schildkröten, in deren Gesellschaft wir die Schiffshalter antreffen. Natürlich sind auch Wale bei ihnen beliebt. Wenn sie sich anheften – vielfach schwimmen sie auch frei nebenher – tun sie es in der Regel unten oder an der Seite ihres »Transporters«. Die Vorrichtung, die ihnen das erlaubt, befindet sich nämlich über ihrem Kopf. Es ist eine ovale Saugscheibe, die sich im Laufe der Evolution aus der ersten Rückenflosse entwickelte und weit nach vorn wanderte. Die sachliche Beschreibung dieser Umwandlung wird in keiner Weise dem ganz erstaunlichen Einfall der Natur gerecht: die stachlige Flosse teilte sich der Länge nach in zwei Hälften, die sich zu den Seiten bogen. Die Stacheln wurden zu Querplatten. Das Funktionsprinzip ist dann ganz einfach: ein Randwulst von kautschukartiger Konsistenz legt sich zunächst dicht an die auserwählte Fläche. Dann stellen sich die Lamellen, die zuvor flach anlagen, auf und vergrößern damit das Volumen in dem umschlossenen Raum, es entsteht ein Unterdruck mit Saugwirkung. So kann der schlanke Fisch sich als blinder Passagier beliebigen »Verkehrsmitteln« anheften und zu immer neuen Nahrungsgründen schleppen lassen – ein Tier, das lange vor uns das Energiesparen beherrschte. Er hat's gern warm, kann aber gelegentlich von seinem Chauffeur in kältere Regionen verschleppt werden. Erwachsene Tiere können dann abspringen und in warme Gewässer zurückkehren. Junge dagegen scheinen zur ausreichenden Sauerstoffversorgung auf den »Fahrtwind« angewiesen zu sein. Nach heutiger Auffassung in der Biologie profitiert aber auch der Wirt von seinem Fahrgast. Denn der lebt nicht nur von den Brocken, die von des Herren Tische fallen, sondern jagt (als schneller Schwimmer) auch selbst und frißt lästige Parasiten, vor allem kleine Ruderfußkrebse, von der Haut des Großen. Ein wahrer Instand-Besetzer!

Das einmalige Organ erschwert die Zuordnung

Die Saugplatte hat die zoologischen Systematiker lange rätseln und streiten lassen, wo die Familie der Schiffshalter einzuordnen sei. Heute ist man sich einig, daß sie zur Unterordnung Barschfische in der Ordnung Barschartige gehören (siehe Kasten). Diese Gruppierungen sind die arten- und formenreichsten unter den Fischen überhaupt. Sie sind zudem entwicklungsgeschichtlich jung, erleben zur Zeit ihre Blüte und die Zukunft gehört ihnen. Unter den Merkmalen der Schiffshalter fällt ein großer Mund mit vorstehendem Unterkiefer und vielen kleinen, spitzen Zähnen, sogar auf der Zunge, auf. Je nach wissenschaftlicher Auffassung zählt man 9 oder 10 Arten in 4 bis 7 Gattungen. Die beiden bekanntesten Arten sind der Haischiffshalter *(Echeneis naucrates)*, der größte Vertreter der Familie (bis über 1 m Länge), und der Gemeine Schiffshalter oder Küstensauger *(Remora remora)*, der eine Länge von etwa 60 cm erreichen kann. Auf Barrakudas und Speerfische ist die Gattung Lausfische *(Phtheirichthys)* spezialisiert (Maximalgröße 40 cm), während eine andere *(Remiligia)* Wale bevorzugt.

Damit keine Regel ohne Ausnahme bleibt, wählt nicht jeder Schiffshalter immer nur einen Riesen zum Gefährt. Wir sahen sowohl einen Doktorfisch *(Naso tapeinosoma)* bei den Seychellen als auch einen Kofferfisch in der Karibik mit je einem solchen Fahrgast, der erstaunlicherweise keinen Versuch machte, zu dem vergleichsweise riesigen »Fahrzeug« Taucher umzusteigen.

Auch Taucher und ihre Preßluftflaschen werden von Schiffshaltern nicht verschmäht.

Glücklicherweise, denn diese Burschen können sehr lästig werden. Ein Tauchkamerad wurde im Roten Meer einmal bei seiner Fotoarbeit so hartnäckig durch einen solchen Fisch behindert, daß er es vorzog, für einige Zeit aufzutauchen. Der Rolle eines Wirtsfisches für einen ungefähr 1 m langen Schiffshalter fühlte er sich nicht gewachsen.

Ein Fisch wird zum Sklaven

Die schier unwiderstehliche Anhänglichkeit dieser Fische an große Lebewesen führt einige von ihnen in die Sklaverei. Fischer einiger Küsten- und Inselvölker machen sich nämlich das Einmalige dieser Tiere zunutze und verwenden sie quasi als Angeln für Seeschildkröten, Seekühe und andere voluminöse Leckerbissen. Dazu wird eine lange Leine an der Schwanzwurzel des Schiffshalters befestigt. In einem Wassergefäß wird er auf dem Boot mitgeführt und in Richtung eines Beutetieres geschleudert, sobald dergleichen in Sicht ist. Der Schiffshalter pflegt zielstrebig auf das große Tier zuzuschwimmen und sich anzusaugen. Oft läßt man mehrere »Sklaven« im Team arbeiten. Die Saughaftung hält den starken Zug beim Einholen von Schildkröten oder anderer schwerer Beute aus folgendem Grund aus: die Lamellen sind schräg nach rückwärts gerichtet; Zug nach hinten stellt sie ebenso wie Druck von vorn – etwa bei flotter Fahrt des Wirtes – noch stärker auf, d.h. Unterdruck und Saugkraft werden erhöht.

Dieser Art von Beutefang bedient man sich u.a. auf Kuba, in Somalia und auf Sansibar sowie auf Inseln im westlichen Pazifik. Die Beschaffung von Leibeigenen dieser Art ist freilich nicht immer leicht.

Wie geschaffen für Legenden

Je weniger der Mensch über den Sinn eines augenfälligen Phänomens weiß, um so mehr Blüten treibt seine Phantasie. Es nimmt deshalb nicht wunder, wenn unser Fisch im Altertum eine Star-Rolle in Legenden spielte und man ihm Zauberkräfte zuschrieb, die noch in seiner heutigen Benennung aufscheinen: der wissenschaftliche Name *Echeneis* setzt sich aus zwei griechischen Wörtern zusammen, die »Zurückhalten« und »Schiff« bedeuten. Auch der Name *Remora* (der Zurückhaltende) weist auf die ungeheure Kraft hin, die dem Tier von der Legende angedichtet wurde. Das Schiff des Kaisers Caligula (1. nachchristliches Jahrhundert) hat – wiederum nach Plinius – sein Ziel nie erreicht, weil ein Schiffshalter es anhielt. Weitere geheimnisvolle Fähigkeiten wurden dem Fisch zugeschrieben. So habe er zum Beispiel eine Geburt oder auch einen Gerichtsstreit beschleunigen oder verzögern können. Deshalb vermieden Prozessierende wenn irgend möglich, einen Fischmarkt aufzusuchen; denn schon der Anblick des Schiffshalters hätte für sie nachteilige Folgen haben können.

Zur Not sind auch kleinere Fische dienlich (oben rechts ein Doktorfisch). Saugplatte und vorstehender Unterkiefer sind charakteristisch (oben links).

Stellung im System der Tiere

Klassen:	**Knochenfische** (mehr als 24000 Arten in 36 Ordnungen) [außerdem: Knorpelfische (etwa 700 Arten in 2 Ordnungen: Haie und Rochen)]
Ordnungen:	**Barschartige** = Perciformes (mehr als 6000 Arten in 20 Unterordnungen)
Unterordnungen:	**Barschfische** = Percoidei (über 60 Familien)
Familien:	**Schiffshalter** = Echeneidae (9 oder 10 Arten in mehreren Gattungen) [außerdem: Cardinalbarsche, Stachelmakrelen, Schnapper, Meerbrassen, Falter und Kaiserfische, u.a.]

13

Nur mit Wasser geht es nicht
Pendler zwischen Meer und Land

Eine längere Detektivgeschichte unserer Zeit ist durch zwei Eckzeiten präzise zu datieren.

22. Dezember 1938, zehn Uhr morgens: Ein längst totgeglaubter Täter wird wieder gesichtet. Man fertigt einen Steckbrief aus, mit Fotos und genauer Beschreibung. Die Fahndung verläuft jedoch ein halbes Jahrhundert enttäuschend. Man möchte den Gesuchten lebend fassen, wird aber nur einiger toter Spuren habhaft.

17. Januar 1987, neun Uhr abends: Der Gesuchte wird in flagranti ertappt und kann am Tatort beobachtet werden. Man kommt ihm also auf die Schliche, er ist überführt.

Von welchem Kriminalfall ist die Rede? Das observierte Objekt ist ein Fisch, der eigentlich – nach den Daten der Wissenschaft – seit mehr als 60 Millionen Jahren ausgestorben zu sein hatte. Für Überraschungen ist indes Mutter Natur immer wieder gut. Diesmal ließ sie einige Fischer zwischen den Komoren und Südafrika eben jenen Fischtyp aus den Tiefen des ozeanischen Grabens heraufhieven, von dem es bis dahin nur Versteinerungen gab, zu bestaunen in einigen berühmten Museen der Welt. Nun war da plötzlich ein Nachkomme aus Fleisch und Blut, wenn auch tot. Aber der war nicht irgendwer. Frau Latimer, eine südafrikanische Museums-Kuratorin, und die zugezogenen Kapazitäten entlarvten ihn als den jüngeren Bruder eines ganz bedeutenden Ahnherrn aller Tiere an Land, somit auch von uns Menschen. Der hat es nämlich fertiggebracht, auszuwandern aus dem Meer und an Land im wahrsten Sinn des Wortes Fuß zufassen. So wurde er zum Vater aller Land-Wirbeltiere. Und wenn man den Streit über Ungewisses beiseite läßt, darf man sagen: er war bei den ersten Tieren, die den Pflanzen aufs Land folgten. Sein Name: Quastenflosser, Latimeria chalumnae. In den vergangenen Jahrzehnten wurden wiederholt einzelne Exemplare geborgen, leider aber stets in sterbendem Zustand, denn die Druckentlastung konnten die Tiere nicht überleben, dazu liegt ihr Lebensraum zu tief. Der deutsche Meeresbiologe und Unterwasserfilmer Professor Hans W. Fricke unternahm dann eine Expedition zu den Gewässern um die Komoren, ausgerüstet mit dem Tauchboot »GEO«. Das Ergebnis bestätigt die Sorgfalt der Vorbereitung des Unternehmens. Sechs Exemplare konnten in Tiefen von nahezu 200 Metern gefunden, beobachtet und gefilmt werden. Bei einer zweiten Expedition (1989/90) konnte Fricke mit Hilfe des neuen Tauchbootes »JAGO« das Wissen über diesen unseren seltsamen Ur-Vorfahren erweitern.

Ein paar Stichworte aus dem Steckbrief der Quastenflosser: Der heutige Vertreter, eben Latimeria chalumnae, weist bis in kleine Einzelheiten eine verblüffende Ähnlichkeit mit seinen sehr viel älteren Brüdern auf. Fossilien belegen, daß die Quastenflosser vor 400 Millionen Jahren, im Devon, recht verbreitet waren. Sie konnten sich einerseits ganz besonders lange im Meer behaupten mit geringen Veränderungen, wie die jetzigen Funde erweisen. Das wußte man aber schon zuvor, denn man fand auch wesentlich jüngere Versteinerungen, bis aus der Zeit nach Ende der Kreide, vor gut 60 Millionen Jahren. Wie sie uns nun offenbaren, haben sie – ganz heimlich – auch diesen gewaltigen Zeitraum noch überbrückt. Das besondere Interesse an ihnen rührt aber von jenem älteren Bruder, der die Familie und das Milieu hinter sich ließ und in der Fremde, auf dem Element Land, laufen lernte und langsam vier seiner Flossen zu Beinen werden ließ. Das muß etwa vor 350 Millionen Jahren gewesen sein, vielleicht

50 Millionen Jahre nachdem sich die ersten pflanzlichen Pioniere aufs Land gewagt hatten. Das ist freilich noch nicht hinreichend gesichert und die Forschung dauert an. Der Quastenflosser hat sich gegen Ansprüche der Lungenfische zum »Urheberrecht« zu behaupten.

Später ist der Wechsel des Milieus – vom Wasser ans Land oder auch umgekehrt – immer wieder mal in Mode gekommen, und auch heute scheint sich da noch einiges abzuspielen. In den nachfolgenden Berichten werden Tiere vorgestellt, die den einen oder den anderen Wechsel, herüber oder hinüber, hinter sich brachten oder – wie es scheint – gerade dabei sind, ihn zu vollziehen. Die Seeschildkröten und die Delphine sind zwar aus der Sicht der Meeresbewohner als späte Einwanderer zu betrachten. Als sie vor vielen Millionen Jahren das Land verließen, um das Meer zu ihrem Lebensraum zu machen, waren sie jedoch genau genommen Remigranten, Heimkehrer nach zweifachem Milieuwechsel. Denn sie alle stammen von dem alten, unternehmungslustigen Quastenflosser ab, dessen Nachfahren an Land zu Amphibien wurden, dann zu Reptilien, aus denen wiederum die Säugetiere und zuletzt die Vögel hervorgingen. Gleiches gilt für alle anderen Luftatmer im Meer: Wale, Robben und Seekühe, aber auch für Seeschlangen und – nicht zu vergessen – für Pinguine.

Späte Nachahmer des Quastenflossers dagegen sind – möglicherweise – die Schlammspringer. Deren Vorfahren haben allenfalls mit Festland einmal näher zu tun gehabt zu jener Zeit, als die Knochenfische die Schwimmblase entwickelten. Im Kapitel über dieses interessante Organ habe ich davon berichtet. So wie die Quastenflosser zum Schrittmacher – im wahrsten Wortsinn – für alle Vierbeiner (und die späteren Zweibeiner) wurden, erfinden die Schlammspringer nun vielleicht etwas ganz neues, zum Beispiel eine Art Dreipunkt-Springer wie die Känguruhs, nur nicht mittels der hinteren, sondern der vorderen Extremitäten, die zur Zeit noch Brustflossen heißen. Und dazu natürlich mit dem Schwanz.

Und noch einmal – ich komme nicht umhin – soll das Augenmerk auf die Konvergenz gelenkt werden als eines der Standard-Prinzipien – oder sollte man besser sagen: eines der zwangsläufigen Resultate – der fortwährenden Entwicklung. Bis das heutige Erscheinungsbild der Delphine erreicht war, mußten Land-Säugetiere mancherlei Änderungen durchmachen in Anpassung an die neue Lebensweise. Das Ergebnis, die strömungsdynamisch günstige Spindelform, hatten schon mehr als 100 Millionen Jahre zuvor jene Saurier erreicht, die zum Leben im Meer ebenfalls zurückgekehrt waren, die Ichthyosaurier. Die Umrisse beider – denen nun wirklich keinerlei Verwandtschaft nachgesagt werden kann – sind zum Verwechseln ähnlich. Gutes Anschauungsmaterial dazu liefern die Fossilien des Schwäbischen Jura. Aber auch gegenüber den Haien – von jeher im Ozean zu Hause – sind die Unterschiede in den Gesamt-Körperformen von beiden nicht groß. Gleiches gilt schließlich noch von den Robben und den Pinguinen. Selbst die formtreuen Schildkröten haben sich im Wasser einiger Anpassung an die Stromlinienform bequemt. Bei allen wurden Extremitäten zu Flossen, zum Teil miteinander verschmolzen, oder sie wurden zurückgebildet. Die Schlammspringer hingegen machen aus Flossen Beine.

Abhängig von drei Elementen
Die (letzten?) Seeschildkröten

In diesen kleinen Köpfen ist – fast – alles perfekt gespeichert, was zum Überleben unerläßlich ist. Seit vielen Millionen Jahren werden die Informationen in Form von Instinkten weitervererbt. Auch überaus komplizierte Vorgänge sind fehlerfrei vorprogrammiert, ohne daß unsere Wissenschaft eine Ahnung davon hat, wie das vor sich geht. Zum Beispiel aus den Weiten des Ozeans kommend über Tausende von Kilometern hinweg einen ganz bestimmten Strand an einer winzigen Koralleninsel im riesigen Meer nach Jahren wiederzufinden; genau den Platz der eigenen Geburt nämlich. Nur ein einziges wichtiges Verhalten konnte noch nicht entwickelt werden: den Nachstellungen durch den Menschen zu entgehen. Es hat die Zeit nicht ausgereicht. Die Bevölkerungsexplosion dieses unvernünftigen Feindes überholt die Anpassungsfähigkeit so mancher Tiere mit Riesenschritten. Die Zeichen stehen schlecht für die Seeschildkröten. Ihr Schicksal hängt vom Menschen ab. Wird er rechtzeitig zur Besinnung kommen? Eine vage Hoffnung. Ohne die bedächtigen und würdevollen Reptilien wäre das Leben im Meer ärmer.

Schauen wir einer Seeschildkröte am Ufer eines einsamen Eilandes zu, wie sie sich aufwärts müht, um oberhalb der Hochwassermarke ihre Eier abzulegen. Sie ist in diesem Augenblick Sinnbild für gleich zwei der ganz wichtigen Schritte in der Entwicklungsgeschichte des Lebens auf dieser Erde.

Landeroberer mit Rückfahrkarte

Alles Leben nahm bekanntlich seinen Anfang im Meer. Länger als drei Milliarden Jahre dauerte es, bis die ersten Tiere, nämlich Lurche (Amphibien) ihren Lebensraum auch auf das Land ausdehnten. Sie blieben aber – bis heute – an das Wasser gebunden: ihre Eier können nur dort gedeihen; an Land würden sie unter ihrer gallertigen Hülle schnell austrocknen. Grundlegend anders wurde das erst mit der »Erfindung« des beschalten Eis, d.h. mit der »Geburt« der Kriechtiere (Reptilien). Das war vor etwa 300 Millionen Jahren. Die Reptilien, durch die porösen, Luft »atmenden« Eierschalen nun völlig unahhängig vom Meer, wurden bald zu den Herren der Kontinente; ja, sie eroberten mit fliegenden Sauriern sogar den Luftraum. Aus den frühen

Drei Jahre wird es dauern, bis die Echte Karettschildkröte zu Eiablage und erneuter Paarung wieder an ihrem Geburtsort erscheint. Aus kleinen Beinen der Vorfahren an Land wurden große Flossen: Die Schnabelform des Mundes verrät den Fleischfresser.

Diese Jungen sind bei Nacht geschlüpft und bis ins Meer gelangt. Den Möwen entgingen sie damit, aber nun warten schwimmende Räuber auf sie. Die wahrscheinlichste Prognose heißt für alle: früher Tod.
Ob das wohl gutgeht? Die Suppenschildkröte (rechts) hat sich verspätet. Am hellen Tage hebt sie die Eigrube aus. Beim Rückweg zum Wasser kann die pralle Tropensonne dem erschöpften Tier den Tod bringen.

Reptilien entwickelten sich später die Vögel ebenso wie die Säugetiere und damit auch der Mensch.

150 Millionen Jahre lang muß die Erde von Reptilien in ungeheuren Mengen bevölkert gewesen sein. Aus bis heute ungeklärten und vielumrätselten Gründen starben sehr viele, darunter die größten (z.B. Dinosaurier und Riesenechsen), in relativ kurzer Zeit aus. Das war vor etwa 65 Millionen Jahren. Evolutionsforscher sprechen von der größten stammesgeschichtlichen Katastrophe, die es je gab. Ohne Zweifel war zuvor für so manche Arten ein starker Selektionsdruck entstanden. Aber nur erstaunlich wenige machten – in mehreren Etappen – Gebrauch von der Möglichkeit, ins Meer zurückzukehren. Die Ichthyosaurier, bis 15 Meter lange Meer-Echsen, starben ebenfalls sämtlich aus. Übrig blieben nur einige Schlangen und noch weniger Schildkröten. Ein Symbol auch für diesen Schritt zurück in den Ozean ist die erwähnte Seeschildkröte, der wir auf ihrem mühseligen Weg an Land zuschauten. Von den heute noch existierenden etwa 220 Schildkrötenarten leben gerade 5 wieder im Meer, seit 90 Millionen Jahren und länger.

Rückgriff auf Vergangenes

Als Erbe ihrer landlebenden Vorfahren blieben diesen Tieren bis heute zwei Zwänge, die die Anpassung an den Lebensraum Wasser behindern: Sie müssen an Land, um ihre Eier abzulegen; und sie müssen Luft atmen, weil die Ahnen ihre Kiemen gegen Lungen eingetauscht hatten. Im übrigen aber sind im Laufe der Zeit durchaus Modell-Verbesserungen gelungen. So wurden die Beine zu breiten Paddeln, nicht unähnlich den Flossen mancher Fische und Meeressäuger, die Panzer wurden flacher, der ganze Körper stromlinienförmiger. Also Rückkehr zu bewährten Strukturprinzipien von Meerestieren, zur hydrodynamischen Form, die an Land verlorengegangen war. Die 40 km/Stunde, die eine Lederschildkröte schwimmend zu erreichen vermag, haben nichts mehr zu tun mit dem schwerfälligen Gang ihrer landbewohnenden Vettern und übertreffen auch den schnellsten menschlichen Sprinter auf der Tartanbahn.

Vier der überlebenden fünf Seeschildkröten-Arten gehören zur Familie der sog. Meeresschildkröten (Cheloniiden). Es sind dies die Suppenschildkröte *(Chelonia mydas)*, die Echte

Karettschildkröte *(Eretmochelys imbricata)*, die Unechte Karettschildkröte *(Caretta caretta)* und die Bastardschildkröte *(Lepidochelys olivacea* resp. *kempii)*. Der fünften und größten, der Lederschildkröte *(Dermochelys coriacea)*, räumt die Wissenschaft eine eigene Familie ein, die sie allerdings allein vertreten muß.

Abenteurer des Meeres

Als Wechselwarmblüter sind die Tiere stark von der Wassertemperatur abhängig. Sie leben deshalb mit Vorliebe in tropischen und subtropischen Gewässern. Dort gedeihen auch die größten Exemplare. Gelegentliche Begegnungen mit Einzelnen in kälteren Zonen sind aber durchaus jederzeit möglich. Denn viele von ihnen sind Globetrotter und unternehmen große Wanderungen, wie Haie und Thunfischschwärme. Es ist deshalb nicht allzu selten eine Lederschildkröte in den Gewässern um England zu sehen oder an der spanischen Westküste, ebenso eine Karettschildkröte – sei es eine Echte oder auch eine Unechte – im Mittelmeer, in der Nordsee oder gar in der Ostsee. Zur Fortpflanzung kommt es in diesen kühlen Regionen allerdings nicht.

Lücken im Lebenslauf

Während wir dabei sind, die Seeschildkröten auszurotten, allen voran die Echte Karettschildkröte, des Schildpatts wegen, sowie die Suppenschildkröte, der Snob-Gerichte wegen, wissen wir beschämend wenig über sie, abgesehen von Anatomie und Fortpflanzung. Kaum eine Ahnung haben wir von den Lebensgewohnheiten dieser größten aller Schildkröten, die an Format die landlebenden Riesen-Schildkröten übertreffen. In der kompetenten Fachliteratur wimmelt es nur so von Divergenzen und Widersprüchen, gleich, ob es um Größen und Gewichte geht, um Lebensräume, Nahrungserwerb oder Sinnesleistungen. Wir wollen uns deshalb auf wenige, leidlich gesicherte Angaben beschränken.

Das Wachstum von Schildkröten hört nie ganz auf, ist theoretisch also unbegrenzt, verlangsamt sich aber mit dem Alter. Bei den größten, den Lederschildkröten, wurden bis 2,30 m gemessen, Schätzungen gehen aber – wie immer – weit darüber hinaus. Es folgen die Unechte Karettschildkröte, die bis 1,80 m erreichen kann, die Suppenschildkröte (bis 1,50 m) und die Echte Karettschildkröte (bis 1 m). Die Bastardschildkröte als kleinste bleibt unter einem Meter. Angaben über Gewichtsmaxima der verschiedenen Arten reichen von 75 bis 950 Kilogramm. Allesfresser scheinen sie sämtlich zu sein, freilich mit stark unterschiedlichen Vorlieben für Fische (Leder- und Unechte Karettschildkröte), Muscheln und Krebstiere (Echte Karettschildkröte) oder vegetarische Nahrung (Suppen- und Bastardschildkröte). Mit scharfen Hornschneiden (anstelle von Zähnen) werden Stücke aus der Beute gebissen und unzerkaut verschlungen. Zur gemischten Kost gehören nicht selten auch Schwämme, Seeigel und nesselnde Medusen. Man hat sogar schon beobachtet, wie Seeschildkröten räuberisch über die Jungvögel bodenbrütender Tölpel herfielen. Exemplare verschiedener Arten sah man gar dabei, wie sie sich durch die todbringenden Tentakel von Portugiesischen Galeeren fraßen, als sei es harmloses Gemüse. Durch Nesseln verquollene Augen schienen den Genuß nicht zu trüben. Solch todesverachtendes Gebaren kennt man sonst nur noch von einem einzigen Fisch.

Seeschildkröten sind ausgeprägt tagaktive Tiere. Nachts pflegen sie zu schlafen, nicht selten an der Wasseroberfläche treibend. Schlafen scheint aber auch tagsüber zu ihren Lieblingsbeschäftigungen zu gehören. Das schafft dem Taucher dann und wann die Gelegenheit, ein solches Tier am Felsboden zu überraschen, zu fassen und sich wie von einem Scooter durch das Wasser ziehen zu lassen. Eine rechtzeitig fliehende Schildkröte würde uns mit ihrem Tempo nicht die geringste Chance lassen.

An der Oberfläche tauchen die Tiere offenbar nicht nur zum Atmen und zum Schlafen auf, sondern zuweilen offenbar auch, um ein Sonnenbad zu nehmen. Das tun sie gelegentlich auch an einsamen Küstenflecken.

Verpaßte Gelegenheit wird wettgemacht

Alle Heimkehrer vom Land ins Meer haben ein gemeinsames Problem: sie haben die »falsche« Atmung. Kiemen, wie sie ihre Urahnen einst hatten, wären viel nützlicher als das lästige Erbe der landlebenden Väter in Form von Lungen, die den Sauerstoff nur der Luft entnehmen können. Das gilt für Robben wie für Wale, für Schlangen wie für Pinguine und natürlich auch für unsere Schildkröten. Bei all diesen Tieren werden – genau wie beim Menschen übrigens auch – in einem frühen, embryonalen Stadium noch immer Kiemen angelegt, wie in grauer Vorzeit, dann aber wieder rückgebildet, während eine Lunge entsteht. Die Evolution hat sich hier offensichtlich eine günstige Gelegenheit entgehen lassen, auf die praktische Konstruktionsbasis zurückzugreifen, nämlich den Heimkehrern ins Meer wieder Kiemen wachsen zu lassen. Für den Vorgang der Eiablage sind die Lungen jedoch noch von Nutzen. Ideal wären beide Atmungsorgane nebeneinander – der Traum des Tauchers.

Die stammesgeschichtliche Entwicklung blieb aber nicht stehen. Sie half den Seeschildkröten auf andere Weise, dem Wasser Sauerstoff zu entnehmen. Die Schleimhaut der Mundhöhlen z.B. enthält Unmengen feinster Blutgefäße, die dafür geeignet sind. Sie durchziehen auch fingerförmige Zotten, die im Schlund hängen, sowie blasenförmige Schleimhautausstülpungen am Körperende. Schließlich ist auch die Haut zu stärkerer Atmung fähig als die unsere (die uns 1 % des benötigten Sauerstoffs liefert). Insgesamt also allerlei Kiemenersatz für die Schildkröten.

Von noch größerer Wichtigkeit für die Zeit zwischen zwei Atemzügen an der Oberfläche, also für die Dauer der »Tauchgänge« von Schildkröten, ist die Trägheit ihres Stoffwechsels, die sie mit allen Reptilien teilen. Davon hängt der Sauerstoffbedarf der Organ-Gewebe ab. Er ist bis zu 400mal geringer als beim Menschen. Kein Wunder also, daß die Tiere teilweise stundenlang unter der Wasseroberfläche verweilen können.

Der festgefügte Panzer trug sicherlich sehr wesentlich dazu bei, daß Schildkröten mit relativ konservativen Formen schon so lange existieren können. Die starre Rüstung – Brust- und Bauchpanzer sind miteinander verbunden – erforderte aber auch anatomische Umstellungen für die Lungenatmung. Denn bewegliche Rippen zum Dehnen des Brustkorbs fehlen nun. Es entwickelten sich spezielle Lungenmuskeln, die die Luft auspressen, während – anders als sonst – in Ruhe die Lungen mit Luft gefüllt sind.

Und dann gelang der Natur im Zusammenhang mit der Schildkrötenlunge noch etwas Trickreiches: Mit Hilfe der Muskeln kann die Luft in den Lungen ungleichmäßig verteilt werden, das Tier kann seine Lage im Wasser ohne Flossenschlag willkürlich verändern. Die Funktion der Schwimmblase der Fische wird damit noch übertroffen. Peinlich wirkt sich allerdings eine Lungenentzündung aus: die Balance geht verloren, das Tier liegt schräg im Wasser und kann nicht mehr tauchen.

Schwachpunkt im Lebenszyklus: die Fortpflanzung

Sie können älter werden als Menschen, die Seeschildkröten. Allerdings gehört schon extremes Glück dazu. Einem Hauptgewinner im Lotto vergleichbar ist das Tier, das sowohl in seiner Kindheit den Räubern aus der Luft wie denen im Wasser entgeht – und auch jahrzehntelang dem gewinnsüchtigen Menschen. Eine Riesenschildkröte hat, nachdem sie als erwachsenes Tier in Gefangenschaft geriet, dort noch verbürgte 152 Jahre verbracht. Bei Seeschildkröten registrierte man bis 88 Jahre, obwohl sich solche Tiere bei weitem nicht so gut halten lassen und wesentlich weniger Beobachtungen vorliegen. Sicherlich ist bei Freilebenden der Rekord höher. Ausgerechnet die Fortpflanzung steht dem Leben am stärksten im Weg; denn die damit verbundenen Zeitabschnitte bergen die schlimmsten Gefahren. Das betrifft zunächst die erwachsenen Tiere. Sie müssen sich auf große Reisen begeben und winzige Punkte finden. Anderswo läßt der Instinkt die Fortpflanzung nicht zu. Dann hat das Muttertier eine überdimensionale Leistung zu vollbringen und ist dabei großen Gefahren ausgesetzt. Mit der Eiablage allerdings endet schon die Brutpflege, die Mutter ist entpflichtet. Männliche Tiere beschränken sich gar auf den Begattungsakt. Seeschildkröten gehören zu den wenigen Tieren, die im Lebenszyklus nicht nur Wasser und Luft brauchen – wie etwa Wale und Seeschlangen – sondern auch noch das Land. Darin geht es ihnen wie den Robben und den Pinguinen.

Wenn die Seeschildkröten wegstreben aus den Gewässern um eine einsame Insel, wo sie sich paarten, nachdem die Weibchen ihre Eier im Ufersand ablegten, dann wissen wir nichts über ihre Ziele. Sie scheinen ohne festen Plan in den Weltmeeren umherzustreifen. Die meisten tun das als Einzelgänger, wenige in kleinen Gruppen. Ihre Wege trennen sich und führen in verschiedene Richtungen.

Rätselhafte Navigationsleistungen

Nach einem bestimmten Zeitraum, z.B. nach zwei oder drei Jahren, geschieht dann etwas, das für uns, weil ganz und gar unerklärbar, zum Wunderbarsten in der Natur gehört: Von den unterschiedlichsten Plätzen machen sich die Tiere auf den Rückweg und kommen nach langen Wanderungen etwa zur gleichen Zeit wieder an, genau an dem Platz, den sie vor Jahren verließen. Als würden sie von einem Navigationssystem per Satellit geführt.

Als Taucher können wir zuweilen schon nach wenigen Dutzend Metern die Orientierung verlieren und unser Ziel in der falschen Richtung suchen, trotz technischer Hilfsmittel wie

Der Rückenschild ist mit der Wirbelsäule verschmolzen und wird durch die integrierten Rippen versteift (links).
Für geringen Gewinn mußte eine der seltenen Echten Karettschildkröten ihr Leben lassen. Solange eitle Leute Kämme, Spangen und Schmuck aus Schildpatt bevorzugen, rückt die Ausrottung der Art immer näher (rechts).

Tiefenmesser, Uhr und vielleicht sogar Kompaß: Ohne optische Kontrolle – das weiß jeder erfahrene Taucher – ist es so gut wie unmöglich, eine Richtung unter der Wasseroberfläche länger einzuhalten. Die Schildkröten können es, ohne Instrumente. Selbst wechselhafte Meeresströmungen vermögen den korrekten Kurs nicht zu stören. Wir steigen, wenn nötig, an die Oberfläche und sehen unser Schiff oder orientieren uns an Landmarken. Die Schildkröte wird oben meist nur Wasser sehen und oft genug auch keine Gestirne. Sie ist sogar den vielbestaunten Zugvögeln gegenüber noch beträchtlich im Nachteil. Dennoch bringt sie das Unglaubliche fertig. Wozu unsere Schiffe selbst im Zeitalter der Elektronik noch umfangreiches Navigationsgerät benötigen, das leisten einige winzige Zellhaufen im kleinen Schildkrötenhirn. Dort sind Kalender und Uhr, Atlas und Seekarten, Kompaß, Tiefenmesser und noch manches andere mit angeborenen Fertigprogrammen säuberlich aufeinander abgestimmt. Was die Tiere tun, hat ihnen niemand vorgemacht. Sie brauchen es nicht zu lernen, sie können es einfach. Und aus den verschiedenen Himmelsrichtungen kommend finden zahlreiche Tiere zur gleichen Zeit den Platz wieder, wo sie einst dem Nest entschlüpften. Schon auf dem Weg dorthin finden sich oft Grüppchen zusammen, manchmal auch große Gruppen, und wo eine weitabliegende Insel das einzige Ziel für sehr viele Tiere ist, können es auch Massen werden. So gibt es aus dem Südatlantik eine Beschreibung von wandernden Schildkröten, in Abständen von etwa 200 Metern, auf einer Strecke von mehr als 100 Kilometern. Durch Markierungen wies man übrigens nach, daß stets dieselben Tiere sich in denselben Gruppen wiedertreffen. Innere Uhr und Navigation gleichermaßen präzis und dazu noch synchron.

Die Forschung hat soeben erst begonnen, diesen wundersamen Fähigkeiten nachzuspüren. Sie steht vor einer schweren Aufgabe. Höchstwahrscheinlich werden verschiedene Reize ausgewertet. Man denkt an eine Orientierung nach Sonne und Sternen und nach dem Erdmagnetismus wie bei Zugvögeln und Brieftauben, auch an eine Dominanz des Geruchssinns wie bei Lachsen. Das alles mag zutreffen, bewiesen aber wurde davon bis heute nichts.

Auch bei Seeschildkröten: Die weiblichen sind »unterprivilegiert«

An den Gestaden treffen die Tiere beider Geschlechter ein. Aber nur den Weibchen obliegt die schwere Last, sich am Ufer hinaufzuquälen und die Eier an sicheren Plätzen zu vergraben. Sicher heißt: oberhalb der Brandungswellen, tief genug, um dem Geruchssinn von Räubern zu entgehen, tief genug auch um im feuchten, festen Sand zu sein, gleichzeitig aber oberflächlich genug, um noch Brutwärme von der Sonne zu erlangen. Nicht alle Eier werden auf einmal

Im Hafen: Die lebende Kreatur wird gefühllos zur Handelsware degradiert (links).
Auf Bali wird eine Suppenschildkröte zum Verkauf angeboten (rechts). Jahrhundertelang wurde der Fang in vernünftigem Umfang für den Eigenbedarf der Insulaner betrieben. Als das Exportgeschäft winkte, schlug die Alarmglokke für die wehrlosen Reptilien.

deponiert. Suppenschildkröten gehen innerhalb kurzer Zeit 2 bis 7mal an Land. Das erhöht die Erfolgschancen. Jeweils 50 bis 200 Eier ergeben zusammen um 800 bis 1000 Stück in einer Saison. Der gefährlichen Sonne wegen werden Nächte für die Aktionen bevorzugt. Während die Eiablage selbst nur etwa 15 Minuten dauert, zieht sich das Ausheben des Nistloches über Stunden hin. Zunächst wird, mit Flossen, die sich wie Hände drehen, eine Mulde etwa von der Größe des Tieres geschaufelt, dann ein kleineres Loch im feuchten, festeren Untergrund als Eikammer. Die Aufgabe muß, einschließlich Rückweg, bis zur Morgendämmerung erledigt sein, denn der Sonnenaufgang signalisiert Lebensgefahr. So manche Schildkröte erliegt der Strahlungshitze, die sich in dem geschlossenen Panzer staut. Zuweilen geschieht das noch, bevor ein Tier die Grube wieder mit Sand füllen konnte; es stirbt im selbstgeschaufelten Grab. Der Rückweg zehrt an den letzten Kräften der Kreaturen. Erschöpfung zwingt sie zu immer längeren, Pausen. Die oft sentimental beschriebenen »Schmerzens«-Tränen allerdings müssen nicht unser Mitleid fördern; sie schützen nur die wassergewohnten Augen vor Austrocknung.

Rationalisierende Zeitprogramme

Kaum sind die ermüdeten Tiere zurück, paaren sich die Männchen, die im Meer blieben, mit ihnen. Das geschieht entweder unter Wasser oder auf einem trockengefallenen Riffplateau. Das Männchen hält mit hakenähnlichen Daumen der Vorderflossen den Rückenpanzer der Partnerin umklammert und kann ihn dabei stark beschädigen. Der Akt dauert oft eine Stunde oder mehr und gelegentlich muß ein Paar – ohne sich zu trennen – zum Atmen zur Oberfläche. Der Vorteil dieser zeitlichen Verknüpfung von Eiablage und Paarung ist offensichtlich: Die chancenarme Partnersuche im offenen Meer entfällt. Die Gunst der Stunde wird genutzt. Angesichts der langen Zyklen – 2 bis 3 Jahre bis zur nächsten Eiablage – kann diese zeitliche Kombination von »Geburt« und Zeugung allerdings nur funktionieren mit Hilfe eines weiteren Phänomens, das wir nur staunend bewundern können: die Spermien werden im weiblichen Geschlechtstrakt sozusagen lebend konserviert und bleiben jahrelang befruchtungsfähig. Sie erfüllen ihre Aufgabe erst, wenn das Weibchen nach Jahren erneut die Insel ansteuert.

Während die Eltern längst wieder im weiten Ozean verschwanden, reifen in den Sandnestern im Laufe von 30 bis 75 Tagen kleine Schildkröten heran, einige Zentimeter groß und etwa 20 Gramm schwer. Nach wissenschaftlichen Untersuchungen soll allein die Bruttemperatur entscheiden, welche Tiere weiblichen oder männlichen Geschlechts sein werden. Die Jungen eines Nestes brechen im selben Augenblick hervor. Auch das ist ein rätselhaftes Faktum. Offensichtlich gibt es eine synchronisierende Kommunikation zwischen den Tieren in ihren Schalen. Eine zappelnde Horde quillt dann plötzlich aus dem Sand und eilt zum Wasser. Ich hatte einmal das Glück, am hellen Tage Zeuge davon zu sein.

Die harte Wirklichkeit in Zahlen

Vielfach ist zu lesen, die Jungen strebten »mit untrüglicher Sicherheit« dem Meer zu, von einem verborgenen Sinn geleitet. Das stimmt nicht ganz: Sie laufen einfach in Richtung der größten Helligkeit. Die ist infolge der Reflexion bei Tag wie bei Nacht über dem Wasser. Kommen aber menschliche Lichtquellen störend ins Spiel, so ist es aus mit der Orientierung der Kleinen. Auf Heron Island am Großen Barriere-Riff mühten wir uns redlich ab, um verirrte Jungtiere ins Wasser zu schaffen. Sie waren bei Nacht geschlüpft und steuerten prompt die Lichter unserer Bungalows an. Im Flachwasser sahen wir im Taschenlampenlicht dann Junghaie auf die soeben erst geborene Beute warten.

Auch für Barrakudas, Barsche und Schnapper sind kleine Schildkröten Leckerbissen. Die tödlichen Gefahren beginnen aber nicht erst im Meer. Schon der kurze Weg dorthin ist für viele zugleich der erste und der letzte Lebensabschnitt. Möwen und Fregattvögel fallen über jede Brut her, die ihr Nest am Tage verläßt. Krabben setzen die Jagd auch in der Nacht fort. Ich sah, wie Möwen, die offensichtlich längst satt waren, mit den zappelnden Wesen ihr Spiel trieben, bis sie starben und achtlos liegen gelassen wurden.

Man pflegt zu lesen, daß »nur einige Tiere eines Geleges« oder »nur wenige Prozent« des Nachwuchses durchkommen. Solche Angaben greifen – leider und gleichzeitig glücklicherweise – wesentlich zu hoch. Rechnen wir einmal nach und gehen von einem gleichbleibenden Bestand in der Welt aus. Dann bleiben im Durchschnitt von jedem Schildkrötenpaar gerade zwei Nachkommen, die sie als nächste Generation ersetzen. Nehmen wir weiter an, daß ein Weibchen alle 2 bis 3 Jahre etwa 800 Eier legt, sagen wir über 30 Jahre, so ergibt das rund 10 000 Eier. Wenn zwei davon ebenso erfolgreich werden, entspricht das einer Überlebensrate von 0,02 Prozent! Oder: Nur jedes fünftausendste Ei wird zu einer erwachsenen Schildkröte! Oder: Nur von jedem fünfzigsten Nest (bei durchschnittlich 100 Eiern) kommt ein einziges Tier durch. Das klingt grausam. Indessen: Wenn es nicht so wäre, würde auf der Erde bald für nichts mehr Platz sein außer Schildkröten. Das Bemerkenswerte liegt in dem »verschwenderischen« Aufwand der Natur bei so relativ geringem Effekt. Andere, ebenfalls bewundernswerte Geschöpfe sind die Nutznießer davon.

Eine Lady als Killer

Einmal mehr bedeutet auch bei den Seeschildkröten der Mensch die ärgste Gefahr. Denn er hat es ausgerechnet auf die 0,02 % abgesehen, auf die erwachsenen, je größer je lieber. Schildpatt, ausschließlich von der Echten Karettschildkröte produziert, ist auch weiterhin gefragt, obwohl Kunststoffe in jeder Beziehung mehr leisten. In Ostasien gibt es Farmen, aber die können die Nachfrage nicht decken. Deshalb werden die seltenen Tiere immer noch gejagt. Menschliche Mode ist imstande, sie auszurotten. Fänger halten die Rücken der lebenden Schildkröten in siedendes Wasser, ziehen die Hornplatten ab und werfen die Tiere wieder ins Meer. Sie beruhigen ihr Gewissen mit der – meist wohl unzutreffenden – Behauptung, diese Prozedur könne überlebt und der Panzer neu gebildet werden.

Die bekanntere Gefahr, aus den Feinschmeckerküchen, betrifft alle Meeresschildkröten, nicht nur die mit dem Suppen-Namen. Denn die berühmt-berüchtigte Suppe »Lady Curzon« wird aus Calipee bereitet, einer Gallertsubstanz, die sich in Hohlräumen des Bauchpanzers aller Meeresschildkröten findet. Der gesamte Rest, das sind 98 % des Tieres; ist wertloser Abfall.

Niemand sollte kleine Gruppen von Inselvölkern verdammen, die seit alters Seeschildkröten und ihre Eier als Lieferanten von Nahrungseiweiß in vernünftigem Umfang nutzen. Die gesamte übrige Menschheit jedoch braucht weder die »Consommé Lady Curzon« noch Schildpatt. Ein winziger Verzicht könnte fünf herrlichen Arten von Lebewesen der Meere die Zukunft garantieren.

Die Schlammspringer
Fische unterwegs zum Landleben?

Man stelle sich vor: Ein Fischchen, etwa acht Zentimeter groß, hockt außerhalb des Wassers auf einem kleinen, selbstgemachten Schlickhügel. Nun bläht es sich auf, als wolle es sich selbst imponieren, vollführt zuckende und kreisförmige Bewegungen mit dem Schwanz, stellt unvermittelt die Rückenflossen auf wie zwei Segel und springt in die Höhe, doppelt so hoch wie es selbst lang ist. Verdutzt sieht man weitere Sprünge folgen, um den kleinen Hügel herum. Was soll man davon halten? Eigentlich – warum soll es nicht auch geistesgestörte Fische geben?

Die mögen vielleicht wirklich vorkommen. Unser kleines Exemplar jedoch gehört gewiß nicht dazu. Es handelt vielmehr ganz gezielt und auch erfolgreich. Das können wir erleben, wenn wir ihm weiter zusehen. Was wir beobachten ist nämlich ein balzendes Schlammspringer-Männchen. Über kurz oder lang wird sieh ihm eine Braut zugesellen, die er dann in sein Nest unter dem Hügelchen, nämlich dem Aushub, führen wird.

Amphibisches Fischleben

Solange sie nicht auf dem Markt oder in der Küche landen, gehören Fische ins Wasser. Dem werden nicht viele eine Einschränkung anfügen wollen. Und doch muß man das tun. Wie alle Regeln auf dieser Welt gelten auch die der Natur nur mit Ausnahmen. Die Schlammspringer (Gattung *Periophthalmus*) führen uns eine solche Ausnahme vor Augen. Im Laufe der stammesgeschichtlichen Entwicklung haben sie die Fähigkeit erworben, sowohl im Wasser wie auch an Land, also amphibisch (= »doppellebig«) existieren zu können. So ist eine sehr spezielle Lebensweise entstanden, ganz anders als die typischer Fische und sehr ähnlich der von vielen Fröschen, Kröten und anderen Lurchen. Dennoch bilden die Schlammspringer nicht etwa eine Übergangsform zu den Amphibien, die ja im Larvenstadium mit Kiemen atmen und später mit Lungen. Schlammspringer sind (noch?) echte Fische und haben zeitlebens nur Kiemen.

Zukünftige Landtiere?

Es ist gut denkbar, daß wir hier Zeugen eines der bedeutungsvollsten Entwicklungsschritte der Naturgeschichte sind: dem Wechsel von Tieren aus dem Meer zum Land. Wie die reiche Landfauna beweist, sind die Schlammspringer bei weitem nicht die ersten Wesen, die diesen Schritt tun. Denn bekanntlich und nachweislich hat alles Leben im Meer seinen Ursprung gehabt. Es liegt etwa 350 Millionen Jahre zurück, daß die ersten Wirbeltiere, Quastenflosser oder Lungenfische, zu amphibischem Doppelleben übergingen und dann als Vierfüßer zu den Stammeltern der Land-Wirbeltiere wurden. Grundeln, zu denen die Schlammspringer zählen, sind nach Fossilien »erst« seit etwa 50 Millionen Jahren existent. In den 300 Millionen Jahren dazwischen hat es vermutlich eine ganze Anzahl ähnlicher Vorgänge gegeben, von denen viele mißlangen.

Zur Zeit fühlen sich die Schlammspringer offensichtlich in der Gezeitenzone der tropischen und subtropischen Mangrovenwälder wohl. Sie besetzen dort eine »ökologische Nische« (wie die Verhaltensforscher sagen) mit einem reichhaltigen Nahrungsangebot. Eine Unzahl kleiner Krebse und Würmer lebt dort im Schlick, der zweimal täglich mit der Flut einen frischen Überzug erhält. Außerdem sind Fischlaich und winzige Jungfische zu haben. Das tiefere Wasser scheint unseren Fischchen ein Greuel, sie schwimmen wenig und offenbar ungern; wenn sie es müssen, so tun sie es oft nach Menschenart: die Augen und Teile des Kopfes bleiben außerhalb des Wassers. Ganz untergetauchte Schlammspringer sind gar nicht häufig zu sehen. Am liebsten krabbeln sie an Land umher oder faulenzen und schlafen dort. Das halten sie – auch ohne Lungen – beliebig lange aus. Wie sind sie dazu fähig?

Wasser nur im Maul vonnöten

Wenn ein Tier vom Wasser zum Land wechselt, muß es insbesondere vier Probleme bewältigen: die Schwerkraft, die veränderte Lichtbrechung, die Sonnenbestrahlung und die Atmung. Mit Letzterer funktioniert das bei den Schlammspringern so: mangels Lungen, die den nötigen Sauerstoff direkt der Luft entnehmen könnten, mußten die Kiemen auf Gebrauch an Land »getrimmt« werden. Mit enorm vergrößerten Kiemenhöhlen, die sie dicht verschließen können, nehmen die Fische zunächst schon in ihren dicken Köpfen einen hübschen Vorrat an Wasser mit

Die Gezeitenzonen von Mangrovenküsten sind die Heimat der Schlammspringer. Erregt wird die Rückenflosse aufgerichtet.

ans Ufer. Der darin enthaltene Sauerstoff wird langsam verbraucht. Dazu nehmen die Tiere Wasserreserven im Maul mit, die wieder ein Stück weiterhelfen. Mit Blutgefäßen sehr gut ausgekleidete Aussackungen der Mundhöhle wirken wie zusätzliche Kiemen. Ist darin der Sauerstoff verbraucht, sorgt das Tier für Nachschub durch Schlucken von Luft, die sich bei Kopfbewegungen mit dem Wasser vermischt. Von Zeit zu Zeit wird ein Tümpel aufgesucht und der Wasservorrat erneuert. Das sieht aus wie Trinken. Bei der Nahrungsaufnahme geht natürlich Wasser aus der Mundhöhle verloren. Das verkürzt die Abstände bis zum nächsten »Nachtanken«. Und schließlich wird die Atmung noch unterstützt durch Sauerstoffaufnahme durch die Haut.

Liegestütz, robben und Känguruhsprünge

Die Ruhestellung am Boden verhalf der Familie zum Namen »Grundeln«. Die Brustflossen stützen den Vorderkörper ein wenig in die Höhe, wie im Liegestütz. Diese umgeformten und

Von oben am deutlichsten sichtbar: des Schlammspringers Teleskopaugen und seine armähnlichen Brustflossen. Vornehmlich kleine Krebstiere fängt er an Land.

verlängerten Flossen wirken wie Arme und befähigen die Tiere, sich »robbend« fortzubewegen, wie auf zwei Krücken, den Hinterkörper nachziehend. Die Bauchflossen wirken dabei als Gleitfläche und später, wenn die »Arme« wieder nach vorn schwenken, als Stütze. Es ist schon ein seltsamer Anblick, Fische so an Land ruckweise marschieren zu sehen. Wozu Flossen noch dienen können, sieht man, wenn ein Schlammspringer damit nach lästigen Fliegen schlägt oder über die Glotzaugen wischt. Zur schnellen Fortbewegung, etwa bei Flucht und Jagd, halten sich unsere Schlammspringer an die Methode Känguruh: Der Schwanz wird weit nach vorn geschlagen, dicht neben den Vorderkörper, und eine plötzliche Betätigung der kräftigen Schwanzmuskulatur läßt den Fisch bis zu einem Meter weit vorschnellen. Mit demselben Verfahren sind die Kreaturen auf der Wasseroberfläche zu einer Art Schwimmhüpfen fähig. Untertauchen gibt es fast nur bei ernsthafter Bedrohung.

Augen, die in die Zukunft blicken

Wenn wir annehmen, daß die Schlammspringer im Begriff sind, Landtiere zu werden, dann ist ihre Augenentwicklung am weitesten voran. Die grotesk aussehenden, kugeligen, dicht beieinanderstehenden Glotzaugen sind nämlich für das Scharfsehen über Wasser eingerichtet. Ihre Linsen sind entsprechend stark abgeflacht und befähigen sogar zum Nahsehen. Die Augen sind das wichtigste Sinnesorgan für diese Fische. An Land werden sie durch rollen in einem Flüssigkeitsreservoir feucht gehalten; Lider sind nicht vorhanden. Ständige Feuchtigkeit braucht auch die Haut, obwohl sie außer mit einer Hornschicht noch mit einem zusätzlichen Polster aus flüssigkeitsgefüllten Zellen versehen ist. Trockene Haut und tropische Sonne sind mit dem Leben der meisten Schlammspringer nicht lange vereinbar. So wälzen sich die Tiere in unregelmäßigen

Abständen im flachen Wasser oder im nassen Sand. Einen aktuellen Blick in die ständig weitergehende Entwicklung gewährt eine indonesische Art: sie hat es bereits zu einer Haut gebracht, die Trockenheit erträgt, ständiges Befeuchten ist nicht mehr erforderlich. Lebender Trockenfisch!

Ein Leben wie das unserer Vorfahren

Unsere Ur-Ur-Vorfahren, wie immer sie ausgesehen haben mögen, waren einst in der gleichen Situation wie heute die Schlammspringer: im Begriff, sich vom Wasser zu lösen und dem Land zuzuwenden. Die Kiemenbögen aller menschlichen Embryos sind letzte Zeugen dieser unserer Entwicklungsphase. Der Alltag des Schlammspringers sieht heute so aus: zweimal täglich strebt er, so als wäre er wasserscheu, auf der Flucht vor den Flutwellen auf die höhergelegenen Schlickpartien oder auf die Atemwurzeln der Mangrovenbäume. Dort verbringt er friedlich und faul die Zeit, bis die See wieder fällt. Dem ablaufenden Wasser folgt er dann, sofern es noch hell ist, um die oberste, weiche Schlickschicht nach Nahrung zu durchwühlen. Nach 6 Stunden kehrt sich das Spiel wieder um, erneut werden die höheren Partien erkrabbelt. Bei Nacht bleibt der Fisch dort und schläft im Trockenen. Nur während der Jagd zeigen die wandernden Tiere ein Territorialverhalten: wer zu nahe kommt, wird bedroht oder attackiert. Nie entfernen sich die Fische zu weit von der nächsten »Tankstelle«. Manche Arten sorgen selbst für Tümpelchen durch Errichten kleiner Schlickwälle. So kann schnell abfließendes Wasser einen eifrig jagenden, aber unachtsamen Fisch nicht in Atemnot bringen.

Wo findet man sie?

Schlammspringer gibt es nicht in der Neuen Welt. Im Indo-Pazifik aber lohnt sich in jedem Mangrovenschwemmland die Suche. Viele nur geringfügig voneinander unterschiedene Arten, meist zwischen 8 und 12 cm groß, bevölkern die Schlickufer. In solchen Biotopen gedeihen zwar keine Korallenriffe. Aber von so mancher Tauchbasis aus brauchte ich nur – mit dem Boot oder vom Ufer her – die nächste Felsnase der Küste zu überwinden, um, vornehmlich an einer Flußmündung, Mangrovenlandschaft zu finden. Für gute Fotos freilich muß man sich mühsam anpirschen, denn die Tierchen halten sich auf Distanz und lieben den Schatten.

Die Folgen der Balz

Kehren wir zurück zu unserem Männchen vom Anfang. Inzwischen hat es eine Gefährtin heimgeführt, d.h. in seine Bruthöhle. Dort erfolgte die Ablage der Eier und ihre Besamung. Danach machte sich – entgegen aller Etikette – die Liebste wieder davon und er bewacht allein das Gelege. In Kürze werden Larven schlüpfen, die noch viel Ähnlichkeit mit ordinären Fischwinzlingen haben. Sie leben im Wasser, mit normalen Flossen und seitlichen Augen. Eine richtige Schwimmblase wird sich allerdings gar nicht erst entwickeln, sie wäre nutzlos. Die Augen werden dann nach oben wandern und zum typischen Teleskop-Fernrohr werden, die Brustflossen werden lang und schmal und bald erfolgt der erste Ausflug an Land. Dort werden wir vielleicht die Chance haben, sie aufzustöbern.

Stellung im System der Tiere

Klasse:	**Knochenfische**
Ordnung:	**Barschartige** = Perciformes
Familien:	**Grundeln** = Gobiidae **Schlammspringer** = *Periophthalmus*

Säuger in Fischform – mit Hirnen wie Menschen
Delphine

Jedermann eilt nach vorn, wenn es vom Vorschiff ruft: »Delphine!« Stets aufs neue begeistert die spielerische Bewegungsperfektion dieser Tiere in der Bugwelle des Schiffes. Über Delphine zu staunen ist wahrlich angebracht. Handelt es sich doch um absolute Meisterwerke der stammesgeschichtlichen Entwicklung: Landlebende Raubtiere auf vier Beinen, Säugetiere und somit Warmblüter und Lungenatmer, kehrten einst zurück ins Meer, machten vielfältige Umwandlungsprozesse durch und reihten sich bald unter die bestangepaßten der hochspezialisierten Meeresbewohner ein. Als Neu-Zuzügler, quasi von vorgestern, überflügeln sie an Leistungsfähigkeit bereits heute fast alle »alten« Einwohner des nassen Elements, Haie nicht ausgenommen, deren »Erfindung« mehr als 300 Millionen Jahre früher gelang. Dem Menschen stehen sie sehr viel näher als ihre Körperform vermuten läßt.

Der Begriff »Delphine« wird oft nicht in Übereinstimmung mit der zoologischen Systematik verwendet. Eine Präzision ist deshalb am Platze.

Delphine sind Wale

80 Arten Wale gibt es. Sie werden von der Wissenschaft in zwei Unterordnungen geteilt: 10 sind sog. Bartenwale, darunter die größten Lebewesen der Erde. Als friedliche, zahnlose Seiher ernähren sie sich von mehr oder weniger kleinem Getier des Planktons und Nektons. Die restlichen 70 sind Räuber und heißen wegen ihrer bis zu 260 Zähne »Zahnwale«. Die kleinsten Arten pflegt man »Delphine« zu nennen. Je nach Sprache und Region betrifft das bis zu 30 verschiedene Wale, darunter Schwertwale (z.B. Mörderwal), Grindwale und Schweinswale. Am häufigsten zu Gesicht bekommen wir einige Arten, die diskussionslos unter »Delphine« zu registrieren sind, zumal auch der wissenschaftliche Name der Gruppe »Delphininae«, Eigentliche Delphine, lautet. Dazu zählen u.a. der Gemeine Delphin *(Delphinus delphis)*, der Große Tümmler *(Tursiops truncatus)*, der Rotmeer-Tümmler *(Tursiops aduncus)* und mehrere Fleckendelphine (*Stenella*-Arten). Die Größen reichen von 1,20 bis 4 m; die Gewichte von 32 bis 225 kg. Der erwachsene Gemeine Delphin ist im Durchschnitt um 2 m lang und über 75 kg schwer.

Als Wale sind auch alle Delphine gesellig und leben ausschließlich in Sippen unterschiedlicher Größen. Alleingelassen scheinen sie aus psychischen Gründen dem Tode geweiht. Nicht selten tun sich auch Tiere verschiedener Arten zu einem Verband zusammen. Die Frage nach hierarchischen Strukturen ist noch nicht geklärt. Die meisten Gruppen wandern und leben dabei von Hochseefischen. Nur wenige Arten sind relativ ortstreu und ernähren sich von Bodentieren. Feinde haben Delphine praktisch nicht. Selbst große Haie sind gegen sie ohne Chance, müssen sich sogar vor ihnen hüten. Delphine attackieren und töten diese Räuber nämlich, indem sie ihre Schnäbel mit hoher Geschwindigkeit seitlich in die weichen Bäuche rammen.

Säuger im Fischkleid

Durch Fossilfunde ist die Abstammung der Delphine von vierbeinigen Landraubtieren gesichert. Als diese vor etwa 50 Millionen Jahren zurückkehrten ins Meer, aus dem alles Leben letztlich stammt, konnten sie nur in dem Umfang erfolgreich sein, wie ihnen die Evolution bei der Anpassung an das neue Milieu half, und zwar durch Mutationen, die den Körper langsam veränderten. Wie wir alle aus Delphinarien wissen, ist das Ergebnis umwerfend. Delphine sind deshalb ein besonders augenfälliges Beispiel dafür, was die stammesgeschichtliche Entwicklung fertigbringen konnte (und selbstverständlich immer noch kann). Die »Aufgabe« ist u.a. durch die folgenden Umwandlungen mit Bravour gelöst worden: Die Hinterbeine wurden zurückgebildet, die Vorderbeine zu Flossen umgestaltet; eine (im Gegensatz zu allen Fischen) quergestellte Schwanzflosse als Antriebsmotor wurde entwickelt, ebenso eine sichelförmige Rückenflosse; der ganze Körper erlangte schließlich Spindelform, ganz ähnlich den schnellsten Fischen. (In der Fachsprache nennt man das »konvergente Entwicklungen«: Infolge gleicher Umweltbedingungen entstehen ähnliche Merkmale bei Lebewesen ganz verschiedener Abstammung.) Ferner verschwand bei den Delphinen der äußere Gehörgang, die Sehschärfe der Augen reduzierte sich auf maximal 20 m Distanz, Schwimmbewegungen wurden zum angeborenen Reflex und

Sichelförmige Rückenflossen haben auch Haie. Erst die quergestellte Schwanzflosse macht alles klar.

mußten nicht mehr erlernt werden. Eine einzigartige Differenzierung erfuhr die Haut: sie verlor die Haare und wurde zusammen mit einer dicken, schwammigen und leicht verformbaren Unterschicht zu einer Hülle von hydrodynamischer Wirksamkeit, die unsere Techniker vor Neid erblassen läßt. Sie neutralisiert die beim Schwimmen auftretenden Wirbel, ermöglicht ein glattes Gleiten im Wasser bei geringem Energieaufwand und läßt die Tiere mehr als 40 km/h schnell werden; das entspricht dem 6fachen Tempo eines Olympia-Siegers über 100 m Butterfly!

Unter der Haut liegt eine dicke Fettschicht. Sie schützt vor Wärmeverlust, erschwert aber die oft nötige Wärmeabgabe. Die Problemlösung liegt in den Flossen: hier ist die Fettschicht dünn und ein dichtes Gefäßnetz weitet sich bei starker Wärmeproduktion, nämlich bei Anstrengung.

Die Lungenatmung freilich ist den Delphinen als Erbe der Landahnen geblieben. Alle paar Minuten wird Luft an der Oberfläche geholt. Das ist nicht belastend, da die Tiere normalerweise offenbar selten tiefer als 25 m tauchen. Im Experiment konnten aber trainierte Delphine an Tauchtiefen von nahezu 600 m gewöhnt werden!

Die akustische Welt der Delphine

Wir Menschen orientieren uns ganz überwiegend mit dem Auge. Für Delphine dagegen ist das Sehen zweitrangig. Der Geruchssinn ist – wie übrigens bei allen Zahnwalen – sehr stark reduziert und wahrscheinlich noch dürftiger als bei uns. Die akustischen Systeme – so muß man es schon nennen – dominieren ganz unter den Sinnesleistungen der Delphine. Erste Voraussetzung dafür ist ihr phantastisches Gehör, das zu den höchstentwickelten im Tierreich zählt. Ein erwachsener Mensch kann zufrieden sein, wenn er Töne von 16000 Hertz wahrzunehmen vermag. Das Frequenzband von Delphin-Ohren umfaßt mehr als das Zehnfache. Die Tiere leben folglich in einer akustischen Welt, die für uns nicht existiert. Zugleich sind sie aber auch fähig, Schallwellen von sehr unterschiedlichen Frequenzen von sich zu geben, von 7000 bis hinauf zu 170000 Hz. Natürlich ist für uns auch davon nur der niederfrequente Teil hörbar. Dabei haben Delphine nicht einmal Stimmbänder. Als Lautbildungssystem dient offenbar ein Labyrinth von Blindsäcken im Nasen-Rachen-Raum. Wahrscheinlich können die Töne auch wie mit Richtstrahler auf ein Ziel gelenkt werden. Zu einem perfekten Orientierungsmechanismus werden die beiden Fähigkeiten – Tönen und Hören – erst durch ihre direkte Verknüpfung: Delphine haben ein unglaublich leistungsfähiges Sonar-System entwickelt, ähnlich dem der Fledermäuse und vom Prinzip unseres Echolotes. Ständig werden von den Tieren Schallwellen abgegeben, die im Rahmen der

recht großen Reichweite von allen Gegenständen – lebenden und toten – reflektiert und vom Delphin-Ohr wieder aufgefangen werden. Mit dem so entstandenen »Bild« können die Tiere nicht nur hervorragend »sehen«, sondern auch noch »fühlen«: Im Experiment unterscheiden sie mit verbundenen Augen ohne Zögern aus der Distanz kleine Fischstücke von Gelatine-Kapseln des gleichen Formats und Gewichts. Ja, sie können sogar blind zwischen superdünnen Nylonfäden Slalom schwimmen, ohne sie zu berühren. Auch können sie bei der Ortung von Beute zwischen verschiedenen Fischen gleicher Größe unterscheiden. Dabei ist der Mechanismus des Hörens nicht einmal klar. Mangels Ohrmuschel und äußeren Gehörganges müssen die Schallwellen offenbar als Vibration durch Haut, verschiedene Gewebe und Knochen zu den Gehörknöchelchen im Kopf geleitet werden.

Zur Navigation ist die Echoorientierung nur begrenzt geeignet. Je niedriger die Frequenzen, um so größer die Reichweite, ähnlich wie bei Radiowellen.

Die Fähigkeiten der Delphine zu Lautbildung und -wahrnehmung dienen einer weiteren, noch wichtigeren Funktion: Aus dem akustischen Sozialkontakt haben die Tiere eine offenbar sehr differenzierte Sprache entwickelt. Das ist experimentell erwiesen. Der vielversprechende Versuch, sie zu entziffern, hat soeben erst begonnen.

Nur eine behutsam entwickelte Freundschaft macht im offenen Meer solche Fotos von jenen scheuen Wesen möglich, die den Menschen vielleicht am nächsten stehen in der ganzen Schöpfung – den Delphinen.

Nur Delphine suchen des Menschen Nähe

Der Mensch ist nicht nur des Menschen Feind, sondern auch allzuvieler Tiere. Was Wunder, wenn praktisch alle Wildtiere uns meiden. Die einzige Ausnahme machen gelegentlich Delphine. So schrieb es bereits Plutarch vor 1900 Jahren nieder. Zahlreiche Sagen der Antike schildern Delphine als Menschenretter. Man hat sie deshalb verehrt und seit 4000 Jahren vielfach abgebildet. Sie zu töten wurde im alten Griechenland als Mord geahndet. Heute veranschlagt man den Wahrheitsgehalt solcher Legenden immer höher, aus zwei Gründen: zum einen, weil auch heute immer wieder Ereignisse solcher Art vorkommen, die jetzt aber zu dokumentieren und beweisbar sind; zum anderen, weil wir langsam Einblick gewinnen in die erstaunlichen Möglichkeiten der Delphingehirne. Sie scheinen u.a. tatsächlich zu der Erkenntnis fähig, daß ertrinkende Menschen nicht nur an der Wasseroberfläche gehalten, sondern zur Küste gebracht werden müssen, im Gegensatz zu hilfsbedürftigen Artgenossen. Der Hinweis auf Instinktverhalten ist schon deshalb nicht stichhaltig. Jedermann kennt von Delphinarien-Besuchen oder Filmberichten nicht nur die Gelehrigkeit und unglaubliche Geschicklichkeit der Tiere, sondern auch ihre ausgesprochene Menschenfreundlichkeit. Auch freilebende Sippen suchen offenbar immer wieder die Nähe des Menschen. Darum können wir sie oft vom Schiff aus nächster Nähe bewundern. Kommt der Mensch aber zu ihnen ins Wasser, so wird sofort Distanz gewahrt. Mit Recht ist den klugen Tieren nicht gleich nach hautnahem Kontakt mit diesem Wesen Mensch. Deshalb müssen auch die meisten renommierten Unterwasser-Fotografen passen, wenn man nach UW-Delphin-Aufnahmen aus dem Meer fragt.

Hirnverwandtschaft

Wir sind gewohnt, Schimpansen als unsere nächsten Verwandten im Tierreich zu betrachten. Der Abstammung nach ist das auch richtig. Was den Menschen aber von allen Tieren so deutlich abhebt, ist sein leistungsfähiges Zentralnervensystem, sein Gehirn. Wenn es um Vergleiche damit geht, stehen uns die Delphine ganz wesentlich näher als alle Menschenaffen. Ja, sie verfügen über Gehirne, deren bei weitem noch nicht ausgeschöpfte Möglichkeiten die des menschlichen Hirns haushoch übertreffen. Besonders die Großhirnrinde, die »grauen Zellen«, in deren Zuständigkeit höhere Denkleistungen fallen, hat sich sehr stark entwickelt. Delphine haben so die mit Abstand »modernsten« Gehirne im ganzen Tierreich. Das sind Schaltzentren, die nicht bei der Bewältigung von Schwimmbewegungen und Nahrungsbeschaffung stehenbleiben werden. Viel Kapazität liegt da noch brach. Es hat also zwei parallele Hirnentwicklungen gegeben. Schon vor langer Zeit hat die UdSSR, im Walfang bekanntlich nicht zimperlich, das Töten von Delphinen verboten – des »fast menschlichen« Gehirns wegen. In anderen Ländern gibt es, im Interesse der Thunfischfänger, nur durchlöcherte Verbote, z.B. in den USA, oder gar keine wie in Japan, wo zeitweise hohe Prämien für das Töten dieser Nahrungskonkurrenten ausgesetzt werden. Wirtschaftliche Interessen lassen auch hier den Menschen unmenschlich werden. In unschöner Regelmäßigkeit müssen wir von internationalen Bemühungen um den völligen Schutz aller Wale hören, daß sie stets von Japan und Norwegen blockiert werden.

Erst nach dem 2. Weltkrieg begann neben den Dressuren eine systematische Erforschung der Delphine und insbesondere ihrer Hirne und Verstandesleistungen – nicht zuletzt durch die US-Marine. Die Ergebnisse bringen seitdem nüchterne Forscher ins Schwärmen. Ich hatte Gelegenheit zu Kontakten mit einigen von ihnen. Da gibt es Fachleute, die nicht zweifeln, daß die Tiere Humor haben und sich komplizierte Neckereien liefern; andere sind überzeugt, daß man eines Tages in einer menschlichen Sprache mit Delphinen sprechen kann, und Anfänge scheinen bereits erreicht. Ja, es gibt Wissenschaftler, die meinen, daß Delphine eine mündliche Weitergabe von Erfahrungswissen an nachfolgende Generationen kennen.

Die besseren »Menschen« der Zukunft?

Schade, daß uns kein Blick in eine sehr ferne Zukunft möglich ist. Delphine könnten darin eine wesentliche Rolle spielen. Ihre Hilfsbereitschaft und ihr unwiderstehliches, im Gesicht eingebautes Lächeln mögen gute Omen sein für eine bessere Zukunft unseres Planeten, zumindest seiner Meere. Statt von Marsmenschen zu träumen sollten wir versuchen, uns mit den intelligenten Wesen dieser Welt zu verbünden – aber nicht nur für militärische Projekte.

Epilog
Das Meer und die Zukunft

Ein Buch wie dieses in die Hand zu nehmen setzt wohl Interesse an den Wundern des Lebens voraus. Sollte es gelingen, bei dem einen oder anderen Leser mit den Berichten und Illustrationen sowie den Gedanken beizutragen zur Vertiefung seiner Zuneigung zur belebten Natur oder gar auf vermehrte zukünftige Neugier, Bewunderung und Ehrfurcht ein wenig Einfluß zu nehmen, auf den Drang, Fragen zu stellen und Antworten zu suchen, so ist mein erstes Vorhaben gelungen.

Rückblick zur Schärfung des Vorblicks

Dem zweiten der angestrebten Ziele wäre damit ganz automatisch eine Annäherung gesichert: das Augenmerk zu schärfen für die Zukunft allen Lebens auf Erden. Diesen Aspekt vordergründig ins Zentrum der Publikation zu rücken, habe ich mit Bedacht unterlassen. Auf einem hintergründigen Umweg freilich komme ich doch dazu. Jede Beobachtung des Lebens im Meer wird zu einem Ausflug in die Stammesgeschichte, damit auch zu einer Exkursion in unsere eigene Vergangenheit bis zu ihren Anfängen. Nirgendwo sonst auf der Welt kann man sich so bewußt zwischen lebenden und toten Dokumenten der Geschichte alles Lebendigen tummeln wie im Meer. Selbst der Paläontologe am ergiebigsten Aufschluß bleibt zweiter hinter dem Taucher. Und was könnte uns bei der Planung für wirksames zukünftiges Handeln im Umgang mit der Natur eine bessere Schulung sein als gute Kenntnisse von Vergangenem und von Gegenwärtigem?

Glücklicherweise nehmen die Appelle zur Vernunft, sowohl an jeden einzelnen wie an Institutionen, ständig zu. Sie werden gewiß nicht wirkungslos verhallen. Offen aber bleibt, für wieviele Kreaturen und Systeme jeder Aufruf oder jede sinnvolle Maßnahme bereits jetzt zu spät kommt oder noch kommen wird.

Blick in weite Fernen

Was steht den Ozeanen bevor? Was wissen wir, was kann man vermuten? Was muß befürchtet, was darf erhofft werden? Am leichtesten fällt die Antwort – entgegen aller Gewohnheit – auf einige Fragen zu sehr langfristigem Geschehen. Das geophysikalische Bild der heutigen Wissenschaft ist genügend untermauert für folgende Prognose: Die Kontinente werden unaufhörlich weiter driften und damit auch permanent die Form der Meere verändern. Das aber erfolgt in Zeiträumen, die den Begriff langsam nach menschlichen Maßstäben in die Nähe von »unendlich« rücken. Unsere Meßmethoden reichen zwar zum Nachweis aus; zur Sinneswahrnehmung durch den Einzelnen wird nie ein Leben ausreichen. Dennoch kann in 100 oder 200 Millionen Jahren die Verteilung von Landmassen und Meeresräumen ebenso fundamental von der heutigen abweichen, wie sie es vor gleichen Zeiträumen in der Vergangenheit tat.

Mittelfristige Aspekte

Zwei andere Faktoren rücken da schon wesentlich nachhaltiger in das menschliche Bewußtsein, ja schaffen Evidenz in historischen Daten: Absinken und Anhebungen von Landmassen sowie des Meeresspiegels. Beim Bericht über Riff-Formationen war davon die Rede. Immerhin konnten schon in der jüngeren Vergangenheit – gemeint sind wenige tausend Jahre – beachtliche Veränderungen registriert werden, etwa in der Lagebeziehung von Siedlungen zur Küste. In Zukunft können durch den Menschen ganz andere Geschwindigkeiten und Rhythmen hineingebracht werden, vor allem durch Beeinflussung der Atmosphäre. Treibhauseffekt mit Anhebung der Durchschnittstemperatur und Ozonlöcher über den Polgebieten sind wichtige Stichworte dazu. Sollte »NN«, die Normalnull-Linie der mittleren Meereshöhe, erneut um etwa 100 Meter absinken – wie zuletzt gar nicht lange vor der sogenannten geschichtlichen Zeit geschehen, nämlich während der letzten Eiszeit –, so werden die Atlanten nicht unwesentlich anders zu zeichnen sein. Das Umgekehrte (und zur Zeit viel Wahrscheinlichere), ein Ansteigen des Meeresspiegels durch Erwärmung der Atmosphäre und Abtauen der Eiskappen an den Polen, würde für Tausende von Hafenstädten den Tod bedeuten und große Landflächen versinken lassen. Zwar wird auch das langsam genug ablaufen, um kaum wesentliche Auswirkungen auf eine einzelne Generation entfalten zu können. Hier aber setzt nun unsere Verantwortlichkeit ein, der sich heute niemand mehr entziehen kann. Menschliches Handeln bewegt sich im Spielraum zwischen schädlichen Auswirkungen bis hin zu Größenordnungen von Katastrophencharakter auf der einen Seite und rettenden, bewahrenden, vielleicht sogar wiedergutmachenden Maßnahmen auf der anderen. Gewiß geht es um Einsicht aller Einzelnen; aber die breite Palette menschlicher Charaktereigenschaften wird es nötig machen, Schranken aufzurichten, um auch dort für Durchsetzung des Notwendigen zu sorgen, wo es an Freiwilligkeit mangelt.

Lebewesen im Wandel

Die Entwicklungsgeschichte des Lebens, vor allem in den großen Linien, aber auch in manchem kleinen Detail, ist in den Kapiteln dieses Buches immer wieder deutlich ins Blickfeld gerückt worden. Die faszinierende stammesgeschichtliche Entwicklung besteht aber nicht nur aus Vergangenheit und Gegenwart. Das erste Attribut des Evolutions-Perpetuums heißt: »Nie fertig werden!« Gewiß, was im Augenblick an Lebendigem beobachtet werden kann, verleitet zu einem Gefühl des Statischen. In Wahrheit kann aber nur ein Querschnitt aufgezeigt werden, der mitten aus der fließenden Zeit herausgerissen ist und wie ein schnell gesprochenes »jetzt« schon mit dem Verhallen zur Vergangenheit wird. Das bedeutet im Hinblick auf die Evolution, daß alle gegenwärtigen Lebewesen dabei sind – und mit ihnen auch wir –, Zukünftige zu werden. Trotz unserer Kenntnisse über Olduwai-Schlucht, Peking-Menschen und Neandertal gehen wir gern – wie mit Scheuklappen versehen – von der Prämisse aus, unsere (auch späten) Nachfahren müßten von unserer Struktur sein und geistig von unserem Niveau. Ich hoffe zuversichtlich, daß wir uns darin täuschen. Unabweisliche Gründe sprechen für eine nicht aufzuhaltende Weiterentwicklung. Und warum soll den Prinzipien der Evolution nicht auch beim *Homo sapiens* Besseres gelingen? Es müssen ja nicht immer die destruktiven Eigenschaften sein, die sich mit stärkster Penetranz durchsetzen. Darin liegt eine meiner Hoffnungen begründet.

Leben hier und extraterrestrisch?

Sicherlich sind wir technisch in der Lage, ungeheure Katastrophen von allgemeiner Lebensfeindlichkeit auszulösen. Wir sollten uns aber auch nicht (schon wieder) maßlos überschätzen und glauben, wir könnten mit angewandter Physik gleich alles Leben auslöschen. Solchem Menetekel, oftmals an die Wand geschrieben, mag ich keinen Glauben schenken. Das einmal erfundene Leben wird nach dieser grandiosen Entfaltungs-Leistung stärker sein als eines seiner Produkte, das sich für die Krone der Schöpfung hält. Ich kann mir nicht einmal vorstellen, daß unsere Spezies es fertigbringt, sich selbst auszurotten. Etwas wird wohl in jedem Fall übrigbleiben, um in immer weiter abgewandelten Formen das Greisenalter der Erde mitzuerleben und dem – nun kosmisch bedingten – Ende des Lebens auf Erden entgegenzuwelken. Es sei denn, bis dahin wäre gelungen, was die amerikanischen Professoren Rood und Trefil seriös-wissenschaftlich begründet für möglich halten: daß Menschen sich auf großen Raumstationen, ausgerüstet für jegliche Unabhängigkeit einschließlich Ernährung, ins Weltall begeben und die Erde hinter sich lassen, ehe die Meere verdampfen und der Planet schließlich erkaltet. Der Mensch – oder besser: sein sehr später Nachfahre – könnte dann eine irdische Lebenstradition fortsetzen, während auf seinem Ursprungs-Gestirn alles Leben erstirbt. Kühne Science-fiction-Vorstellungen, zugegeben, aber nach der Ansicht ernsthafter Forscher schon jetzt technisch machbar. Es scheint jedoch noch eine Gnadenfrist von mehreren Milliarden Jahren zu geben, bis ein Leben auf Erden von der Art, wie wir es kennen, nicht mehr möglich sein wird. Bis dahin kann sehr viel passieren; und wir haben gelernt, was alles an Unvorstellbarem entstehen kann, wenn nur die Zeiträume groß genug sind.

Meeres-Zukunft und Menschen-Gegenwart

Zurück in unsere Zeit, von der Spekulation zur Realität. Zweifellos sind Fortschritte sichtbar: Die Erkenntnis breitet sich mehr und mehr aus, daß der Mensch die Natur braucht, aus der er selbst kommt, daß er sogar entscheidend auf sie angewiesen ist und sie entsprechend respektieren muß. Wir sind aber unversehens in eine kritische Wettlaufsituation geraten zwischen rapide anschwellender Müll- und Giftproduktion einerseits und wachsender Einsicht mit allzu zögernder Umsetzung in Taten auf der anderen Seite. Es ist bequem – wenngleich berechtigt – die Anwohner der Meeresgestade anzuprangern wegen der unmittelbaren Wasserverschmutzung aus ihren Hafenstädten und Dörfern. Es kann auch gar nicht heftig genug angekämpft werden gegen den ganz und gar vermeidbaren Frevel, der auf hoher See täglich begangen wird.

Einseitige Schuldzuweisungen sind aber bekanntlich zumeist von begrenzter Wirkung. Es sollte nicht vergessen werden, daß auch von der anderen Seite dem ewigen Kreislauf des Wassers, ohne den wir alle nicht sein würden, Unterstützung zukommen muß. Das beginnt im kleinen an Bachläufen; an den Ufern der Flüsse kann und muß schon sehr viel getan werden, nicht zuletzt durch Unterbindung schädlicher Gewohnheiten. Die Rückführung des verdunsteten Wassers durch Ströme und Flüsse gehört zum pulsierenden Leben der Ozeane. Wenn dieses zurückkehrende Wasser immer giftiger wird oder auch auf dem jetzigen Stand bleibt, ist zwar das Volumen der Meere nicht gefährdet, wohl aber sein lebender Inhalt. Dem geht es auch auf andere Weise an den Kragen. Der Überfischung scheint man auch mit Abkommen und Gesetzen nicht entscheidend beizukommen; die von der Ausrottung bedrohten Wale werden mit unehrlichen Begründungen weiter gejagt zur industriellen Ausbeutung; das Verklappen von Gift und Abfällen ist kaum einzudämmen, geschweige denn zu beenden; Handelsschiffe entlassen Altöl und andere schädliche Substanzen ungeniert ins Wasser. Die unkontrollierte, oft unbedachte oder fahrlässige Verschleppung von pflanzlichen und tierischen Organismen an ferne Orte, wo sie schädlich wirken, hat einen neuen Wissenschaftszweig geboren: die bis heute noch gänzlich hilflose Invasions-Biologie. Hinzu kommen die immer wiederkehrenden Schiffskatastrophen.

Das alles weiß jeder Nachrichten-Konsument. Aber das genügt noch nicht. Wir müssen lernen, wie falsch es war, einen grenzenlosen Anspruch auf die Natur geltend zu machen mit der Berechtigung, sie nach unseren Wünschen zu manipulieren. Wenn es uns nicht gelingt, rechtzeitig – und Eile ist geboten – mit der Natur einen vernünftigen Pakt zu schließen, wird sie zurückschlagen. Langsam vermutlich. Aber mit Sicherheit wird die Natur stärker sein als wir, die wir nur ein winziger, aber übermütiger und zur Bedienung von Hebeln befähigter Teil von ihr sind. Es wäre überaus bedauerlich, wenn durch unsere gefährlichen Waffen wesentliche Teile des Lebens, das sich so wunderbar entfaltet hat, zugrunde gehen müßten und neue, ganz andere ökologische Gleichgewichte – sicherlich nicht zum Vorteil für die Menschheit – sich einpegeln. Unseren Nachfahren würden nur noch Erzählungen aus vergangenen Zeiten bleiben, von einem verlorenen blauen Paradies.

Höchste Zeit für ein Bündnis

Die immer aufs neue zu vernehmende, ebenso unkritische wie euphemistische Behauptung, das Meer halte unerschöpfliche Reserven an Nahrung, Energiequellen und seltenen Elementen zur Nutzung durch den Menschen bereit, verleitet zu naiven Hoffnungen und bedenkenlosem Weitersündigen. Deshalb sind solche Aussagen gefährlich. Eine vernünftige und langfristig funktionierende Nutzung der Schätze des Ozeans ist nur denkbar in Verbindung mit sorgfältiger Schonung und Hege der Meere. Wenn wir noch rechtzeitig einen solchen Pakt mit Neptun zum Vorteil beider Seiten unter Dach und Fach bringen, werden uns und unseren Kindern auch all die überwältigenden Kreaturen und Systeme erhalten bleiben, denen dieses Buch gewidmet ist. Dann mögen sie, als Augenweide und Lehrmeister zugleich, auch weiterhin Neugier, Lernfreude, Staunen und Ehrfurcht in uns wachhalten.

Personen- und Sachverzeichnis

Personenverzeichnis

Sachverzeichnis

A

G

H

I

J

K

L

M

N

O

P

Q

R

S

T

U

V

W

X

Y

Z

Fotonachweis

Alle Aufnahmen stammen vom Verfasser, außer den nachfolgend aufgeführten:

H. Debelius/IKAN S. 13, 77
W Guggenbühl/SUBEX-Team S. 239 oben und Einband-Rückseite
K. Hilgert S. 269 alle
R. Kuiter/IKAN S. 57 unten, 185 oben
E. Langer S. 135 unten rechts, 219 unten rechts
K. Orlik S. 57 oben links
R. Patzner S. 214 oben rechts
Robinson/IKAN S. 60
A. Rödiger S. 206 oben links und rechts, 227 Mitte und unten rechts, 252 links, 253 unten links, 256 unten links und rechts, 261 oben links
W Scheyer S. 93 oben rechts
S. Winkler, S. 215 oben Mitte